Mathias Bühring-Uhle
Reflexive Unternehmensführung

 Forschung

Schriftenreihe der
EUROPEAN BUSINESS SCHOOL gem. GmbH,
Oestrich-Winkel

Band 2

Mathias Bühring-Uhle

Reflexive Unternehmensführung

Systemtheoretische Grundlagen rationalen Managements

 Springer Fachmedien Wiesbaden GmbH

Die Deutsche Bibliothek — CIP-Einheitsaufnahme

Bühring-Uhle, Mathias:
Reflexive Unternehmensführung : systemtheoretische
Grundlagen rationalen Managements / Mathias Bühring-Uhle. —
Wiesbaden : DUV, Dt. Univ.-Verl., 1995
("Ebs-Forschung" ; Bd. 2) (DUV: Wirtschaftswissenschaft)
Zugl.: Oestrich-Winkel, Europ. Business School, Diss., 1994

NE: European Business School <Oestrich-Winkel>: "Ebs-Forschung"

Schriftführende Herausgeber: Prof. Dr. Alfred Kötzle
                                    Prof. Dr. Georg H. Küster
Lektorat: Monika Mülhausen

© Springer Fachmedien Wiesbaden 1995
Ursprünglich erschienen bei Deutscher Universitäts-Verlag GmbH, Wiesbaden 1995

Das Werk einschließlich aller seiner Teile ist urheberrechtlich
geschützt. Jede Verwertung außerhalb der engen Grenzen des
Urheberrechtsgesetzes ist ohne Zustimmung des Verlags unzulässig und strafbar. Das gilt insbesondere für Vervielfältigungen,
Übersetzungen, Mikroverfilmungen und die Einspeicherung und
Verarbeitung in elektronischen Systemen.

Gedruckt auf chlorarm gebleichtem und säurefreiem Papier

ISBN 978-3-8244-0271-7   ISBN 978-3-663-12340-8 (ebook)
DOI 10.1007/978-3-663-12340-8

GELEITWORT

Der Erfolg der Betriebswirtschaftslehre und ihre Anerkennung als wissenschaftliche Disziplin ist begründet in der Anlehnung an die etablierten angewandten Naturwissenschaften und in der Übernahme der dort vorherrschenden exakten Methoden. Als Einzelwirtschaftslehre zielte sie auf die Optimierung der Allokation betrieblicher Ressourcen. Die Quellen ihrer Anerkennung als wissenschaftliche Disziplin liegen somit in der Verbindung der Tradition des betrieblichen Rechnungswesens mit der Übertragung der Methoden und Ideen der Grenznutzenschule auf innerbetriebliche Allokationsprobleme in Eugen Schmalenbachs berühmter Habilitationsschrift. Durch die damit erreichte Einheit von Methode und Forschungsgegenstand wies die Betriebswirtschaftslehre seit dieser Zeit nun auch eine eigene Identität auf.

Doch sowohl das identitätsstiftende Grundverständnis des Faches als auch die Anerkennung seiner Problemlösungskompetenz durch Gesellschaft und betriebliche Praxis konnten nur Bestand haben, solange

a) die relevanten Engpässe tatsächlich nur durch betriebliche Ressourcen gekennzeichnet sind. Dies dürfte vereinfacht für alle Situationen gelten, die durch einen Verkäufermarkt gekennzeichnet sind, und
b) das Menschenbild der Ressource Arbeit von vollständiger Steuerbarkeit und Beherrschbarkeit geprägt ist.

Da nun unsere wirtschaftliche und gesellschaftliche Realität zunehmend von Käufermarktsituationen einerseits und einem postmodernen Menschenbild andererseits geprägt ist, gerät das identitätsstiftende Grundverständnis des Faches zwangsläufig in die Krise. Die Einheit der Methode ist nicht länger aufrechtzuerhalten, denn die Auswahl der zu lösenden Probleme darf m.E. nicht durch die zur Verfügung stehenden Methoden des Erkenntnisobjektes bestimmt werden, sondern umgekehrt, den Problemen des Erfahrungsobjektes müssen die Methoden des Faches angepaßt werden. In diesem Sinne kann die vorliegende Arbeit als Versuch gewertet werden, die genannten Theoriedefizite durch einen neue Methode abzubauen und die ihr zu diesem Zweck zugrundegelegte Theorie selbstreferentieller sozialer Systeme von Niklas Luhmann erscheint in doppelter Hinsicht dazu auch geeignet:

1. Sie erfüllt das Erfordernis der Öffnung der Unternehmensführung nach Außen als Führung der Unternehmung in den (bestehenden und zukünftigen) Märkten dadurch, daß sich soziale Systeme aus der Abgrenzung zu ihrer Umwelt konstituieren und im Laufe ihrer Entwicklung diese System-/ Umweltdifferenz permanent thematisieren und sinnvoll gestalten müssen.
2. Sie weist den Menschen eine besondere Stellung zu, indem sie Kommunikationen als Systemelemente modelliert und Menschen die Träger dieser Kommunikationen sind. Die Bedeutung der Menschen wird - scheinbar paradoxerweise - weiterhin dadurch hervorgehoben, daß sie nicht Teil des sozialen Systems sind, sondern zu dessen Umwelt zählen. Dadurch aber, daß ein System erst durch die Einheit mit seiner Umwelt Identität gewinnt (s. 1.), ist die Umwelt (also auch die Menschen) und die ständige „Auseinandersetzung" mit ihr, genauso wichtig wie das System selbst.

Durch diesen Ansatz gewinnen wir eine neue Sprache, mit der wir über Probleme der marktorientierten Führung sowie der Mitarbeiterführung sprechen können, die der mikroanalytischen Sprache verschlossen bleiben mußte. Wir nehmen eine Perspektive ein, mit der die traditionellen Problembereiche in einem neuen Licht erscheinen und so zusammen mit unseren gewohnten Interpretationen zu einer umfassenden Realitätssicht und zu einem besseren Handlungs- und Entscheidungsverständnis beiträgt.

Die „Reflexive Unternehmensführung" von Mathias Bühring-Uhle leistet ein gutes Stück der Adaption der Theorie selbstreferentieller sozialer Systeme für die betriebliche Führungslehre. Sie ist als Diskussionsangebot zu verstehen, die eine Fülle von Anschlußaufgaben, insbesondere die instrumentelle Ausdifferenzierung, zur Verfügung stellt. Insofern erfüllt die vorliegende Arbeit ein entscheidendes Kriterium für eine überdurchschnittliche Arbeit: Sie stellt mehr Fragen als sie beantwortet. Die Arbeit macht aber auch deutlich: Die Mühe für die weitergehende Suche nach Antworten lohnt sich!

Ich wünsche der Arbeit eine lebhafte und kritische Auseinandersetzung mit ihr.

Prof. Dr. Ulrich Grimm

VORWORT

Reflexion soll in dieser Arbeit eine Rationalität heißen, die *umfassend* ist, und umfassend heißt: die im intelligenten Verfolgen angemessener Ziele besteht. *Reflexive Unternehmensführung* steht dabei für jenes Programm, das die Institutionalisierung einer derart umfassenden Rationalität im System der Unternehmensführung für theoretisch abbildbar, praktisch möglich und wünschenswert hält. Damit stellt sich die Arbeit gegen jene Mode, die in Emotionalität, Mystik oder gar Irrationalität die neuen Erfolgsrezepte des Managements sieht. Denn was auch immer die Gründe für unser Handeln sein mögen, im sozialen Kontext müssen sie kommunizierbar sein und sich an der Vernunft messen lassen, denn sie allein kann den Geltungsanspruch der Argumente unabhängig vom jeweiligen System oder Kontext sichern.

Rationalität ist aber nicht nur die Voraussetzung für das Nachvollziehen und Verstehen von Argumenten, Entscheidungen oder Handlungen, sondern auch die Bedingung und Begründung für das Entstehen und den Zusammenhalt von sozialen Systemen überhaupt. Denn durch sie läßt sich gemeinsames Handeln koordinieren und fortsetzen und zwar unabhängig von Macht oder purer Gewalt (auch wenn sie beides nicht verhindern kann). Denn schließlich läßt sie keine Instanz zu, die nicht selbst auf Vernunft basiert.

Es geht nicht darum, zu widerlegen, daß Manager mit Irrationalität keinen Erfolg haben können oder daß man das „Schlechte" tun kann, obwohl man das „Gute" kennt. Es geht vielmehr um die Forderung, daß Manager rational sein *sollten*, um den (sozialen und ökologischen) Herausforderungen gerecht zu werden, damit sie ihre Unternehmen auch in Zukunft erfolgreich führen können. Und es geht um die Widerlegung der Behauptung, daß es die Rationalität als Dialektik ihrer selbst ist, die für die sozialen und ökologischen Verfehlungen der Moderne verantwortlich zu machen ist. Denn es wird gezeigt, daß die zugrundegelegte Rationalität - sei es eine ökonomische oder eine andere -

häufig eine *beschränkte* Rationalität ist, deren Beschränktheit gerade in der Unangemessenheit ihrer Ziele besteht.

Mit dieser Position ist das Programm der Arbeit weitgehend festgelegt, denn es muß darum gehen, die häufig anzutreffende Verengung dessen, was Rationalität sein soll, aufzubrechen und ein umfassenderes Konzept zu entwickeln. In diesem Sinne wird in dieser Arbeit ein Vernunftprinzip vorgeschlagen, das zum einen in formaler Hinsicht erweitert ist, da es die Anforderungen an rationales Handeln über die reine Mittelauswahl hinaus um Aspekte der Auswahl angemessener Zwecke und um die Qualität der zur Beurteilung von Mitteln und Zwecken herangezogenen Theorien ergänzt.

Inhaltlich wird die in den Wirtschaftswissenschaften vorherrschende Konzeption der ökonomischen Rationalität, die darin besteht, Systemressourcen vor dem Hintergrund gegebener Ziele und Präferenzen optimal einzusetzen, um zwei weitere Dimensionen ergänzt. Zum einen wird von strategischer Rationalität die Rede sein, die sich auf das Verhältnis zu einzelnen Umweltsystemen bezieht, und zum anderen von Systemrationalität bzw. Reflexion als alles umfassendes Vernunftprinzip, das neben den beiden erstgenannten auch die gesellschaftliche Dimension erfaßt und somit die Angemessenheit der Ziele und Zwecke sicherstellen soll.

Die vorliegende Arbeit habe ich im Verlauf des Jahres 1994 erstellt und sie wurde im Mai 1995 vom Fachbereich Betriebswirtschaftslehre der European Business School, Schloß Reichartshausen, Oestrich-Winkel, als Dissertation angenommen.

Die Arbeit ist zu einem wesentlichen Teil das Ergebnis meiner fast vierjährigen Mitarbeit am Lehrstuhl für Allgemeine Betriebswirtschaftslehre, insbesondere strategische Unternehmensführung, dessen Inhaber, meinem Lehrer und Förderer Herrn Professor Dr. Grimm, ich für diese wertvolle Zeit sehr dankbar bin.

Mein Dank gilt Herrn Professor Dr. Kreikebaum, der die Entstehung der Arbeit mit fruchtbaren Hinweisen und förderlicher Kritik begleitet hat. Bedanken möchte ich mich in diesem Sinne auch bei Frau Professor Dr. Schneider, deren Gutachten eine hervorragende Lehrstunde für mich war.

Wie jede Arbeit dieser Art wäre sie ohne die Hilfe und Unterstützung vieler anderer nicht zustande gekommen. Allen Freunden, die mich handwerklich und moralisch unterstützt haben, sei mein herzlicher Dank sicher.

Mathias Bühring-Uhle

INHALTSÜBERSICHT

1 **EINLEITUNG** 1

   1.1 Neue Anforderungen an die Unternehmensführung als praktische
Problemstellung der Arbeit 1

   1.2 Weiterentwicklung des betriebswirtschaftlichen Systemansatzes durch
einen Wandel vom handlungstheoretischen zum systemtheoretischen
Denken als theoretische Problemstellung der Arbeit 2

   1.3 Gang der Untersuchung 15

2 **SYSTEMTHEORETISCHE GRUNDLAGEN DER REFLEXIVEN
UNTERNEHMENSFÜHRUNG** 23

   2.1 Grundbegriffe: Unternehmen als soziale Systeme 23
   2.2 Konstruktivismus: Unternehmen als erkennende Systeme 32
   2.3 Reflexion: Unternehmen als vernünftige Systeme 47
   2.4 Komplexität: Unternehmen als intelligente Systeme 62
   2.5 System-/ Umwelt-Differenz: Unternehmen als autonome Systeme 80
   2.6 Dynamik: Unternehmen als selbstorganisierende und lernende
Systeme 110
   2.7 Funktionen der Unternehmensführung: Unternehmen als steuerbare
Systeme 123
   2.8 Zusammenfassung und eine Anmerkung bezüglich des Wandels
und der Bedeutung des Rationalitätsbegriffes im
betriebswirtschaftlichen Schrifttum 137

3 **DARSTELLUNG DER PRINZIPIEN REFLEXIVER UNTERNEHMENS-FÜHRUNG
ANHAND AUSGEWÄHLTER FÜHRUNGSFUNKTIONEN** 141

   3.1 Einleitung: Systemrationalität im Management-Zyklus 141
   3.2 Reflexionspotentiale in der Strategischen Planung
und Kontrolle 144
   3.3 Reflexive Organisationsgestaltung 153
   3.4 Zusammenfassende Thesen und eine Anmerkung zu den
ästhetischen Aspekten der Unternehmensführung 185

4 **REFLEXIVE UNTERNEHMENSFÜHRUNG AM BEISPIEL DER RISIKO-
KOMMUNIKATION DES BETRIEBLICHEN UMWELTMANAGEMENTS** 189

   4.1 Einleitung 189
   4.2 Die Form des Risikos 195
   4.3 Ansatzpunkte der Risiko-Kommunikation
   4.4 Instrumente der Risiko-Kommunikation 212
   4.5 Zusammenfassende Thesen und Bemerkungen zu den Grenzen der
Risiko-Kommunikation 227

Inhaltsverzeichnis

1 **Einleitung** 1

  1.1 Neue Anforderungen an die Unternehmensführung als praktische Problemstellung der Arbeit 1

  1.2 Weiterentwicklung des betriebswirtschaftlichen Systemansatzes durch einen Wandel vom handlungstheoretischen zum systemtheoretischen Denken als theoretische Problemstellung der Arbeit 2

  1.3 Gang der Untersuchung 15
      1.3.1 Zur Einordnung der systemtheoretischen Betriebswirtschaftslehre 15
      1.3.2 Ausblick auf die Argumentation 18

2 **Systemtheoretische Grundlagen der reflexiven Unternehmensführung** 23

  2.1 Grundbegriffe: Unternehmen als soziale Systeme 23
      2.1.1 Kommunikation und Selbstreferenz 23
      2.1.2 Kommunikationsmedien 25
      2.1.3 Zum Begriff des sozialen Systems 26
      2.1.4 Typen sozialer Systeme 28
            2.1.4.1 Interaktionssystem 28
            2.1.4.2 Gesellschaft 29
            2.1.4.3 Funktionale Teilsysteme 29
            2.1.4.4 Organisation 31

  2.2 Konstruktivismus: Unternehmen als erkennende Systeme 32
      2.2.1 Erkenntnis als Konstruktion 32
      2.2.2 Erkenntnis oder die Einheit des Unterschiedes: das Differenztheorem 35
      2.2.3 Unternehmen als Beobachter: Strukturelle Kopplung und Sinn 39
      2.2.4 Der Wert der Erfahrung und die Qualität der Erkenntnis: das Prinzip der Viabilität 43
      2.2.5 Systemmethodik: Funktionale Analyse 44

2.3 Reflexion: Unternehmen als vernünftige Systeme 47
   2.3.1 Die Rationalität des Einzelnen und die Irrationalität
       des Ganzen 47
   2.3.2 Ebenendifferenzierung der Rationalität 49
   2.3.3 Rationalität durch Reflexion 52
   2.3.4 Reflexion als Voraussetzung für die Übernahme von
       Verantwortung 57
   2.3.5 Grenzen der Rationalität 58
   2.3.6 Unterschiede zwischen den Rationalitätskonzepten von
       Habermas und Luhmann 59

2.4 Komplexität: Unternehmen als intelligente Systeme 62
   2.4.1 Die Form der Komplexität 62
   2.4.2 Dimensionen der Systemkomplexität oder die Intelligenz des
       Systems 66
       2.4.2.1 Sachliche Systemkomplexität 66
       2.4.2.2 Soziale Systemkomplexität 67
       2.4.2.3 Zeitliche Systemkomplexität 68
       2.4.2.4 Dispositive Systemkomplexität 69
       2.4.2.5 Kognitive Systemkomplexität 71
       2.4.2.6 Die intellektuelle Entwicklung der Organisation 73
   2.4.3 Konflikte als Folge von Komplexität 76
       2.4.3.1 Widersprüche im System 76
       2.4.3.2 Konfliktsysteme als kommunizierte Widersprüche 76

2.5 System-/ Umwelt-Differenz: Unternehmen als autonome Systeme 80
   2.5.1 Unternehmen als Akteure 80
   2.5.2 Die Organisation des Unternehmens 84
       2.5.2.1 Abgrenzung der Organisation von Markt und Umwelt 84
            2.5.2.1.1 System-/Umweltdifferenz durch autonome
                      Entscheidungen der Organisation 84
            2.5.2.1.2 System-/Umweltdifferenz durch autonome
                      Orientierungsmuster der Organisation 86
       2.5.2.2 Struktur als Determinante der Organisation 88
            2.5.2.2.1 Zum Strukturbegriff 88
            2.5.2.2.2 Struktur durch harte Faktoren: normative
                      Erwartungsstabilisierung 90
       2.5.2.3 Unternehmenskultur als Determinante der Organisation . 92
            2.5.2.3.1 Zum Begriff der Unternehmenskultur 92
            2.5.2.3.2 Kultur durch weiche Faktoren: Symbolische
                      Erwartungsstabilisierung 96

2.5.3 Die Umwelten des Unternehmens 99
    2.5.3.1 Autonomie und Resonanz gegenüber der Umwelt 99
    2.5.3.2 Ökonomische Umwelten: Wirtschaft und Markt.............102
    2.5.3.3 Außerökonomische Umwelten 105
2.5.4 Das organisatorische Dilemma der Autonomie 108

2.6 Dynamik: Unternehmen als selbstorganisierende und lernende Systeme 110
  2.6.1 Selbständerung durch Wandel der Erwartungen 110
  2.6.2 Eigendynamik..112
  2.6.3 Anpassungsveränderungen durch organisatorisches Lernen.....113
    2.6.3.1 Grundbegriffe des organisatorischen Lernens 113
        2.6.3.1.1 Anpassung..113
        2.6.3.1.2 Lernen..114
        2.6.3.1.3 Organisatorische Erkenntnis......................118
        2.6.3.1.4 Organisatorisches Wissen und organisatorische Wissensbasis 119
    2.6.3.2 Prozeß des organisatorischen Lernens...........................120

2.7 Funktionen der Unternehmensführung: Unternehmen als steuerbare Systeme 123
  2.7.1 Planung..123
    2.7.1.1 Planungsprozesse und Pläne 123
    2.7.1.2 Planungsebenen...125
  2.7.2 Entscheidung 126
    2.7.2.1 Erwartungskonformität als Entscheidungskalkül in Organisationen..126
    2.7.2.2 Macht 130
  2.7.3 Durchführung: Organisationsgestaltung im Grundmodell des organisatorischen Lernens..133
  2.7.4 Kontrolle...136

2.8 Zusammenfassung und eine Anmerkung bezüglich des Wandels und der Bedeutung des Rationalitätsbegriffes im betriebswirtschaftlichen Schrifttum..137

3 DARSTELLUNG DER PRINZIPIEN REFLEXIVER UNTERNEHMENS-FÜHRUNG ANHAND AUSGEWÄHLTER FÜHRUNGSFUNKTIONEN 141

3.1 Einleitung: Systemrationalität im Management-Zyklus.....................141
  3.1.1 Ziel und Bezugsrahmen der folgenden Ausführungen 141
  3.1.2 Reflexionspotentiale durch selbstreferentielle Mechanismen.....143

3.2 Reflexionspotentiale in der Strategischen Planung
und Kontrolle 144
   3.2.1 Problemstellung 144
   3.2.2 Reflexion durch Normierung des Formulierungsprozesses
       von Absichten 146
   3.2.3 Ansatzpunkte für Reflexion in der Kontrolle 150

3.3 Reflexive Organisationsgestaltung 153
   3.3.1 Ausgangsprobleme 153
       3.3.1.1 Intervention in autonome Systeme 153
       3.3.1.2 Zielgrößen der Organisationsgestaltung 154
           3.3.1.2.1 Integration versus Differenzierung 154
           3.3.1.2.2 Stabilität versus Flexibilität und
                    Entwicklungsfähigkeit 159
           3.3.1.2.3 Ausgleich zwischen Struktur und Kultur
                    der Unternehmung 161
   3.3.2 Organisationsgestaltung durch reflexives Lernen 161
       3.3.2.1 Zum Begriff des reflexiven Lernens 161
       3.3.2.2 Das erweiterte Modell des selbstreferentiellen und
           reflexiven organisatorischen Lernens.......................... 163
   3.3.3 Prozeß der Organisationsgestaltung 166
       3.3.3.1 Phasen einer organisatorischen Intervention 166
       3.3.3.2 Zielbestimmung der Intervention 168
       3.3.3.3 Organisations-Diagnose 169
       3.3.3.4 Konzeption und Implementation der
           organisatorischen Maßnahme 174
   3.3.4 Einzelmaßnahmen zur Erhöhung des Reflexionspotentials
       der Organisation 175
       3.3.4.1 Problemstellung 175
       3.3.4.2 Die Lernstatt 177
       3.3.4.3 Die „paradoxe Intervention" 179
       3.3.4.4 Intervention von außen: die „systemische Beratung"..... 183

3.4 Zusammenfassende Thesen und eine Anmerkung zu den
ästhetischen Aspekten der Unternehmensführung 185

**4 REFLEXIVE UNTERNEHMENSFÜHRUNG AM BEISPIEL DER RISIKO-
KOMMUNIKATION DES BETRIEBLICHEN UMWELTMANAGEMENTS** 189

4.1 Einleitung 189
   4.1.1 Vorbemerkung 189
   4.1.2 Problemstellung der Risiko-Kommunikation 190
   4.1.3 Gegenstand, Einordnung und Ziele der Risiko-Kommunikation. 191

4.2 Die Form des Risikos 195
    4.2.1 Traditionelle Formbestimmungen 195
    4.2.2 Der Risikobegriff in systemtheoretischer Perspektive 203

4.3 Ansatzpunkte der Risiko-Kommunikation 204
    4.3.1 Umgang mit Risiko auf der Basis ökonomisch-technologischer
         Rationalität: Risikokalkulation 204
    4.3.2 Umgang mit Risiko auf der Basis strategischer Rationalität:
         Partizipation 205
    4.3.3 Umgang mit Risiko auf Basis von Reflexion 208
         4.3.3.1 Die Rationalitätsschere im Umgang mit Risiken 208
         4.3.3.2 Risiko-Kommunikation 210

4.4 Instrumente der Risiko-Kommunikation 212
    4.4.1 Umweltinformationssysteme 212
    4.4.2 Öffentlichkeitsarbeit 213
         4.4.2.1 Funktion der Öffentlichkeitsarbeit in der Risiko-
              Kommunikation 213
         4.4.2.2 Ansatzpunkte zu einem massenmedialen Umgang mit
              ökologischen Risiken 215
    4.4.3 Betroffenen-Workshops 218
         4.4.3.1 Absicht und Ziele des Workshops 218
         4.4.3.2 Struktur des Workshops 219
         4.4.3.3 Ablauf des Workshops 221
              4.4.3.3.1 Anforderungen an den Prozeßberater 221
              4.4.3.3.2 Vorbereitung und Durchführung des Workshops .. 222

4.5 Zusammenfassende Thesen und Bemerkungen zu den Grenzen
    der Risiko-Kommunikation 227

VERZEICHNIS DER ABBILDUNGEN UND TABELLEN XVII

ABKÜRZUNGSVERZEICHNIS 231

LITERATURVERZEICHNIS 233

VERZEICHNIS DER ABBILDUNGEN UND TABELLEN

Abbildungen:

Abb. 1: Einordnung der systemtheoretischen Betriebswirtschaftslehre 16

Abb. 2: Drei-Ebenen-Schema der allgemeinen Systemtheorie nach Luhmann 17

Abb. 3: Der Aufbau der Arbeit 21

Abb. 4 Der Hasen-Enten-Kopf von Wittgenstein 37

Abb. 5 Kommunikationssysteme der Unternehmen als Beobachter 40

Abb. 6 Komplexitätsbewältigung durch selektive Reduktionen 65

Abb. 7 Dimensionen der Systemkomplexität im Zusammenhang mit zentralen Systemproblemen und deren Lösungen 72

Abb. 8 Die unterschiedlichen Stufen der Rationalität im Zusammenhang mit den Dimensionen der Komplexität, zentralen Systemproblemen und Ansätzen zu ihrer Lösung 75

Abb. 9: Single-Loop- und Double-Loop-Learning nach Argyris und Schön .. 116

Abb. 10 Prozeßskizze und Problemgerüst des organisatorischen Lernens ... 121

Abb. 11: Handhabung des elementaren Lernens im Grundmodell 134

Abb. 12: Einrichten von Reflexionspotentialen in der Planung durch Einführung einer Prozeßkontrolle in den Prozeß der strategischen Unternehmensplanung nach Kreikebaum 150

Abb. 13: Selbstreferentielles Lernen in Anlehnung an Daft/Weick 162

Abb. 14: Das erweiterte Modell: Selbsttragendes selbstreferentielles Lernen 165

Abb. 15: Prozeß der Organisationsgestaltung 167

Abb. 16: Die drei Ebenen systemischer Rationalität im Kontext des betrieblichen Umweltmanagements 194

Abb. 17: Die Rationalitätsschere 209

Tabellen:

Tab. 1   Individualistischen und emergenztheoretische Systemansätze im Vergleich 6

Tab. 2: Emergenztheoretische Systemansätze im Überblick 11

Tab. 3: Gesellschaftliche Funktionssysteme, ihre Medien und Codes nach Luhmann 30

Tab. 4: Handlungstypen nach Habermas 60

Tab. 5   Ansätze der Unternehmenskulturforschung 95

Tab. 6   Normativ-strukturelle und symbolisch-kulturelle Formen sozialer Erwartungsstabilisierung im Vergleich 97

Tab. 7: Die systemtheoretische Rekonstruktion des Management-Zyklus in schematischer Darstellung 142

Tab. 8: Charakteristika verschiedener Kontrolltypen 152

Tab. 9: Führungsprobleme im Spannungsfeld von Integration und funktionaler Differenzierung 155

Tab. 10: Komplexitätsgerechte Steuerungsformen 157

Tab. 11: Inhalt der Organisations-Diagnose im Überblick 171

Tab. 12: Schema der Systemanalyse 173

Tab. 13: Dimensionen der Risiko-Kommunikation 193

1
EINLEITUNG

1.1 Neue Anforderungen an die Unternehmensführung als praktische Problemstellung der Arbeit

Der radikale Wandel der Bedingungen, unter denen Unternehmen agieren müssen, erfordert selbstverständlich auch ein Umdenken bei der Unternehmensführung. So geraten heute neben der effizienten Gestaltung der Leistungsprozesse und der Entwicklung strategischer Erfolgspotentiale gesellschaftliche und ökologische Aspekte verstärkt in den Verantwortungsbereich der Unternehmen und werden zur Bedingung ihrer langfristigen Bestands- und Erfolgssicherung. Wie schon einmal in den sechziger Jahren[1] muß deshalb für die Betriebswirtschaftslehre der neunziger Jahre eine Umorientierung gefordert werden.[2] Viele Führungskräfte sind zwar in bezug auf soziale und ökologische Fragestellungen nachdenklich geworden, wegen der Komplexität der zu lösenden Probleme erscheint aber eine lediglich bessere „persönliche Moral" der Manager nicht auszureichen, um die Verbindung zwischen ökonomischen Anforderungen, sozialen Rahmenbedingungen und gesellschaftlicher Verantwortung der Unternehmensführung herzustellen.[3]

Hier liegen Ausgangspunkt und Problemstellung der vorliegenden Arbeit. Sie will den möglichen Beitrag der maßgeblich von Luhmann geprägten Theorie so-

---

[1] Vgl. Staehle, Umweltschutz, S. 68. Durch den in den sechziger Jahren mit dem Ende des rasanten Wirtschaftswachstums ausgelösten Wandel vom Verkäufer- zum Käufermarkt verlagerten sich die relevanten Engpässe von der Produktion auf das marktliche Umfeld, was eine kritische Auseinandersetzung mit der faktortheoretischen Betriebswirtschaftslehre Gutenbergscher Prägung auslöste (vgl. Bruhn/Grimm, Denken, S. 23-24). Diese konnte als auf interne Abläufe ausgerichtete Lehre den veränderten Bedingungen nur noch teilweise gerecht werden. Neben Versuchen, die Betriebswirtschaftslehre durch eine erfahrungswissenschaftliche Fundierung realitätsnäher zu gestalten (vgl. Witte, Entscheidungsforschung, S. 195-196), und einer verstärkten Beschäftigung mit der amerikanischen Managementliteratur (vgl. Ulrich, Betriebswirtschaftslehre, S. 7-8), aus der beispielsweise der Marketing-Ansatz und der Ansatz des Strategischen Managements hervorgegangen sind, entstand der betriebswirtschaftliche Systemansatz vor genau dreißig Jahren (vgl. Ulrich, Ansatz, S. 270).
[2] Vgl. Kistner/Steven, Aktivitätsanalyse, S. 106.
[3] Vgl. Ulrich, Sachlichkeit, S. 409-410.

zialer Systeme zu einer den neuen Anforderungen entsprechenden Theorie der Unternehmensführung herausarbeiten. Denn diese stellt mit ihrem Verständnis von sozialen Systemen als komplexer *Einheit* mit ihrer Umwelt möglicherweise - dies gilt es in dieser Arbeit zu zeigen - eine Bereicherung der Unternehmensführungslehre dar.

Obwohl bereits für Teilaspekte diskutiert, liegt noch keine *umfassende* Aufnahme der Luhmannschen Systemtheorie in die Betriebswirtschaftslehre vor. Kritische Einwände[4] haben dies bisher verhindert, da die von Luhmann geäußerte Skepsis bezüglich der Steuerbarkeit sozialer Systeme häufig mit einer normativ konservativen Position verwechselt wird. Tatsächlich versteht sich aber Luhmanns Theorie als aufmerksame und kritische Beobachterin gesellschaftlicher Verhältnisse. Sie will verdeutlichen, wie groß die Anstrengungen der Verantwortlichen in Wirtschaft und Politik sein müssen, um die gesellschaftlichen und ökologischen Herausforderungen zu bewältigen. Und *indem* sie dies tut, weist sie Wege zur Annahme dieser Herausforderung auf, denn das Verhältnis der Unternehmen zu ihrer Umwelt ist in dem hier vertretenen systemtheoretischen Konzept die zentrale erkenntnisleitende Betrachtungsebene.[5]

1.2 Weiterentwicklung des betriebswirtschaftlichen Systemansatzes durch einen Wandel vom handlungstheoretischen zum systemtheoretischen Denken als theoretische Problemstellung der Arbeit

Die auf Parsons zurückgehende Unterscheidung zwischen Handlungs- und Systemtheorie[6] ist die soziologische Version einer Kontroverse, bei der es seit

---

4 Die Kritik konzentriert sich im wesentlichen auf drei Punkte: die angebliche Subjektlosigkeit des Systemansatzes (vgl. Beck, Gegengifte, S. 165-176), also der Vorwurf, dem Individuum werde in der Systemtheorie kaum Einflußmöglichkeiten auf die soziale Entwicklung eingeräumt; ferner die These, die Theorie sozialer Systeme sei relativistisch und bestreite die Realität gesellschaftlicher und ökologischer Phänomene (vgl. Nüse u.a., Erfindungen, S. 325-326) und schließlich die Behauptung, sie negiere prinzipiell die Möglichkeit der Planung und Steuerung komplexer Systeme (vgl. Steinmann/Zerfaß, öffentliches Interesse, S. 23).
5 Sie ist damit gewissermaßen eine „clean theory" im Sinne Dyckhoffs, da ökologische Aspekte in die Theorie integriert sind (vgl. Dyckhoff, Produktionswirtschaft, S. 82).
6 Dieses Problem stand auch im Zentrum von Parsons Spätwerk; vgl. Parsons, Gesellschaften, S. 22.

dem Altertum[7] um die grundlegende Frage geht, ob Phänomene durch die Analyse der Teile oder durch die systemische Betrachtung der Funktion und der äußeren Form zu begreifen seien. Der ersten Möglichkeit liegt ein Denken zugrunde, das in der Welt letztlich eine zusammengesetzte und determinierte Einheit sieht, so daß der Schlüssel zu ihrem Verständnis und damit das Wesen und die Aufgabe der Wissenschaft in analytischen Betrachtungen besteht. Die zweite Möglichkeit ist eine Folge der Schwierigkeiten mit der ersten, die darin zu sehen sind, daß die Komplexität der Welt und die Tatsache, daß Neues in ihr auftaucht, rein analytische Erklärungen schnell an die Grenzen des Denkens und Sprechens führt.

Auf soziale Phänomene bezogen äußert sich dieser Streit in der Alternative zwischen Handlungs- und Systemtheorie. Zunächst geht es, unabhängig von der zugrundegelegten Methode in den Wirtschafts- und Sozialwissenschaften, um die Frage, wie soziale Phänome über die Koordination der Einzelhandlungen von Individuen zustandekommen. Allerdings gehen handlungstheoretische Ansätze vom Individuum - dem „Subjekt" - aus und verstehen unter Handlungskoordination eine direkte und zweckgerichtete Kommunikation. Sie suchen eine Erklärung sozialer Phänome in den Zwecken der Individuen.[8] Dagegen beginnt systemtheoretische Sozialwissenschaft bei der Form und der Funktion des sozialen Phänomens und betrachtet nur Handlungen, die in für Individuen nicht kontrollierbarer Weise *sozial* gesteuert werden.[9] Systemtheorie erklärt also soziale Phänomene über die Funktion ihres Handlungszusammenhangs.[10]

In den Wirtschafts- und Sozialwissenschaften dominiert nach wie vor ein handlungstheoretisches Denken, obwohl systemtheoretisches Denken im Sinne Parsons eine lange Tradition in den Wirtschaftswissenschaften hat.[11] An exponierter Stelle steht auch hier Adam Smith, der bereits die für die moderne Systemtheorie charakteristische These vertrat, daß Ethik, Politik und Wirtschaft am besten funktionieren, wenn sie als autonome Teilsysteme der Gesellschaft

---

7 Vgl. z.B. Aristoteles, Metaphysik, S. 164-203.
8 Vgl. Luhmann, Zweckbegriff, S. 18-19.
9 Vgl. Bohnen, Handlung, S. 191.
10 Für die Unterscheidung beider Ansätze gibt es eine Reihe von Begriffen, wobei die Begriffsstrategie von der Position und dem Erkenntnisinteresse der Verwender abhängt. So wird der handlungstheoretische Ansatz auch als kausalanalytisch, individualistisch oder subjektorientiert bezeichnet. Systemtheoretische Ansätze werden zuweilen auch funktionalanalytisch, kollektivistisch oder emergenztheoretisch genannt.
11 Vgl. Churchman, Systemansatz, S. 71-96.

weitgehend unabhängig voneinander operieren. Wirtschaft verstand Adam Smith als System von Preiskommunikationen, für das die anderen Teilsysteme und sogar die Händler und Produzenten (also die Wirtschaftssubjekte) externe Faktoren darstellen. Vor diesem Hintergrund gewinnt das Bild der „invisible hand" als hochabstrakter Mechanismus des sozialen Zusammenhangs an Kontur. Die „systemische" Sichtweise von Smith gipfelte in der Forderung, daß sich die Wirtschaft ausschließlich an systeminternen Kriterien orientieren sollte, und daß Theologie, Ethik und Politik nicht steuernd in die Belange des Wirtschaftslebens eingreifen dürften[12].

Dennoch läßt sich - bezogen auf die Situation der Betriebswirtschaftslehre - feststellen, daß es hier, soweit dem Verfasser bekannt, nicht *einen* konsequenten systemtheoretischen Ansatz im Sinne Parsons gibt. Entweder sind die betriebswirtschaftlichen Systemansätze von Beginn an handlungstheoretisch konzipiert und verwenden den Systembegriff lediglich als Ausdruck einer Vielheit von Einzelteilen, die unter einem gemeinsamen Aspekt betrachtet werden - diese Ansätze sind also im Sinne Parsons im Prinzip falsch bezeichnet - oder sie nehmen lediglich systemtheoretische Teilelemente in einen ansonsten handlungstheoretischen Bezugsrahmen auf und versuchen, beides zu integrieren.

Die so entstandene Lage macht eine klar verständliche und theoretisch saubere Diktion schwierig und erfordert sie zugleich. In dieser Arbeit werden deshalb alle betriebswirtschaftlichen Ansätze, die von ihren Vertretern mit dem Systembegriff belegt werden, als Systemansätze bezeichnet, unabhängig davon, ob dies im Sinne Parsons gerechtfertigt ist. Mit dem Zusatz „individualistisch" werden jene Systemansätze versehen, die im Sinne Parsons rein handlungstheoretisch konzipiert sind. Systemansätze, die - auch wenn nur ansatzweise - im Sinne Parsons systemtheoretisch konzipiert sind, werden in dieser Arbeit emergenztheoretisch genannt. Emergenz heißt wörtlich übersetzt „Auftauchen". Der Begriff kennzeichnet eine (philosophische) Position, nach der in der biologischen und sozialen Evolution *neue,* unerwartete und unvorhersehbare Phänomene, Dinge, Ereignisse oder Qualitäten entstehen, die sich zwar aus vorhergehenden oder niederen Stufen entwickelt haben, aber nicht mehr allein durch diese erklärbar sind. Die Emergenzthese ist die Gegenposi-

---

[12] Vgl. ausführlich Wieland, Adam Smith, S. 365-370 und 375-385.

tion zum Reduktionismus oder Atomismus aristotelischer Prägung (vgl. Tab. 1.[13]).[14]

In der Betriebswirtschaftslehre werden seit den sechziger Jahren individualistische Systemansätze diskutiert. Die entscheidenden Impulse für ihr Auftauchen gingen von der Kybernetik aus[15], die die Dynamik von determinierten Systemen untersucht,[16] und für die ein Denken in zirkulären Regelkreisen charakteristisch ist. Dadurch sollen Systeme in die Lage versetzt werden, Störungen eines einmal eingerichteten Gleichgewichts durch Rückkopplungsschleifen selbständig auszugleichen.[17] Dabei ist die Dominanz dieser individualistischen Variante wohl auf den Erfolg des Kritischen Rationalismus von Popper als vorherrschende epistemologische Position der Betriebswirtschaftslehre seit den sechziger Jahren zurückzuführen,[18] der den Individualismus zum methodologischen Leitprinzip[19] der Sozialforschung machte.[20]

---

13   Zur Tabelle 1. vgl. die Übersichten zur Geschichte des Systemansatzes bei Churchman, Systemansatz, S. 71-112, Rapoport, Allgemeine Systemtheorie, S. 1-36, und Türk, Einführung, S. 7-11. Eine vollständige Besprechung der individualistischen Ansätze kann hier nicht erfolgen. Genannt seien hier nur stellvertretend für Ansätze aus dem Bereich der Unternehmensführung Hahn, Führung des Systems Unternehmung, und der Sammelband von Grochla, Unternehmensorganisation; für den Bereich der Systemanalyse inklusive der sog. Systems-Dynamics-Ansätze (das sind Simulationsmodell für Systemprozesse), vgl. Koreimann, Systemanalyse, und Baetge, Systemtheorie. Vgl. auch die Übersichten von Braun, Systemtheorie, und Müller-Merbach, Arten.
14   Vgl. Popper/Eccles, Ich, S. 44-56.
15   Zentralen Stellenwert hatte auch die allgemeine Systemtheorie von Ludwig von Bertalanffy, die eine Rechtfertigung der Übertragung des Systemdenkens von den Natur- auf die Wirtschafts- und Sozialwissenschaften lieferte. Denn Ausgangspunkt seiner Überlegungen war, daß natur- und sozialwissenschaftliche Phänomene bestimmten allgemeinen Prinzipien folgen, so daß eine *allgemeine* Systemtheorie allen Realwissenschaften als Metatheorie zugrundegelegt werden kann (vgl. Bertalanffy, open Systems, S. 9-23 und ders., Systemlehre, S. 114-129).
16   Als einer ihrer bedeutendsten Vertreter kann Norbert Wiener genannt werden. Vgl. seinen Klassiker: Wiener, Cybernetics.
17   Vgl. Jirasik/Mai, Kybernetisches Denken, S. 11-30.
18   Vgl. den Überblick bei Kretschmann, Diffusion.
19   Vgl. Popper, Historizismus, S. 123.
20   Vgl. ausführlich bei Popper, Logik der Sozialwissenschaften, S. 106-123.

Systemansatz / Kriterium	individualistisch (handlungstheoretisch i. S. Parsons)	emergenztheoretisch (systemtheoretisch i.S. Parsons)
Systembegriff und -typ	Ganzheit von zusammengesetzten Teilen (Individuen), zwischen denen Beziehungen bestehen	Handlungszusammenhang über gemeinsamen Sinn
Systemtyp	sozio-kybernetische Systeme	Kommunikationssysteme
Denktradition	Naturwissenschaft (Euklid, L. v. Bertalanffy), Kybernetik (Wiener), individualistische Soziologie (M. Weber)	Phänomenologie (A. Schütz), Sprachphilosophie (L. Wittgenstein), kollektivistische Soziologie (T. Parsons)
Erkenntnisziele	Strukturen und Prozesse unter Steuerungs- und Gestaltungsaspekten	zusätzlich: emergente Ordnungen (v.a. funktionale Differenzierung)
Methodik	strukturelle Analyse empirisch-ontologisch (Beobachtung 1. Ordnung)	funktionale Analyse empirisch-konstruktivistisch (Beobachtung 2. Ordnung)
Vertreter in der BWL (Bsp.)	J. Baetge, E. Grochla, D. Hahn, D. Koreimann, H. Müller-Merbach	nur ansatzweise existent: F. Malik, G.J.B. Probst, W. Kirsch, H. Kasper

Tab. 1: Individualistische und ermergenztheoretische Systemansätze im Vergleich

In seinem Buch „Das Unternehmen als produktives soziales System" von 1968 führte H. Ulrich die Kybernetik Norbert Wieners in die *Betriebswirtschaftslehre* ein.[21] 1972 gab Bleicher bereits einen Sammelband heraus,[22] in dem verschiedene Vorschläge für eine Verbindung von allgemeiner Systemtheorie und Kybernetik mit der Betriebswirtschaftslehre gemacht werden. Fuchs legte dann 1973 eine mathematisch-formal gehaltene Anwendung der allgemeinen Systemtheorie Bertalanffys auf die Betriebswirtschaftslehre vor. Hier ging es vornehmlich um eine Reformulierung der Begriffe *Entropie* - als Maß für den Strukturierungs- und Effizienzgrad von Organisationen - und *Information* - als negative Entropie aus der Umwelt - aus betriebswirtschaftlicher Sicht.[23]

In der Folgezeit entwickelte sich eine intensive Diskussion über die Relevanz von Kybernetik und allgemeiner Systemtheorie für die Betriebswirtschaftslehre.[24] Die Uneinheitlichkeit der Systemansätze und die Tatsache, daß es den Vertretern des Systemansatzes nur schlecht gelang, überzeugende Argumente für die praktische und theoretische Bedeutung der Systemtheorie für die Betriebswirtschaftslehre zu liefern,[25] führte schließlich dazu, daß der neue Ansatz nicht über einen programmatischen Status hinauskam. Der von einigen Autoren proklamierte *Paradigmawechsel*[26] in der Betriebswirtschaftslehre kann auf keinen Fall konstatiert werden.[27]

Den Übergang von individualistischer zu emergenztheoretischer Betrachtungsweise in der Systemtheorie hat seinen Ursprung ebenfalls in der Systemtheorie Ludwig von Bertalanffys.[28] Seine Idee, Systeme in Abgrenzung zu ihrer Umwelt zu verstehen,[29] führte dazu, die überlieferte Unterscheidung von Teil und Ganzem durch die Unterscheidung von System und Umwelt als neue „Leitdifferenz" der Systemtheorie[30] abzulösen. Damit war es auch möglich, das

---

21 Vgl. Ulrich, System, Ulrich, Management, S. 23-31 und S. 54, und ders. Managementlehre, S. 3-32.
22 Vgl. Bleicher, Organisation. Vgl. auch Ulrich/Krieg, Management-Modell.
23 Vgl. Fuchs, Systemtheorie, S. 111-115.
24 Die beeindruckende Vielfalt systemtheoretischer Forschungsschwerpunkte gibt der Sammelband von Egon Jehle, Systemforschung, wieder.
25 Vgl. in diesem Sinne Braun, Systemtheorie, S. 510-511 und selbstkritisch Fuchs, Systemtheorie, S. 90.
26 Vgl. Braun, Systemtheorie, S. 510.
27 Vgl. z.B. Kappler, Vorwort, S. I-V, Albach, Betriebswirtschaftslehre, S. 170-178, Nagaoka, Suche, S. 129-130.
28 Dies erwähnt Luhmann selbst; vgl. Luhmann, Soziale Systeme, S. 22-23.
29 Vgl. Bertalanffy, Systemlehre, S. 114-129.
30 Vgl. Luhmann, Soziale Systeme, S. 23.

Verhältnis von System und Umwelt zu bezeichnen, was zu Unterscheidungen zwischen *offenen* und *geschlossenen* Systemen führte. Dies war die Voraussetzung für die Entstehung der Theorien selbstorganisierender Systeme.[31] Sie erklären, wie aus anscheinend chaotischen Zuständen spontan stabile Ordnungen auftreten können. Die entscheidende Entdeckung in diesem Zusammenhang war, daß selbstorganisierende Prozesse offensichtlich nur dann zustande kommen, wenn die Operationen und Prozesse des Systems auf das System selbst zurückwirken (Selbstreferenz oder Selbstbezüglichkeit).

Formal ausgedrückt folgen die diese Prozesse zum Ausdruck bringenden Gleichungssysteme einer rekursiven Logik. Eine einfache rekursive Funktion habe beispielsweise die Form:

$$(1)\ x_n = \Phi(x_n - 1)$$

Für $n \to \infty$ stabilisiert sich der Wert für x, denn es gilt dann:

$$(2)\ x_\infty = \Phi(x_\infty)$$

Der Wert für x_∞ heißt Eigenwert oder auch Attraktor. Wird für den Operator Φ beispielsweise die Quadratwurzel genommen, gilt also:

$$(3)\ x_n = \sqrt{(x_n - 1)} \quad \text{(mit } n \to \infty\text{)}$$

dann hat x_∞ den Eigenwert (Attraktor) 1. Attraktoren, deren Eigenwerte sich nicht vorausberechnen lassen, heißen *seltsame Attraktoren*.[32]

Selbstbezüglichkeit ihrerseits setzt Systeme voraus, die bezüglich ihrer Operationen geschlossen sind, also die Bedingungen ihrer Operationsweise vor der Umwelt schützen können. Den empirischen Nachweis, daß es tatsächlich geschlossene Systeme gibt - eine These, die quer zum klassischen System-

---

[31] Vgl. den Überblick bei Paslack, Selbstorganisation, S. 61-65. Ilya Prigogines *Theorie dissipativer Strukturen* (vgl. Prigogine, Vom Sein zum Werden), Manfred Eigens Theorie *autokatalytischer Hyperzyklen* (vgl. Eigen/Winkler, Das Spiel), Hermann Hakens *Synergetik* (vgl. Haken, Synergetik) und Humberto Maturanas und Francisco Varelas *Theorie autopoietischer Systeme* (vgl. Maturana/Varela, Der Baum der Erkenntnis) sind Promotoren einer die Grundlagen traditioneller Naturwissenschaften erschütternden Weltsicht, die unter dem Sammelbegriff *Selbstorganisation* einen Paradigmawechsel in den Naturwissenschaften eingeleitet haben.
[32] Vgl. Foerster, Selbstorganisation, S. 152-153..

denken liegt - erbrachten Humberto Maturana und Francisco Varela. Sie zeigten, daß biologische Systeme (etwa Zellen) zwar bezüglich ihres Stoffwechsels offen sind, aber im Hinblick auf ihre Operationen von der Umwelt nicht determiniert werden, d.h. operational geschlossen sind, und sich auf Grund dieser Eigenschaften selbst reproduzieren können. Für diesen Systemtyp haben die Biologen Maturana und Varela den Begriff der *Autopoiese* eingeführt.[33]

Autopoiese kann am besten mit Selbsreproduktion umschrieben werden. Er setzt sich aus der griechischen Vorsilbe αυτο (selbst) und dem Verb ποιειν (tun, machen, schaffen) zusammen, hat also beispielsweise denselben etymologischen Ursprung wie das Wort Poesie (ποιησις: Dichtung).[34] Die Übernahme des Begriffs der Autopoiese erfolgt bei Luhmann nicht in Form einer Analogie, sondern in metaphorischer Absicht als vorläufige „linguistische Notlösung"[35], die sich im wissenschaftlichen Diskurs erst noch bewähren muß.

Die Konsequenzen der Selbstorganisations- und Systemforschung für die *Sozialwissenschaften* hat besonders Luhmann herausgearbeitet. In der *Betriebswirtschaftslehre* sind es heute vor allem die St. Galler Schule und Kirsch und seine Mitarbeiter, die sich um eine verstärkte Rezeption der modernen Systemtheorie in der Unternehmensführungslehre bemühen. Neben anderen Autoren, die eine Anwendung der Systemtheorie auf Spezialprobleme der Betriebswirtschaftslehre versucht haben, stellt der Ansatz von Kasper eine besonders weitgehende systemtheoretische Konzeption dar. Eine Übersicht über aktuelle Systemansätze, die im Ansatz emergenztheoretisch angelegt sind, gibt Tab. 2. Wegen der Bedeutung der Ansätze von Kirsch und Kasper als Anknüpfungspunkte für diese Arbeit, sei hier kurz auf diese eingegangen.

Kirschs Rationalitätskonzept ist ein wichtiger Ausgangspunkt für diese Arbeit. Kirsch hat zunächst mit der „Theorie des kommunikativen Handelns" von Habermas experimentiert.[36] Da Habermas die Lösung von Entscheidungsproblemen von dem Konsens über einen gemeinsamen kommunikativen Bezugsrahmen (Metakontext) abhängig macht, können sogenannte „Kontextparti-

---

33 Vgl. Maturana/Varela, Der Baum der Erkenntnis, S. 50-54 und Varela, Biological Autonomie.
34 Vgl. Kluge, Etymologisches Wörterbuch, S. 553.
35 Luhmann, Autopoiesis, S. 307.
36 Vgl. Kieser, Ansätze, S. 273.

sanen", also solche Personen, die *ihren* Kontext als die einzige und absolute Wahrheit ansehen[37], den gesamten Entscheidungsprozeß blockieren. Wenn in dieser Situation trotzdem gegen den Kontextpartisan entschieden wird, müßte die Theorie, wenn sie sich konsequent an Habermas halten möchte, dieses Verhalten als irrational und unmoralisch auszeichnen.[38] In Anlehnung an Max Weber modifiziert Kirsch das Konzept der kommunikativen Vernunft zu einer evolutionären Rationalität der „Weltanpassung"[39]. In bestimmten Situationen wird auf eine *prinzipielle* kommunikative Rationalität verzichtet, die darauf bestehen müßte, in *allen* Situationen einen Konsens zu erzielen. *Evolutionäre* Rationalität kann sich im Falle von Kontextpartisanen über diese hinwegsetzen und trotzdem zu einer Entscheidung gelangen.

Der Ansatz von Kasper zur Erklärung von Innovationen in Organisationen ist wegen seiner weitgehenden Übertragung des Luhmannschen Systemdenkens für diese Arbeit von Interesse, was durch die Hervorhebung von Erwartungen als zentralem Parameter von Struktur, Dynamik und Gestaltung von Organisationen zum Ausdruck kommt.[40] Kasper steht in der Tradition des evolutionstheoretischen Ansatzes von Weick,[41] der den Wandel von Organisationen durch die Entwicklung kollektiver handlungsleitender Erklärungsmuster begreiflich macht.[42] Weick sieht im Gestalten und Organisieren durch das Management einen rein kognitiven Prozeß: um handeln zu können, müssen sich Individuen an ihrer Umwelt orientieren, und dies tun sie auf Basis einer *konstruierten* Wirklichkeit.[43] Der *Prozeß des Organisierens* besteht bei Weick folglich aus Variation, Selektion und Retention handlungsleitender Wirklichkeitskonstruktionen.[44]

---

[37] Vgl. Knyphausen, evolutionsfähige Systeme, S. 94.
[38] Vgl. Ringlstetter, Weg, S. 184.
[39] Vgl. Kieser, Ansätze, S. 273.
[40] Vgl. Kasper, Handhabung, S. 2.
[41] Vgl. Kasper, Handhabung, S. 332.
[42] Vgl. Kieser, Ansätze, S. 259.
[43] Vgl. Weick, Prozeß, S. 189-191.
[44] Vgl. Weick, Prozeß, S. 326.

Ansatz / Kriterium	Evolutionäres Management	Integriertes Management	Evolutionäre Führungslehre	Handhabung des Neuen
Hauptvertreter	Malik, Probst, Gomez	Bleicher u.a.	Kirsch, Knyphausen	Kasper
Erfahrungsobjekt	zweckgerichtete Institutionen	sozio-ökonomische Systeme	betriebswirtschaftliche Organisationen	Organisationen
Erkenntnisobjekt	Lebensfähigkeit sozialer Systeme	Unternehmensentwicklung, Integration der Managementfunktionen	Fortschrittsfähigkeit der Organisation	Dynamik und Handhabung von Innovationsprozessen
Modalität der Aussagen	deskriptiv, kaum instrumentell	instrumentell, deskriptiv	erklärend, zum Teil instrumentell	erklärend, ansatzweise instrumentell
Finalität	angewandte BWL	angewandte BWL	angewandte BWL	angewandte BWL
Methodik	System- und Evolutionstheorie als Analogie, Systemmethodik als Hermeneutik	System- und Evolutionstheorie als Metapher; Systemmethodik als Hermeneutik, dialektisch i.w.S.	interpretativ - konstruktivistische Anwendung soziologischer Erkenntnisse (v.a. Habermas)	interpretativ - konstruktivistische Anwendung soziologischer Erkenntnisse (Habermas und Luhmann)
Disziplinarität	offen: Evolutionsbiologie, naturwiss. Theorien der Selbstorganisation, Theorie spontaner Ordnungen	eigenständige Managementtheorie, aber offen für Erkennnisse aus anderen Wissenschaften	offen, aber beschränkt auf Sozialwiss., Erkenntnispluralismus als Programm, BWL als „Scheinwerfer"	geschlossene Organisationssoziologie
Kritik	Ungeklärte Zulässigkeit von naturwissenschaftlichen Analogien (Reduktionismusverdacht); praktische Relevanz unklar	Überforderung des Managements durch Anspruch einer umfassenden Ganzheitlichkeit	Vermischung von Handlungs- und Systemtheorie	Vermischung von Handlungs- und Systemtheorie; Skepsis bezüglich der Steuerung durch das Management

Tab. 2: Emergenztheoretische Systemansätze im Überblick [45]

---

[45] Vgl. zu den Vergleichskriterien Thommen, Lehre, S. 29-33. Vgl. zum *Evolutionären Management*: Malik/Gomez, Evolutionskonzept, S. 308-312, Malik/Probst, Evolutionäres Management, S. 129-138, Malik, Evolutionstheorie, S. 304-311, Malik, Strategie, S. 210-221, Gomez, Modelle, S. 171-198 u. 212-288, Probst, Selbst-Organisation, S. 141, Semmel, Managementlehre, S. 1 u. 17-34, Sandner, Evolutionäres Management, S. 83, Malik, Replik. S. 95-96. Vgl. zum *Integrierten Management* Bleicher, Integriertes Management, S. 1, 49-70, 79-115 u. 376-403, Gomez/Zimmermann, Unternehmensorganisation, S. 121, und Pümpin/Prange, Unternehmensentwicklung. Vgl. zur *evolutionären Führungslehre* Kirsch, Betriebswirtschaftslehre, S. 121, Kirsch, Wissenschaftliche Unternehmensführung, S. 3-5, Kirsch, Kommunikatives Handeln, S. 14 u. 66, Kirsch, Unternehmensführung, S. 320-325, Kirsch/Knyphausen, Unternehmungen, S. 98, Knyphausen, evolutionsfähige Systeme, S. 94, Ringlstetter Weg, S. 58. Vgl. zur *Handhabung des Neuen* Kasper,

Kasper faßt wie Luhmann Organisationsstrukturen als *Erwartungsstrukturen* auf. Er bezieht also den Innovationsprozeß nicht auf die Ebene des Handelns, sondern auf die Ebene von Erwartungen.[46] Entwicklungen und Innovationen sind demnach Veränderungen von Erwartungen, die durch die Selbstorganisationsdynamik des Systems hervorgerufen werden, worunter er jene permanenten Abweichungen des Verhaltens von bestehenden Erwartungen versteht, die im Rahmen des menschlichen Zusammenlebens zufällig oder bewußt ständig vorkommen.

Sowohl Kirsch als auch Kasper versuchen, Elemente der Theorie von Luhmann in ihren stark von Habermas geprägten Theorierahmen zu integrieren. Hierdurch kommt es aber nach Ansicht des Verfassers zu einer unzulässigen Vermischung von Handlungs- und Systemtheorie[47].

Das hierbei auftauchende Problem besteht in der unterschiedlichen Verwendung der Begriffe System und Handlung bei beiden Autoren. Habermas trennt die Begriffe im Sinne einer Abgrenzung von Individuum und Kollektiv. Er folgt damit der von Parsons formulierten Unterscheidung zwischen Handlungs- und Systemtheorie, und stellt mit seinem Ansatz einen Versuch vor, beide Theorietypen systematisch zu integrieren. System ist bei Habermas ein formalisierter kollektiver Bezugsrahmen, der Handlungen durch entsprachlichte Medien wie Macht oder Geld steuert und sie von den Motivationen der Individuen abkoppelt.[48] Mit dem Systembegriff ist gleichzeitig eine externe Beobachterperspektive gemeint, während im Handlungsbegriff eine subjektbezogene Analyse der Motivationen mitschwingt.[49] Probleme ergeben sich bei dieser Begriffsstrategie insbesondere bei der Behandlung gesellschaftlicher Evolution.[50] Diese sieht Habermas als eine Entkopplung systemischer von lebensweltlicher Koordi-

---

Handhabung, S. 2, 12, 42, 332-357, 379-388 u. 409-419, und Kasper, Neuerungen, S. 4, 42, 48 u. 69.

46 Vgl. Kasper, Neuerungen, S.42.
47 Abgesehen davon, daß die Aufnahme systemtheoretischen Denkens durch Habermas selbst von vielen seiner Anhänger scharf kritisiert wird (vgl. Bohnen, Handlung, S. 195). McCarthy befürchtet sogar, daß Habermas durch den „Flirt mit der Systemtheorie [...] Gefahr läuft, von derselben, in modernerem Gewande [als noch bei Marx; d. Verf.] auftretenden Illusion [der Wissenschaftlichkeit; d. Verf.] verführt zu werden" (McCarthy, Komplexität, S. 209) und dadurch die ursprünglichen Anliegen der kritischen Theorie zu verraten (vgl. McCarthy, Komplexität, S. 209-211).
48 Vgl. Habermas, Moralbewußtsein, S. 97-99.
49 Vgl. Luhmann, Handlungstheorie, S. 211-213.
50 Vgl. ausführlich Krüger, Vernunft, S. 385-392.

nierung. Wie Krüger zeigt, liegt darin ein Paradox, denn die lebensweltliche (=kommunikative) Rationalisierung *ermöglicht* nach Habermas eine Systemdynamik, von der sie selbst zerstört wird.[51] Obwohl Habermas ausdrücklich die Begriffe Handlung und System trennen möchte, ist die von ihm beschriebene soziale Entwicklung jedoch nur dann möglich, wenn der Systembegriff vollständig im Handlungsbegriff angelegt ist oder umgekehrt.[52]

Im Gegensatz dazu faßt Luhmann sowohl Individuen als auch Kollektive als Systeme auf, die handeln.[53] Zwischen Handlung und System ergibt sich für ihn keine Alternative. Er versteht unter einem sozialen System ein Netzwerk von etablierten und reproduzierbaren Kommunikationen.[54] Luhmann führt hierfür den Begriff der Autopoiese in die Theorie Sozialer Systeme ein, womit er zum Ausdruck bringen möchte, daß soziale Systeme in der Lage sind, ihre Kommunikation selbständig und ohne Anstoß von außen fortzusetzen, indem sie ihre Operationen beobachten und zum Thema weiterer Kommunikation machen können. Kommunikation in Systemen ist mit anderen Worten anschlußfähig. Handlungen spielen nur insofern eine Rolle, als ihnen innerhalb des Sozialsystems ein Sinn zugeschrieben werden kann, der sie als Handlung des Systems ausweist, und durch den die Kommunikation dann fortgesetzt werden kann.[55]

Damit stellt Luhmann nicht das Subjekt an den Anfang der Betrachtung, sondern einen allgemeinen subjektunabhängigen Systembegriff. Aus diesem leitet er - immer noch unabhängig vom Subjekt - einen Sinnbegriff ab. Sinn ist für ihn eine Kategorie des Systems. Erst jetzt führt er das Subjekt als *sinnverwendendes* System ein. Denn Sinn ist das *Medium*, in dem Subjekte miteinander kommunizieren können. Während die Handlungstheorien von subjektabhängigen und wissenschaftlich oder ideologisch vorgegebenen Zwecken ausgehen

---

51 Vgl. Krüger, Vernunft, S. 387.
52 Dieses Paradox kann nur die Systemtheorie durch die Figur des Beobachters 2. Ordnung auflösen. Dieser ist in der Lage, die von Habermas angedeutete Einführung eines Begriffes (System) in den von ihm unterschiedenen Begriff (Lebenswelt) zu bewerkstelligen, indem er diese Unterscheidung als *Einheit* auf anderer Ebene wahrnehmen kann (vgl. dazu ausführlich im nächsten Kapitel).
53 Vgl. Luhmann, Handlungstheorie, S. 212.
54 Vgl. Luhmann, Ökologische Kommunikation, S. 266. Um welchen Systemtyp es sich handelt, ist nicht unmittelbar beobachtbar, sondern kann nur durch Interpretation des auf den Sinn der Interaktion zielenden kommunikativen Verhaltens erschlossen werden. Eine Hilfe für den Beobachter bietet die Fähigkeit sozialer System, sich selbst zu beobachten und zum Thema einer Kommunikation zu machen (vgl. hierzu auch Weick, Prozeß, S. 199).
55 Vgl. Luhmann, Soziologie, S. 618-619.

und Rationalität lediglich auf die Auswahl zweckgerechter Mittel beziehen, macht die Systemtheorie auch die Auswahl von Zwecken durch das Subjekt zu einer offenen Frage und damit zum Gegenstand von Rationalität.[56]

Die theoretische Problemstellung der vorliegenden Arbeit besteht somit in dem Versuch, den betriebswirtschaftlichen Systemansatz weitgehend emergenztheoretisch anzulegen, um einen Beitrag zur Ablösung der Handlungs- durch die Systemtheorie zu leisten. Um dies zu erreichen werden zuerst die systemtheoretischen Grundlagen zur Behandlung von Unternehmen und ihrer Führung geschaffen, um auf dieser Basis einen Rationalitätsbegriff für den Umgang mit sozialen Systemen und ihrer Umwelt zu entwickeln und mögliche Verbindungen zur betriebswirtschaftlichen Tradition herzustellen. Vor dem Hintergrund einer für die Betriebswirtschaftslehre neu entwickelten Systemrationalität können vorhandene Ansätze in einen systemtheoretischen Rahmen eingeordnet und Impulse für die Verbesserung der Planungs-, Steuerungs- und Kontrollkompetenz der Unternehmensführung aufgegriffen werden. Für diesen Versuch steht das Konzept mit dem Arbeitstitel „reflexive Unternehmensführung". Diese Bezeichnung ergibt sich aus der Beschäftigung mit dem systemtheoretischen Rationalitätsbegriff, denn wie sich zeigen wird, handelt ein Unternehmen nur dann systemrational, wenn es die Rückwirkungen seines Handelns auf sich selbst *reflektiert*. Dadurch kann auch verantwortungsvolles Handeln als rational ausgewiesen werden[57] und bedarf keiner Wertvorgaben von außen. Die „Rettung" des Rationalitätsbegriffs für die Wissenschaft ist damit ein wichtiger Nebeneffekt der Beschäftigung mit der Luhmannschen Systemtheorie.

Der Übergang von der handlungs- zur systemtheoretischen Betrachtungsweise dient in erster Linie einer saubereren theoretischen Behandlung systemischer bzw. organisatorischer Fragestellungen. Denn im Rahmen der Handlungstheorie können soziale Phänomen nur durch Aggregation individueller Verhaltensweisen oder durch die Annahme, eine Organisation handle wie eine Person, thematisiert werden. Die erste handlungstheoretische Strategie - „Aggregation" - führt zu unakzeptablen Informationsverlusten, da die Existenz eines eigenständigen sozialen Handlungsrahmens schlicht ignoriert wird, so daß der Einfluß der sozialen Situation auf das Verhalten der Individuen nicht ange-

---

[56] Vgl. Wuchterl, Gegenwartsphilosophie, S. 233-237.
[57] Vgl. Schreyögg, Unternehmensethik, S. 251.

messen berücksichtigt werden kann. Die zweite handlungstheoretische Strategie - „Personifizierung" - führt zu einer unpassenden Vermenschlichung der Organisation, da die Handlungstheorie nicht über geeignete Unterscheidungen verfügt, die den Besonderheiten des organisatorischen Handelns und dessen Verhältnis zum Individuum gerecht wird. Die Systemtheorie vermeidet beides, indem sie soziale Systeme bzw. Organisationen als emergente Phänomene auffaßt, die einer gesonderten theoretischen Betrachtung bedürfen. Daß dabei aus einer linguistischen Mangellage heraus Begriffe im Zusammenhang mit Organisationen verwendet werden müssen, die üblicherweise dem Individuum zugeschrieben werden, ist zwar bedauerlich, läßt sich aber in diesem frühen Stadium der Theorieentwicklung nicht vermeiden. Wenn also vom Handeln, Erkennen, Wissen, Lernen etc. der Organisation die Rede ist, so ist damit auf keinen Fall eine Personifizierung der Organisation gemeint, sondern es geht gerade darum, diese Begriffe für den sozialen Kontext neu zu fassen und sie gegen die Begriffe des individuellen Handelns, Erkennens usw. zu unterscheiden.

1.3 Gang der Untersuchung

1.3.1 Zur Einordnung der systemtheoretischen Betriebswirtschaftslehre

Die systemtheoretische Betriebswirtschaftslehre fragt, wie zahlreiche Menschen (und Subsysteme) bei knappen Ressourcen und Abstimmungsbedarf des Verhaltens, unterschiedlichen Zeithorizonten und temporalen Interdependenzen, vielfältigen Alternativen des Handelns bei unterschiedlichen Präferenzen und unterschiedlichen theoretischen und praktischen Erfahrungen überhaupt zu gemeinsamem Handeln gelangen können. Sie beschäftigt sich ferner mit der Frage, wie Unternehmen Identität gewinnen können und wie sie Strukturen, Prozesse, Präferenzen etc. hervorbringen können, die sowohl die Verfolgung individueller als auch institutioneller Zwecke ermöglichen. Wirtschaften bedeutet im systemtheoretischen Kontext eine besondere Interaktion von Individuen und Organisationen, die zwar in wechselseitigen Beziehungen zueinander stehen, jedoch in bestimmten Grenzen autonom operieren. Systemtheorie reduziert den Menschen nicht auf einen bestimmten Aspekt (als Wirtschaftssubjekt, Unternehmer oder Arbeiter), sondern betrachtet ihn als komplex, nicht reduzierbar und nicht determiniert (kontingent) - also grundsätzlich als frei und deshalb für sein Handeln verantwortlich. Sie verdeutlicht aber auch, wie stark und subtil Menschen von den sozialen Bedingungen des Handelns beeinflußt werden. Damit spricht sie ihnen nicht die Möglichkeit ab, sich von den sozialen Zwängen zu befreien, sondern zeigt, welche Anstrengungen dafür unternommen werden müssen. Indem die Systemtheorie die Mechanismen der Sozialisation erklärt, hilft sie demjenigen, der sie versteht, sich von ihnen zu emanzipieren und kann so als ein wichtiger Beitrag zur Förderung verantwortungsvollen Handelns angesehen werden.

Betriebswirtschaftslehre	
Betriebswirtschaftliche Optimierungslehre ökonomisch - disziplinär	**Betriebswirtschaftliche Führungslehre** sozialwissenschaftlich - interdisziplinär
• Produktions-, Kosten- und Leistungstheorie (Produktionsplanung, Faktorvariation, Prozeßoptimierung u. -steuerung, Anpassung, Betriebsabrechnung, Kennzahlensysteme u.a.) • Investitions- und Finanzierungstheorie (Investitionsrechnung, Finanzplanung, Portfoliooptimierung, Bezugspreisfindung) • Absatztheorie (Sortimentsoptimierung, Preispolitik, Präferenzpolitik, Absatzmethoden, usw.) • Sonst. Operations Research - Anwendungen (Logistik, Standortoptimierung etc.)	• Individualistische Aspekte (Mitarbeitermotivation, Leistungsbeurteilung, Arbeitsplatzgestaltung, Konsumentenverhalten, Marktforschung etc.) • Systemische Aspekte (Unternehmenssteuerung, Kommunikation, Controlling, Strategie, Organisationsentwicklung, Unternehmenskultur, Unternehmensethik usw.) • Rechtliche und sonstige Aspekte (Rechtsformen, Beteiligungen, Bilanzpolitik, Steuerlastminimierung etc.)

Abb. 1: Einordnung der systemtheoretischen Betriebswirtschaftslehre

In dieser Arbeit sollen die Grundzüge einer Führungslehre entwickelt werden, der es vornehmlich um die Klärung sozialer, kommunikativer und politischer Elemente der Führung und um die Bedingungen der Steuerung von Sozialsystemen geht. Zu diesem Zweck wird von einer Unterscheidung zwischen einer mathematisch geprägten, rein ökonomischen Optimierungslehre und einer sozialwissenschaftlich-interdisziplinären Führungslehre ausgegangen (vgl. Abb. 1). Wie man sieht, bietet die Systemtheorie keine allumfassende Erklärung für sämtliche Bereiche der Betriebswirtschaftslehre. Ihre Relevanz erstreckt sich auf die systemischen Aspekte der Unternehmensführung. Damit sind jene Probleme gemeint, die sich aus der Koordination des individuellen Handelns und aus der Sozialisation in den Betrieben erst ergeben.

Die Systemtheorie hat für die Betriebswirtschaftslehre den Status einer Super- oder Metatheorie, sie wird auf die Betriebswirtschaftslehre *angewandt*. Dies bedeutet nicht, daß Gesetzmäßigkeiten der Systemtheorie axiomatisch, isomorph, analogisch oder metaphorisch übertragen werden,[58] sondern daß die Systemtheorie einen begrifflichen Rahmen zur Verfügung stellt, der für die konstruktive Theoriearbeit in der Zielwissenschaft verwendet wird. Die Generierung von Hypothesen zur Unternehmensführung erfolgt auf der Ebene der Betriebswirtschaftslehre und ihrer wissenschaftlichen Tradition, so daß eine *originär betriebswirtschaftliche* Theorie entsteht.

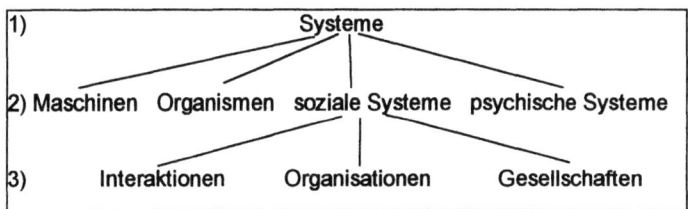

Abb. 2: Drei-Ebenen-Schema der allgemeinen Systemtheorie nach Luhmann[59]

---

[58] Vgl. zu den verschiedenen Verbindungsmöglichkeiten zweier Wissenschaften bei Semmel, Unternehmung, S. 28.
[59] Aus Luhmann, Soziale Systeme, S. 16.

Systemtheoretische Untersuchungen *abstrahieren* zunächst vom untersuchten Systemtyp und beziehen sich auf das ihm übergeordnete System. Die dort getroffenen begrifflichen Unterscheidungen werden im Wege einer *Respezifizierung* und *Konkretisierung* auf das System des Gegenstandsbereichs angewandt. Luhmann geht diesbezüglich von einem Drei-Ebenen-Schema aus, so wie es in Abb. 2. schematisch wiedergegeben ist.

Die Skizze zeigt zunächst nur die Möglichkeiten, auf verschiedenen Abstraktionslagen Systeme zu bilden und die Systeme, die auf derselben Ebene liegen, zu vergleichen. Es ist unsinnig, wie Luhmann bemerkt, Organisationen mit Organismen oder Maschinen direkt zu vergleichen.[60] Das einzige, was sie verbindet, ist ihr Bezug zum allgemeinen Systembegriff. Systemvergleiche sind nur über den Umweg zur nächsthöheren Ebene möglich, also nur über Abstraktion und Besinnung auf das Gemeinsame. Der Paradigmawechsel von der individualistischen zur emergenztheoretischen Systemtheorie vollzog sich auf der Ebene 1) der allgemeinen Systeme. Luhmanns Fragestellung lautete daraufhin, wie sich dies auf die Theorie *sozialer* Systeme auswirkt.[61]

Diesem Vorgehen kann in dieser Arbeit aus Platzgründen nur teilweise gefolgt werden. D.h. die Systemtheorie von Luhmann wird nur in ihren Grundzügen beschrieben. Der Schwerpunkt der Ausführungen liegt auf der Anwendung ihrer Ergebnisse auf die Betriebswirtschaftslehre. Dies ist jedoch vor dem Hintergrund, daß Luhmann sich nur am Rande mit betriebswirtschaftlichen Organisationen und deren Führung auseinandergesetzt hat,[62] wenig problematisch. Denn daraus ergibt sich, daß im Hinblick auf betriebswirtschaftliche Fragestellungen seine Systemtheorie teilweise erheblich modifiziert und erweitert werden muß. Zudem würden sich bei einer reinen Wiedergabe des Luhmannschen Gedankengutes zahlreiche Redundanzen und Überschneidungen ergeben.

1.3.2 Ausblick auf die Argumentation

Kapitelbezogen ergeben sich folgende Großpunkte: im zweiten Gliederungspunkt werden zentrale Tatbestände der Unternehmensführung aus Sicht der

---

60 Vgl. Luhmann, Soziale Systeme, S. 17-18.
61 Vgl. Starnitzke, Vorentscheidungen, S. 85.
62 Vgl. Luhmann, Soziale Systeme, S. 551.

Systemtheorie reformuliert. Bei der unumgänglichen Theoriearbeit werden sich aber auch immer wieder Abweichungen von üblichen betriebswirtschaftlichen Erklärungsmustern ergeben, was auf die Umstellung von Handlungs- auf Systemtheorie zurückzuführen ist. In der vorliegenden Arbeit beschränken sich die Aussagen auf die Auswirkungen der systemtheoretischen Betrachtungsweise auf Grundfragen der Organisation, deren Entwicklung und deren Gestaltung. Ferner wird durch die systemtheoretische Auseinandersetzung mit dem Rationalitätsbegriff die Grundlage für das Konzept der reflexiven Unternehmensführung gelegt.

Im dritten Gliederungspunkt wird das Konzept der reflexiven Unternehmensführung anhand des Managementzyklus entwickelt. Es stellt einen Bezugsrahmen zur Verfügung, in den sich vorhandene betriebswirtschaftliche Konzepte nach Maßgabe des ihnen zugrundegelegten Rationalitätsverständnisses einordnen lassen. Auf inhaltlicher Ebene ergeben sich Ansatzpunkte zum Ausbau der ökonomischen zu einer systemtheoretischen Rationalität, was vor allem die normative oder unternehmenspolitische Ebene der Unternehmensführung betrifft. Für diesen Bereich werden beispielhaft Ansatzpunkte reflexiver Führung in den Bereichen Planung, Organisation und Kontrolle vorgestellt. Dabei können die Aussagen nur einen Überblick über die möglichen Implikationen der emergenztheoretischen Ausrichtung des Systemansatzes geben.

Um dem jungen Alter des Ansatzes und der zu diesem Zeitpunkt noch selbstverständlichen Vorläufigkeit der in dieser Arbeit zum Ausdruck gebrachten Gedanken gerecht zu werden, wird auf ein schnell apodiktisch wirkendes Gesamtfazit verzichtet. Hier sollten die bis dahin vorausgegangenen Ausführungen für sich sprechen und keiner abschließenden Kommentierung durch den Verfasser bedürfen. Auch eine Komprimierung der schon sehr schlanken Argumentation kommt kaum in Frage, zumal zusammenfassende Thesen den Abschluß eines jeden Kapitels bilden. Den Schluß der Arbeit soll vielmehr die kritische Konfrontation des Systemansatzes und des Konzepts der reflexiven Unternehmensführung mit einem eng gefaßten Themengebiet der Betriebswirtschaftslehre darstellen. Die Risiko-Kommunikation des betrieblichen Umweltmanagements erweist sich in dieser Hinsicht als dankbares Beispiel, da hier besonders deutlich wird, daß Unternehmen und Umwelt eine differenzierte Einheit darstellen.

Die Auseinandersetzung mit der Systemtheorie erfolgt dabei in kritischer Distanz. Soziologische Thesen werden vor dem Hintergrund betriebswirtschaftlicher Traditionslinien betrachtet und nicht einfach übernommen. Dennoch können im Rahmen dieser Arbeit nicht alle bereits geäußerten oder noch möglichen Einwände gegen die Systemtheorie oder ihre Anwendung bzw. Übertragung auf die Betriebswirtschaftslehre dargelegt werden.[63] Eine empirische Überprüfung der Thesen würde den Rahmen der Arbeit ebenfalls sprengen. Es geht zunächst darum, Ansätze für ein tragfähiges und konsistentes Theoriegebäude zu entwickeln. Deshalb sind die Ausführungen dieser Arbeit im Schwerpunkt erklärender und beschreibender Natur. Aber darin ist zugleich auch ihr praktischer Nutzen zu sehen, denn die Voraussetzung für die Steuerung sozialer Systeme und damit für die Führung von Unternehmen liegt im Verstehen der Prinzipien der Sozialisation und der Eigendynamik von sozialen Systemen. Der Gang der Argumentation wird in Abbildung 3 schematisch nachgezeichnet.

---

[63] Differenzierte Kritik zu Luhmann ist insgesamt eher rar. Neben den bereits genannten kritischen Einwendungen sei an dieser Stelle auf die grundsätzliche und lesenswerte Kritik von Hartmut Esser hingewiesen, der die Notwendigkeit einer soziologischen Systemtheorie prinzipiell in Frage stellt und der Luhmannschen Begrifflichkeit esoterische Züge vorwirft (vgl. Esser, Kommunikation, S. 172-204, und Esser, Doppelpaß, S. 153-166). Grundsätzliche Kritik äußert auch Danilo Zolo, der Luhmann vorwirft, durch die Übernahme des Autopoiese-Konzepts von Maturana und Varela in einen biologischen Reduktionismus zu verfallen (vgl. Zolo, Selbstbegründung, S. 519-534, v.a. S. 531). Prominentester Kritiker an Luhmanns Systementwurf ist Jürgen Habermas, der Luhmanns Ansatz als „Nachfolger einer verabschiedeten [Subjekt-] Philosophie" (Habermas, Diskurs, S. 426) bezeichnet. Eine Systematische Widerlegung aus Sicht der Psychologie versuchen Nüse u.a., Erfindung. Auf weitere kritische Stimmen zu inhaltlichen und theoriebautechnischen Standpunkten Luhmanns wird an entsprechender Stelle im Text verwiesen.

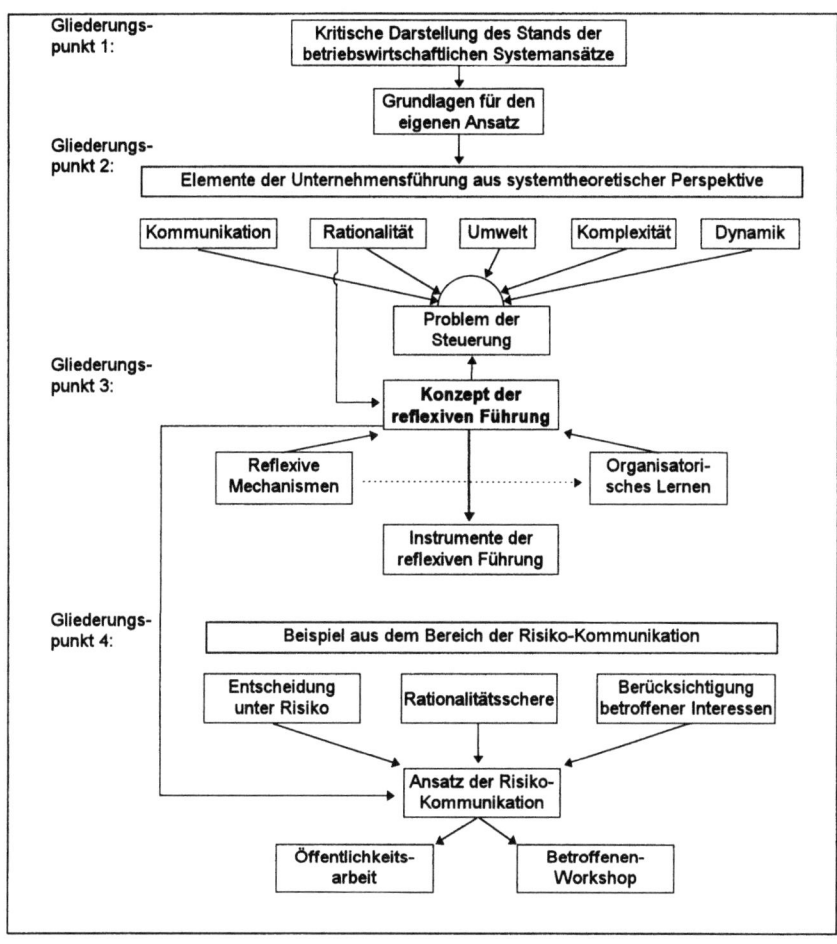

Abb. 3: Der Aufbau der Arbeit

2
SYSTEMTHEORETISCHE GRUNDLAGEN DER REFLEXIVEN UNTERNEHMENSFÜHRUNG

„Nur was wir selbst konstruieren, können wir voraussehen."
(Ludwig Wittgenstein[64])

2.1 Grundbegriffe: Unternehmen als soziale Systeme

2.1.1 Kommunikation und Selbstreferenz

Systemtheoretische Wirtschafts- und Sozialwissenschaft bedeutet: Konzentration auf die Aspekte, die als das spezifisch Soziale erst durch das Zusammenleben und -wirken von Menschen emergent auftauchen. Gemeinsames Handeln im sozialen Kontext erfordert Koordination des Handelns, und dies ist nur über Kommunikation möglich. Kommunikation wird so zu *dem* zentralen Begriff der Theorie sozialer Systeme. Kommunikationen sind nicht nur die zentralen Aktivitäten des Systems, sondern sie sind auch die Voraussetzung dafür, daß Systeme überhaupt wahrgenommen und identifiziert werden können. Diesen Tatbestand faßt Luhmann unter der Bezeichnung *mitlaufende Selbstreferenz* zusammen. Mitlaufende Selbstreferenz ist in der Kommunikation ein Wechselspiel von Bezügen auf ein Thema (Fremdbezug oder Sachebene) und auf die Situation, in der kommuniziert wird (Selbstreferenz oder Beziehungsebene). Zur Fortsetzung der Kommunikation muß dieses Wechselspiel ständig aufrechterhalten werden. Man darf beispielsweise nicht einfach das Thema wechseln (Fremdreferenz), und man muß die besondere Beziehung zum Kommunikationspartner berücksichtigen (Selbstreferenz).

Nach Luhmann bezeichnet Kommunikation die Einheit aus Information, Mitteilung und Verstehen. Eine Information stellt eine Selektion dessen dar, was

---

Wittgenstein, Tractatus, Satz 5.556.
Vgl. Luhmann, Soziale Systeme, S. 604.
Vgl. Luhmann, Soziale Systeme, S. 203.

mitgeteilt werden soll. Informationen stellen die Inhalts- oder Sachebene der Kommunikation dar, repräsentieren also ihren *fremdbezüglichen Aspekt*.[67] Damit die Information für einen anderen verständlich ist, muß sie in einem Medium wie Sprache oder Schrift übermittelbar sein und deshalb die Form einer Mitteilung haben. In dieser Hinsicht stellt die Mitteilung die *soziale Ebene* der Kommunikation dar, repräsentiert also ihre Selbstreferenz.[68] Mitteilungen sind im Gegensatz zu Informationen direkt beobachtbar. Durch die *Art und Weise* der Mitteilung weist sich die Kommunikation als zu einem bestimmten System gehörig aus. Die Form der Kommunikation, die sich in Mitteilungen äußert, ist quasi die „Visitenkarte" eines Systems. Dadurch können die Individuen das System, in dem sie agieren, beschreiben und ihre Aktivitäten an der Identität des Systems ausrichten.[69] Mitteilungen können ihrerseits auch von externen Beobachtern wahrgenommen werden, um nicht zu sagen: *sie sind das einzige*, was sie von einem fremden System wahrnehmen können. Selbstreferenz ist infolgedessen die Voraussetzung für Beobachtung schlechthin.[70]

Verstehen als drittes konstitutives Element der Kommunikation bezieht sich auf denjenigen, dem die Mitteilung gemacht wurde. Erst durch Verstehen wird die Kommunikation zur Einheit - emergiert sozusagen - da andernfalls die Mitteilung ins Leere läuft. Die erfolgreiche Interpretation der Bedeutung einer Mitteilung durch den Empfänger macht die Kommunikation erst komplett. Aus systemtheoretischer Sicht ist Verstehen jedoch eher unwahrscheinlich, da es sich nicht automatisch nach einer bestimmten Schrittfolge einstellt, sondern erst dann, wenn der Empfänger aus der Mitteilung den Sinn der Information zufriedenstellend rekonstruiert hat. Mitteilungen können also Verstehensprozesse nicht determinieren, sondern lediglich auslösen. Der Ausgang bleibt offen, und was tatsächlich verstanden wird, ist nicht prognostizierbar, sondern nur hinterher beobachtbar.[71]

---

[67] Vgl. Baecker, Bewußtsein, S. 217-218.
[68] Vgl. Baecker, Bewußtsein, S. 218.
[69] Vgl. Luhmann, Selbstbeschreibungen, S. 161.
[70] Vgl. kritisch zum Einbau des Konzeptes der Selbstreferenz in die Systemtheorie durch Luhmann bei Wagner/Zipprian, Differenz, S. 394-405. Die Autoren sehen - wie auch Habermas - in dem Konzept eine Anleihe an ältere subjektphilosophische Traditionen (v.a. Fichte und Schelling).
[71] Vgl. Schmidt, Sprachverstehen, S. 297-305; Schmidt nennt verschiedene Aspekte, die Kommunikation unwahrscheinlich machen: (a) die psychischen Systeme von Sender und Empfänger sind operational geschlossene Systeme; (b) Mitteilungen sind mehrdeutig, da ihr Verständnis von dem abhängt, was beim Empfänger vor sich geht; (c) Aufmerksamkeit

Verstehen impliziert jedoch noch keine *erfolgreiche* Kommunikation in dem Sinne, daß die *Konsequenzen* von dem Empfänger geteilt werden. Auch in dieser Hinsicht ist die Reaktion des Empfängers kontingent[72]: der mitgeteilte Sinn kann angenommen oder abgelehnt werden. Dieses Problem stellt sich für jemanden, der eine Kommunikation beginnen möchte, als Situation der doppelten Kontingenz[73] dar. Da er nicht weiß, wie der andere reagiert, kann er vor der Kommunikation zurückschrecken. Durch Reduktion von doppelter Kontingenz steigt folglich die Erfolgswahrscheinlichkeit von Kommunikation, da hiermit die möglichen Reaktionen auf Kommunikationsangebote verkleinert und dadurch *erwartbar* werden. Diese Form der Etablierung und Stabilisierung von Erwartungen ist das Prinzip sozialer Systeme.[74]

2.1.2 Kommunikationsmedien

Vor dem Hintergrund der Schwierigkeiten erfolgreicher Kommunikation setzen symbolisch generalisierte Medien an, die die Annahme eines Sinns auch dann wahrscheinlich machen, wenn unter anderen Umständen - etwa in einer Diskussion - mit Ablehnung zu rechnen ist.[75] Medien dienen allgemein dem Transport von Mitteilungen. Neben der Sprache sind Verbreitungsmedien (Schrift, Telekommunikation, Massenmedien) und symbolisch generalisierte Medien zu unterscheiden. Letztere sind Spezialcodes der gesellschaftlichen Teilsysteme, wie Geld für die Wirtschaft, Macht für Politik und Organisationen, Wahrheit für die Wissenschaft, Glaube für die Religion und Liebe für Ehe und Familie. Diese symbolisch generalisierten Medien erleichtern das Verstehen einer Mitteilung,

---

ist physisch begrenzt; (d) der Sender kann die Kommunikation nicht richten, sondern kann nur auf die Aktivierung des Empfängers hoffen; (e) der Sender kann sich über die Situation der Kommunikation (Beziehungsebene: Erwartungen, Person und Rolle des Empfängers, sachliche, zeitliche und soziale Umstände der Kommunikation) täuschen.

72 Kontingenz bezeichnet eine Situation, in der Handlungsmöglichkeiten nicht determiniert oder vorherbestimmt sind und der Handelnde über eine gewisse Anzahl (über ein *Kontingent*) von Handlungsoptionen verfügt.
73 Eine Situation ist doppelt kontingent, wenn man sein Verhalten von den Reaktionsmöglichkeiten eines anderen abhängig macht. Wenn keine festen Erwartungen bezüglich der Reaktion des anderen vorliegen, kann dies auf die Handlungsintention hemmend wirken. Soziale Systeme reduzieren doppelte Kontingenz, da sie verläßliche Regeln haben, wie auf Kommunikationsangebote zu reagieren ist.
74 Vgl. Luhmann, Soziale Systeme, S. 191-193.
75 Vgl. Luhmann, Wirtschaft der Gesellschaft, S. 67-68; vgl. zu den folgenden Ausführungen insbesondere Luhmann, Soziale Systeme, S. 220-245.

da ihr Sinn generalisiert und ihre Erscheinungsform symbolisiert ist, ohne daß die Bedeutung in der konkreten Situation von vornherein festliegen muß. Probleme können auftreten, wenn zwei Systeme, die mit unterschiedlichen symbolischen Generalisierungen prozessieren, aufeinandertreffen und auf eine erfolgreiche Kommunikation angewiesen sind.[76]

2.1.3 Zum Begriff des sozialen Systems

Verschiedene soziale Systeme weisen unterschiedliche Kommunikationsmuster, Codes oder symbolische Generalisierungen auf. Das soziale System erkennt sein „Gebiet" über die gemeinsame Sprache. Systemgrenzen sind Sprachgrenzen und Systeme Sprach- oder Kontextgemeinschaften. Dieser Ansatz läßt sich bis auf Wilhelm von Humboldt zurückführen. Humboldt nahm viele Gedanken vorweg, die erst in der Systemtheorie präzisiert wurden. Er ging davon aus, daß die Sprache nicht nur zur Beschreibung der Wirklichkeit dient, sondern daß sie gleichsam die Grenzen unserer Erkenntnis bildet, und daß es kein Erkennen außerhalb ihrer Grenzen gibt. Eine gemeinsame Sprache definiert auch einen gemeinsamen Horizont des Denkens und Erkennens. Sie ist geteilter Sinn. Eine Sprachgemeinschaft wird so auch zu einer Lebensgemeinschaft.[77]

Auch Ludwig Wittgenstein identifizierte in seiner Spätphilosophie unterschiedliche soziale Bereiche mit verschiedenen *Sprachspielen*.[78] Sein wichtigstes Ergebnis war die Widerlegung der Abbildtheorie der Sprache: Worte korrespondieren nicht mit Tatsachen, sondern erhalten Bedeutung durch ihren Gebrauch, also durch Sozialisation.[79] Kommunizieren ist soziales Verhalten und damit

---

[76] Vgl. Willke, Systemtheorie, S. 156-167.
[77] „Der Mensch lebt auch hauptsächlich mit den Gegenständen, so wie sie ihm die Sprache zuführt, und da Empfinden und Handeln in ihm von seinen Vorstellungen abhängt, sogar ausschließlich so. Durch denselben Act, vermöge welches der Mensch die Sprache aus sich heraus spinnt, spinnt er sich in dieselbe ein, und jede Sprache zieht um die Nation, welcher sie angehört, einen Kreis, aus dem es nur hinauszugehen möglich ist, als man zugleich in den Kreis einer andren Sprache hinübertritt." (Humboldt, Wilhelm von: Gesammelte Schriften, hrsgg. von der Königlich Preussischen Akademie der Wissenschaften, Berlin 1903, S. 179-180, zit. nach Kutschera, Sprachphilosophie, S. 289-290).
[78] Vgl. Wittgenstein, Philosophische Untersuchungen, § 2, S. 239.
[79] Vgl. Wittgenstein, Philosophische Untersuchungen, § 43, S. 262-263.

eine Lebensäußerung des Menschen. Das Erlernen einer Sprache kommt somit dem Erlernen einer sozialen Praxis gleich.[80]

Information muß in Sprache als Form der Mitteilung transformiert werden, und diese muß dann wieder zurückübersetzt werden. Daß dieser sehr unwahrscheinliche Prozeß dennoch funktioniert, geht auf die Existenz von geteilten sprachlichen Kontexten zurück, in der Zeichen und Wörter erst ihren Sinn erhalten und fehlerfrei in Information zurückverwandelt werden können. Kommunikation dient aber als soziale Praxis nicht nur dem Informationsaustausch, sondern hat ganz unterschiedliche soziale Funktionen (Mitleid auslösen, Feinde einschüchtern, Zusammengehörigkeit symbolisieren). Um sich am sozialen Leben beteiligen zu können, muß man erst die relevanten Sprachspiele - und das heißt Lebensformen - erlernen (z.B. in Wissenschaft, Politik oder Familie).[81]

Systeme lassen sich *allgemein* definieren als Einheit einer Vielheit von Einheiten, die zueinander in Beziehung stehen und sich dadurch von einer gemeinsamen Umwelt abgrenzen lassen.[82] Ein *soziales* System ist dann eine vernetzte Vielheit von Kommunikationen[83], die in einem Sinnzusammenhang zueinander stehen, und die sich von ihrer Umwelt unterscheiden lassen. Um fortbestehen zu können, müssen soziale Systeme permanent neue Kommunikationen hervorbringen und folglich ausreichende Kommunikationsmöglichkeiten bieten. Soziale Systeme sind *Kommunikationssysteme*. Als solche entfalten sie eine Eigendynamik, die unabhängig ist von individuellen Zwecken. Wenn also im folgenden von Handlungen des Systems die Rede ist, so ist damit ein grundsätzlich anderes Phänomen gemeint als individuelles Handeln. Keinesfalls sollte daraus auf eine Personifizierung oder Vermenschlichung von Organisationen geschlossen werden.

---

80 „Das Wort 'Sprachspiel' soll hier hervorheben, daß das Sprechen einer Sprache ein Teil ist einer Tätigkeit, oder einer Lebensform." (Wittgenstein, Philosophische Untersuchungen, § 23, S. 250).
81 Vgl. Wittgenstein, Philosophische Untersuchungen, § 27, S. 252.
82 Vgl. Heiden, Selbstorganisation, S. 58-59. Diese Definition ist zugegebenermaßen empirisch wenig gehaltvoll. Dies ist aber kein Makel, sondern kennzeichnet den Charakter der Systeme. Sie treten in unzähligen Erscheinungsformen auf, und Bedingungen ihrer Nichtexistenz lassen sich kaum angeben.
83 Somit können Kommunikationen als Elemente sozialer System verstanden werden (vgl. Luhmann, Soziale Systeme, S. 43 und 191-193).

Soziale Systeme werden zuweilen auch als „Handlungssysteme" bezeichnet.[84] Der Bezug auf Handlung schlechthin ist allerdings problematisch, da nur Handlungen eine Rolle spielen, die sich kommunikativ nutzen lassen und sie nur in dieser Hinsicht eine Bedeutung für das System haben. Soziale Systeme sind Kommunikationssysteme, da die kurzlebigen und unterschiedlichen Handlungen nur sehr flüchtige Strukturen ausbilden und nicht reproduziert werden können. Kommunikation kann dagegen strukturiert und eingeschränkt werden und führt eben unter diesen restriktiven Bedingungen zu (den gewünschten) Handlungen, auf die dann wieder Bezug genommen werden kann, so daß die Fortsetzbarkeit der Kommunikation sichergestellt ist.

Systeme entstehen, wenn Operationen aneinander anschließen, und zwar in der Form, daß die Folgeoperation zu der vorausgegangen Operation „paßt" (selektiver Anschluß), und daß sie sich auf diese bezieht, also die Systemgeschichte berücksichtigt (rekursiver Anschluß). Können Kommunikationen fortgesetzt werden, so können sie dies nur im System unter den Bedingungen der Selektivität und der Rekursivität.[85]

Soziale Systeme sind: (1) die *Gesellschaft* als alles umfassendes System, (2) *funktionale Teilsysteme*, die innerhalb der Gesellschaft spezialisierte Funktionen wahrnehmen und sich durch besondere Kommunikationscodes ausdifferenziert haben, und (3) *Organisationen*, die den speziellen Systemtyp bezeichnen, der auf einer stark formalisierten Kommunikationsform, nämlich der Entscheidung, basiert. Vorläufer sozialer Systeme stellen Interaktionssysteme dar.

2.1.4 Typen sozialer Systeme

2.1.4.1 Interaktionssystem

Das Interaktionssystem ist definiert als Kommunikation unter Anwesenden.[86] Im Gegensatz zu sozialen Systemen hängt die Mitgliedschaft zum System von der Anwesenheit ab. Das Interaktionssystem hat keine Mechanismen zu seiner

---

[84] Vgl. Schmid, soziales System, S. 29.
[85] Vgl. Luhmann, Wissenschaft der Gesellschaft, S. 271-272.
[86] Vgl. Luhmann, Interaktion, S. 86.

Kontinuierung - es hört auf zu existieren, wenn beispielsweise die Taxifahrt beendet ist oder man sich nach dem gemeinsamen Mittagessen in der Kantine wieder an seinen Arbeitsplatz begibt. Interaktionssysteme müssen unter dem Dach eines gemeinsamen sozialen Systems aufgehängt sein, das die Kommunikation mit Sprachspielen und Themen versorgt, denn beides hat ein Interaktionssystem nicht, da es im Gegensatz zu einem sozialen System geschichtslos ist. Interaktionssysteme können sich durch Fortführung der Kommunikation, durch Ausbildung eines typischen Sprachspiels, durch Selbstthematisierung oder mit einem Wort durch Selektivität und Rekursivität der Kommunikation zu sozialen Systemen entwickeln.

2.1.4.2 Gesellschaft

Gesellschaft stellt den Rahmen *jeder* Kommunikation dar. Sie ist dabei weder die hierarchischer Spitze noch die Summe der Systeme, Menschen oder Interaktionen. Sie ist vielmehr die kommunikative Voraussetzung jeder sozialen Handlung.[87] Gesellschaft ist die Welt der Sprache, und zwar die ganze Welt und alle Sprachen einschließend. Gesellschaft als soziales System ist Weltgesellschaft.[88] Die Grenzen der Gesellschaft sind die Grenzen jeder möglichen Kommunikation und damit die Grenze der möglichen Vernetztheit, Strukturiertheit und Entwicklung psychischer und sozialer Systeme.

2.1.4.3 Funktionale Teilsysteme

Die mit der zunehmenden Arbeitsteilung verbundene funktionale Differenzierung der Gesellschaft hat zur Ausbildung und wachsenden Autonomie der gesellschaftlichen Teilsysteme geführt. Davon betroffen ist nicht nur die Produktion und Distribution knapper Güter, sondern im Prinzip jeder Bereich des menschlichen Lebens, inklusive Erziehung und Glaube (vgl. Tab. 3). Die Teilsysteme bearbeiten gesellschaftliche Funktionen autonom und nach Maßgabe interner Regelungen. Dabei erweist sich die Koordination der Systeme untereinander als besonders schwierig, da soziale Systeme geschlossen

---

[87] Vgl. Luhmann, Interaktion, S. 87-88.
[88] Vgl. Luhmann, Weltgesellschaft, S. 3-5.

sind und ihre Umwelt nur sehr eingeschränkt wahrnehmen können. Funktionale Teilsysteme lassen sich an den für sie typischen Codes bzw. „Sprachspielen" und an den von ihnen verwendeten symbolisch generalisierten Medien identifizieren.

Funktionssystem	Code	Medium
Wirtschaft:	Zahlungsfähigkeit/ -unfähigkeit	Geld
Recht:	Recht/Unrecht	Gesetze und Entscheidungen
Wissenschaft:	Wahrheit/Unwahrheit	Erkenntnis
Politik:	Regierung/Opposition (Macht/Ohnmacht)	Macht und Ämter
Erziehung:	Gute/schlechte Zensuren	Berufliche Laufbahn
Religion:	Immanenz/Transzendenz	Glaube

Tab. 3: Gesellschaftliche Funktionssysteme, ihre Medien und Codes nach Luhmann[89]

Dies macht es möglich, daß durch die Verwendung eines systemtypischen Codes oder Mediums die Kommunikation immer einem der funktionalen Systeme eindeutig zugerechnet werden kann, unabhängig davon wo, wann und von wem kommuniziert wird. So fällt die Verabschiedung eines Haushaltsplans im Bundestag oder an einer Hochschule immer in den Bereich der Wirtschaft und nicht in die Bereiche Politik oder Wissenschaft, und die Veröffentlichungen von Unternehmen über spezifisches Know-how oder die Durchführung von Weiterbildungsmaßnahmen fällen in die Bereiche Wissenschaft respektive Erziehung. Es ist in diesem Zusammenhang interessant zu erwähnen, daß die Rede vom ÖkoSystem ins Leere läuft, weil die natürliche Umwelt gerade nicht als System

---

[89] Vgl. Luhmann, Wirtschaft der Gesellschaft, S. 19, und Luhmann, Ökologische Kommunikation, S. 125, S.150, S. 170, S. 186-188 und S. 195.

behandelt werden kann, da sie selbst nicht von einer eigenen Umwelt unterscheidbar ist.[90] Dadurch fehlt es an relevanten Unterscheidungen, um die Umwelt adäquat in sozialen Systemen zu berücksichtigen. Das heißt mit anderen Worten: soziale Systeme können - in gewissen Grenzen - ihren Bestand ohne Rücksichtnahme auf ihre Umwelt erhalten, so daß die gesellschaftlichen Teilsysteme keine Resonanz für ökologische Fragestellungen zu entwickeln brauchten.[91]

2.1.4.4 Organisation

Organisationen sind weder mit Interaktionssystemen noch mit Gesellschaft samt ihren Teilsystemen vergleichbar, sondern bilden einen emergenten Systemtypus. Charakteristisch für organisierte Sozialsysteme ist die Existenz von Bedingungen des Eintritts und von Regeln der Mitgliedschaft. Es reicht also nicht, lediglich erfolgreich an einer Kommunikation teilzunehmen, sondern es bedarf eines gegenseitigen „act of faith", in der Regel symbolisiert durch einen Arbeits- oder Mitgliedschaftsvertrag. Die Organisationsregeln ermöglichen eine dauerhafte, personen-, zustimmungs- und motivationsunabhängige Unterordnung des individuellen Verhaltens unter die Anforderungen der Organisation. Für Regelverstöße sind Sanktionierungen vorgesehen, die bis zum Ausschluß führen können. Häufig ist auch die Veränderung der Regeln selbst geregelt, die somit selbstreferentiellen Charakter haben.

Den Nachteilen der Befolgung organisationstypischer Regeln stehen entsprechende Vorteile wie Gehalt, Sozialisation u.a. gegenüber, wobei das Verhältnis beider über Verbleib oder Ausstieg des Mitgliedes entscheidet. Dabei ist stets davon auszugehen, daß die Vorteile die Nachteile überkompensieren müssen,[92] wobei die Beurteilung der Vorteile auch von den wahrgenommenen Alternativen abhängt. Es geht also weniger um einen quantifizierbaren Ausgleich, sondern vielmehr darum, daß die Organisationsteilnehmer die Leistungen der Organisation als ausreichend *empfinden*. Wie Barnard betont, wird die

---

[90] Vgl. Luhmann, Soziale Systeme, S. 55.
[91] Vgl. Luhmann, Ökologische Kommunikation, S. 42.
[92] So bereits bei Barnard, Executive, S. 139-143. Vgl. auch Luhmann, Interaktion, S. 89.

Wahrnehmung der Vorteile stark von der Organisation beeinflußt, woraus sich Ansatzpunkte für die Personalführung ergeben.[93]

Organisationen haben die Aufgabe, die Funktionen der gesellschaftlichen Teilsysteme effizient umzusetzen. Sie stellen die Entscheidungsinstanzen der Gesellschaft dar, denn nur in Organisationen können sozial bindende Entscheidungen personenunabhängig getroffen werden. Die Akzeptanz der Organisationsregeln durch die Mitglieder macht es möglich, Entscheidungsprozesse auf Stellen zu delegieren und Entscheidungen schnell und vergleichsweise widerstandslos in der Organisation durchzusetzen. Der dominante Systemcode muß dafür aber umgestellt werden. Während in der Wirtschaft Geld oder in der Wissenschaft Wahrheit und Reputation die vorherrschenden symbolisch generalisierten Kommunikationsmedien darstellen, gilt für alle Organisationen - unabhängig davon, für welches gesellschaftliche Teilsystem Entscheidungen getroffen werden müssen -, daß teilweise auf Macht umgestellt werden muß. Ansonsten ist mit einer Umsetzung von Entscheidungen nicht zu rechnen. Unter diesem Aspekt lassen sich Organisationen als Arenen zur Entscheidungsfindung auffassen.[94] Entscheidungen stellen folglich die spezifische Kommunikationsform der Organisation dar.

2.2 Konstruktivismus: Unternehmen als erkennende Systeme

2.2.1 Erkenntnis als Konstruktion

Im Verständnis der Theorie selbstreferentieller Systeme sind Organisationen geschlossene und rekursive Kommunikationsnetzwerke. Eine zentrale Problemstellung ergibt sich aus dieser Auffassung im Zusammenhang mit der Wahrnehmbarkeit von Umwelt durch Systeme, denn diese haben keinen direkten Umweltkontakt. Zur Klärung dieser Frage hat sich die Systemtheorie eng an das erkenntnistheoretische Programm des Konstruktivismus gelehnt.[95]

Dabei stehen sich zwei Ausprägungen des Konstruktivismus gegenüber: der Konstruktivismus der „Erlanger Schule" und der „Radikale Konstruktivismus".

---

[93] Vgl. Barnard, Executive, S. 149-152.
[94] Vgl. Luhmann, Wirtschaft der Gesellschaft, S. 309.
[95] Vgl. Glasersfeld, Aspekte des Konstruktivismus, S. 20.

Der erstere ist aus der Auseinandersetzung mit der Universalpragmatik von Habermas hervorgegangen. Diese wurde vornehmlich im sog. „Positivismusstreit der deutschen Soziologie" zwischen Anhängern der Frankfurter Schule und den kritischen Rationalisten um Popper ausgetragen.[96] Es ging um den Sinn empirischer Sozialforschung und um die Zulässigkeit von Werturteilen in den Sozialwissenschaften. Wie die Universalpragmatik, und im Prinzip auch der Radikale Konstruktivismus, betrachtet der Konstruktivismus der Erlanger Schule geisteswissenschaftliche Erkenntnisse als soziale Konstruktionen, die das Ergebnis eines rationalen, auf Verständigung ausgerichteten Diskurses zwischen Wissenschaftlern sind.[97] Gütekriterien von Theorien sind die Konsensfähigkeit und der praktische Nutzen von Wissen.[98]

Der Radikale Konstruktivismus, der tendenziell zu ähnlichen Konsequenzen für die Wissenschaft kommt, hat seinen Ausgangspunkt in der biologisch abgeleiteten Erkenntnis, daß unser Verstand - als auotpoietische System - keinen direkten Zugang zur Außenwelt hat. Da unser Erkenntnisapparat ein geschlossenes System ohne unmittelbaren Umweltkontakt ist, sind wir auf die Konstruktion unserer Erkenntnisse schon aus biologischen Gründen angewiesen. Genauso wie die Theorie sozialer Systeme, baut der Radikale Konstruktivismus also auf dem Konzept selbstreferentieller Systeme auf, so daß sich schon alleine deswegen dieses Programm als epistemologische Grundlage des Ansatzes anbietet.[99]

Während etwa Popper noch auf die empirische Wirklichkeit als Referenz zur Beurteilung wissenschaftlicher Aussagen rekurrierte,[100] enthält sich der Konstruktivismus jeglicher Aussagen über den Zusammenhang zwischen wissenschaftlicher Aussage und Wirklichkeit. Zum klassischen Begründungsproblem

---

[96] Vgl. den Sammelband von Adorno u.a., Positivismusstreit.
[97] Vgl. Kambartel, praktische Philosophie, S. 10-12.
[98] Vgl. Lorenzen/Schwemmer, Konstruktive Logik, S. 190-192 und Lorenzen, Normative Logic, S. 74. Im Gegensatz zu Habermas macht der Konstruktivismus der Erlanger Schule Werturteile selbst zum Gegenstand des wissenschaftlichen Diskurses, setzt diese also nicht wie Habermas apriorisch voraus (vgl. Habermas, Wahrheitstheorien, S. 211-263). Der Diskurs selbst soll konkreten Prozeßregeln folgen, die im sogenannten Vernunftprinzip formuliert sind (vgl. Kambartel, Moralisches Argumentieren, S. 66-67 und Schwemmer, Ethik, S. 84-88).
[99] Vgl. Glasersfeld, Wissen, Sprache, Wirklichkeit, S. 401-410. Die wichtigsten Vorarbeiten zum (radikalen) Konstruktivismus haben die Biologen Humberto Maturana und Francisco Varela geleistet (vgl. zusammenfassend Rusch, Standpunkt, S. 30-32). Vgl. auch das Buch von Watzlawick, Wirklichkeit.
[100] Vgl. Adorno, Soziologie, S. 81-101.

gibt es aus konstruktivistischer Perspektive keine Lösung.[101] Jede Begründungskette muß *und darf* an einem Punkt abgebrochen werden; von da an muß auf Einsicht oder Evidenz gesetzt werden. Ohne Einsicht im Sinne einer unbegründbaren Überzeugung ist überhaupt keine rationale Argumentation möglich, und jeder Versuch, sie zu begründen, muß zirkulär bleiben, da er immer wieder auf Einsicht zurückgreifen muß.[102]

Es geht hierbei letztendlich um die Frage, die bereits Kant in der „Kritik der reinen Vernunft" beschäftigt hat. Bei Kant lautete das Problem, wie eine Aussage, die weder durch logische, noch durch semantische Umformung aus einer anderen Aussage entstanden ist (die also synthetisch ist), a priori (und damit nicht empirisch) praktische und theoretische Gültigkeit erlangen kann.[103] Denn eine analytische Erkenntnis geht per definitionem nicht über den Gehalt der analysierten Aussagen hinaus und eine empirische Erkenntnis - so Kants Einsicht, die Popper die „Kopernikanische Wendung" nannte - setzt bereits eine vorhandene Theorie über den beobachteten Gegenstand voraus. Er fragte sich also, wie neue Erkenntnis entstehen kann, wo wir doch eigentlich nicht über das hinauskommen können, was wir bereits wissen. Seine Lösung lautete, daß dies auf Grund angeborener Anschauungs- und Denkformen möglich sei.

Während Kant somit argumentierte, daß Erkenntnis möglich ist, *obwohl* sie keinen anderen Zugang zur Realität außer sich selbst habe, befindet der Konstruktivismus, daß Erkenntnis möglich ist, *weil* sie keinen anderen Zugang hat: Erkenntnis ist danach nur deshalb möglich, weil sie ohne Rücksicht auf die Realität und ohne (störende) Einflüsse durch sie produziert werden kann.[104]

Die Wirklichkeit oder was dafür gehalten wird ist nur mit den Mitteln der Sprache erkennbar. Folglich ist jede Erkenntnis an die Grenzen der Sprache gebunden.[105] Das Verhältnis von Erkenntnis und Wirklichkeit steht dabei gar

---

101 Vgl. zum Problem der Letztbegründung Albert, Traktat, S. 11-14.
102 Vgl. die Argumentation in Stegmüller, Metaphysik, S. 162-169.
103 Vgl. Kant, Vernunft, S. 23. Daß synthetische Urteile a priori möglich und wichtig sind, hat Kant mit der Kopernikanischen Wendung gezeigt (vgl. Popper, offene Gesellschaft, S. 16-17).
104 Vgl. Luhmann, Erkenntnis als Konstruktion, S. 8-9; vgl. auch Kurt, Subjekt, S. 333-335.
105 *„Die Grenzen meiner Sprache* bedeuten die Grenzen meiner Welt." (Wittgenstein, Tractatus, Satz 5.6, S. 76; Hervorhebung im Original, der Verf.). Wohlgemerkt: diese Aussage bezieht sich nur auf Beschreibungen (und Beobachtungen) als Voraussetzung jeder Erkenntnis, die Frage nach der Möglichkeit undifferenzierter Wahrnehmung ist damit nicht berührt.

nicht zur Debatte.[106] Weder wird die Erkenntnis der Wirklichkeit zugeschrieben, noch wird behauptet, daß der Erkenntnisprozeß die Wirklichkeit konstituiert. Spekulationen über die Wirklichkeit werden schlicht unterlassen; die Realität wird nach Luhmann *de-ontologisiert*[107]. Der Erkennende kann nur über den eigenen Erkenntnisprozeß und über die eigenen Unterscheidungen und Beschreibungen mit Sicherheit sagen, daß es sie gibt. Er kann lediglich interne Prozesse wahrnehmen. Zu dem, was außerhalb seiner Systemgrenzen liegt - zu der „Wirklichkeit" - hat er keinen Zugang.[108] Die Antwort auf die Frage, wie unter diesen Umständen Erkenntnis möglich ist, liefert das Differenztheorem.

2.2.2 Erkenntnis oder die Einheit des Unterschiedes: das Differenztheorem

Erkennende Systeme können psychische Systeme (Individuen) sein oder - und das ist die hier relevante Perspektive - soziale Systeme.[109] Erkenntnisprozesse sind zunächst ganz allgemein als Systemoperationen zu verstehen, die aus zwei Schritten bestehen: (1) einer Beobachtung im Sinne des Unterscheidens eines Sachverhaltes von anderen und (2) der Bezeichnung des beobachteten Sachverhaltes in Abhängigkeit von der getroffenen Unterscheidung. Das Treffen von Unterscheidungen läuft innerhalb des Systems nach dessen Regeln ab und wird von der Umwelt nicht determiniert. Unterscheidungen und Erkenntnisse sind folglich Konstrukte des Systems.[110] Dabei wird die Unterscheidung bei individueller Erkenntnis vom Bewußtsein getroffen und vom

---

106 Vgl. Jensen, Kerngehäuse, S. 53.
107 Vgl. Luhmann, Konstruktivistische Perspektiven, S. 37.
108 Vgl. Wittgenstein: „Die *Wahrheit* gewisser Erfahrungssätze gehört zu unserem Bezugssystem." (Gewißheit, § 83, S. 136; Hervorhebung im Original, d. Verf.). In diesem Sinne hat sich auch Giovanni Battista Vico geäußert. Auf ihn geht der Ausspruch zurück, daß man nur erkennen könne, was man konstruiert habe, so daß das vorzügliche Feld der Wissenschaft Kultur und Geschichte sei, da diese vom Menschen geschaffen seien, während man über die Natur nur wenig sagen könne, da nur Gott - als ihr Schöpfer - in der Lage sei, ihre Wirklichkeit zu begreifen (vgl. Vico, Wissenschaft, S. 5-9).
109 Damit geraten Fragestellungen zum kollektiven Wissen und Lernen, die auch im Mittelpunkt aktueller betriebswirtschaftlicher Forschungsbemühungen stehen, von Anfang an in den Mittelpunkt der Betrachtung (vgl. etwa die Übersicht bei Dierkes, Unternehmenskulturen, S. 13-45).
110 „Die Erkenntnis projiziert Unterscheidungen in eine Realität, die keine Unterscheidungen kennt" (Luhmann, Erkenntnis als Konstruktion, S. 38). Dies gilt natürlich auch für das Erkennen von Erkenntnissen, das Beobachten von Beobachtern oder das Beschreiben von Beschreibungen!

Gedächtnis aufgezeichnet. Im Falle sozialer Systeme entsteht sie durch Kommunikation und kann in Textform gespeichert werden.

Die Idee des auf George Spencer Brown zurückgehenden Differenztheorems[111] lautet, daß jedem Begriff, der in der Kommunikation verwendet wird, ein *Gegenbegriff* zugrunde liegt. Das Erkenntnisproblem auf der Ebene sozialer Systeme besteht darin, daß die Gegenbegriffe nicht mitkommuniziert werden; der Mitteilende ist sich ihrer in aller Regel nicht einmal bewußt. Kommunikation gelingt aber erst dann, wenn die vom Mitteilenden unterstellten Gegenbegriffe von demjenigen, dem die Mitteilung gemacht wird, richtig interpretiert werden.[112] Verständigung setzt folglich die Einsicht voraus, daß in der Kommunikation unbewußt Gegenbegriffe und Unterscheidungen mitschwingen, die nicht kommuniziert werden, aber trotzdem präsent sind und Erkenntnisprozesse blockieren können.

Die Grundregel des Differenztheorems lautet daher: „Draw a distinction!"[113]. Eine Unterscheidung grenzt etwas aus der prinzipiell unbestimmten Welt (*unmarked state*) aus und markiert einen Raum, der bezeichnet werden kann (*marked state*). Die Bezeichnung stellt eine kommunizierbare Kopie bzw. ein Symbol der Unterscheidung dar, die aber auf eine Seite der Unterscheidung reduziert ist, da der unmarked state selbst nicht gleichzeitig mitbezeichnet werden kann (*law of calling*[114]). Während also nur die Innenseite der Unterscheidung bezeichnet wird, bleibt die Außenseite, die nur der Abgrenzung dient, unbestimmt. Umwelt ist aus systemtheoretischer Sicht also stets das, was bei der Verwendung einer Bezeichnung ausgegrenzt bleibt. Erkenntnis entsteht in diesem Zusammenhang erst durch eine Grenzüberschreitung (*Crossing*), d.h. durch Aufhebung und erneute Bestätigung der Unterscheidung.[115] Crossing be-

---

111 Zur Kritik am Differenztheorem vgl. Knorr Cetina, Differenzierungstheorie, S. 406-419.
112 Spricht beispielsweise ein Unternehmer mit einem Umweltschützer über „Technik", so mag er die Gegenbegriffe „Rückschritt", „Unproduktivität" oder gegebenenfalls „Arbeit" damit verbinden, der Umweltschützer könnte „Technik" aber ganz anders verwenden, nämlich in Abgrenzung von „Natur" oder „Friede".
113 Spencer Brown, Laws of Form, Neudruck, New York 1979, S. 3, zit. n. Baecker, Bewußtsein, S. 223.
114 Vgl. Baecker, Bewußtsein, S. 223.
115 Vgl. Baecker, Bewußtsein, S. 223-225; vgl. ferner die Darstellungen bei Baecker, Differenz, S. 76-88. Wittgenstein hatte mit seinem Hasen-Enten-Kopf offensichtlich einen ähnlichen Gedanken. Aus der Figur läßt sich entweder ein Hasenkopf oder ein Entenkopf sehen, aber nicht beides gleichzeitig: man muß dafür mit der Wahrnehmung hin und her wechseln und das kostet Zeit. Wittgenstein wollte damit zeigen, daß das Wiedererkennen

deutet, daß man die andere Seite der Unterscheidung ebenfalls bezeichnet. So wird eine Einheit von Innen- und Außenseite - von Begriff und Gegenbegriff - errichtet, die erkennen läßt, was unter einer Bezeichnung zu verstehen ist. Spencer Brown nennt diese Einheit des Unterschiedes *Form*[116]. Ist von der Form eines Begriffes die Rede, so ist immer die Einheit des Begriffes mit seinem Gegenbegriff gemeint. Jede Erkenntnisoperation - zumal in der Wissenschaft - beginnt deshalb idealerweise mit der Formbestimmung der verwendeten Begriffe.[117]

Um den Formbegriff korrekt einzuführen, muß auch dieser von seinem Gegenbegriff unterschieden werden. Das was den Formbegriff ausmacht, ist seine Abgrenzung zu dem Begriff Medium. Das Medium schafft ein geeignetes Wahrnehmungsumfeld. Es ist ein lose gekoppelter Bereich, der auf Grund eines Impulses lokale Zustände fester Kopplung annehmen kann, die vom Beobachter als Form erkennbar sind. Dafür darf das Medium keinen Eigenwert haben, also selbst nicht als störend wahrnehmbar sein.[118] Es muß sich nach dem „Einbrennen" einer Form wieder regenerieren können, um sich neuen Formen unterwerfen zu können.[119] Das Medium der Erkenntnisproduktion ist die Sprache und auch dies zeigt, daß es keine Erkenntnis außerhalb der Sprache geben kann (so wie es keine Laute im luftleeren Raum gibt).

Ein System verwendet die Unterscheidungen, mit denen es bei Bewußtseins- oder Kommunikationsprozessen arbeitet, *unbewußt*. Das heißt: bei dem Ge-

---

selbst nicht wahrgenommen wird (als blinder Fleck der Wahrnehmung), und daß die Art

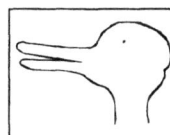

der Unterscheidung, die gewählt wird, im Moment des Unterscheidens offen ist und nicht von dem Objekt abhängt, das erkannt wird (vgl. Wittgenstein, Philosophie der Psychologie, S. 375). Möglich wird dies, da die Figur auf zwei verschiedene Sets von Erfahrungswissen (oder in unserer Terminologie: Unterscheidungen und Bezeichnungen) paßt.

Abb. 4: Der Hasen-Enten-Kopf von Wittgenstein (aus Philosophische Untersuchungen, § xi, S. 520)

116 Vgl. Baecker, Form, S. 21.
117 Die Formbestimmung ist allerdings nicht direkt möglich. Sie erfolgt immer über den Umweg des „unmarked state". Zwei Begriffe A und B lassen sich nur über den jeweiligen „unmarked state" des anderen Begriffes unterscheiden. Es handelt sich somit um eine Unterscheidung, die nur als Verhältnis zweier Unterscheidungen Form gewinnt. Dabei beinhaltet jede der beiden Unterscheidungen die jeweils andere in ihrem „unmarked state".
118 Hier kommt es wieder auf die Ebene der Betrachtung an, denn auch das Medium muß in einem geeigneten Medium wahrnehmbar sein, also als Form erscheinen können!
119 Vgl. Luhmann, Erkenntnis als Konstruktion, S. 36-37.

brauch von Begriffen während des Wahrnehmens, Denkens oder Kommunizierens bleiben die Gegenbegriffe stets ungedacht oder ungenannt, da sie nicht *gleichzeitig* aktualisiert werden können. Die Unterscheidung selbst ist der *blinde Fleck* der Wahrnehmung.[120] Er kann nur dadurch wahrgenommen werden, daß die Form der Unterscheidung selbst beobachtet wird und sich das System *später* darüber bewußt wird, welche Unterscheidungen es verwendet hat. Die Formbestimmung von Begriffen durch Aufdecken der blinden Flecken wird mit den Ausdrücken *second order cybernetics*[121] oder *Beobachtung 2. Ordnung*[122] bezeichnet.

In der Gesellschaft hat sich ein darauf spezialisiertes Teilsystem entwickelt, die Wissenschaft. Denn erkennende Systeme agieren auf der ersten Beobachtungsebene und können die blinden Flecken ihrer Beobachtung nicht mitbeobachten. Es fehlt ihnen mit anderen Worten eine Vorrichtung für die Identifizierung von Irrtümern. Hier kann Wissenschaft ansetzen, indem sie den Beobachtern 1. Ordnung die Form ihrer Unterscheidungen bewußt macht oder sie selbst in die Lage versetzt, Beobachtungen 2. Ordnung anzustellen.[123]

Eine solche Systemdifferenzierung ist auch auf Unternehmensebene denkbar, wenn etwa spezialisierte Stellen die Unterscheidungen und Wirklichkeitskonstruktionen, die den Unternehmensaktivitäten zugrunde gelegt werden, kritisch hinterfragen und weiterentwickeln (bspw. als Prämissenkontrolle in der Strategischen Planung). Grundsätzlich ist aber jeder im Unternehmen in der Lage, Beobachtungen 2. Ordnung anzustellen. Die Beobachtung 2. Ordnung ist also wie die meisten Konstrukte in der Systemtheorie nicht personal festgelegt, sondern über die Art der Kommunikation. Sie besagt lediglich, daß die Form einer Unterscheidung, die ein Beobachter 1. Ordnung macht, über die Offenlegung des dazugehörigen Gegenbegriffs bestimmt wird und somit auch als Selbstbeobachtung möglich ist. Dabei muß vergegenwärtigt werden, daß eine Beobachtung nur in bezug auf das, was ein Beobachter 1. Ordnung bezeichnet, als Beobachtung 2. Ordnung verstanden werden kann. In bezug auf den Beobachter selbst, ist sie Beobachtung 1. Ordnung, weist also ihrerseits blinde Flecken auf.

---

[120] Vgl. Luhmann, Autopoiesis, S. 317.
[121] Vgl. Foerster, Wissen und Gewissen, S. 3.
[122] Vgl. Luhmann, Konstruktivistische Perspektiven, S. 14-30.
[123] Vgl. Luhmann, Erkenntnis als Konstruktion, S. 22-23.

2.2.3 Unternehmen als Beobachter: Strukturelle Kopplung und Sinn

Das Verständnis von Erkenntnisleistungen auf Systemebene ist gleichzeitig die Voraussetzung für das Verständnis von Systemen überhaupt. Denn: „Jedes Tun ist Erkennen, und jedes Erkennen ist Tun"[124] heißt ein zentraler Lehrsatz der Theorie autopoietischer Systeme. Was Erkennen auf Unternehmensebene bedeutet, ist zwar einfach gesagt, nämlich die Kommunikation einer Beobachtung in der bekannten Definition als Einheit aus Information, Mitteilung und Verstehen. Daß es sich dabei aber um eine sehr anspruchsvolle und schließlich auch unwahrscheinliche Operation handelt, deutet Abbildung 5 an.

Beobachten ist an einen Wahrnehmungsapparat gebunden. Auf Unternehmen bezogen heißt das: da diese keine Augen und Ohren haben, sind sie auf die Individuen angewiesen. Die Beobachtung der Umwelt durch ein Unternehmen ist aus diesem Grunde zweifach abgeschirmt. Die Wahrnehmungen der Organisationsteilnehmer müssen auf bestimmte Umweltausschnitte gerichtet werden, und aus den vom Nervensystem generierten undifferenzierten Codes[125] müssen vom psychischen System Erkenntnisse konstruiert werden. Im dritten Schritt werden Systeminformationen gewonnen, d.h. die Kommunikation individueller Erkenntnisse muß gelingen. Das bedeutet, daß sie für die Organisationsmitglieder eine verstehbare Form haben müssen, und daß sie als relevant für das Unternehmen angesehen werden.

---

[124] Maturana/Varela, Der Baum der Erkenntnis, S. 32.
[125] Der Begriff der undifferenzierten Codierung geht auf Heinz von Foerster zurück (vgl. Foerster, Entdecken, S. 48-58). Er bezeichnet den Übersetzungsprozeß der von den Sinnesorganen ausgehenden unterschiedlichen Signale in bioelektrische Impulse, mit denen das neuronale System bzw. das Gehirn arbeiten kann. Diese Codierung in eine neuronale Einheitssprache ist notwendig, da die sensorischen Kontakte des Organismus äußert vielfältig sind und abgeglichen werden müssen (vgl. Roth, Realität, S. 232-233). Undifferenziert ist dieser Code, da die elektrischen Entladungen stets mit der gleichen Spannung erfolgen und sich nur durch eine unterschiedliche Entladungsfrequenz unterscheiden. Es wird mit anderen Worten nur die Intensität, aber nicht die Natur der neuronalen Erregung codiert (vgl. Foerster, Entdecken, S. 58).

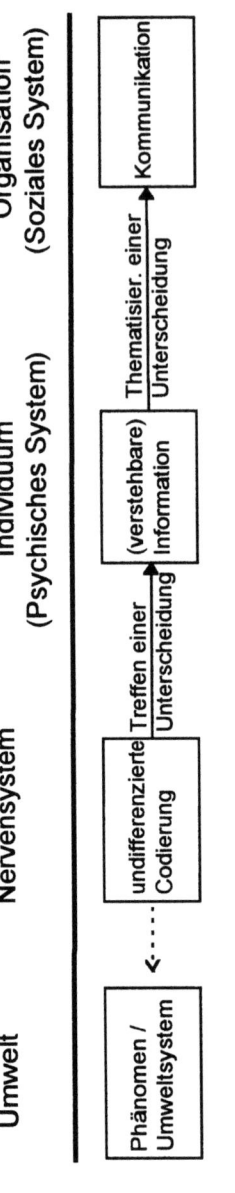

Abb. 5: Kommunikationssysteme der Unternehmen als Beobachter

Alle in der Abbildung 5 dargestellten Systemtypen sind geschlossene Systeme und stellen füreinander Umwelten dar. So ist nur das Nervensystem umweltreaktiv und nur das psychische System in der Lage, undifferenzierte Codierungen in Unterscheidungen zu transformieren. Erst auf dieser Ebene hat auch das soziale System einen Zugang zur Umwelt, indem es das psychische System „beobachtet", d.h. seine Unterscheidungen zum Thema der Kommunikation macht. Daß Erkenntnisprozesse trotz dieser Schwierigkeiten gelingen, liegt in einer Errungenschaft der biologischen und gesellschaftlichen Evolution, die in Anlehnung an Humberto Maturana *strukturelle Kopplung*[126] genannt wird, womit Beobachtungsverhältnisse zwischen autonomen Systemen bezeichnet werden.

Kopplung bezieht sich auf einen Zustand partieller Parallelisierung zweier oder mehrerer Systeme, die allesamt füreinander Umwelt darstellen. Die Möglichkeit der Beobachtung ergibt sich in dieser Situation als Folge der Operation in einem gemeinsamen Medium. Dies bewirkt, daß ein System die Operationen eines gekoppelten Systems nutzen kann, ohne daß dessen Aufbau oder Komplexität bekannt sein müßten. Umwelt kann damit selektiv für das System relevant werden, während sie in ihrer Gesamtheit ausgegrenzt bleibt.[127] Kommunikation im System erfordert auch eine gewisse Disziplinierung der Individuen, d.h. ein Befolgen der Regeln bezüglich erlaubter Themen und Kommunikationsformen. Die Systemtheorie hat für derart sozialisierte Individuen den Begriff der *Person* besetzt.[128]

Die strukturelle Kopplung zwischen sozialen Systemen und Individuen nennt Luhmann *Interpenetration*.[129] Damit ist gemeint, daß das soziale System die Komplexität der kognitiven Apparate der Individuen voraussetzen und wie eigene Komplexität nutzen kann, ohne daß sich dadurch die Komplexität des sozialen Systems erhöht. Damit können Aufmerksamkeit und Merkfähigkeit der Individuen in der Kommunikation vorausgesetzt werden.[130]

Die Voraussetzung für strukturelle Kopplung bzw. Interpenetration in Unternehmen ist die Existenz eines gemeinsamen Mediums, in dem Individuen und Organisation *gemeinsam* operieren können. Dieses gemeinsame Medium ist

---

[126] Vgl. Maturana, Erkennen, S. 143-144.
[127] Vgl. ausführlich bei Luhmann, Bewußtsein, S. 884-905.
[128] Vgl. Luhmann, Person, S. 174.
[129] Vgl. hierzu Luhmann, Soziale Systeme, S. 289-300.
[130] Vgl. Luhmann, Person, S. 174.

Sinn als Ordnungsform des Daseins und Selektionskriterium für alles Erleben und Handeln. Allerdings verwendet Luhmann den Sinnbegriff lediglich als einfache Bedeutungszuweisung durch einen Beobachter. Der Begriff ist für ihn nicht negierbar, da man alles, was man unterscheiden kann, auch bezeichnen kann.[131] Somit paßt der Begriff der Sinnlosigkeit (etwa jene der Existenz) nicht in dieses Sprachspiel, denn was sinnlos ist, ist gar nicht wahrnehmbar, deshalb auch nicht so bezeichenbar. Sinnlosigkeit müßte für die Theorie sozialer Systeme erst noch übersetzt werden; die Begriffe Wertlosigkeit oder Orientierungslosigkeit sind hier eher kompatibel.

Sowohl Individuen als auch Organisationen operieren über Sinn, d.h. grenzen mögliche Operationen auf diejenigen ein, die sinnvoll sind. Sinn ist das Selektionskriterium für Systemoperationen. *Individuen* erzeugen Sinn durch Bewußtsein. Hier erscheint Sinn als ein körperliches Lebensgefühl. *Organisationen* prozessieren über Kommunikation - insbesondere Entscheidungen - und aktualisieren so Sinn. In diesem Fall kann Sinn am Verstehen anderer festgestellt werden. Sinn ist das Medium, in dem sowohl Bewußtsein als auch Kommunikation Form annehmen kann, und die Unterscheidung zwischen Individuen und Organisationen ergibt sich gerade dadurch, *wie* sie Sinn reproduzieren bzw. Bedeutung zuweisen.[132]

Interpenetration ermöglicht, daß Unternehmen von ihrer Umwelt beeinflußt werden können. Voraussetzung ist, daß die vom Individuum konstruierten und kommunizierten Informationen einen positiven pragmatischen Wert (i. S. von Weizsäckers[133]), also einen gewissen Grad an Neuigkeit aufweisen, der im System zu Überraschung, Enttäuschung, Störung, Irritation, Faszination, Verwirrung o.ä. - allgemein: zu Zustandsveränderungen der Organisation - führt, ohne die Kommunikation auf Grund exzessiver oder fehlender Erstmaligkeit zum Erliegen zu bringen und destruktiv auf das System zu wirken. Pragmatische Information ist vom System konstruiert und kommt nur dort vor. Sie

---

131 Vgl. Luhmann, Soziale Systeme, S. 96.
132 Vgl. Luhmann, Soziale Systeme, S. 142.
133 Der pragmatische Wert einer Information ist ein Maß für die Wirkung der Information auf den Empfänger, wie sie ihn dadurch verändert und somit wieder zum Sender macht (vgl. Weizsäcker, Erstmaligkeit, S. 208). Nach Weizsäcker gibt es ein Kontinuum zwischen Erstmaligkeit (Neuigkeit) und Bestätigung (Redundanz) einer Information, in deren Verlauf ein Maximum an pragmatischer Information existiert. Der Ansatz verdeutlicht aus anderer Perspektive, wie es auf Grund von Kommunikation zu Anschlußkommunikation kommt (vgl. Weizsäcker, Erstmaligkeit, S. 89-97).

markiert bestimmte Aspekte der Umwelt und hält andere von der Organisation ab. Sie löst ferner Kommunikation bzw. Systemoperationen aus, da nach Gründen für die aufgetretene Zustandsveränderung gesucht wird und die Ursachen der Umwelt zugerechnet werden; außerdem werden mögliche Reaktionen thematisiert.[134]

2.2.4 Der Wert der Erfahrung und die Qualität der Erkenntnis: das Prinzip der Viabilität

Der konstatierten Unzugänglichkeit der Realität und der Systemabhängigkeit allen Wissens steht die Erfahrung gegenüber, daß Orientierung in der realen Welt offensichtlich möglich ist. Der Konstruktivismus behauptet nämlich nicht etwa, daß es unmöglich sei, Erfahrungen zu machen. Im Gegenteil ist die Systemtheorie eine empirische Wissenschaft in dem Sinne, daß sie auf Erfahrungen basiert. Erfahrungen entstehen als Konstrukte in Bereichen struktureller Kopplung durch die sinnliche Interaktion mit der Umwelt. Durch Rückkopplungen, d.h. durch evolutionäres Experimentieren mit den Erfahrungen in verschiedenen Lebenssituationen, werden die Erfahrungen angepaßt und bei erfolgreicher Anwendung stabilisiert.

Bei der Kommunikation zwischen Systemen gehen diese davon aus, daß sie mit denselben Wirklichkeitskonstruktionen arbeiten, schieben dem anderen also die eigenen Erfahrungen unter. Erfahrungen, mit denen man sich in der Realität zurechtfindet, und die anderen erfolgreich untergeschoben werden können, werden so interpretiert, als ob sie „wirklich" wären. Als „wirkliche" Erfahrung gewinnen sie Erkenntniswert. Die Prämisse der Wirklichkeitsadäquanz einer Erfahrung, also ihre Behandlung als Erkenntnis, wird solange aufrechterhalten, wie die Praxis dies zuläßt und der Beobachter nicht enttäuscht wird. Ernst von Glasersfeld führte zur Bezeichnung der Funktionsfähigkeit und Nützlichkeit von Erkenntnis und deren Passen in die erlebte und erfahrbare Welt den Begriff der *Viabilität* ein, der in Opposition zu dem Begriff der Übereinstimmung mit der Realität gesetzt wird.[135] Viabilität bezieht sich auf Lebensfähigkeit und Zielerreichung trotz Behinderung durch die Umwelt.

---

[134] Vgl. Luhmann, Konstruktivistische Perspektiven, S. 103.
[135] Vgl. Glasersfeld, Konstruktion von Wirklichkeit, S. 11-18.

Viabilität bedeutet nicht ein *Fit* der Erkenntnis im Sinne eines Passens ohne Redundanz. Der Begriff bezeichnet vielmehr eine Nützlichkeit, deren Kriterien ebenfalls das Ergebnis unserer Kognition sind, und die sich nach Maßgabe dieser Kriterien darauf richtet, das Leben sicherer, schöner, effektiver, ereignisreicher, interessanter oder allgemein lebenswerter zu machen.[136]

Der Konstruktivismus wirft auch auf die Verantwortung desjenigen, der Wissen konstruiert und kommuniziert (z.B. Wissenschaftler, aber auch Manager) ein ganz neues Licht, hat also vom Korrespondenztheorem der Wirklichkeit abweichende Implikationen.[137] Da wir nicht länger davon ausgehen können, daß uns die Wirklichkeit die Erkenntnisse aufdrängt, sondern weil jede wissenschaftliche Erkenntnis Konstruktion ist, wird evident, daß dafür dieselbe Verantwortung zu übernehmen ist wie für jedes andere Handeln auch. Visionen, Pläne oder Theorien sind Orientierungsangebote. Sie werden wahr, sobald jemand sie sich selbst zu eigen macht, also die in ihnen vorgeschlagenen Unterscheidungen und Bezeichnungen den eigenen Wirklichkeitskonstruktionen zugrunde legt.[138]

2.2.5 Systemmethodik: Funktionale Analyse

Dem Systemansatz ist methodisch die funktionale Analyse zugrunde gelegt[139], welche die Äquivalenz verschiedener möglicher Systemleistungen in bezug auf

---

136 Vgl. Rusch, Standpunkt, S. 257. Eine solche Konzeption von Erkenntnis macht es freilich schwierig, die Anforderungen wissenschaftlicher Erkenntnis zu definieren. Der Konstruktivismus der Erlanger Schule hat entsprechende Vorschläge gemacht, die auch mit dem Radikalen Konstruktivismus vereinbar sind (vgl. etwa Lorenzen, Methodisches Denken, mit Rusch, Standpunkt, S. 285). Danach müssen die Auswahlkriterien und Nützlichkeit der Zwecke und Ziele wissenschaftlicher Betätigung explizit thematisiert werden, die Bedingungen ihrer Erreichung klar sein, die Verfahren des Wissenserwerbs zieladäquat, erklärbar und lernbar sein. Die Argumentation im wissenschaftlichen Diskurs, die (in Anlehnung an Kambartel) „unvoreingenommen, zwanglos und nicht-persuasiv" sein muß (vgl. Kambartel, Moralisches Argumentieren, S. 66.), sollte die wichtigste Quelle im Erkenntnisprozeß sein.
137 Vgl. Schmidt, Der Radikale Konstruktivismus, S. 38.
138 Der z.T. fatale Einfluß der Wissenschaft auf die Wirklichkeitskonstruktionen der Menschen ihres Gegenstandsbereiches wurde in zahlreichen Experimenten nachgewiesen (vgl. Rosenhan, Gesund, S. 11-137). Die berühmten Milgram-Experimente zeigen ebenfalls die Bereitschaft, wissenschaftlichen Aussagen unkritisch Glauben zu schenken und sich ihren Konsequenzen bereitwillig zu unterwerfen (vgl. Schurz, Destruktive Gehorsamsbereitschaft, S. 39-64).
139 Vgl. Luhmann, Soziale Systeme, S. 83. Funktionale Analyse darf nicht mit dem Funktionalismus verwechselt werden, der jenes soziologische bzw. sozialanthropologische Forschungsprogramm bezeichnet, dem es um die Isolierung der Bedingungen der Bestands-

eine bestimmte Wirkung im System untersucht.[140] Im Gegensatz zu Methoden der klassischen Betriebswirtschaftslehre und zur strukturellen Analyse geht man nicht länger von determinierten Ursache-Wirkungs- bzw. Zweck-Mittel-Beziehungen aus. Man berücksichtigt damit unbeabsichtigte Wirkungen und Nebenfolgen sowie die Tatsache, daß mehrere Ursachen dieselbe Wirkung erzielen können.[141] Ferner wird beachtet, daß auch Zwecke als gewünschte Wirkung variabel sind, und nicht allesamt unter einer - letztlich zweckfreien - Nutzen- oder Bestandsformel subsumiert werden können. Der Funktionsbegriff grenzt einen Vergleichsbereich funktional äquivalenter Systemleistungen ab, die für ein bestimmtes Problem gleichwertige Lösungen darstellen.[142]

Wie Merton, der die funktionale Analyse maßgeblich geprägt hat, betont, nimmt die funktionale Analyse die Perspektive eines externen Beobachters (bzw. Beobachters 2. Ordnung) ein[143], während in der klassischen[144] Betriebswirtschaftslehre Probleme aus der Sicht des Handelnden (Beobachter 1. Ordnung) untersucht werden. Somit reicht die Theorie über die Interpretation der von den Handelnden verfolgten Zwecke (manifeste Funktionen) hinaus und bezieht sowohl Handlungsfolgen ein, die vom Handelnden nicht beabsichtigt oder übersehen werden, und dennoch in funktionalem Verhältnis zu Systembedürfnissen stehen (latente Funktionen; Latenz), als auch solche, die dysfunktionale

---

sicherung sozialer Systeme geht (vgl. Luhmann, Funktionale Methode, S. 1-25, und vgl. Merton, Social Structure, S. 5-7).
140 Vgl. Luhmann, Funktion, S. 620-622.
141 Vgl. Myrdal, Zweck-Mittel-Denken, S. 305.
142 Im Blickfeld der Theorie liegt aber immer nur eine Funktion zur Zeit, und in dieser Funktion bleibt - ähnlich wie beim mathematischen Funktionsbegriff - ein bestimmter Bereich offen, der durch eine bestimmte Menge von funktional äquivalenten Möglichkeiten ausgefüllt werden kann. Dabei bestimmt der Sinn der Funktion, *welche* Möglichkeiten zulässig sind.
143 Vgl. Merton, Social Structure, S. 101.
144 Es hat in der betriebswirtschaftlichen Literatur auch schon Versuche mit der funktionalen Analyse gegeben. Prominente Beispiele sind Barnards „The Function of the Executive", wo Bedingungen für die Überlebensfähigkeit der Organisation genannt werden, oder die Arbeiten zu einer verhaltenswissenschaftlichen Entscheidungstheorie von Cyert/March, Firm, March/Olson, Ambiguitiy, Kirsch, Entscheidungsprozesse, und Witte, Innovationsentscheidungen. An dieser Stelle können die einzelnen Ansätze nicht näher besprochen werden (vgl. aber den ausgezeichneten Überblick und die Kritik bei Kieser/Kubicek, Organisationstheorien II, S. 41-76). Prinzipiell liegt das Problem der genannten Ansätze darin, daß sie von der Bestandsformel ausgehen (also die Funktionen der Organisation auf ihr Überleben reduzieren) und - teilweise sogar explizit - einen methodologischen Individualismus zugrunde legen, der aber zur funktionalen Analyse quer liegt, da diese eine emergent Systemische Perspektive erfordert, um Systemfunktionen unabhängig von individuellen Motiven etc. betrachten zu können.

Konsequenzen haben.¹⁴⁵ Merton und auch Luhmann sehen gerade in der Analyse der Latenz und der Nebenfolgen ein wichtiges Erkenntnisziel und eine wichtige Entscheidungsgrundlage.¹⁴⁶

Dies hat vor allem für die Unternehmensplanung wichtige Konsequenzen. Denn entgegen klassischer betriebswirtschaftlicher Auffassungen ergeben sich die Maßnahmen und Mittel nicht zwangsläufig und nicht „rein logisch" aus den zugrundegelegten Zielen.¹⁴⁷ Ein Ziel stellt lediglich *eine gewünschte* von vielen möglichen Wirkungen einer Maßnahme (Ursache) dar. So läßt sich der Planungsprozeß als eine Situation charakterisieren, bei der eine Vielzahl von Wirkungen einer Vielzahl von Mitteln gegenübersteht, und die Beziehung zwischen Zielen und Mitteln unklar ist.¹⁴⁸ Für die Gestaltung des Planungsprozesses folgt daraus, daß es nicht möglich ist, ein Unternehmen nur durch die Angabe oberster Ziele zu steuern, aus denen sich Unterziele und Maßnahmen zwangsläufig ergeben.¹⁴⁹ Im Zentrum muß der *Planungsprozeß* stehen.¹⁵⁰ Oberziele müssen selbst zur Disposition stehen und Maßnahmen (Mittel), die in bezug auf ein Oberziel funktional äquivalent sind, müssen auf ihre Latenz und ihre möglichen Nebenfolgen hin untersucht werden, bevor über sie entschieden wird.

Bei der Auswahl von Zielen stellt die klassischen Betriebswirtschaftslehre auf Präferenz (Wertrangfolgen) als Entscheidungskriterium ab. Luhmann spricht in diesem Zusammenhang davon, daß der Preis für ein so einfach konstruiertes Entscheidungskalkül der Verzicht auf sinnvolles Handeln sei, da Präferenzen nicht unabhängig von situativen Ursache-Wirkungs-Konstellationen und von der Existenz situativ unterschiedlicher Nebenfolgen des Handelns fixiert werden könnten¹⁵¹ - ganz abgesehen davon, daß sich keine konsistenten Präferenzordnungen finden lassen (Arrow-Paradox¹⁵²).

---

145 Vgl. Merton, Social Structure, S. 114.
146 Merton bezeichnet dies als die heuristische Kraft der funktionalen Analyse; vgl. Merton, Social Structure, S. 117 und Luhmann, Funktion, S. 617). Vgl. bereits bei Myrdal, Zweck-Mittel-Denken, S. 313.
147 Vgl. Schreyögg, Unternehmensethik, S. 249-252 und die dort angegebene Literatur.
148 Vgl. Luhmann, Zweckbegriff, S. 20-23.
149 Vgl. Luhmann, Zweckbegriff, S. 128-129.
150 Vgl. auch die Ergebnisse von Witte, Entscheidungsforschung, S. 188-189.
151 Vgl. Luhmann, Zweckbegriff, S. 35-41.
152 Vgl. Rapoport, Vergleich von Nutzenwerten, S. 179-186

Statt durch Präferenzen sollten Ziele oder Zwecke in bezug auf die Systemfunktion begründet werden, so daß sie zwischen Kausal- und Präferenzkontext vermitteln können. Denn mit Zielen können situationsabhängig sowohl Wirkungen im Sinne quantitativer Ziele (bei der Auswahl von Mitteln und Maßnahmen) als auch Präferenzen im Sinne genereller Absichten (bei der Auswahl von Wirkungen) gemeint sein.[153] Die Prämisse konstanter Präferenzordnungen kann somit aufgegeben werden, um sich auf die Variationsmöglichkeiten von Systemleistungen bezüglich bestimmter Probleme konzentrieren zu können.

2.3 Reflexion: Unternehmen als vernünftige Systeme

2.3.1 Die Rationalität des Einzelnen und die Irrationalität des Ganzen

Der Begriff der Rationiltät spielt im Zusammenhang mit der reflexiven Unternehmensführung eine zentrale Rolle. Und doch würde es den Rahmen dieser Arbeit sprengen, wollte man eine ausführliche systemtheoretische - und das heißt vor allen Dingen auch theoriegeschichtliche - Rekonstruktion des Begriffes versuchen. Deshalb wird ein einfacher begrifflicher Rahmen aufgespannt, mit dessen Hilfe gezeigt werden kann, daß Individuen zwar in bezug auf ihre individuellen Interessen, Motive, Bedürfnisse etc. *rational* (i.S. einer Auswahl der „richtigen" Mittel) handeln mögen, dieses Handeln aber im Kontext des übergeordneten Systems als irrational erscheinen kann. Der Schlüssel zur Auflösung dieser dilemmahaften Situation liegt einmal mehr in der Figur des Beobachters 2. Ordnung, der in der Lage ist, die „blinden Flecke" der Wahrnehmung aufzudecken und somit jene individuelle Rationalität markieren kann, die dem System zur Irrationalität gereicht.

Die wissenschaftliche Beschäftigung mit Rationalität als Problem der Vernünftigkeit des Handelns ist zumindest auf zwei verschiedenen Ebenen möglich. Zum einen kann Rationalität im Rahmen einer anwendungsorientierten Forschung als Auswahlproblem des Handelns verstanden werden, wobei sich dieses sowohl auf die Auswahl von Mitteln als auch auf die Auswahl von Zwecken beziehen kann. Auf der anderen Seite kann Rationalität in erklärender

---

[153] Vgl. Luhmann, Zweckbegriff, S. 129. Vgl. zum Verhältnis von Absichten und quantitativen Zielen auch bei Kreikebaum, Unternehmensplanung, S. 26.

Absicht auch als Ergebnis des Handelns behandelt werden. In diesem Zusammenhang läßt sich Rationalität einmal bei gegebenen Mitteln und Zwecken als empirische „Tatsache" in bezug auf die Auswahlproblematik feststellen (oder widerlegen), oder auch - und das ist die für den Beobachter 2. Ordnung interessante Perspektive - als Hypothese formulieren. Denn dann kann untersucht werden, unter welchen Umständen ein beobachtetes Verhalten, das aus der Sicht der Wissenschaft oder eines anderen beobachtenden Systems als irrational bezeichnet werden müßte, gleichwohl *rational* genannt werden könnte, wenn man die Perspektive des handelnden Systems einnimmt. Dadurch ist es möglich, (individuelle) Interessen und Motiven zu identifizieren, die zu einem auf den ersten Blick irrational erscheinendem Verhalten führen.

Zunächst müssen aber zwei Dinge vorausgesetzt werden: daß nämlich jeder - ob psychisches oder soziales System - bei der Verfolgung seiner Ziele vernünftig vorgehen möchte und daß ein Verhalten, daß der eigenen Autopoiese zuwiderläuft, als irrational zu bezeichnen ist. Die Beobachtung, daß zuweilen irratonal gehandelt wird, läßt sich dann darauf zurückführen, daß der Handelnde, der ja stets ein Beobachter 1. Ordnung ist, einer *beschränkten* Rationalität unterliegt, wobei - neben den Gründen, die Simon angeführt hat[154] - die Beschränktheit darin besteht, daß die zur Beurteilung der Zwecke und Mittel herangezogenen Theorien nicht die System-/Umweltdifferenz zugrundelegen.

Unter diesen Voraussetzungen kann die den Wirtschaftswissenschaften häufig vorgeworfene Dominanz der Rationalität der Mittel[155] überwunden werden, indem die Bedingungen genannt werden können, die den Handelnden durch die Berücksichtigung übergeordneter wirtschaftlicher oder gesellschaftlicher Bedingungen in die Lage versetzen, gleichzeitig eine Auswahl der „richtigen" Mittel *und* der „richtigen" Zwecke zu treffen. Denn nur so kann ein umfassender Rationalitätsbegriff, wie ihn etwa Nicholas Rescher in dem „intelligenten Verfolgen angemessener Ziele"[156] sieht und wie er in dieser Arbeit unter dem Stichwort „Reflexion" behandelt wird, zu vernünftigem Handeln führen.

Dies impliziert nicht nur eine Variabilität der Mittel, sondern auch eine der Zwecke, was - so erstaunlich dies klingen mag - quer zum klassischen Denken

---

[154] Vgl. u.a. Simon, Homo rationalis.
[155] Vgl. z.B. Albert, Problematik, S. 457-467.
[156] Vgl. Rescher, Rationalität, S. 1.

liegt.[157] Vernunft kann nicht nur allein im effizienten oder effektiven Verfolgen gegebener Ziele bestehen; denn wenn diese Ziele unangemessen sind, so kann allein der Weg zu ihnen nicht rational genannt werden, da mit der Frage der Vernunft die Frage der Legitimation unserer Ziele untrennbar verknüpft ist.

Wie noch zu zeigen ist, läßt sich Rationalität dann unter drei Bedingungen erreichen:

1. Die der Auswahl und Bewertung von Mitteln und Zwecken zugrundeliegenden Theorien müssen auf der System-/Umweltdifferenz als Leitdifferenz aufbauen (d.h., sie müssen die Perspektive eines Beobachters 2. Ordnung einnehmen).
2. Die Beurteilung der Ziele und Zwecke des Handelns hat vor dem Hintergrund der Aufrechterhaltung der eigenen Autopoiese zu erfolgen.
3. Die Auswahl der Mittel kann dann anhand des optimalen bzw. intelligenten Verfolgens der zugrundegelegten Ziele/Zwecke erfolgen.

2.3.2 Ebenendifferenzierung der Rationalität

Wie bereits angedeutet läßt sich der Rationalitätsbegriff allgemein fassen, indem auf Systeme rekurriert wird, denen es durch Analyse alternativer Problemlösungen in bezug auf ihre funktionale Äquivalenz gelingt, möglichst viele Optionen und damit Freiheitsgrade zu gewinnen.[158] Demnach wäre jedes Handeln als rational zu bezeichnen, sofern es zur Lösung von Systemproblemen und damit zum Systemerhalt beiträgt. Durch den Wandel der Systemtheorie zu einer Theorie selbstreferentieller Systeme, konnte der Rationalitätsbegriff aber präziser gefaßt werden.[159] Ausgangspunkt sind drei Formen der

---

157 Vgl. hierzu Rescher, Rationalität, S. 109-127.
158 Vgl. Luhmann, Funktionale Methode, S. 24. Es besteht beispielsweise dann ein Rationalitätsgefälle zwischen zwei Unternehmen A und B der Automobilbranche, wenn Unternehmen A das zu lösende Kundenproblem als „Fahrzeug mit Verbrennungsmotor" auffaßt und B als „Personentransport". B ist deshalb rationaler, weil es mit dieser Problemauffassung flexibler auf Umweltänderungen reagieren kann (z.B. Benzinpreiserhöhungen, Tempolimits, Fahrverbote etc.), da es zu diesem Bezugspunkt erheblich mehr funktionale Äquivalente gibt.
159 Vgl. zur Rationalitätsproblematik in der Theorie Sozialer Systeme, Luhmann, Aspekte des Entscheidungsverhaltens, S. 599-601; vgl. zum folgenden auch Miller, Selbstreferenz, S. 192-193.

Selbstreferenz, also des thematischen Bezugs eines sozialen Systems auf sich selbst:[160]

1. Bezug auf eine Information bzw. ein Thema in der Kommunikation, die eine Fortführung der Kommunikation erlaubt (*basale Selbstreferenz*),
2. der Bezug auf den Prozeß der Kommunikation, bei dem die Beziehung der Kommunikationspartner und die Regeln der Kommunikation thematisiert werden, um auf diese Art und Weise die Fortsetzung der Kommunikation zu gewährleisten (*prozessuale Selbstreferenz*) und schließlich
3. die Identifikation einer Kommunikation als zu einem bestimmten System gehörig (*Systemreferenz*).

Ginge es nur um Autopoiese, also um den reproduktiven Selbsterhalt von Systemen, so reichte basale Selbstreferenz aus. Diese stellt aber auf eine rein interne Sichtweise ab. Thema sind Systemprobleme, die ohne Berücksichtigung der Umwelt durch den Einsatz von Systemtechnologien gelöst werden sollen. Hierzu gehören die Optimierung interner Abläufe oder die Verringerung des Ressourcenverbrauchs durch bessere interne Systemabstimmung. Diese Form der Rationalität, sofern sie isoliert auftritt, ist eine auf operative Fragestellungen beschränkte Rationalität (*ökonomisch-technologische Rationalität*).

Das Problem einer auf ökomomische Aspekte verengten Rationalität liegt mit einem Wort in der Tatsache, daß diese durch das Konstrukt der Nutzenmaximierung von einer gegebenen Präferenzordnung ausgeht, die nichts - aber auch gar nichts - über die Angemessenheit der Ziele verrät. Die Lösungen einer rein ökomischen Rationalität können somit vollkommen irrational sein, wenn die zugrundegelegten Ziele in Konflikt zur sozialen Umwelt geraten. Auf der anderen Seite ist die ökonomische Dimension der Rationalität ein fester und unverzichtbarer Bestandteil des Gesamtbildes sofern die Angemessenheit und Legitimität der verfolgten Ziele gewährleistet ist, denn die Methoden der Mitteloptimierung, die in ihrem Namen entwickelt wurden, sind unübertroffen.

Eine Erweiterung der Perspektive läßt sich feststellen, wenn bei Systemaktivitäten nicht nur die interne Optimierung, sondern auch das Verhalten oder die

---

[160] Vgl. Luhmann, Soziale Systeme, 599-602; vgl. ferner zu dieser Ebenendifferenzierung Kneer, Bestandserhaltung, S. 95-96.

erwarteten Reaktionen betroffener Systeme in der Umwelt berücksichtigt werden. Dies ist auf der Ebene prozessualer Selbstreferenz möglich. Selbstreferenz besagt zunächst nur, daß es einem Selbst möglich ist, sich durch sich selbst zu bezeichnen, also eine Operation als zu sich gehörig zu erkennen und in der Kommunikation zu verwenden.[161] Das Prozessuale dieser zweiten Stufe von Selbstreferenz ergibt sich durch die Fähigkeit, den Kommunikationsprozess als systemtypisch zu erkennen und ihn in denselben wieder einzuführen. Dadurch kommt es erstmals zu einer Abgrenzung von zwei oder mehr Systemen, denn die Identifizierung von Kommunikation als zu einem bestimmten System gehörig, ist gleichbeutend mit Feststellung, daß die Kommunikation entweder zu Alter oder zu Ego gehört. Das System wird sich somit weiterer „Spieler" bewußt und kann sie anhand ihrer Sprachspiele erkennen.

Die Berücksichtigung von Umweltsystemen (Spieler) soll mit dem Begriff der *strategischen Rationalität* verdeutlicht werden. Das System agiert stets unter der Prämisse der Beziehung zu einem anderen System und kann die Beziehung selbst zum Thema von Kommunikationen machen. Der Beobachter blickt hier zwar über Systemgrenzen hinweg, reflektiert aber die Reaktionen der Umweltsysteme auf die Innenseite des Systems und nicht auf das Verhältnis von System und Umwelt als Ganzes. Er versucht das Verhalten anderer in bezug auf eigene Vorteile vorauszuberechnen und zu instrumentalisieren. Es gelingt ihm aber nicht, sich selbst mit den Augen der Umweltsysteme zu betrachten, um so auch die Rückwirkungen des eigenen Handeln auf sich selbst angemessen zu berücksichtigen. Strategische Rationalität wird also nicht - wie bei Habermas - gegen den Verständigungsbegriff different gesetzt; Verständigung kann in bestimmten Situationen durchaus eine Erfolgsstrategie sein.[162] Der Unterschied besteht darin, daß ihm Rahmen strategischer Rationalität nicht versucht wird, sich in das Umweltsystem hineinzuversetzen.

Systemreferenz ist die letzte Steigerungsstufe von Selbstreferenz. Sie erlaubt es dem System nicht nur, eine Operation als zu sich gehörig zu erkennen (basale Selbstreferenz) oder sie von einem anderen System zu unterscheiden (prozessuale Selbstreferenz), sondern sie gestattet es dem System, sich als Ganzes in der Umwelt zu sehen und damit gleichsam die Perspektive eines

---

[161] Vgl. Luhmann, Soziale Systeme, S. 605.
[162] Vgl. Kirsch/Knyphausen, Handeln, S. 232.

außenstehenden Beobachters einzunehmen. In Ergänzung zu den beiden ersten Formen von Selbstreferenz erfordert *Systemreferenz* einen grundsätzlichen Wechsel der Beobachterperspektive. Das fokale System muß sich selbst mit den Augen eines Außenstehenden betrachten und so die Perspektive eines Beobachters 2. Ordnung einnehmen. Auf dieser Stufe *reflexiver* Selbstreferenz wird rekursive Beobachtung schließlich möglich. Nur der Beobachter 2. Ordnung kann sowohl Systeme der Umwelt, als auch sich selbst als Einheit in Abgrenzung zur Umwelt wahrnehmen, und dadurch die Rückwirkungen des Handelns auf sich und die Umwelt berücksichtigen.

Zu einer umfassenden *Systemrationalität* wird Systemreferenz schließlich, wenn ein System die Beobachtung seiner Grenzen nicht nur thematisiert, sondern auch sein Verhalten danach ausrichtet. Die Differenz von System und Umwelt muß als Einheit wahrgenommen werden und zu einem In-der-Umwelt-leben führen, daß sich der Kopplung an die Umwelt und der Abhängigkeit von ihr bewußt ist.[163] Dabei muß deutlich betont werden, daß es nur *eine* Qualität von Vernunft ist, deren Ideal auf der Ebene der Systemrationalität erreicht werden kann. Die anderen Formen der Rationalität (ökonomische und strategische) stellen somit keine grundsätzlich verschiedenen Konzepte dar, sondern Formen eingeschränkter Rationalität. Dabei ist die ökonomische Rationalität eben auf die Fragen der ökonomisch vernünftigen Kombination von Systemressourcen bzw. Vernetzung von Kommunikationsbeziehungen beschränkt. Strategische Rationalität ist auf die Erreichung von Vorteilspositionen in selektiven Zweierbeziehungen beschränkt. Auf keinen Fall soll die vorgeschlagene Ebenendifferenzierung der Rationalität darüber hinwegtäuschen, daß Vernunft eine organische und unteilbare Einheit bildet.

2.3.3 Rationalität durch Reflexion

Das Problem der Rationalität hat seinen Ursprung in der zunehmenden funktionalen Differenzierung von Gesellschaft. Während es in vertikalen Gesellschaftsformen noch einen verbindlichen Integrationsmechanimus gab, folgen die Systeme der modernen arbeitsteiligen Gesellschaft allein ihrer eigenen Funktion, was selbstredend zu Abstimmungsproblemen führt. Systemtheore-

---

[163] Vgl. Kneer, Bestandserhaltung, S. 98.

tisch läßt sich dies in der Art und Weise formulieren, daß der Gesellschaft die Fähigkeit zu Selbstbeschreibung abhanden gekommen ist, da keines ihrer Subsysteme mehr zu einer verbindlichen Beschreibung für das Ganze in der Lage ist. Die Folge ist eine zunehmende Rücksichtslosigkeit sozialer Systeme für ihre ökologische und soziale Umwelt.

Einen Ausweg *kann* Systemrationalität im oben genannten Sinne bieten, da sie Umwelt als Einheit mit dem System auffaßt. Ob ihr dies auch gelingt, ist eine andere Frage, denn dafür müßten sich die relevanten Subsysteme der Gesellschaft auf Selbstbeschreibungen einigen und ihr Handeln danach ausrichten. Dies ist nicht ohne weiteres voraussetzbar, aber immerhin mit der Figur des Beobachters 2. Ordnung und dessen Möglichkeit zur Reflexion denkbar.

Als „rational" soll folglich ein System bezeichnet werden, das reflexiv operiert, sich somit als Ganzes zur Umwelt different setzt, und sich zudem der seinem Handeln zugrunde liegenden Unterscheidungen (den blinden Flecken) bewußt ist.[164] Rationales Handeln ergibt sich dann aus der Ausrichtung von Systemoperationen an der Unterscheidung zur Umwelt und aus dem Bewußtsein, daß das System nur innerhalb und in Abhängigkeit von seiner Umwelt operieren kann.[165]

Systemrationalität heißt Reflexion[166] auf die Einheit des Systems in Abgrenzung zur Umwelt. Reflexion bedeutet wörtlich „Spiegelung", und genau dies ist hier damit gemeint. Es bezeichnet jene Kommunikationsprozesse, die dadurch ausgelöst werden, daß ein Unternehmen sich einen „Spiegel" vorhält und sich so als Einheit in seiner Umwelt wahrnehmen und thematisieren kann. *Ein Unter-*

---

[164] Differenztheoretisch formuliert bedeutet Rationalität die Möglichkeit, eine Unterscheidung wieder in die Unterscheidung einzuführen. Ein System ist als Unterscheidung von System und Umwelt konzipiert. Wenn in diesem System die eigene Unterscheidung zum Thema wird, liegt eine Wiedereinführung der Unterscheidung in die Unterscheidung vor; vgl. Willke, Ironie des Staates, S. 262-309

[165] Vgl. Kneer, Reflexion, S. 98.

[166] Luhmann unterscheidet zusätzlich noch zwischen Reflexivität und Reflexion. Reflexivität bezieht er auf prozessuale Selbstreferenz und Reflexion auf Systemreferenz (vgl. Luhmann, Soziale Systeme, S. 600-601). Für ihn ist Rationalität an Reflexion gebunden. Diese definiert er an anderer Stelle als selbstreferentiell gewordene Reflexivität (vgl. Luhmann, Soziale Systeme, S. 640-641). Um Verwirrungen zu vermeiden, wird im folgenden auf den Begriff der Reflexivität verzichtet und stattdessen auf den Begriff der prozessualen Selbstreferenz zurückgegriffen. Das Adjektiv „reflexiv" bezieht sich in dieser Arbeit immer auf Reflexion. Reflexive Unternehmensführung ist also Führung auf Grundlage von Reflexion!

nehmen handelt folglich dann rational, wenn es die Auswirkungen seines Handelns auf seine Umwelt anhand der Rückwirkungen dieses Handelns auf sich selbst kontrolliert.[167]

Von Bedeutung ist an dieser Stelle ein Vergleich mit handlungstheoretischen Positionen. So wurde von den Vertretern der kommunikativen Vernunft die Diskursethik für die Belange praktischen Handeln mittlerweile so weit minimalisiert, daß sich das Konzept der kommunikativen Rationalität der Idee von Systemrationalität und Reflexion sehr weit angenähert hat. In Anlehnung an eine Formulierung von Apel könnte man ein systemrationales Handlungsprinzip auch wie folgt formulieren:[168] *Reflexion heißt, nur auf der Basis eines Gedankenexperiments zu handeln, in dem die Folgen und Nebenwirkungen, die sich aus dem Handeln für die Befriedigung der Interessen jedes einzelnen Betroffenen voraussichtlich ergeben, im Hinblick auf die Einheit, Funktion und Lebensfähigkeit des handelnden Systems berücksichtigt worden sind.* Dies schließt den Diskurs als vernünftige Form der Entscheidungsfindung ausdrücklich mit ein - legt ihn sogar als effektive Form der Beobachtung und Berücksichtigung betroffener Interessen ausdrücklich nahe, ohne sich von der expliziten oder hypothetischen Zustimmung der Betroffenen abhängig zu machen. Dies ist kein *ethisches* Prinzip in dem Sinne, daß es eine Anleitung zum *guten* Handeln wäre. Es ist ein Prinzip, das zum Ausdruck bringt, was für den Handelnden *vernünftig, nützlich und machbar* ist.

Der Versuch einer Rekonstruktion betriebswirtschaftlicher Vernunft wurde auch im handlungstheoretischen Ansatz einer kommunikativen Vernunftethik des Wirtschaftens vorgeschlagen, wie sie beispielsweise von Peter Ulrich entwickelt wurde.[169] Im Gegensatz zur Vernunftethik geht es aber nicht um die Entwicklung einer ethischen Handlungsrationalität, sondern um eine reflexive Systemrationalität. Während bei Ulrich die Übertragung individueller ethischer Prinzipien des Handelns einzelner auf eine soziale bzw. kommunikative

---

[167] Vgl. Luhmann, Soziale Systeme, S. 642.
[168] Vgl. Apel, Diskursethik, S. 19. Das Handlungsprinzip (U^h) lautet im Original: „Handle nur nach der Maxime, von der du im Gedankenexperiment unterstellen kannst, daß die Folgen und Nebenwirkungen, die sich aus ihrer allgemeinen Befolgung für die Befriedigung der Interessen jedes einzelnen Betroffenen voraussichtlich ergeben, in einem realen Diskurs - wenn er mit den Betroffenen geführt werden könnte - von allen Betroffenen zwanglos akzeptiert werden können" (Apel, Diskursethik, S. 19; Hervorhebungen weggelassen, d. Verf.).
[169] Vgl. Ulrich, Sachlichkeit, S. 412-413.

Situation im Vordergrund steht, beschäftigt sich Systemtheorie mit dem Problem, daß soziale Systeme eigene, emergente Rationalitätsmuster entwickeln.

Was die praktischen Konsequenzen des Reformulierungsversuches von betriebswirtschaftlicher Rationalität angeht, zeigen sich jedoch Parallelen zwischen handlungs- und systemtheoretischen Ansätzen. So wird von beiden die Notwendigkeit des regelgeleiteten, interessenausgleichenden Diskurses zwischen den Betroffenen gesehen, wenn auch mit unterschiedlicher Zielsetzung. Während im Rahmen einer kommunikativen Vernunftethik die Herstellung konsensueller Lösungen als ethisches Leitmotiv fungiert,[170] stellt der Diskurs aus Sicht der Systemtheorie eine wichtige Voraussetzung von Reflexion dar und Konsens die Idealvorstellung vernünftigen Entscheidens. Aber nicht Konsens um jeden Preis, sondern Vernunft ist das Ziel von Entscheidungsprozessen, denn Reflexion ist eine Rationalitätsdimension im umfassenden Sinne und schließt ökonomisch-technologische und strategische Aspekte mit ein.[171]

Die Differenz zwischen Regel und Regelanwendung kann freilich auch dieses Prinzip nicht auflösen.[172] Es bleibt auch hier nur die rekursive Begründung der Regel durch die Regel selbst, die an einem bestimmten Punkt mit dem Hinweis auf Evidenz und in der Hoffnung auf Urteilskraft abgebrochen werden muß. Dies ist kein Makel und darin unterscheidet sich dieses Prinzip nicht von anderen Handlungsmaximen. Es zeigt aber, wie schwierig die Rationalitätsfrage ist. Um so mehr, da Rationalität auch bedeutet, mit der Möglichkeit zu rechnen, daß der andere der Maxime *nicht* folgt.

Reflexion läßt sich folglich mit der Figur des *aufgeschlossenen Selbstinteresses*[173] vergleichen. Es entspringt der Einsicht, „[...] daß das *eine* Individuum im

---

170 Vgl. Ulrich, Sachlichkeit, S. 421.
171 So weist etwa Kreikebaum darauf hin, daß eine ökologieverträgliche Produktion durchaus positive Effekte auf die langfristige ökonomische Erfolgsposition und die strategische Wettbewerbsposition haben kann. Er argumentiert, daß bei Einsatz produktionsintegrierter Umweltschutzmaßnahmen neben verbesserten Absatzchancen insbesondere auch mit *Kosteneinsparungen* in der Produktion zu rechnen ist (vgl. Kreikebaum, Ökologieverträglichkeit, S. 109-114).
172 Vgl. zu diesem Problem auch Wittgenstein, Philosophische Untersuchungen, §§ 84-86, S. 287-290.
173 Vgl. Simon, Homo rationalis, S. 68-76; Simon bezeichnet diese Figur interessanterweise als *schwachen Altruisten*. Vgl. auch die Übersicht über den ethischen Egoismus bei Wuchterl, Philosophie, S. 159-161.

anderen unmittelbar sich selbst, sein eigenes wahres Wesen wiedererkenne" (Schopenhauer[174]). Das Unternehmen ist zugleich Bestandteil gesellschaftlicher und ökologischer Umwelt *und* von ihr abgekoppelt.[175] Die Einsicht in diese *Einheit* der Differenz von System und Umwelt bzw. Mensch und Natur ist das Wesen der Reflexion. Es wird dann auch deutlich, warum es vernünftig ist, in ethischen Kategorien zu denken, um herauszufinden, ob die Betroffenen das geplante Handeln als „gut" oder „schlecht" einstufen werden.[176] Hier stellt die (Unternehmens-) Ethik als *Reflexionstheorie der Moral*[177] ein wichtiges Instrument reflexiver Führung dar, solange Ethik nicht bloß formal oder prozessual formuliert ist, sondern zu moralischen Urteilen gelangt.

In das Bild eines solchen Rationalitätskonzeptes paßt es dann auch nicht mehr, ökologisch Sinnvolles als ökonomisch irrational zu bezeichnen, denn, was aus Sicht der Gesellschaft vernünftig ist, kann für ein in die Gesellschaft eingebettetes Unternehmen nicht unverfünftig sein. Und erst recht muß als unvernünftig bezeichnet werden, gegen gesellschaftlich akzeptierte Maxime der Moral oder des Umweltschutzes zu verstoßen mit dem Hinweis, ihre Befolgung sei nicht wirtschaftlich. Dies bedeutet freilich nicht, daß moralische Standards des Unternehmens oder des Unternehmers in die Umwelt getragen werden sollten, denn diese und andere nicht wirtschaftliche Selektionsmechanismen des Handelns können immer nur Bedingungen des Verhaltens und nicht ihr Gegenstand sein: Unternehmen sichern ihre Autopoiese durch Wirtschaften!

Diese Problematik läßt sich in den Griff bekommen, wenn man durch Reflexion Wirtschaft als Einheit in den Zusammenhang von Gesellschaft bringt und sie von anderen Funktionssystemen abgrenzt. Dies erfordert allerdings eine Kommunikation, die nicht generalisiert ist, also von Zahlungen bzw. Preisen abstrahieren kann. Eine Internalisierung, also die Korrektur der Preise durch politische Instanzen oder die Unternehmensführung selbst, wäre aber wohl verfehlt, da sie die Funktion der Preise als Selbstbeschreibungsmechanismus der Wirtschaft außer Kraft setzen und so unmittelbar kontraproduktiv wirken würde. Außerdem wären Identität und Legitimität der Wirtschaft gefährdet,

---

174 Zitiert nach Wuchterl, Philosophie, S. 161.
175 Vgl. Kreikebaum, Umweltethik, S. 209. Vgl. auch Weizsäcker: „Technik ist Macht *in* der Natur. [...] Neuzeitliche Verblendung meint dann, Technik sei Herrschaft *über* die Natur." (Weizsäcker, Technik, S. 14; Hervorhebung im Original, d.Verf.).
176 Vgl. Luhmann, Wirtschaftsethik, S. 140-141.
177 Vgl. Luhmann, Paradigm lost, S. 14.

denn Wirtschaft schöpft ihre Akzeptanz ja gerade auch aus der Tatsache, daß es neben ihr noch andere gesellschaftliche Mechanismen gibt und daß Natur, Moral, Liebe, Glück usw. eben nicht käuflich sind. Schließlich würde eine Internalisierung den weiter unten beschriebenen Effekt der Desozialisierung durch die Kommunikation über Preise noch verschärfen, da sie die auf gesellschaftliche Integration ausgelegte Kommunikation weiter zurückdrängte.

2.3.4 Reflexion als Voraussetzung für die Übernahme von Verantwortung

Reflexion markiert einen Punkt, den Hans Jonas zur Voraussetzung von Verantwortung macht, nämlich den Wechsel *von der Ethik* als Lehre vom richtigen Tun *zur Metaphysik* als Lehre von der Idee des Seins.[178] Verantwortung, so wie sie Jonas versteht, benötigt eine Rationalität, welche die Existenz der Menschheit als Ganzes zum Nichtsein different setzt, um eine Entscheidung für das Sein überhaupt treffen zu könnnen,[179] denn nur daraus läßt sich eine *Pflicht zum Dasein*[180] ableiten. Eine Rationalität, die lediglich auf Basis handfester ökonomischer Kriterien zur Entscheidung dessen gereicht, was zu tun ist, muß von invarianten Handlungsmaximen ausgehen. Verantwortung ist aber nur bei Einsicht in die Zwänge möglich, die vom System ausgehen. Denn sie bedeutet in Situationen, bei denen es um die Existenz und Höherentwicklung eines Systems geht, gegebenenfalls auch eine Verletzung vorherrschender Handlungsnormen.[181] Verantwortung und Innovativität bedingen sich somit gegenseitig und setzen eine Systemrationalität voraus, die reflexive Kommunikation auslösen und verarbeiten kann.[182]

---

178 Vgl. Jonas, Verantwortung, S. 92.
179 „Also ist der Imperativ, *daß* eine Menschheit sei, der erste, soweit es sich um den Menschen allein handelt" (Jonas, Verantwortung, S. 91; Hervorhebung im Original, d.Verf.).
180 Vgl. Jonas, Verantwortung, S. 88.
181 Vgl. Jonas, Verantwortung, S. 189-198. Dies kann so weit gehen, daß sogar die Freiheit des einzelnen eingeschränkt werden muß, wenn es „[...] die als Pflicht anerkannte *Sorge* um ein anderes Sein, die bei Bedrohung seiner Verletzlichkeit zur 'Besorgnis` wird [...]" (Jonas, Verantwortung, S. 391; Hervorhebung im Original, d.Verf.), verlangt.
182 Vgl. auch Kreikebaum, Kehrtwende, S. 102-107 und 129-133.

2.3.5 Grenzen der Rationalität

Die Suche nach rationalen Lösungen kann durchaus scheitern, wenn Informationen nicht ausreichen oder die Grundlagen der Legitimation zweifelhaft erscheinen. Auch können zusätzliche Informationen eine bereits als rational angenommene Lösung hinfällig werden lassen. Doch dies sind keine Argumente *gegen* das hier beschriebene Konzept von Rationalität, denn dieses fordert nicht mehr und nicht weniger, als innerhalb der Grenzen, die einem das System - der „Kontext" - setzt, die *relativ* beste Lösung zu finden und das heißt: die angemessenen Ziele auf optimale Weise zu erreichen. Und obwohl niemals gewährleistet ist, daß die zugrundeliegenden Informationen oder Legitimationen vollständig sind, muß gehandelt werden - eine dilemmahafte Situation, die später noch unter dem Stichwort „Komplexität" im Detail entwickelt wird. Das Konzept der Rationalität verlangt also, das jeweils beste zu tun, obwohl klar ist, daß die gefundene Lösung wahrscheinlich verbesserbar ist.

Was bleibt ist die Tatsache, daß man niemals sicher sein kann, das beste getan zu haben. Es kann nur jene pragmatische Rechtfertigung gegeben werden, daß die Befolgung der Rationalität mit höchster Wahrscheinlichkeit zur Erreichung unserer jeweiligen Ziele führt, denn schließlich ist Rationalität schon per definitionem auf die Erhaltung der Autopoiese angelegt.

Und noch ein weiterer Effekt läßt sich feststellen: was für den einen in einer bestimmten Situation rational erscheinen mag, beurteilt ein anderer in der gleichen Situation als irrational; oder mit anderen Worten: Rationalität ist zwar ein allgemeines Prinzip aber dennoch System- und kontextabhängig. Systeme können legitimerweise in ihrer Einschätzung rationaler Urteile und sogar in bezug auf Rationalität selbst voneinander abweichen. Und die Akzeptanz kontextspezifisch unterschiedlicher Ausprägungen des Vernunftprinzips gehört genauso zur Rationalität wie die Akzeptanz des Prinzips selbst. Denn Rationalität hat - wie im nächsten Abschnitt gezeigt wird - nichts mit Konsens zu tun, wohl aber mit guten Argumenten. Es geht gar nicht darum, den anderen um jeden Preis zu überzeugen, sondern vielmehr darum, Gründe für die eigene Position zu finden, die auch im anderen Kontext verstehbar sind und akzeptabel erscheinen. Und hier erscheint Rationalität als ein - vielleicht der einzige - Mechanismus, der gewährleistet, daß gute Gründe über Systemgrenzen hinweg kommunizierbar und akzeptabel erscheinen.

2.3.6 Unterschiede zwischen den Rationalitätskonzepten von Habermas und Luhmann

Da es ein Prinzip der Systemtheorie ist, in Unterschieden zu denken, ist der Vergleich mit dem dreistufigen handlungstheoretischen Rationalitätskonzept von Habermas[183] einmal mehr von Interesse. Zur Kategorisierung von Rationalitäten stellt Habermas zwei Formen der Handlungsorientierungen - erfolgsorientiert und verständigungsorientiert - nicht-sozialen und sozialen Handlungssituationen gegenüber. Daraus ergeben sich die in der Tabelle 4 aufgeführten Rationalitätsbegriffe. In der Tradition der Kritischen Theorie diagnostiziert Habermas für die moderne Gesellschaft eine Dominanz instrumenteller und strategischer Rationalität, was zur *Sinnentleerung* der Existenz und *Verdinglichung* der Lebenswelt führt, da man davon ausgeht, daß alles und jeder für die eigenen Zwecke instrumentalisierbar sei. Davon ausgehend fordert Habermas einen Paradigmawechsel zu kommunikativer Vernunft: „Für diese ist nicht die Beziehung des einsamen Subjektes zu etwas in der objektiven Welt, das vorgestellt und manipuliert werden kann, paradigmatisch, sondern die intersubjektive Beziehung, die sprach- und handlungsfähige Subjekte aufnehmen, wenn sie sich miteinander über etwas verständigen".[184]

Im Gegensatz zu Luhmann trennt Habermas die Begriffe Handlung und System, was in der Unterscheidung von Lebenswelt und System zum Ausdruck kommt.[185] Die Lebenswelt stellt ein Rahmenwerk von Annahmen zur Verfügung, an dem der einzelne sein Handeln orientieren kann. Durch Kommunikation und Austausch von Erfahrungen unterliegt sie einem ständigen Wandel. Sie ist der Bereich, in dem kommunikatives Handeln stattfindet. Daneben ist die Gesellschaft auch gleichberechtigt durch eine funktionale Vernetzung von *Handlungsfolgen* charakterisiert, die Habermas System nennt. Im System dominiert erfolgsorientiertes bzw. zweckrationales oder teleologisches Handeln. Kommuniziert wird nicht mehr über Gespräch oder Diskurs, sondern über institutionalisierte Handlungszusammenhänge (Medien) wie Macht oder Tausch bzw. Geld. Im Laufe der gesellschaftlichen Entwicklung kam es zu einer *Entkopplung* bzw. *Kolonialisierung* der Lebenswelt durch das System.[186] Die sich daraus erge-

---

[183] Vgl. Habermas, Theorie I, S. 369-452.
[184] Habermas, Theorie I, S. 525.
[185] Vgl. Habermas, Theorie II, S. 226-228.
[186] Vgl. Habermas, Theorie II, S. 293

bende normative Schlußfolgerung ist, daß die Gesellschaft wieder verstärkt zu Formen kommunikativer Vernunft finden solle,[187] für die Habermas mit seiner Diskursethik ein entsprechendes Instrumentarium verständigungsorientierten Handelns auf gesellschaftlicher Ebene vorstellt.[188]

Handlungs-situation \ Handlungsorientierung	erfolgsorientiert (zweckrational)	verständigungsorientiert
nicht-sozial	instrumentelles Handeln (Manipulation von Objekten)	—
sozial	strategisches Handeln (Manipulation von Subjekten)	kommunikatives Handeln (diskursives Einverständnis)

Tab. 4: Handlungstypen nach Habermas[189]

Luhmann nimmt die Trennung von Handlung und System nicht vor, wenn er soziale Systeme als aus kommunikativen Handlungen bestehend beschreibt.[190] Für ihn sind Handlungen keine Prozesse, sondern Ereignisse, deren systemischer Zusammenhang nicht durch das Zweck-Mittel-Schema konstituiert wird - wie Habermas sagt -, sondern durch einen Verweisungs- bzw. Sinnzusammenhang, der eine Handlung als zu einem bestimmten System gehörig ausweist.[191] Er sieht *gerade* in der Ausbildung generalisierter Medien einen Rationalisierungsfortschritt, der auf Basis rein sprachlicher Verständigung nie zu erreichen

---

[187] Vgl. ausführlich Habermas, Theorie II, S. 229-293; vgl. ferner Gripp, Habermas, S. 72-106.
[188] Vgl. Habermas, Moralbewußtsein, S. 97-99.
[189] Vgl. Habermas, Theorie I, S. 384.
[190] Vgl. Luhmann, Handlungstheorie, S. 214-215.
[191] Vgl. Luhmann, Temporalstrukturen, S. 37-38.

gewesen wäre. Luhmann sieht in der Utopie von Habermas folglich eine Forderung nach Rückschritt. Denn es gibt im Diskurs keine Verständigungsgarantie, da gerade die Umgangssprache Negation und rhetorische Fertigkeiten ausdrücklich legitimiert und gegenseitiges Verstehen somit erschwert. Diskussionen sind so zeitintensiv, daß sie irgendwann aus physischen oder sozialen Gründen abgebrochen werden müssen, auch wenn es nicht zur Veständigung gekommen ist. Logische Aspekte kommen sogar oft gar nicht zum Zuge.

Diese Mängel beheben nun gerade generalisierte Medien, da sie das Verständnis erleichtern - ja den Sinn einer Kommunikation i.d.R. gar nicht erst zur Disposition stellen, denn dieser ist meist eindeutig, ohne das Handeln unmittelbar zu konditionalisieren. Für Luhmann ist, mit anderen Worten, die Frage der Verständigung von der Frage der Rationalität zu trennen. Die Rationalitätsfrage ist von dem einfachen Dafür oder Dagegen der davon Betroffenen überhaupt nicht berührt. Da Diskurse wegen der Regeln, denen sie unterworfen sind, rekursiven und selektiven Anschluß produzieren, sind sie selbst Systeme, die sich auf Grund der Systemdynamik von den ursprünglichen Problemen weit entfernen können.

Rationalität beginnt für Luhmann erst mit der Distanz des Beobachters 2. Ordnung.[192] Mit anderen Worten: wollte man stets auf diskursive Verständigung hoffen, so machte sich die Unternehmensführung bei ihren Entscheidungen von anderen, womöglich weniger stark Betroffenen, abhängig. Kirsch hat in diesem Zusammenhang auf den Kontextpartisan hingewiesen, der - unfähig den Geltungsanspruch anderer Rationalitäten außer der eigenen zu akzeptieren - jeden Entscheidungsprozeß blockieren kann.[193] Eine Theorie, die ein Hinwegsetzen über prinzipielle Negierer als irrational bezeichnet, kann für die Grundlegung der Lehre von der Unternehmensführung nur bedingt taugen. Das Konzept der Reflexion setzt eine hypothetische Verständigung voraus, indem sie sich quasi in die Betroffenen hineinversetzt. Dies ist mit großer Verantwortung und mit der Gefahr von Mißbrauch verbunden. Daran kann auch die Theorie nichts ändern. Sie kann dann aber Verantwortungslosigkeit als irrational markieren und auf die negativen Konsequenzen *für den Handelnden selbst* hinweisen.

---

[192] Vgl. Reese-Schäfer, Luhmann, S. 144 und 148.
[193] Vgl. Kirsch, Kommunikatives Handeln, S. 94.

Luhmann bleibt aber skeptisch in bezug auf die Möglichkeit einer für die *gesamte* Gesellschaft verbindlichen Rationalität.[194] Denn dies erforderte eine verbindliche Instanz, die die Differenz von Gesellschaft und Umwelt in den gesamtgesellschaftlichen Kommunikationsprozeß einbringt. Daß eine solche Instanz nicht vorliegt, ist Folge der funktionalen Differenzierung der Gesellschaft.[195] In Gesellschaften, in denen die Staatsmacht gleichberechtigt neben anderen Institutionen (z.B. Wirtschaft) agieren muß, fehlt die zuständige Stelle, die Gesellschaft vereinheitlicht und Wechselwirkungen zwischen Gesellschaft und Umwelt beobachtet. Dies kann nur noch in den einzelnen Funktionssystemen geschehen[196], wenn Wirtschaft, Politik, Wissenschaft (als Vertreterin der Gesellschaft) sich mit den möglichen Folgen des eigenen Handelns auf die Umwelt und den Rückwirkungen auf sich selbst auseinandersetzen. Die Lösung des Rationalitätsproblems erscheint somit nur auf der Ebene der gesellschaftlichen Teilsystemrationalitäten lösbar.

2.4 Komplexität: Unternehmen als intelligente Systeme

2.4.1 Die Form der Komplexität

Das Umfeld, in dem Unternehmen agieren, zeichnet sich durch mannigfaltige Kommunikations-, Wirtschafts- und Kulturbeziehungen aus. Gesellschaften, Weltanschauungen und Institutionen haben eine noch nie dagewesene Nähe und Vernetztheit erreicht, wodurch Entwicklungen von Märkten und Unternehmen zunehmend dynamisch, diskontinuierlich und unberechenbar erscheinen.[197] Diese Situation wird sowohl von Betroffenen als auch in der betriebswirtschaftlichen Literatur mit dem Begriff der Komplexität umschrieben,[198] was

---

[194] Vgl. Luhmann, Soziale Systeme, S. 617-646.
[195] „Das Differenzierungsprinzip macht die Rationalitätsfrage zugleich dringlicher - und unlösbarer" (Luhmann, Soziale Systeme, S. 645).
[196] Vgl. Luhmann, Soziale Systeme, S. 645.
[197] So zumindest die Klagen zahlreicher „Praktiker"; vgl. etwa den Beitrag von Sackmann (Spitzenführungskräfte, S. 299-316) oder den Erfahrungsbericht von Hug (IBM, S. 43-62).
[198] Siehe die zahlreichen Veröffentlichungen zu diesem Thema (vgl. z.B. die Vertreter des betriebswirtschaftlichen Systemansatzes wie Bleicher, Integriertes Management, Kirsch, Führungslehre, Malik, Strategie, Steinmann/Schreyögg, Management, u.a.). Aber auch Autoren anderer betriebswirtschaftlicher Denktraditionen beschäftigen sich mit der Thematik (beispielhaft seien hier genannt: Staehle, Management, Albach/Albach, Institution, Müller-Merbach, Vier Arten von Systemansätzen, S. 853-876). Auch in Fachzeitschriften wird das Thema Komplexität ausgiebig behandelt; vgl. z.B. die Beiträge von Roever,

darauf hinweisen soll, daß die Beurteilung und Beschreibung von Situationen bzw. Problemen schwierig oder nicht mehr möglich ist. Dabei weist jede Beobachtung, jede Beschreibung und jedes Modell einen anderen Grad an Kompliziertheit als das zugrunde liegende Phänomen auf. Problematisch wird dies erst dann, wenn die Vielschichtigkeit und Vernetztheit einer Beschreibung nicht ausreicht, um adäquat zu handeln, also Folgen und Nebenfolgen des eigenen Handelns schwer oder überhaupt nicht mehr überschaubar sind. Komplexität ist folglich eine Kategorisierung von *Beschreibungen*. Komplexität bezeichnet mit einem Wort ein Dilemma, das darin besteht, daß der Umfang von Problembeschreibungen nicht ausreicht, um problemadäquat handeln zu können, aber trotzdem gehandelt werden muß.[199]

Häufig erfolgt die Formbestimmung des Komplexitätsbegriffes etymologisch. Er basiert dann auf der Unterscheidung eines Komplexes vom Einfachen. Man geht davon aus, daß alle Komplexe aus einfachen Elementen zusammengesetzt sind. Auch in der Betriebswirtschaftslehre, wie in den meisten wissenschaftlichen Disziplinen als Konsequenz der Erfolge der aufgeklärten Naturwissenschaften,[200] herrscht diese analytische Sichtweise vor.[201] Sie geht davon aus, daß die (Re-) Aggregation der analytisch zerlegten Teile zu der Einheit des Komplexen ohne Informationsverlust möglich ist. Nicht berücksichtigt wird dabei aber, daß der Komplex stets eine Einheit aus differenzierten, vielfältigen oder auch veränderbaren Beziehungen beschreibt und nur als Einheit von

---

Überkomplexität, im manager magazin (10 u. 11/1991), von Reiß, Optimale Unternehmenskomplexität, in der Zeitschrift Personal (9/1992) oder von Hall, Management der Vielfalt, im Harvard Manager (4/1987).

[199] Es mag aufgefallen sein, daß diese erste Charakterisierung des Komplexitätsbegriffes paradoxe Züge aufweist, was durchaus beabsichtigt ist. Die Paradoxie liegt in der Rekursivität des Begriffes, der das Problem eines Problems eines Problems etc. beschreibt. Dies ist ein erster Hinweis auf die prinzipielle Unauflösbarkeit von Komplexität: jede Beschreibung bezeichnet ein Phänomen; wird die Beschreibung in bezug auf notwendiges Handeln als unzureichend empfunden, so bezeichnet man diese Situation (-sbeschreibung) als komplex und erhält somit eine Beschreibung der Problembeschreibung, die ebenfalls nicht ausreicht, das Problem (das darin besteht, das Problem angemessen zu beschreiben) angemessen zu beschreiben.

[200] Vgl. zu dieser Diagnose Sprüngli, Evolution und Management, S. 21, und Blaseio, Kognos-Prinzip, S. 177.

[201] Die meisten Definitionen von Komplexität rekurrieren auf die Anzahl von Elementen und deren Relationen (vgl. Rapoport, Allgemeine Systemtheorie, S. 244-246). In der betriebswirtschaftlichen und sozialwissenschaftlichen Organisationstheorie bezeichnet Komplexität häufig das Maß für den Grad der Arbeitsteilung. Eine Organisation ist damit ein „Komplex" aus Stellen und deren Beziehungen zueinander (vgl. nur French/Bell, Organisationsentwicklung, S. 106-107).

anderen Phänomenen abgrenzbar ist.[202] Durch analytische Beschreibungsformen wird aus der Einheit des Komplexen aber eine Vielheit undifferenzierter, einfacher und konstanter Elemente. Die Relationen fallen der analytischen Beschreibung des Komplexen meist ganz zum Opfer.

Nun geht es bei der Beschreibung des Komplexen gar nicht um die Zerlegung in einfache, statische Elemente, sondern im Vordergrund stehen deren Relationen bzw. Beziehungen zueinander. Relationen sind aber vielfältig und wechselhaft, und die Anzahl ihrer Möglichkeiten steigt mit zunehmender Anzahl von Elementen überproportional an. Daraus folgt, daß Relationen niemals ganzheitlich oder gleichzeitig erfaßt werden können. Es ist gerade das Wesen eines komplexen Phänomens, daß es nicht in seiner gesamten Komplexität wahrnehmbar ist. Die Notwendigkeit, trotz unvollkommener Wahrnehmung zu handeln, führt dazu, aus einem Komplex nur bestimmte Aspekte zu betrachten. Komplexität impliziert also Selektionszwang, wenn gehandelt werden soll.

Dies alles hat zur Folge, daß sich der Komplexitätsbegriff nicht auf die empirischen Eigenschaften von Elementen (einfach oder zusammengesetzt) beziehen kann, sondern daß er eine Beschreibungsform bezeichnet. Die Extremausprägungen dieser Beschreibungsform markieren auf der einen Seite Phänomene, die man unter Angabe aller Relationen beschreiben kann. Auf der anderen Seite solche Phänomene, bei denen bestimmte Relationen selektiert werden müssen. Differenztheoretisch ergibt sich somit die Form der Komplexität aus der Unterscheidung von vollständiger und selektiver Beschreibung der Elementverknüpfungen.[203]

---

[202] Auch in anderen Wissenschaften wurde diese traditionelle Form der Komplexität zur Disposition gestellt. In den Naturwissenschaften, deren Atomismus die analytische Wissenschaftsauffassung schließlich zu verdanken ist, hat sich die Suche nach Letztelementen als erfolglos herausgestellt, und die Physik geht heute davon aus, daß die angenommenen Letztelemente - seien es Atome oder Quarks - lediglich vorläufige Begrenzungen darstellen. Auch die Gesellschaftstheorie steigert beständig den Grad der Auflösung, so daß die Begrenzungen im Großen wie im Kleinen ins Unbestimmbare abrutschen (so Luhmann, Konstruktivistische Perspektiven, S. 61). Wenn aber die Bestimmung des Einfachen so schwierig ist, so gilt dies für das Zusammengesetzte erst recht. Auch vor diesem Hintergrund erscheint die Differenz von Einfachem und Komplexem als wenig erkenntnisleitend. Es hat vielmehr den Anschein, daß sich hinter dem Begriff der Komplexität die Vorstellung der Mannigfaltigkeit und Varietät eines Phänomens vor dem Hintergrund seiner Einheit verbirgt, es also vielfältig und einheitlich zugleich ist.

[203] Vgl. Luhmann, Konstruktivistische Perspektiven, S. 65. Die folgende beispielhafte Darstellung zeigt anhand der Möglichkeit, Komplexität durch Hierarchisierung zu reduzieren, schematisch, daß ab einer bestimmten Menge von Elementen (Figur 1.), die Beobachtung

Wie man jetzt sieht, dient die Selektion bestimmter Verknüpfungen beim Umgang mit Komplexität gar nicht der Feststellung von Komplexität als Eigenschaft, denn die Information, daß etwas komplex *heißt*, ist zunächst sekundär. Im Vordergrund steht der Effekt, daß Systeme überhaupt erst dadurch erkennbar sind, daß sie komplex *sind*, weil sie eine bestimmte Form der Relationierung aufweisen, die sich von der Umwelt unterscheiden läßt. Aus Sicht des betroffenen Systems stellt sich Komplexität als Reduktion von Unordnung dar, indem Operationen des Systems (Kommunizieren, Entscheiden) auf bestimmte Weise verknüpft werden (etwa als hierarchische oder partizipative Form der Entscheidungsfindung). Man muß sogar noch weiter gehen: es zeichnet Systeme geradezu aus, daß sie im Gegensatz zur Umwelt, die nur Unordnung aufweist, komplex sind, bestimmte Relationen auswählen können und dadurch beobachtbar werden. Genaugenommen kann sich - entgegen der Auffassung Luhmanns[204] - Systemkomplexität auch nicht als Abgrenzung von Umweltkomplexität aufbauen, sondern nur in Abgrenzung von Unordnung durch Selektion bestimmter (nicht mehr zufälliger) Relationen innerhalb des Systems. Der Aufbau von Komplexität orientiert sich dann nicht an der Umweltkomplexität, sondern an den Anforderungen, die aus der Bestandserhaltung erwachsen. Systemkomplexität ist also nicht als Reduktionsleistung zu verstehen, sondern als Reaktion auf Kontingenz der Umwelt. Eigenkomplexität ergibt sich konkret aus einer Transformationen von Komplexität zwischen verschiedenen Systemen, die in einem Netzwerk aneinander gekoppelt sind. Sie entsteht aus der Notwendigkeit, Informationen über die Systeme der relevanten Umwelt zu produzieren.[205]

Auch die Systemdifferenzierung läßt sich durch den Komplexitätsbegriff charakterisieren. Wenn die Anzahl der potentiellen Relationen auf Grund einer Zu-

---

und Beschreibung die Reduktion und Auswahl bestimmter Verknüpfungen (hier: Hierarchietypen) erzwingt (Figuren 2. bis 5.), da eine Verknüpfung aller Elemente untereinander keine wahrnehmbare Form mehr hervorbringt. Übertragen auf Unternehmen zeigt die Reihe die Entwicklung von einer reinen Befehlshierarchie über eine Ein-Linien-/Mehr-Ebenen- Befehlshierarchie und eine sternförmige Hierarchie zur Heterarchie.

1. 2. 3. 4. 5.

Abb. 6: Komplexitätsbewältigung durch selektive Reduktionen (vgl. Luhmann, Konstruktivistische Perspektiven, S. 65)

204 Vgl. Luhmann, Soziale Systeme, S. 49.
205 Vgl. Willke, Differenzierung und Integration, S. 262.

nahme von Elementen einen kritischen Wert überschreiten, müssen innerhalb des Systems Grenzen eingezogen werden, die neue Verknüpfungsmuster stabilisieren und eine Systembildung innerhalb des Systems wiederholen. Systembildung und Systemdifferenzierung erfolgen auf Grund eines Komplexitätsdruckes - bei Systembildung in Folge undefinierbarer Komplexität von Umweltsystemen, bei Systemdifferenzierung als Reaktion auf wachsende Eigenkomplexität.

Komplexität im betriebswirtschaftlichen Kontext stellt sich zusammenfassend als Problem der Wahrnehmung dar. Es tritt auf, wenn ein Unternehmen zwar als Einheit erkennbar ist, aber nicht mehr alle Kommunikationsbeziehungen innerhalb der Organisation für einen Beobachter überschaubar sind. Es läßt sich nur dadurch lösen, daß sich der Beobachter selektiv auf bestimmte Beziehungen konzentriert. Der Grund für diesen Selektionszwang liegt einerseits in der vertikalen *Vielschichtigkeit* von Organisationen, die v.a. durch den hierarchischen Aufbau zum Ausdruck kommt, und andererseits in der horizontalen *Vielfältigkeit* und Redundanz der Organisation, die das Ergebnis des Nebeneinanders zahlreicher funktional und/oder hierarchisch äquivalenter Subsysteme (Abteilungen) ist. Beides führt zu einer nicht mehr ganzheitlich zu überblickenden *Vernetztheit* der Kommunikation und zum Auftreten unvorhersehbarer Nebenwirkungen und Rückkopplungen. Komplexität ergibt sich damit als ein Folgeproblem des Umgangs mit Umwelt. Denn Unternehmen bauen Komplexität auf, um mit der Ungewißheit und Unordnung der Umwelt zurechtzukommen. Komplexität ist daher immer Systemkomplexität! Diese Eigenkomplexität führt zu Folgeproblemen, die wiederum nur durch den Aufbau neuer Komplexitätsdimensionen bewältigt werden können (vgl. Abb. 7).[206]

2.4.2 Dimensionen der Systemkomplexität oder die Intelligenz des Systems

2.4.2.1 *Sachliche Systemkomplexität*

Sachliche Komplexität ist der rein quantitative Aspekt von Komplexität und beschreibt eine Situation, in der allein auf Grund der Vielheit und Dichte der Ele-

---

[206] Vgl. Willke, Systemtheorie, S. 51-95, und die dort angegebenen Quellen.

mente eines Systems Selektionen von Beziehungen während der Beobachtung vorgenommen werden müssen, da nicht das ganze System auf einmal überschaubar ist. Sachliche Komplexität ist nicht an einen bestimmten Systemtyp gebunden, ist also eine allgemeine Charakterisierung von Systemen. In Unternehmen ist sie das Ergebnis der Anwesenheit zahlreicher Individuen und des Entstehens verschiedener Leistungsbereiche mit Subsystemstatus (etwa bei Mehrproduktunternehmen), die bei ihrer Problembearbeitung einen gewissen Grad an Selbständigkeit aufweisen. Selbst wenn man zwischen den Mitarbeitern oder den Leistungsbereichen nur bilaterale Kommunikationsbeziehungen zuließe, würde die Anzahl der möglichen Beziehungen rasant anwachsen,[207] so daß nur bestimmte Relationen eingegangen bzw. auf einmal erfaßt werden können. Mitarbeiter und Subsysteme konkurrieren zudem um die Verteilung knapper Budgets, und die Konfliktanfälligkeit steigt ebenfalls überproportional zur Größe des Systems an. Ein erster Ansatz zur Handhabung sachlicher Komplexität liegt folglich in der Selektion bestimmter Kommunikationsbeziehungen und in der Aufstellung von Regeln der Budgetierung und Mittelverwendung.

2.4.2.2 Soziale Systemkomplexität

Durch das Zusammenwirken und -leben von Menschen ergibt sich das Problem der *sozialen Komplexität*[208]. Sie ist eine Folge sachlicher Komplexität, die aber erst auf der Ebene sozialer Systeme auftritt. Soziale Systemkomplexität entsteht aus der Notwendigkeit der *Handlungskoordination bei wiederkehrenden Aufgaben*. So dürfen nicht jedes Mal alle Betroffenen in langwierige Kommunikationsbeziehungen eintreten, um die Art des gemeinsamen Arbeitens auszuhandeln. Die Lösung dieses Problems liegt in ersten Anstrengungen zur Arbeitsteilung (funktionale Differenzierung). Dies geschieht durch die Definition von Rollen und ihrer Zuordnung auf Personen. Institutionalisiert werden Rollen durch Stellen, damit diese unabhängig von Personen fortbestehen können.

---

[207] Nämlich nach der Formel $X_n = \frac{1}{2} \times (n \times (n-1))$, mit n für die Anzahl der Elemente und X für die Anzahl der kombinatorisch möglichen Zweierrelationen.
[208] Willke arbeitet mit einer Unterscheidung zwischen Systemen, Quasi-Systemen und Interaktionen. Von Systemen kann nach Willke nur dann gesprochen werden, wenn diese mindestens in der Lage sind, dispositive Komplexität (bei Willke als operative Komplexität bezeichnet; s.u.) zu bewältigen. Da in dieser Arbeit eine solche Unterscheidung nicht getroffen werden soll, erhalten Interaktionen, die soziale Komplexität handhaben können, bereits Systemstatus (vgl. Willke, Differenzierung und Integration, S. 262-270).

Dadurch können Systemleistungen arbeitsteilig erbracht werden und Umwelteinflüsse dort absorbiert werden, wo sie anfallen und/oder funktional anzusiedeln sind. Funktionale Bereiche bzw. Stellen können so unabhängig von Zielen, Ergebnissen oder Problemen anderer Stellen operieren. Das Ergebnis ist eine größere ökonomische und zeitliche Effizienz bei betriebsinternen Abläufen und dadurch mehr Zeit für Reaktionen in kritischen Situationen und Spielräume für die Fortentwicklung des Unternehmens.[209] Während sachliche Komplexität auch durch Interaktionen unabhängiger Marktteilnehmer gelöst werden kann,[210] z.B. durch Einkaufskartelle oder Preisabsprachen, erfordert der Umgang mit sozialer Komplexität bereits eine Aufbauorganisation und geht damit zwangsläufig über den Status einer einfachen Interaktion hinaus.

2.4.2.3 Zeitliche Systemkomplexität

Zeitliche Komplexität dient der Bewältigung von Folgeproblemen, die sich aus der Arbeitsteilung (also aus sozialer Systemkomplexität) ergeben. Zwar erlaubt Arbeitsteilung ein von anderen Stellen ungestörtes Prozessieren, es muß aus Sicht des Unternehmens aber darauf geachtet werden, daß Einzelleistungen aufeinander abgestimmt werden. Außerdem müssen für die einzelnen Stellen die zahlreichen gegenseitigen Abhängigkeiten überschaubar bleiben, die sich aus den sachlichen (Materialfluß), sozialen (Informationsfluß) und temporalen (Zeitfluß) Verflechtungen von Vor- und Dienstleistungen im Leistungsprozeß ergeben.[211] Es ergibt sich mit anderen Worten ein Re-Integrationsproblem aus den Folgen der funktionalen Differenzierung durch die Arbeitsteilung.

Allgemein formuliert läßt sich zeitliche Komplexität als Problem der *Prozeßkoordination* bei arbeitsteiliger Leistungserstellung charakterisieren. Die Prozesse in den einzelnen Stellen müssen erwartbar sein, ohne daß andere Stellen über Aufbau und Prozeß - sprich: über die Komplexität - der betreffenden Stelle etwas wissen müßten. Eigene Komplexität muß anderen zwar als Leistungspotential zur Verfügung gestellt werden, darf diese aber weder zusätzlich belasten, noch darf eine fremde gleichberechtigte Stelle in die Organisation der

---

[209] Vgl. Luhmann, Soziologie, S. 627-628.
[210] Vgl. Willke, Systemtheorie, S. 61-62.
[211] Vgl. Willke, Systemtheorie, S. 64.

internen Abläufe eingreifen. Die Abläufe in Stellen müssen deshalb durch Programmierung invariant gehalten werden, und Eigenkomplexität muß für andere verborgen bleiben.[212] Es darf lediglich zu einer Auslösung oder intensitätsmäßigen Regulierung der Stellenprozesse von außen kommen, das *Programm* der Stelle darf aber nicht verändert werden. Neben der Abstimmung von Prozessen spielt die Handhabung zeitlicher Interdependenzen eine große Rolle. Hier geht es vor allem um Erfahrungen der Vergangenheit und um Zukunftserwartungen - besonders im Umgang mit Systemen der Umwelt, die das gegenwärtige Verhalten beeinflussen.

Die Lösung für das Problem der zeitlichen Komplexität liegt in einer Trennung von Struktur und Prozeß durch eine Programmierung der Stellenprozesse. Dies leistet grundsätzlich eine Ablauforganisation. Hier finden im Rahmen einer ökonomisch-technologischen Rationalität die Verfahren des Operation Research zur Optimierung von Leistungsprozessen, Logistik, Material- und Informationsflüssen etc. Anwendung. Auch Planung im operativen Sinn, die also von feststehenden Absichten ausgeht, dient der Bewältigung zeitlicher Komplexität, indem eine zukünftige Gegenwart gewählt wird und der Weg dorthin mit Hilfe eines strikten Handlungsprogramms aufgezeigt wird. Ablauforganisation und operative Planung dienen der Etablierung einer verbindlichen Systemzeit, mit der die Prozesse in den Stellen synchronisiert[213] und Zeithorizonte gleichgeschaltet werden, um Diskontinuitäten, Wartezeiten und negative Rückkopplungseffekte pessimistischer Erwartungen auf gegenwärtiges Handeln zu vermeiden.

2.4.2.4 Dispositive Systemkomplexität

Auch Versuche, zeitliche Komplexität in den Griff zu bekommen, sind mit Folgeproblemen verbunden. Allerdings ergibt sich beim Auftreten *dispositiver Komplexität*[214] eine vollkommen neue Problemdimension. Stand bisher die Koordi-

---

[212] Dies ist im übrigen unter der Bezeichnung *Kapselung* (englisch *hiding*) das Prinzip des neuesten Paradigmas in der Softwareentwicklung, dem sog. objekt-orientierten Design (OOD); vgl. hierzu ausführlich und in verständlicher Form bei Taylor, Technologien, v.a. S. 47-60.
[213] Vgl. Willke, Systemtheorie, S. 66.
[214] Ein Unterschied zu Willke ergibt sich aus der Verwendung des Begriffes *operativ*. Im Gegensatz zum betriebswirtschaftlichen Sprachspiel verwendet er diesen Begriff im Sinne einer *operativen Autonomie*, die in der Möglichkeit besteht, sich selbständig Ziele zu

nierung und Optimierung *interner* Strukturen und Prozesse im Vordergrund, kommt mit dem Auftreten der (operativen) Planung als Möglichkeit der Bewältigung zeitlicher Komplexität die Frage nach den *Außenbeziehungen* auf. Absichten und Ziele bzw. Zwecke, mit denen sich ein Unternehmen erfolgreich von seiner Umwelt abheben kann, müssen irgendwann selbst zur Disposition stehen.[215]

Dispositive Komplexität präsentiert sich als Auswahlproblem von Unternehmenszielen bei konkurrierenden Individualinteressen und Anforderungen aus der Umwelt. Im Gegensatz zu den bis hierhin besprochenen Systemproblemen reicht es für die Bewältigung dispositiver Komplexität nicht aus, lediglich die Innenseite des Unternehmens zu betrachten. Strategische Ziele etwa müssen zur Erreichung haltbarer Wettbewerbsvorteile[216] für das gesamte Unternehmen verbindlich sein und sich gleichzeitig von denjenigen anderer Unternehmen unterscheiden. Es wird dadurch erstmalig notwendig, über die Grenzen des Unternehmens hinweg Aktionen und Reaktionen der Marktteilnehmer zu berücksichtigen. Hierfür muß eine Beobachtungssprache existieren und ein Transfer von Wissen innerhalb des Unternehmens gelingen. Dies kann nicht über aufbau- und ablauforganisatorisch vordefinierte Kommunikationskanäle erfolgen, da diese ausschließlich für die Bewältigung von Routineaufgaben konzipiert sind. Für den Umgang mit dispositiver Komplexität muß also auch eine systemspezifische Alltagssprache entwickelt werden, die eine große Varietät

---

setzen. Er grenzt den Begriff folglich gegen das (reaktive) Verhalten eines Systems ab, hat also den soziologischen Handlungsbegriff im Auge. Im betriebswirtschaftlichen Sprachgebrauch wird operativ i.d.R. gegen *langfristig* bzw. *strategisch* (in der Planung) oder *außerordentlich* bzw. *sonstig* (in der Ergebnisrechnung) abgegrenzt (vgl. Gälweiler, Unternehmensführung, S. 6). In dieser Arbeit wird Willkes operativ durch *dispositiv* ersetzt, da die Möglichkeit der eigenständigen Zielsetzung und -kontrolle sowie der Berücksichtigung von Gegenspielern in der Umwelt hervorgehoben werden sollen. Diese Begriffsentscheidung wurde im übrigen von Gutenberg inspiriert, der in den optimierenden und quantifizierenden Verfahren eine Entscheidungsgrundlage für den dispositiven Faktor sah. Nach Gutenberg muß die Geschäfts- oder Betriebsführung nämlich die Ergebnisse der Quantifizierungen stets vor dem Hintergrund eines übergeordneten Entscheidungskalküls betrachten (vgl. Gutenberg, Grundlagen, S. 131-133). Im Gegensatz zu Gutenberg wird hier allerdings davon ausgegangen, daß dieses *nicht* „[...] eine im Grunde irrationale Wurzel [...]" (Gutenberg, Grundlagen, S. 7) bildet, sondern daß auch die Entscheidungen *gegen* die ökonomisch optimale Lösung, daß auch augenscheinliche Intuition und Spontaneität einer Rationalität folgen können, die wissenschaftlich behandelbar ist.

[215] Vgl. Willke, Systemtheorie, S. 67.
[216] Vgl. Porter, Wettbewerbsvorteile, S. 31.

von Themen zuläßt. In der Betriebswirtschaftslehre wird diese Problematik üblicherweise unter dem Begriff der Unternehmenskultur behandelt[217].

Bei der Bewältigung dispositiver Komplexität geht es um die Überwindung innerer und äußerer Zwänge bzw. *Invarianzen*[218]. Durch Ausbildung umweltdifferenter Ziele und Sprachspiele versucht das System, sich einem unmittelbaren Reaktionsdruck zu entziehen. Durch diesen Bruch des *Reiz-Reaktions-Schemas*[219] etabliert das System eine feste Grenze und gewinnt im Verhältnis zu seiner Umwelt an Autonomie, was mit Zeit- und Handlungsspielräumen - aber auch mit Problemen - verbunden ist. Die Handhabung dispositiver Komplexität erfolgt durch Einführung prozessualer Selbstreferenz. Dadurch können die Beziehungen innerhalb des Unternehmens im Rahmen eines Kulturmanagements und zu Marktteilnehmern durch strategische Planung thematisiert werden. Das Unternehmen kommuniziert mit anderen Worten über seine Kompetenz im Umgang mit Mitarbeitern und Marktteilnehmern. Indem es zwischen seiner Kultur und seinem Umweltbezug unterscheiden kann, kann es sich selbst in diesem Beziehungsgeflecht identifizieren und schafft dadurch die prinzipielle Möglichkeit, seine Position darin zu verändern.[220]

2.4.2.5 Kognitive Systemkomplexität

Auch der Aufbau dispositiver Komplexität schlägt in ein neues Problem um. Denn zunehmende Kontrolle über die internen und externen Beziehungen bedeutet steigende Autonomie und führt zu wachsender Ignoranz für die Umwelt . Wenn es dem Unternehmen nicht gelingt, Entwicklungen in der internen und externen Umwelt zu beobachten, können einmal gewählte Ziele nicht mehr in Frage gestellt werden. Gerade durch den Aufbau von dispositiver Systemkomplexität werden Unternehmen in die Lage versetzt, sich durch Unterbrechung des Reiz-Reaktions-Schemas über ihre Umwelt zu erheben. Dies kann zur Gefahr gereichen, wenn einmal festgestellte Ziele, Beziehungen und Annahmen über die Umwelt dann zu Dogmen werden.

Vgl. Gliederungspunkt 2.5.
Vgl. Galtung, Methodologie, S. 123.
Vgl. Willke, Systemtheorie, S. 69.
Vgl. Luhmann, Selbst-Thematisierung, S. 23.
Vgl. Gliederungspunkt 2.5.

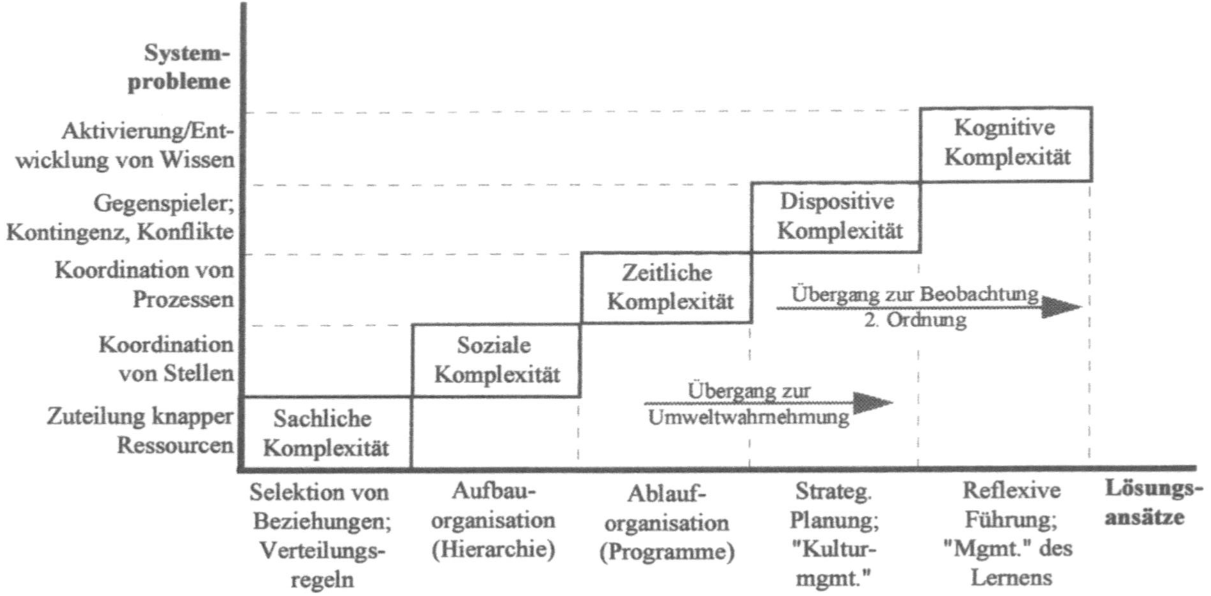

Abb. 7: Dimensionen der Systemkomplexität im Zusammenhang mit zentralen Systemproblemen und deren Lösungen

Der kumulative Aufbau von Eigenkomplexität kann also paradoxerweise zu einer Einschränkung der Entwicklungsfähigkeit des Unternehmens führen, da die Menge an Annahmen, Zielen und Regelungen selbst nicht mehr zur Disposition gestellt wird.

Der Schlüssel zur Lösung dieses Problems liegt im Wechsel von der Ebene des Beobachters 1. Ordnung zur Ebene 2. Ordnung. Annahmen, Ziele und Regelungen stellen einen Bestand an handlungsleitenden Unterscheidungen bzw. Theorien dar, die selbst kritisch hinterfragt werden müssen.[222] Um Entwicklungsfähigkeit zu schaffen und zu erhalten, müssen die blinden

Flecke der Annahmen und Normen des Unternehmens aufgedeckt werden. Diese Fähigkeit wird durch den Aufbau *kognitiver Komplexität* erworben. Damit ist die Weiterentwicklung, Aktivierung und Diffusion von Wissen gemeint, das zum Teil in der Organisation schon vorhanden ist, da einzelne Mitglieder darüber verfügen, oder das von außen Eingang in die Organisation finden muß. *Kognitive Komplexität bedeutet die Entwicklung organisatorischer Lernfähigkeit*[223].

Außerdem beinhaltet sie das Vermögen des Unternehmens, sich seiner selbst und seiner Fähigkeiten und Schwächen bewußt zu werden. Dieses *Selbstbewußtsein* impliziert, daß sich das Unternehmen in Abgrenzung zur Umwelt als Einheit betrachtet und so die Voraussetzungen für Rationalität schafft. Der Schlüssel zu reflexiver Unternehmensführung liegt damit in einer konsequent auf Lernen und Reflexion ausgerichteten Praxis. Auf die Grundlagen der reflexiven Unternehmensführung wird im 3. Gliederungspunkt näher eingegangen. Den Zusammenhang zwischen den verschiedenen Systemproblemen, deren Lösungen und den hierfür benötigten Komplexitätsstufen, faßt Abb. 7 zusammen.

2.4.2.6 Die intellektuelle Entwicklung der Organisation

Die Erarbeitung der verschiedenen Komplexitätsniveaus ist durchaus als sequentieller Entwicklungsprozeß in der Zeit zu verstehen, bei dem die Organi-

---

[222] Vgl. Willke, Systemtheorie, S. 85-86.
[223] Vgl. zum organisatorischen Lernen ausführlich Gliederungspunkte 2.6.3 und 3.3.2.

sation durch permanente Umwelt- und Selbstanpassungen Kompetenz im Umgang mit der Umwelt und sich selbst erwirbt. Aus Abb. 8 wird auch die Bedeutung der Unternehmensführung klar. Denn die vorgestellte Entwicklungsrichtung läßt sich nicht nur eigendynamisch erreichen. Entwicklung in Richtung kognitiver Komplexität bedarf rationaler Eingriffe durch das Management. Dies ändert nichts daran, daß das Management Veränderungen lediglich auslösen kann. Vollzogen werden müssen sie durch die Organisation selbst.

Aus systemtheoretischer Perspektive unterscheiden sich somit kompetente oder „intelligente"[224] von inkompetenten Unternehmen durch die Stufe ihrer Rationalität. Bei letzteren ist die Vernunft auf ökonomische und technologische Aspekte verengt, und sie versuchen deshalb, Quellen interner und externer Veränderung in den Griff zu bekommen, um die Organisation und ihre Umwelt invariant zu halten. Sie tragen folglich ihre Inkompetenz in die Umwelt,[225] um ihre Autonomie nicht aufgeben zu müssen.

Im Zuge der Ausbildung von Systemrationalität werden Unternehmen ihre Autonomiebemühungen jedoch *differenziert* und *selektiv* einschränken, sich also mit bestimmten Subsystemen enger an die Umwelt koppeln. Dies ist zwar „unbequem", da sie auf Komplexität und Dynamik der Umweltsysteme mit Zieländerungen, internen Umstrukturierungen und hohem Lernaufwand reagieren müssen, sichert ihnen aber langfristige Wettbewerbsvorteile und schützt ihre Existenz. Während inkompetente oder „irrationale"[226] Unternehmen Umwelt an den Außengrenzen abweisen, holen „intelligente" Unternehmen die Unsicherheit der Umwelt bis zu einem gewissen Grad in die Organisation hinein, verarbeiten sie auf dafür vorbereiteten Ebenen und setzen sie konstruktiv um. In intelligenten Organisationen existieren mit anderen Worten Mechanismen der selektiven und differenzierten Umweltbearbeitung, so daß verschiedene Umweltausschnitte in dafür spezialisierten Subsystemen arbeitsteilig bewältigt werden und bestimmte produktive Bereiche von der Umwelt abgekapselt werden.

---

[224] Vgl. auch Holzner/Bloemer, Unternehmensintelligenz, S. 88-91.
[225] Vgl. zu dieser Formulierung Röpke, Innovation, S. 252.
[226] Der Begriff der irrationalen Organisation geht auf Nils Brunsson zurück, der feststellte, daß sich Entscheidungen in Organisationen vornehmlich an internen Erwartungen orientieren; vgl. Brunsson, Irrational Organisation, S. 3.

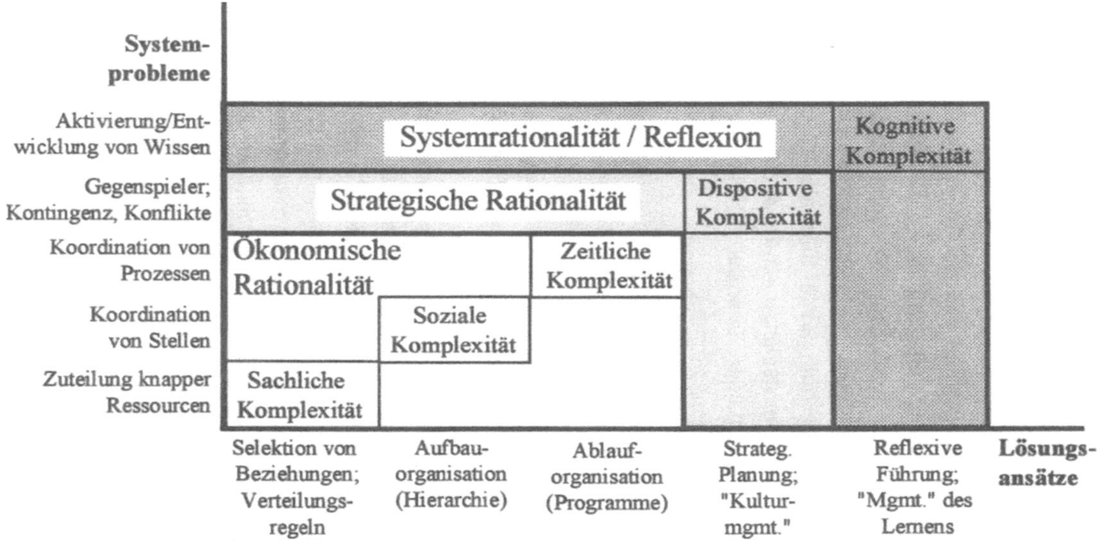

| System- | | | | | Lösungs- |
problem		Systemrationalität / Reflexion			ansätze
Aktivierung/Ent-wicklung von Wissen				Kognitive Komplexität	Reflexive Führung; "Mgmt." des Lernens
Gegenspieler, Kontingenz, Konflikte		Strategische Rationalität	Dispositive Komplexität		Strateg. Planung; "Kulturmgmt."
Koordination von Prozessen	Ökonomische Rationalität	Zeitliche Komplexität			Ablauforganisation (Programme)
Koordination von Stellen		Soziale Komplexität			Aufbauorganisation (Hierarchie)
Zuteilung knapper Ressourcen	Sachliche Komplexität				Selektion von Beziehungen; Verteilungsregeln

Abb. 8: Die unterschiedlichen Stufen der Rationalität im Zusammenhang mit den Dimensionen der Komplexität, zentralen Systemproblemen und Ansätzen zu ihrer Lösung

2.4.3 Konflikte als Folge von Komplexität

2.4.3.1 Widersprüche im System

Wie gezeigt, vergrößern Unternehmen durch die Anreicherung der Organisation mit den verschiedenen Formen der Komplexität sukzessive ihre Handlungsautonomie. Dadurch werden Optionen generiert, die das Unternehmen vor Auswahlprobleme stellen, so daß als Folge von Eigenkomplexität wachsende Kontingenz[227] entsteht. Kontingenz ist mit Unsicherheit verbunden, da sich das Verhalten anderer - trotz Struktur - auch gegen Erwartungen richten kann. Aber auch, weil das eigene Handeln falsch sein kann, wenn nicht feststeht, was zu tun ist. Steigende Komplexität führt also zu einem verbesserten Umgang mit Umwelt *und gleichzeitig* zu einem Anwachsen kontingenter Wahrnehmungs- und Handlungsoptionen, über deren Relevanz bzw. Richtigkeit Widersprüche und Konflikte entstehen können.

Ein *Widerspruch* tritt dann auf, wenn im System unvereinbare Erwartungen beobachtet, aber *nicht* kommuniziert werden. Der Widerspruch führt damit zu einem kurzen Innehalten. Er bietet die Möglichkeit, den Sinn der Kommunikation noch einmal zu überdenken. In dieser Situation könnte die Kommunikation auch abgebrochen werden. Das System wird also kurzfristig wieder in einen Zustand hoher doppelter Kontingenz versetzt, da Erwartungen unklar sind. Luhmann vergleicht Widersprüche mit dem Immunsystem. Durch sie wird das System in Alarmbereitschaft versetzt. Die Gefahr des Abbruchs der Kommunikation veranlaßt die Kommunikationspartner ihre Erwartungen zu überdenken. Widersprüche stellen damit ein Regulativ zu Erstarrungstendenzen und Umweltblindheit sozialer Systeme dar. Denn sie führen zu reaktiven Handlungen, ohne daß Umweltereignisse selbst erkannt werden müßten. Es genügt, wenn Erwartungsenttäuschungen beobachtet werden können.[228]

2.4.3.2 Konfliktsysteme als kommunizierte Widersprüche

Werden Widersprüche zum Thema einer Kommunikation, entstehen Konflikte. Konflikte sind temporäre und parasitäre soziale Systeme besonderer Art, die

---

[227] Vgl. zum Begriff Gliederungspunkt 2.1.1.
[228] Vgl. Luhmann, Soziale Systeme, S. 509-519.

durch explizite Negation entstehen und durch permanente Negation fortgeführt werden können. Konkret gesprochen: Konflikte treten dann auf, wenn auf Grund von Komplexität eine Selektion (z.B. eine Erkenntnis, eine Meinung, ein Thema, eine Bitte, eine Anweisung etc.) vorgenommen werden muß, und diese vom Sender als annehmbar kommuniziert wird, aber vom Adressaten wider Erwarten nicht angenommen und explizit negiert wird.[229] Für die Negation gibt es grundsätzlich zwei Gründe. Entweder wird die Relevanz der selektierten Unterscheidungen angezweifelt - dies kann sich auch auf die Kompetenz des selektierenden Systems beziehen. Oder es liegen unterschiedliche Einschätzungen bezüglich möglicher Handlungsoptionen vor. Im ersten Fall handelt es sich um einen Relevanzkonflikt, im zweiten Fall um einen Entscheidungskonflikt, der seine Ursache in der Kontingenz des Handelns hat.[230]

Wie alle Systeme entstehen auch Konfliktsysteme aus dem Phänomen der doppelten Kontingenz; allerdings werden hier Enttäuschungserwartungen stabilisiert.[231] Die Beziehungen zur Umwelt basieren auf Drohung und Mißtrauen, weil man annimmt, daß der andere als Nutzen ansieht, was einem selbst schadet. Da sowohl der andere als auch man selbst derart reflektieren, ist eine Eskalation wahrscheinlich. Ferner sind Konfliktsysteme sehr stabil, da die Konfliktparteien sich gegenseitig „böse Absichten" unterstellen.[232] und die Umwelt nach dem Freund-/Feind- Schema unterscheiden, so daß bei jedem Kontakt die negativen Erwartungen bestätigt werden.

Wie Axelrod zeigen konnte, ist in dieser Situation ein TIT FOR TAT[233] eine erfolgversprechende Strategie für einen Beobachter *1. Ordnung* bei wiederkehrenden Begegnungen - also auch in sozialen Systemen.[234] TIT FOR TAT beginnt „wohlwollend" mit einem Angebot zur Kooperation und richtet das eigene Verhalten von da ab an der Reaktion des Kontrahenten aus. Ob sich dieser nun kooperativ verhält oder nicht, die Strategie folgt immer dem Benehmen des anderen in der letzten Runde. Dadurch wird Kooperation belohnt und Egoismus bestraft. Auf lange Sicht setzt sich - so Axelrods empirisch gestütztes

---

[229] Vgl. Luhmann, Soziale Systeme, S. 531.
[230] Vgl. Willke, Systemtheorie, S. 25.
[231] Vgl. Axelrod, Cooperation, S. 147-148.
[232] Vgl. Luhmann, Moral, S. 55.
[233] TIT FOR TAT läßt sich sinngemäß übersetzen mit „Wie du mir - so ich dir".
[234] Vgl. Axelrod, Cooperation, S. 148.

Ergebnis - kooperatives Verhalten durch, und zwar auch dann, wenn gegen Egoisten gespielt wird.

Axelrods Erkenntnis, daß bei TIT FOR TAT selbst in einem wettbewerblichen oder konfliktären Umfeld kooperatives Verhalten entsteht, setzt voraus, daß sich keiner der Teilnehmer nachtragend verhält, also „Rache" erst zu einem späteren Zeitpunkt übt. Zudem braucht man bei einem strikten TIT FOR TAT sehr viel Zeit, denn Axelrods Experimente haben auch gezeigt, daß konfliktäres, egoistisches Verhalten kurzfristig durchaus erfolgreich sein kann - TIT FOR TAT setzt sich dann nämlich erst nach ca. 200 Begegnungen durch.[235] TIT FOR TAT kann aber auch zu einer Verhärtung der Fronten führen, wenn mit einem konfliktären Verhalten begonnen und dann konsequent TIT FOR TAT beibehalten wird, da dies zu abwechselnden Vergeltungsschlägen führt - und dies ad infinitum.

Was den letzten Fall betrifft, so können die Konsequenzen für die Unternehmung verheerend sein, da irgendwann der eigentliche Auslöser nicht mehr entscheidend für die Dynamik von Konflikten ist, sondern nur noch die Stärke des positiven Feedbacks. Tendenziell führt dies zu einer Radikalisierung und Ausweitung des Konflikts auf Nebenthemen und auf das soziale Umfeld des Gegners, so daß im Extremfall die gesamte Umwelt der Organisation, in die sich ein Konfliktsystem eingenistet hat, in einem Freund-/Feind-Schema polarisiert wird. Durch das gemeinsame Feindbild kommt es zwar häufig zu einer starken Identifizierung der Mitglieder mit dem System. Auf der anderen Seite entwickeln Konfliktsysteme aber eine gewisse Rücksichtslosigkeit gegenüber der Organisation, da alle Ressourcen zur Schädigung des Gegners eingesetzt werden, wodurch funktionale Leistungsprozesse empfindlich gestört werden können.[236]

Aus systemtheoretischer Perspektive haben Organisationen zusätzliche Möglichkeiten, mit einmal eingefahrenen Konflikten umzugehen. Ist TIT FOR TAT eine akzeptierte und erwartbare Verhaltensweise, so ist damit zu rechnen, daß Konflikte dann entweder gar nicht erst entstehen oder aber sehr schnell entschärft werden können. Die Erwartbarkeit des Axelrod´schen Prinzips führt also gewissermaßen zu einer Verstärkung der dem Prinzip innewohnenden Tendenz

---

[235] Vgl. Blum, Egoismus, S. 36.
[236] Vgl. Bergmann, Bewegung, S. 365-367.

zur Kooperation und beschleunigt somit die Auflösung von Konflikten. Führt TIT FOR TAT zu einem sich über einen längeren Zeitraum fortsetzenden Konfliktsystem kann eine schnellere Konfliktbeilegung durch die Figur des Beobachters 2. Ordnung erreicht werden, indem die *Einheit* des Systems wieder in den Vordergrund der Kommunikation gestellt wird. So kann sich der Konflikt auch kurzfristig selbstorganisierend entschärfen und in produktiven Wandel umgeleitet werden - sogar dann, wenn nur einer der Konfliktpartien reflexiv agiert. Denn eingenistete Konfliktsystem können, wie übrigens auch Axelrod zeigte, aufgelöst werden, wenn beispielsweise TIT FOR TAT situationsspezifisch „großzügig" im Sinne eines TIT FOR TWO TATS angewandt wird. Tatsächlich konnte Axelrod auch empirisch nachweisen, daß sich in Modellen, die um Zufallsreaktionen erweitert wurden, nach sehr langer Spieldauer (etwa 1000 Begegnungen) eine solche modifizierte Strategie auch dann bewährt, wenn bei strikten TIT FOR TAT kein Ausweg mehr erkennbar wäre. Beide Parteien müssen allerdings deutlich machen, daß sie dieser Strategie folgen wollen.[237]

Als Fazit läßt sich festhalten, daß Widersprüche zwar eine Quelle von Fluktuationen und damit Auslöser von Veränderung sind, eingespielte Konflikte jedoch die Unternehmensentwicklung hemmen können. Denn ein Konflikt ist das Resultat eines Widerspruchs, der nicht in Erwartungs- bzw. Strukturänderung kanalisiert werden kann. Daraus darf nicht die Konsequenz gezogen werden, Konflikte um jeden Preis zu vermeiden. Gerade in eingefahrenen Situationen, bei denen man es mit prinzipiellen Negierern zu tun hat, ist der Konflikt die einzige Chance, überhaupt einen Wandel zu initiieren. Dabei sind prinzipielle Negationen immer dann zu erwarten, wenn der Code eines Systems auf einer Umweltpolarisierung aufbaut. Diese Systeme gewinnen ihre Integrität nur über dieses prinzipielle Dafür-Dagegen-Schema. Jede Form der Interessenvertretung arbeitet danach und gewinnt so Identität.[238]

---

[237] Vgl. Axelrod, Cooperation, S. 150-158; vgl. auch zu Strategien des an Interessen orientierten Konfliktumgangs bei Fisher/Ury, Harvard-Konzept, S. 15-31, und Ury/Brett/Goldberg, Konfliktmanagement, S. 36-38.
[238] Im Umgang mit Gewerkschaften beispielsweise, die ihre Umwelt (immer noch) nach der Differenz von Arbeit und Kapital wahrnehmen, da dies ihre Reproduktion ermöglicht (vgl. Luhmann, Wirtschaft der Gesellschaft, S. 172), werden Konflikte sogar als Veränderungsmotor bewußt provoziert. Durch die lange Erfahrung im gegenseitigen Umgang initiieren Arbeitgeber- und Arbeitnehmerverbände öffentlichkeitswirksam Konflikte, die von Anfang an auf eine Lösung programmiert werden. So äußern Gewerkschaften beispielsweise Erwartungen in Form von Lohnzuwächsen, von denen sie erwarten, daß sie negiert

Prinzipiell läßt sich sagen, daß Widersprüchlichkeit zu einem friktionslosen, eher inkrementalen Wandel führt, während Konflikte tendenziell radikale Veränderungen bewirken und im Gegensatz zu einfachen Widersprüchlichkeiten auch verkrustete Strukturen aufbrechen können. Dafür sind Konflikte aber unberechenbar und können das gesamte System gefährden. Unternehmensführung muß also im Vorfeld von Veränderungen herausfinden, ob der geplante Wandel durch die Beeinflussung von Erwartungen im Vorfeld der Maßnahmen reibungslos durchgeführt werden kann oder ob ein Konflikt in Kauf genommen werden soll. In diesem Falle sollte sich die Führung darüber im klaren sein, mit welchen Unterscheidungen das betroffene System die Maßnahme wahrnimmt. Hieraus ergeben sich meist direkt Lösungschancen.[239]

2.5 System-/ Umwelt-Differenz: Unternehmen als autonome Systeme

2.5.1 Unternehmen als Akteure

Unternehmen werden sowohl in wirtschaftswissenschaftlicher Theorie als auch in der Praxis als Gegenstand wirtschaftlichen Handelns betrachtet. So erklärt die Betriebswirtschaftslehre den Betrieb zu ihrem Erfahrungsobjekt[240] und macht ihn zum wirtschaftenden Akteur.[241] In der Praxis läßt sich beobachten, daß die Unternehmung in Form der Firma gleichberechtigt neben Individuen als Vertragspartner bei wirtschaftlichen Transaktionen auftritt. Durch die Bereitstellung von Karrierechancen und - abhängig vom Einzelfall - durch ihre Größe, (internationale) Vernetzung und finanzielle Bedeutung üben sie zudem großen Einfluß auf die gesellschaftliche und politische Entwicklung einer Gesellschaft aus. Diese Feststellungen sagen aber noch wenig darüber aus, welchen Stellenwert man der Unternehmung in der Theorie zubilligen möchte. Hier sind grundsätzlich zwei Perspektiven erkennbar. Die eine wird Unternehmen als Instrument von Einzelpersonen (Unternehmer) oder Eliten (Kapitalisten, Ma-

---

werden und so zum Konflikt führen. Einmal ins Leben gerufen, *muß* der Konflikt durch Verhandlung von Erwartungen aber beigelegt werden.
[239] Vgl. Fisher/Ury, Harvard-Konzept, S. 157-158.
[240] Vgl. Gutenberg, Grundlagen, S. 5.
[241] So bspw. in Porters Branchenanalyse; vgl. Porter, Wettbewerbsvorteile, S. 22-30.

nagement) auffassen; die andere wird der Organisation eine partielle Emanzipation von den Zielen und Interessen der Individuen zugestehen.[242]

Die klassische Betriebswirtschaftslehre ist als Theorie der Einzelhandlungen von Menschen (bzw. *Wirtschaftssubjekten*) unter wirtschaftlichen Aspekten konzipiert und nimmt damit die erste der genannten Perspektiven ein.[243] Die Abstimmung von individuellem Verhalten bzw. die Zurechnung von Ereignissen auf Unternehmen erfolgt in den Wirtschaftswissenschaften i.d.R. durch das Zweck-Mittel-Schema als kausale Beziehung von gewünschter oder vorgegebener Wirkung und die für deren Erreichung notwendige Ursache.[244] Die hier vertretene *systemtheoretische* Betriebswirtschaftslehre nimmt die zweite Perspektive ein, sieht also mit dem Entstehen von Organisationen das Auftauchen neuer Ziele und Handlungsformen.

In Anlehnung an Geser ist die zweite Perspektive, also die Behandlung von Unternehmen als soziale Akteure, an zwei Voraussetzungen geknüpft:[245] (1) *Bewirkungen* (Vorgänge, Ereignisse etc.) aus der Sphäre des Unternehmens können weder seinen Mitarbeitern allein noch Instanzen der Umwelt *kausal* zugerechnet werden; (2) diese Bewirkungen lassen sich als *Handlung* charakterisieren, da „[...] ihnen Prozesse autonomer Selektivität, sinnhafter Intentionalität und zielgerichteter Rationalität zugrunde liegen"[246].

Was die erste Anforderung betrifft, so läßt sich in vielen Fällen eine klare Zurechnung von Bewirkungen mit Folgen für die Umwelt auf das Unternehmen als Ganzes erkennen, da sich diese als Bereiche verdichteter Kommunikationsbeziehungen besonders leicht identifizieren lassen. So rechnen Kunden,

---

242 Vgl. Geser, Organisationen, S. 401-402.
243 Vgl. Schneider, Betriebswirtschaftslehre, S. 20.
244 Die neoklassische Ökonomik ist beispielsweise von der Vorstellung ausgegangen, ein Unternehmen handle wie *ein* Mensch, und setzte voraus, daß der Unternehmer die Ziele und Motivationen der anderen betroffenen Menschen (der Arbeiter) von diesen „abkaufen" und die Organisation so für seine Zwecke instrumentalisieren könne (vgl. Röpke, Innovation, S. 262-267). Die faktortheoretische Betriebswirtschaftslehre variiert alternative Mittel (Faktorkombinationen) in bezug auf einen invarianten Zweck (Gewinnmaximierung; vgl. Gutenberg, Produktions- und Kostentheorie, S. 429). Die klassische Organisationslehre arbeitet in Anlehnung an die faktortheoretische Konzeption mit obersten Unternehmenszwecken (z.B. technische und ökonomische Ergiebigkeit), vor deren Hintergrund verschiedene Formen der Aufbau- und Ablauforganisation als Mittel zu ihrer Erreichung diskutiert werden (vgl. Kosiol, Organisation, S. 28-49).
245 Vgl. Geser, Organisationen, S. 402-403.
246 Geser, Organisation, S. 403.

Konkurrenten, Mitarbeiter etc., aber auch Wissenschaft, Politik, die öffentliche Meinung und andere gesellschaftliche Institutionen Vorgänge oder Ereignisse aus dem betrieblichen Umfeld i.d.R. dem Unternehmen als soziale Einheit zu. Gerade in den Selbstbeschreibungen der Unternehmen, wie sie etwa in der Werbung zum Ausdruck kommen, rangiert die Zurechnung von Kompetenz und Leistungsmerkmalen auf das Unternehmen als Ganzes deutlich vor der Herausstellung einzelner Mitarbeiter. Ferner läßt sich erkennen, daß von außen beobachtbare Abläufe in Unternehmen weniger von einzelnen Persönlichkeiten (z.B. Inhaber oder Manager) abhängen, als vielmehr von den spezifischen Bedingungen, die sich aus der Art der abgesetzten Leistungen, der verwendeten Technologien bzw. Ressourcen und der Umweltbeziehungen ergeben[247], und die ihren Ausdruck in den strukturellen und kulturellen Besonderheiten des Unternehmens finden. Vor allem für den Bereich kollektiver Entscheidungen konnte sowohl theoretisch-deduktiv als auch empirisch nachgewiesen werden, daß Entscheidungen in Organisationen nicht die individuellen Präferenzen widerspiegeln und somit als emergente Erscheinungen aufzufassen sind.[248]

Auch die zweite Bedingung, die Identifizierung eines Vorganges oder Ereignisses als autonome und rationale *Handlung* eines Unternehmens, kann in vielen Fällen als erfüllt angesehen werden. Ein gutes Beispiel ist die Praxis der Rechtsprechung. Hier ist es üblich, Unternehmen als Institution kollektiv haftbar zu machen[249] und nur in bestimmten Fällen einzelne Mitarbeiter zur Verantwortung zu ziehen (z.B. im Rahmen der Haftung des Vertreters einer Gesellschaft bei Pflichtverletzung[250]). Auch in Politik, Wissenschaft und öffentlicher Meinung ist zunehmend die Rede von einer wachsenden gesellschaftlichen Verantwortung der Unternehmen, so daß diese in ein immer komplexer werdendes Netz von zum Teil widersprüchlichen Anforderungen gegenüber unterschiedlichen Anspruchsgruppen geraten (v.a. Aktionäre,

---

[247] Vgl. Geser, Organisationen, S. 403-405 und die dort angegebene Literatur.
[248] Vgl. hierzu ausführlich 2.6.2.
[249] So bspw. nach den Bestimmungen des § 123 HGB.
[250] Die Regelungen zum Mißbrauch der Vertretungsmacht sind prinzipiell für alle Rechtsformen ähnlich gestaltet (vgl. die Übersicht bei Kraft/Kreutz, Gesellschaftsrecht, S. 156-157, S. 234 u. S. 266). Die Zurechnung von Handlungsfolgen auf die Gesellschaft ist aus Gründen des Gläubigerschutzes sehr weitgehend, was in der Unbeschränkbarkeit des Umfanges der Vertretungsmacht Dritten gegenüber zum Ausdruck kommt (vgl. §§ 141-143 HGB). Die Zurechnung einer Bewirkung auf die Einzelperson des Vertreters erfolgt bei privaten Rechtsgeschäften nur im Innenverhältnis, sofern die Einschränkung der Vertretungsmacht nicht öffentlich gemacht wurde, und nur bei Vorliegen einer Straftat auch Dritten gegenüber.

Marktteilnehmer, Politiker und selbsternannte Vertreter der natürlichen Umwelt).[251] Diesen steigenden Anforderungen müssen Unternehmen durch eine starke Identität und die Bereitstellung von Orientierungsmustern für ihre Mitarbeiter begegnen, damit klar erkennbar ist, wie als Organisation zu handeln ist und was als institutionelles Handeln zu bezeichnen ist.

Organisationen weisen in dieser Hinsicht einen eigenen Handlungstyp auf und sind von den Individuen emanzipierte Akteure. Folglich muß eine Theorie, die Unternehmen zu ihrem Gegenstand erklärt, als Theorie handelnder Wirtschaftsorganisationen konzipiert sein. Wirtschaften wird in dieser Perspektive von zwei *unterschiedlichen* Systemtypen getragen, die zwar interagieren, aber füreinander Umwelt darstellen: *psychische Systeme* und *soziale Systeme*. Die erste Kategorie repräsentiert das vom Bewußtsein des Menschen getragene Handeln des Individuums, die zweite Kategorie das durch Kommunikation zwischen Menschen konstituierte Handeln der Organisation. Der Schwerpunkt der systemtheoretischen Betrachtung liegt bei den Ereignissen, die einer wirtschaftlichen Organisation als Einheit zugeschrieben werden können.[252] Dies sind Handlungen *sozialer* Systeme. Hierin unterscheidet sich die Systemtheorie gar nicht von anderen betriebswirtschaftlichen Auffassungen. Der wesentliche Unterschied besteht aber darin, daß das individuelle Handeln - die psychischen Systeme - als Umwelt sozialer Systeme aufgefaßt werden.[253] Individuen und Organisation stehen zwar in wechselseitigen Beziehungen zueinander, operieren jedoch in bestimmten Grenzen autonom.[254] Die Systemtheorie stellt ein Erklärungsangebot für kollektives Handeln zur Verfügung, das direkt auf der Ebene des Sozialen ansetzt. Die Untersuchung verschiedener sozialer Systeme kann sich so auf den Typ und die Funktion des betrachteten Systems konzentrieren und kann den Menschen, indem sie ihn als Umwelt des Unter-

---

[251] Vgl. hierzu die Sammelrezension von Dyllik, Beziehungen, S. 373-392.
[252] Das hat auch Barnard so gesehen. Er begreift Organisationen als entpersonifizierte, autonome und emergente Systeme, die aus Handlungen bestehen (vgl. Barnard, Executive, S. 66). Diese Handlungen sind zwar Handlungen von Individuen, diese werden aber nicht von persönlichen Zielen getragen, sondern durch Organisationsstrukturen konditionalisiert und entpersonalisiert, so daß das Individuum eine große Distanz zu seinem Handeln aufbaut (vgl. Barnard, Executive, S. 77). Die Rolle psychischer Systeme im sozialen System Wirtschaft und Möglichkeiten der Rekonstruktion individualistischer wirtschaftswissenschaftlicher Theorien aus der Perspektive der Systemtheorie hat Michael Hutter untersucht; vgl. Hutter, Wirtschaft und Bewußtsein.
[253] Vgl. aber bereits bei Barnard, Executive, S. 66-68.
[254] Zum Verhältnis von sozialen und psychischen Systemen vgl. ausführlich Markowitz, Partizipation, S. 482-518.

nehmens ansieht, in seiner vollen Komplexität und Kontingenz belassen. Damit wird eine Betriebswirtschaftslehre möglich, die Verhaltensweisen Einzelner aus wirtschaftlichen Bedingungen heraus erklären kann, die mit unterschiedlichen individuellen Zwecken und Motiven vereinbar ist und ohne psychologische Erklärungen auskommt.

Das Wirtschaftlichkeitsprinzip erhält dadurch in einer systemtheoretisch konzipierten Betriebswirtschaftslehre eine ganz neue Aktualität. Angreifbar wurde das Prinzip im neoklassischen Kontext durch seinen Bezug auf das individuelle Handeln, sei es in der Form, daß Albert darin Dogmatisches und Ideologisches vermutete[255], Schanz dessen fehlende empirische Fundierung kritisierte[256], oder Hans Ulrich dahinter ein mechanistisches Weltbild ausmachte[257]. Gemeinsam ist diesen kritischen Stimmen, daß sie das Wirtschaftlichkeitsprinzip als fragwürdiges Ethos des individuellen Handelns verstehen. Jeder dieser Kritikpunkte läuft jedoch ins Leere, wenn man Wirtschaftlichkeit als ein Phänomen betrachtet, das erst auf Systemebene auftritt und soziale Handlungsmöglichkeiten im wirtschaftlichen Kontext in bestimmter Weise einschränkt. Emanzipiert von der individualistischen Perspektive stellt es sich in neuem Gewand als emergente Systembedingung wirtschaftlicher Operationen dar.

2.5.2 Die Organisation des Unternehmens

2.5.2.1 *Abgrenzung der Organisation von Markt und Umwelt*

2.5.2.1.1 *System-/Umweltdifferenz durch autonome Entscheidungen der Organisation*

Nur wenn es dem Unternehmen gelingt, seine Autonomie durch hierarchische Koordination aufrechtzuerhalten, kann es am Markt bestehen.[258] Darüber entscheiden die Organisationskosten, die für die Aufrechterhaltung der Überschußproduktion von Entscheidungsmöglichkeiten und für die Stabilisierung

---

[255] Vgl. Albert, Problematik, S. 457-467.
[256] Vgl. Schanz, Erkennen, S. 50-56.
[257] Vgl. Ulrich, Management, S. 23-26.
[258] Diese Gedanken basieren auf der Argumentation des Transaktionskostenansatzes von Williamson; vgl. Picot/Dietl, Transaktionskostentheorie, S. 178-184.

von Erwartungssicherheit - also Strukturaufbau - anfallen. Hierfür muß ein Netzwerk von budgetierten Stellen eingerichtet und erhalten werden.[259]

Organisation als Produktionsmedium für Entscheidungen stellt eine Suspendierung von marktlicher Koordination dar. Dabei sieht sich die Organisation der Gefahr ausgesetzt, dem Markt anheimzufallen, falls es ihr nicht gelingt, ihre Autonomie zu bewahren und ausreichende Vorteile für Marktteilnehmer (v.a. Kunden) und Mitarbeiter bereitzustellen. Auf der anderen Seite kann eine Interaktion auf dem Markt zur Organisation werden, wenn es ihr gelingt, sich dauerhaft Organisationsregeln zu geben und Kommunikationen rekursiv und selektiv aneinander anzuschließen. Aus systemtheoretischer Perspektive bestehen zwischen Hierarchie und Markt nicht nur graduelle Unterschiede. Beide sind vielmehr eigenständige soziale Systeme, wobei Hierarchien die Sozialisation von Individuen und Verträge den Tausch von Leistungen gegen Geld formalisieren.[260] Sie sind somit funktional nicht äquivalent und nicht prinzipiell ersetzbar. Der Transaktionskostenvergleich kann daher nur für die Fertigungstiefe Hinweise geben. Der Vergleich setzt eine Organisation immer schon voraus, so daß zwischen Hierarchie und Markt keine grundsätzliche Alternative besteht. Beim Tausch liegt immer eine Interaktion auf Märkten vor, bei der Entscheidung immer ein System vom Typ Organisation. Jedes Wirtschaftssystem verfügt über beide Systemtypen.

Daneben existieren Zwischenformen in Form von Netzwerken. Sie vermeiden die jeweiligen Schwächen der beiden Koordinierungsformen, ohne die Vorteile zu gefährden. So kommt es vor, daß Tauschpartner auf Märkten versuchen, Redundanzprobleme marktlicher Transaktionen (Unsicherheiten, Wechselhaftigkeit, Kurzfristigkeit, keine Kohärenz, keine Nutzung von Erfahrung etc.) durch Einführung organisatorischer Prinzipien zu vermeiden, indem sie langfristige Verträge schließen (z. B. Joint Venture). Organisationen auf der anderen Seite versuchen ihre geringe Varietät durch die Einführung von marktlichen Steuerungsprinzipien (z.B. Verrechnungspreise, interne Konkurrenz) zu relativieren.

Allgemein gesprochen liegt ein Netzwerk dann vor, wenn sich ein Handlungssystem gleichzeitig als formale Organisation und als Vertragsbeziehung

---

[259] Vgl. Luhmann, Wirtschaft der Gesellschaft, S. 309-310.
[260] Vgl. Teubner, Netzwerke, S. 195.

charakterisieren läßt. Organisationsnetzwerke entstehen, wenn sich ein Markt in der Organisation etabliert. Marktnetzwerke entstehen, wenn über die Einführung von Organisationsprinzipien Redundanzen in die Vertragsbeziehungen eingebaut werden, um die Probleme zu großer Varietät in vertraglich organisierten Transaktionen zu reduzieren.[261]

2.5.2.1.2 System-/Umweltdifferenz durch autonome Orientierungsmuster der Organisation

Die Frage nach der Beziehung zwischen Unternehmen und Umwelt ist vornehmlich eine Frage nach den Grenzen der Organisation. Allgemein gesprochen schließen die Grenzen eines Unternehmens und seiner Subsysteme einen bestimmten Typus von Sprachspielen und Kommunikationsmustern ein, um trotz doppelter Kontingenz kommunikatives Handeln wahrscheinlich zu machen. Unternehmen können so über die Form ihrer Kommunikation unterschieden werden. Das betrifft vor allem die Art und Weise, wie Entscheidungen im Unternehmen getroffen und diffundiert werden. Daneben unterscheiden sie sich auch durch unterschiedliche kulturelle Kommunikationsmuster, die in besonderen Wertvorstellungen, Sprachspielen, Legenden etc. ihren Ausdruck finden. Unternehmen lassen sich deshalb als Bereiche einer im Vergleich zu ihrer Umwelt und zu ihren Mitgliedern erhöhten Kommunikationsintensität abgrenzen. Unternehmensgrenzen sind mithin Kommunikationsgrenzen, und Bewahrung der Grenzen heißt Schutz der systemtypischen Kommunikationsformen vor äußeren Einflüssen.

Allein wegen des Zeitverbrauchs der Kommunikation, also wegen der Unmöglichkeit, alles auf einmal zu sagen, werden in einem System Grenzen gezogen, da bestimmte Kommunikationen vorgezogen und andere ausgegrenzt oder zurückgestellt werden müssen. Kommunikation muß sequentiell angelegt sein, und dies erfordert Selektion bestimmter Kommunikationsformen und Themen.[262] Wie jedes soziale System leistet die Organisation diese Selektion im Rahmen ihrer Organisationsregeln. In Organisationen werden Kommunikationen folglich doppelt eingeschränkt: durch den Fundus erlaubter Kommunikationsformen und

---

[261] Vgl. ausführlich Teubner, Netzwerke, S. 189-216.
[262] Vgl. Luhmann, Ökologische Kommunikation, S. 42-43.

Themen und durch die Selektion und Gewichtung vorrangiger Kommunikationen bzw. Themen. Beides bedeutet Grenzziehung, denn Systeme stellen, wie gesagt, Netzwerke selektierter Kommunikationen dar.

Das Aufrechterhalten der Grenzen gelingt durch *re-entry*[263]. Bei re-entry beobachtet das Unternehmen sich selbst und macht die eigenen Prozesse zum Thema der Kommunikation.[264] Allgemein gesprochen wird der Systemoutput wieder zu dessen Input, wodurch relativ stabile Rückkopplungsschleifen (Attraktoren) entstehen, die durch Institutionalisierung der verschiedenen Formen systemischer Selbstreferenz im Unternehmen verankert werden können. Dies geschieht beispielsweise im Controlling, wo die Ergebnisse von Systemprozessen thematisiert werden, um Ansatzpunkte für ihre effizientere Gestaltung zu erhalten.

Durch die Selektion bestimmter Kommunikationen können Unternehmen somit als Bereiche interpretiert werden, in denen bestimmte Orientierungsangebote bereitgehalten werden.[265] Dabei beziehen sich die Orientierungsangebote auf ganz verschiedene Bedürfnisse und Probleme. Aus Sicht der Organisation mögen Produktion, Gewinn, Marktanteil, Umsatz, Sicherheit oder Macht im Vordergrund stehen. Die Organisation muß aber auch den individuellen Bedürfnissen Rechnung tragen, und die können recht unterschiedlich sein: Lebensunterhalt, Selbstverwirklichung, Sicherheit, Macht, Sozialisation, Zugehörigkeit usw. Die Unternehmung grenzt durch die Ausbildung spezifischer Sprachspiele einen Bereich von Orientierungsmustern ein, welche die Lösung organisatorischer und individueller Probleme wahrscheinlicher machen, weil ihre Komplexität in der Organisation im Vergleich zur Umwelt abnimmt. Arbeitsteilung ermöglicht die Produktion marktfähiger Produkte; Anstellung sichert den Lebensunterhalt und kann als verläßliche Größe in die individuelle Lebensplanung einfließen; Hierarchie kompensiert doppelte Kontingenz und sorgt für risikolose Kommunikation; Kultur führt zur Identifikation mit der Unternehmung und vereinfacht Sozialisierungen, Freundschaften kommen zustande und über die Ausbildung gemeinsamer Sprachspiele wird die Meinungsbildung

---

[263] Vgl. Luhmann, Soziale Systeme, S. 230 u. 640-641.
[264] Vgl. Giesen, Funktionalismus, S. 204.
[265] In dieser Hinsicht ließe sich der Arbeitsmarkt nicht nur als Markt für Arbeit, sondern aus anderer Perspektive auch als Markt für unterschiedliche Orientierungsmuster ansehen.

über Politik, Wirtschaft, Sportereignisse, die Geschäftspolitik des Vorstandes u.a. parallelisiert und deshalb erleichtert.

2.5.2.2 Struktur als Determinante der Organisation

2.5.2.2.1 Zum Strukturbegriff

Organisationen sind in systemtheoretischer Perspektive die Instrumente, mit denen Unternehmen ihre Funktionen erfüllen. Organisationen stellen Bereiche geordneter Komplexität dar, mit deren Hilfe der Unordnung der Umwelt und der Komplexität der Umweltsysteme begegnet werden kann. Komplexität ist das Ergebnis der Bildung und Differenzierung von Strukturen. Strukturen ihrerseits sollen durch Beschränkung von Kontingenz das Verhalten der Organisationsmitglieder in der Form einschränken, daß Arbeitsteilung und Sozialisierung effizient möglich sind. Die Einschränkung von Kontingenz erfolgt durch die Emergenz gemeinsamer Erwartungen, an denen sich das Handeln der Individuen orientieren kann. *Strukturen sind deshalb immer Erwartungsstrukturen*, die sich auf das Verhalten der Organisationsmitglieder richten.[266]

Die wichtigste Funktion der Struktur ist das Reproduzieren gleichartiger Verhaltensweisen durch Parallelisierung der Erwartungen.[267] Die Koordination von Handlungen ist die Voraussetzung jeder sozialen Interaktion. Ohne sie ist Arbeitsteilung nicht denkbar. Der Grad ihrer Effizienz hängt von dem erreichten Komplexitätsniveau ab, ist also eine Frage der Differenzierung. Strukturierung bedeutet Selektion und Verfestigung bestimmter Kommunikationsbeziehungen. Strukturen schränken Partner, Mitteilungsformen und Themen möglicher Kommunikationen ein und lassen dadurch möglichen Handlungen nur noch einen kleinen Spielraum. Sie entschärfen damit das Problem der doppelten Kontingenz. Eine Interaktion, die ihre Kommunikation bestimmten Regeln unterwirft, etabliert Strukturen und gewinnt damit Systemeigenschaften.[268] Dabei determinieren Strukturen aber nicht vollständig, sondern lassen immer einen Spielraum möglichen Handelns.

---

[266] Vgl. Luhmann, Soziale Systeme, S. 139.
[267] Vgl. Luhmann, Soziale Systeme, S. 139-141.
[268] Vgl. Luhmann, Soziale Systeme, S. 184.

Durch Strukturen legt die Organisation auch fest, in welchem Umfang sie auf ihre Umwelt reagieren kann. Denn als autonomes, operational geschlossenes System kann ein Unternehmen nur nach Maßgabe seiner Strukturen auf Umweltveränderungen reagieren. Werden die Grenzen überschritten, kommt es zur Auflösung von Strukturen, und es folgen unkontrollierbare Reaktionen wie Protest, Revolution etc.[269]. Strukturen schützen die Organisation mit anderen Worten vor der Umwelt. Sie schützen die Organisation aber auch vor einem Übermaß an Erstmaligkeit und Innovation, denn nicht jede Innovation ist für das System von Vorteil.[270] Auf der anderen Seite verhindern zu rigide Strukturen wichtige Innovationen. Neuerungen in der Organisation sind immer mit Strukturveränderungen verbunden, so daß man von Unternehmens- oder Organisationsentwicklung *nur in bezug auf Strukturen* sprechen kann.[271]

Durch Strukturen sollen Entscheidungen in einer bestimmten Weise reproduziert werden, wobei Stellennetze und Pläne eine besondere Rolle spielen. Stellen gewährleisten in ähnlichen Situationen ähnliche Entscheidungen und ihre Vernetzung sorgt für Folgeentscheidungen der betroffenen Stellen.[272] Pläne dienen der Programmierung von Entscheidungsketten und damit der Strukturierung in der Zeit. Planen bedeutet, heute eine Entscheidung zu treffen, die zukünftige Entscheidungen vorwegnimmt, um das System möglichst nahe an eine gewünschte Zukunft zu bringen.[273] Dadurch wird die Organisation erwartungsstabil gehalten. Strukturen markieren Entscheidungen und ermöglichen ihre Wahrnehmung, indem sie sie als konform oder widersprüchlich ausweisen. Entscheidungen, die zu bestehenden Erwartungen in Widerspruch geraten, können Strukturwert gewinnen, wenn sie situativ überzeugen.[274] Dies impliziert auch den Einsatz von Macht, die nur nach Maßgabe der Struktur ihre Wirkung entfaltet.

Organisationen können Strukturen in zwei Formen ausbilden, die sich durch die Größe des verbleibenden Handlungsspielraums unterscheiden. Denn Erwar-

---

269 Vgl. Willke, Intervention, S. 335-338.
270 Vgl. in diesem Zusammenhang, Weizsäcker, Erstmaligkeit, S. 89-97. Durch diesen Strukturschutz verkraften ausreichend komplexe Organisationen bis zu einem gewissen Grade auch unfähige Manager.
271 Vgl. Luhmann, Soziale Systeme, S. 472.
272 Vgl. Luhmann, Wirtschaft der Gesellschaft, S. 309-310.
273 Vgl. Luhmann, Wirtschaft der Gesellschaft, S. 338.
274 Vgl. Luhmann, Wirtschaft der Gesellschaft, S. 283-284.

tungen werden nicht nur durch formale Strukturen stabilisiert, sondern auch durch gemeinsame Traditionen, eingefahrene Sprachspiele, Symbole, implizite Werthaltungen usw. Diese *weicheren* Faktoren werden in der betriebswirtschaftlichen Literatur seit den achtziger Jahren unter dem Begriff *Unternehmenskultur* abgehandelt.[275] Dieser Begriff ist aus systemtheoretischer Sicht jedoch problematisch, da er einen Unterschied zum Strukturbegriff etabliert. Genaugenommen ist Unternehmenskultur ja auch Struktur. Da der Kulturbegriff fest in die Betriebswirtschaftslehre eingeführt ist, wird er in dieser Arbeit zwar übernommen, aber im Sinne einer Differenz zwischen harten und weichen Faktoren der Organisationsstruktur.

2.5.2.2.2 Struktur durch harte Faktoren: normative Erwartungsstabilisierung

Normen stellen die elementare Form der Erwartungsstabilisierung dar. Sie sind als Gebote oder Verbote formuliert und erlauben eine Orientierung, indem sie Verhalten entweder als richtig oder als falsch ausweisen. Da sie zweck- und situationsunabhängig formuliert sind, bieten sie eine hohe Verläßlichkeit.[276] Sie sind als Dienstvorschrift, Stellenbeschreibung, Unternehmensverfassung etc. oft schriftlich formuliert, können aber auch mündlich überliefert werden.[277] Eine besondere Form von Normen sind Standards, die die Befolgung einer Norm von der Einhaltung von Richtlinien und Richtwerten abhängig machen.[278] Normen in ihrer Grundform als Vorschrift oder Gesetz dienen zunächst der Handhabung *sachlicher Komplexität*.

Normen stabilisieren Erwartungen, indem sie im Falle einer Normenverletzung die Möglichkeit eröffnen, auf Erwartungsenttäuschungen mit Schuldzuweisungen und Sanktionen zu reagieren. Wird gegen eine Norm gehandelt - etwa durch Nichteinhaltung eines Dienstweges - so braucht derjenige, der sich auf ihre Einhaltung verlassen hat, nichts zu befürchten und kann weiterhin die Einhaltung der Norm erwarten. Luhmann bezeichnet Normen deshalb auch als *lernunwillige Erwartungen*[279]. Der Wandel traditionell überlieferter oder kulturell

---

[275] Vgl. Türk, Organisationsforschung, S. 108-112.
[276] Vgl. Luhmann, Soziale Systeme, S. 312-313.
[277] Vgl. Homans, Gruppe, S. 134-136.
[278] Vgl. Homans, Gruppe, S. 287-288.
[279] Vgl. Luhmann, Soziale Systeme, S. 437.

verankerter Normen ist deshalb häufig nur durch einen autoritären Akt möglich.[280] Das kann Unsicherheiten und Erwartungsenttäuschungen auslösen und wirkt infolgedessen destabilisierend. Auch hier bewirken selbstreferentielle Mechanismen einen verbesserten Umgang mit Komplexität, da der Prozeß der Normenbildung nun selbst normiert ist und damit erwartbar und thematisierbar wird. Auf der anderen Seite führt die Normierung der Normengebung zu erheblicher Eigenkomplexität.[281] Normen treten in Organisationen hauptsächlich in Form von Rollen oder Programmen auf.

Rollen sind entpersonalisierte Erwartungshaltungen. Sie setzen eine Person unter Erwartungsdruck, ohne auf die Eigenschaften der Person einzugehen. Für bestimmte Situationen schreibt die Rolle definierte Verhaltensweisen vor[282] und mindert so die Kontingenz des Verhaltens. In Organisationen werden Rollen in *Stellen* zusammengefaßt und vernetzt. Während gesellschaftliche Rollen mit generellen Verhaltenserwartungen (*pattern variables*[283]) verbunden werden, sind Stellen in Organisationen durch *Aufgaben* definiert. Die Definition der Aufgaben erfolgt häufig schriftlich in Form einer Stellenbeschreibung.[284] Durch Stellen werden Entscheidungen erwartbar und dadurch sozial koordiniert. Die Klassifikation einer Handlung als richtig oder falsch erfolgt anhand der zugeschriebenen Rolle. Der Stelleninhaber kann sein Verhalten am Schema „konform/abweichend" orientieren. Rollen dienen zusätzlich der Bewältigung *sozialer Komplexität*.

Programme stabilisieren Erwartungen in zeitlicher Hinsicht, so daß der Programmplanung die Aufgabe zukommt, mit den Folgeproblemen *zeitlicher Komplexität* umzugehen. Denn dort, wo erwartungskonformes Handeln mehr erfordert als die Erfüllung einer Rollenerwartung, werden Programme notwendig. Das ist immer dann der Fall, wenn Erwartungskonformität von mehr als einer Person abhängt.[285] Programme bieten den Organisationsmitgliedern Orientierung, indem sie erlaubte Handlungen anhand des Differenzschemas „vorher/nachher" in eine Reihenfolge bringen. Programme sind das Ergebnis des Planungsprozesse und werden in Plänen festgeschrieben.

---

[280] Vgl. Luhmann, Reflexive Mechanismen, S. 4-6.
[281] Vgl. Teubner, Recht, S. 70.
[282] Vgl. Luhmann, Soziale Systeme, S. 430.
[283] Vgl. Bohnen, Handlung, S. 192.
[284] Vgl. Luhmann, Wirtschaft der Gesellschaft, S. 309-310.
[285] Vgl. Luhmann, Soziale Systeme, S. 432-433.

2.5.2.3 Unternehmenskultur als Determinante der Organisation

2.5.2.3.1 Zum Begriff der Unternehmenskultur

Neben formalen Strukturen wird Verhalten in der Organisation auch durch kulturell bedingte Erwartungen gesteuert. Wie schon erwähnt, ist Kultur ein funktionales Äquivalent zur formalen Struktur, da sie ebenfalls Erwartungen stabilisiert. Eine eindeutige Trennung zwischen Struktur und Kultur ist daher nicht immer möglich. In der Literatur zur Unternehmenskultur hat sich eine Zweiteilung zur Klassifizierung verschiedener Ansätze etabliert: *die Unternehmung hat eine Kultur* und *die Organisation ist eine Kultur*[286] In Tabelle 5. sind die Unterschiede der Ansätze schematisch gegenübergestellt.[287]

Der allgemeine Kulturbegriff bezeichnet eine Form der Verhaltenskoordinierung in Gesellschaften. Durch Kultur wird Verständigung außerhalb formaler Systeme möglich. Sie stellt einen Vorrat an Zeichen, Symbolen, Themen, Kommunikationsritualen, Einschätzungen, Moden etc. zur Verfügung, die eine Kommunikation zwischen Fremden ermöglicht und damit die Voraussetzung jeder Systembildung ist.

Eine Interaktion, die noch keine eigene Geschichte hat, kann so auf den kulturell angelegten Bestand an Kommunikationsmöglichkeiten zurückgreifen. Anbahnung von Geschäftsbeziehungen, Einstellung neuer Mitarbeiter, Smalltalk auf dem Gang usw. bedienen sich der Kultur. Die Funktion von Kultur besteht in der Möglichkeit *neuer Kommunikationsbeziehungen und Themen* in bereits *etablierten Kommunikationssystemen*[288]. Sie wird damit zur Voraussetzung jeder Veränderung, Innovation und Differenzierung, da sie Unterscheidungen und Bezeichnungen für Unvorhergesehenes und Unerwartetes bereithält. So läßt sich eine Überraschung vielleicht nicht im offiziellen Systemcode (Zahlung, Aktennotiz) kommunizieren, aber durch den Rückgriff auf kulturelle Muster (Erklärungen, Vergleiche mit der Geschichte, Metapher etc.) findet sich häufig ein Ausweg.[289]

---

[286] Vgl. Prätorius/Tiebler, Unternehmenskultur, S. 31.
[287] Zu den Kriterien vgl. Thommen, Lehre, 29-33.
[288] Vgl. Luhmann, Soziale Systeme, S. 224.
[289] Vgl. Luhmann, Soziale Systeme, S. 215.

Unternehmenskultur ist demnach jener Bestand an spezifischen Themen, der für die Organisation charakteristisch ist. Sie ist eine *Ressource für unternehmensspezifische Interaktionen*. Zum Zeitpunkt der Firmengründung basiert die Interaktion der Unternehmer und der Mitarbeiter noch auf gesellschaftlicher Kultur, die hier als „Klebstoff" der Interaktion wirkt.[290] Die Interaktion hat trotz doppelter Kontingenz eine Überlebenschance, da man sich nach gesellschaftlichen Sprachspielen, Werten und Traditionen richten kann. Da es noch keine eindeutigen Regeln gibt, muß alles umgangssprachlich koordiniert und ausgehandelt werden. In dieser Phase *ist* die Organisation eine Kultur, aber es können Strukturen aufgesetzt werden, um mit Umweltkomplexität durch Aufbau von Eigenkomplexität besser fertig zu werden.[291] Dies ist der eigentliche Zeitpunkt der *Systementstehung*.

Der Übergang von einer Interaktion zu einem System läßt sich somit auch dadurch charakterisieren, daß von rein kultureller Verhaltenssteuerung auch auf strukturelle Elemente umgestellt wird, was in Anlehnung an Willke an drei Bedingungen geknüpft ist:[292]

1. Bestimmte Verhaltensweisen müssen sich stabilisieren; z. B. in Form von Arbeitsteilung.
2. Die Mitglieder der Interaktion müssen einen dauerhaften Vorteil in der Aufrechterhaltung der Beziehung sehen. Dies setzt einerseits Konstanz der zu lösenden Probleme voraus und andererseits das Bewußtsein, diese Probleme erfolgreich durch das System lösen zu können. Es muß zu einer Identifikation mit dem System kommen.
3. Die Interaktion muß sich über gemeinsame Merkmale von der Umwelt abgrenzen lassen und selbstreferentiell operieren können.

Im Laufe der *Systemgeschichte* bilden sich *systemtypische* Kulturmuster heraus, die neben den harten Faktoren Erwartungen stabilisieren. Im Vergleich zu den harten Faktoren werden diese aber häufig nicht explizit geäußert. Außerdem sind sie konstanter und ihre Beeinflussung ist schwieriger, da sie

---

[290] Vgl. Siehl, After the Founder, S. 125, zitiert nach Prätorius/Tiebler, S. 34 (zur Literaturangabe S. dort unter Siehl (1985)).
[291] Vgl. Willke, Systemtheorie, S. 51.
[292] Vgl. Willke, Systemtheorie, S. 51-60.

einen größeren Spielraum für erwartbares Handeln offenlassen. Systemkultur ist auch die Basis von Subsystembildung (Differenzierung). So stellt ein neu zusammengestelltes Projektteam zunächst eine Interaktion dar und kein System, das sich struktureller und kultureller Muster des Obersystems (z.B. Gesamtorganisation oder Abteilung) bedienen muß. Zunächst sind die meisten Kommunikationen noch spontan und ungeregelt. Wenn die oben genannten Bedingungen aber erfüllt sind, kann die Interaktion „Projektteam" durch Einführung von Verhaltensnormen Systemeigenschaften gewinnen. Auf dieser Basis ist dann auch die Ausbildung einer Projektkultur denkbar, die die Voraussetzung für weitere Differenzierung schafft.

Zusammenfassend läßt sich sagen, daß eine Interaktion durch Rückgriff auf die Kultur des übergeordneten Systems für eine begrenzte Zeit Bestandsschutz erhält. Auf dieser Basis kann die Interaktion unter bestimmten Bedingungen Strukturen (harte Faktoren) bzw. Eigenkomplexität aufbauen. Das so etablierte System kann im Laufe seiner Geschichte eine spezifische Systemkultur entwickeln, die Voraussetzung für die Systemdifferenzierung ist. Die Systemkultur bewahrt als ihr Derivat aber stets Anknüpfungspunkte zur Gesellschaftskultur.[293]

---

[293] Vgl. Türk, Organisationsforschung, S. 114.

Forschungs-ansatz Charakteristika	„Die Organisation hat eine Kultur"	„Die Organisation ist eine Kultur"
Forschungsziele	instrumentelle Aussagen, „angewandte" Forschung	explikative Aussagen, „reine" Forschung
Forschungsobjekte	Erfahrungsobjekt: Organisation mit Kultur als Subsystem Erkenntnisobjekt: Kultur als Gestaltungsvariable (kulturelle Artefakte)	Erfahrungsobjekt: Verhalten in der Organisation mit Kultur als „root metaphor" Erkenntnisobjekt: kulturell bedingtes Verhalten (Überzeugungen, Werte)
Forschungs-strategien	Methode: funktionalistisch (interdisziplinär)	Methode: interpretativ-hermeneutisch (interdisziplinär)
Vertreter (Bsp.)	Ouchi, Pfeffer, Peters/Waterman, Deal/Kennedy, Bleicher, Schein	Pondy/Mitrof, Morgan, Smircich

Tab. 5: Ansätze der Unternehmenskulturforschung im Vergleich (vgl. Prätorius/Tiebler, Unternehmenskultur, S. 30-36)

2.5.2.3.2 Kultur durch weiche Faktoren: Symbolische Erwartungsstabilisierung

Symbole stehen im Mittelpunkt kultureller Erwartungsstabilisierung. Sie sind Elemente des unternehmenstypischen Sprachspiels und als *Redewendungen*, *Begriffe* und *Zeichen* zu verstehen, die sich auf Pflichten, Gewohnheiten, Rituale, Selbstverständlichkeiten, Traditionen, Werthaltungen, Normalitäten, Üblichkeiten usw. beziehen. Sie stellen eine Art Metaebene der Erwartungserwartungen dar.[294] Sie überbrücken die Differenz zwischen dem, was Normen offenlassen, und dem, was gemeinsames Handeln erfordert. Sie sind ein *Regulativ* zu Normen, da diese nicht alles abdecken können. Nun dienen Normen wie alle Strukturen der Orientierung des Verhaltens und sollen aus Systemsicht Widersprüche und Konflikte vermeiden. Dies können sie aber nicht für jeden Bereich des sozialen Handelns, und diese Lücken füllen Symbole aus. Sie erlauben im Gegensatz zu Normen keine eindeutige Kategorisierung des Handelns in richtig oder falsch, weil symbolische Erwartungen einem permanenten Test ausgesetzt sind und sich bei Enttäuschung ändern. Sie sind *„lernbereite"* Erwartungen[295]. Die Orientierungsleistung ist also schwächer und folgt dem Schema „erwünscht/unerwünscht"[296]. Allerdings erfolgen die Änderungen in der Regel nicht selbstreferentiell, sondern unkontrolliert, da Symbole derart in das Sprachspiel der Organisation verwoben sind, daß ihre Hintergründe - die Basisannahmen und Ideologien der Organisation[297] - kaum wahrnehmbar sind.[298] Sie äußern sich in alltäglichen Selbstverständlichkeiten[299] und haben wegen des Überschusses an Bestätigung kaum Informationswert. Symbole sind infolgedessen besonders gut gegen Selbstreferenz „geschützt" und ohne Intervention von außen kaum zu erkennen oder zu ändern.

---

[294] Vgl. Luhmann, Soziale Systeme, S. 416.
[295] Vgl. Luhmann, Soziale Systeme, S. 437. Luhmann nennt lernbereite Erwartungen auch Kognitionen.
[296] Vgl. Luhmann, Soziale Systeme, S. 416.
[297] Vgl. Schein, Awareness, S. 4. Eine detaillierte Auseinandersetzung mit dem Modell von Schein kann hier nicht erfolgen; es sei nur darauf hingewiesen, daß er nicht eindeutig zwischen Struktur und Kultur differenziert.
[298] Vgl. Schein, Awareness, S. 3-16.
[299] Vgl. Kasper, Handhabung, S. 312.

Erwartungsme-chanismen \ Kriterien	Normative Erwartungsstabilisierung („Struktur")		Symbolische Erwartungsstabilisierung („Kultur")	
	Rollen	Programme	Persönlichkeiten	Werte
Beschreibung	Definition von Aufgaben	Programmierung von Handlungen bzw. Entscheidungen	Annahmen über die Eigenschaften eines Stelleninhabers und den Erfolgstyp der Organisation; Regulativ zur Rolle	Annahmen über wünschenswerte Zwecke, Mittel und Verhaltensweisen; Regulativ zu Plänen und Programmen
Bezugspunkte	Stelle, Aufbauorganisation	Pläne, Handlungen, Entscheidungen, Ablauforganisation	einzelnes Organisationsmitglied, Rollen, Helden der Organisation	Einzelhandlung, System, Umwelt, Pläne, usw.
Differenzschema	richtig/falsch konform/abweichend	richtig/falsch vorher/nachher	erwünscht/unerwünscht Held/Anti-Held	erwünscht/unerwünscht üblich/unüblich
Komplexitäts-bezug	soziale Komplexität	zusätzlich: zeitliche Komplexität	zusätzlich: dispositive Komplexität	zusätzlich: kognitive Komplexität
Erscheinungs-form	explizit (Vorschrift)	explizit (Vorschrift)	Geschichten, Vorbilder	Sprachspiele, Zeichen (auch: Firmenlogo)

Tab. 6: Normativ-strukturelle und symbolisch-kulturelle Formen sozialer Erwartungsstabilisierung im Vergleich

Zwei Typen symbolischer Strukturierung sind aus systemtheoretischer Sicht von besonderem Interesse: Persönlichkeitstypen und Präferenzen bzw. Werte. Die Orientierung an *Personen* stellt ein Regulativ zu Erwartungen dar, die an Rollen bzw. Stelleninhaber gerichtet sind, da deren Verhalten nicht nur von der Rollendefinition abhängt, sondern auch von deren persönlichem *Stil*.[300] Erwartungen an Personen kompensieren Verhaltensspielräume, die Rollen offenlassen. Sie drücken sich in Aussagen zur Persönlichkeit von Menschen aus, worunter ein Set von Eigenschaften zu verstehen ist, die ein beständiges Verhaltensmuster erkennen lassen.[301] Der Stelleninhaber kann sich so zusätzlich an der Differenz „sozialisiert/desintegriert" orientieren.[302]

Annahmen über die Persönlichkeit bieten eine Hilfestellung beim Umgang mit Konflikten und dem Problem der doppelten Kontingenz, da die Wahl von Kommunikationsformen und Themen vom konkreten Persönlichkeitstyp abhängig gemacht werden kann. Sie helfen mit anderen Worten mit dem Problem *dispositiver Komplexität* fertig zu werden. Im Laufe ihrer Geschichte kristallisieren sich in einer Kultur erfolgreiche und bewährte Persönlichkeitsmuster heraus, die von anderen Organisationsteilnehmern kopiert werden. Die Stärke einer Kultur zeigt sich folglich auch darin, ob es bestimmte Vorbilder im Schema von „Held/Anti-Held" in der Organisation oder in ihrer Geschichte gibt, die Gegenstand von Mythen und Erzählungen sind, und denen man nacheifert.[303] Die Dominanz eines bestimmten Persönlichkeitstyps in einer Organisation ist schließlich ein Indiz für eine stark an Personen orientierte Unternehmenskultur.

Im Hinblick auf zeitliche Komplexität stellen *Präferenzen* bzw. *Werte* ein Regulativ zu Programmen und Plänen dar. Da auch Programme nicht immer eindeutige Orientierung gewährleisten und zudem nur für einen begrenzten Zeithorizont Gültigkeit besitzen können, erlauben kulturell geteilte Werte eine Verständigung über Ziele, Maßnahmen und Mittel. Werte oder Präferenzen sind geteilte Einschätzungen bezüglich der Vorzugswürdigkeit von Handlungen oder Einstellungen.[304] Werte erlauben es, Sachverhalte in eine Reihenfolge

---

[300] Vgl. Luhmann, Soziale Systeme, S. 429.
[301] Vgl. Lawrence, Persönlichkeitstheorien, S. 15.
[302] Im Schema von Schein liegen Erwartungen an Personen auf der Ebene der teilweise sichtbaren, teilweise unsichtbaren kulturellen Elemente (vgl. Schein, Awareness, S. 4).
[303] Vgl. Peters/Waterman, Spitzenleistungen, S. 321-334.
[304] Vgl. Luhmann, Soziale Systeme, S. 433.

abnehmender Wünschbarkeit zu bringen und zwischen zwei erwünschten Zwecken oder Mitteln auszuwählen. Die Orientierung erfolgt anhand des Schemas „wünschenswert/vermeidenswert". Dadurch ist es möglich, daß Programme und Pläne sich situativ und selbstorganisierend anpassen, denn bei stark ausgeprägten Werten können Pläne bei unvorhergesehenen System- oder Umweltveränderungen selbständig in Frage gestellt oder angeglichen werden. Da Werte und Präferenzen die Voraussetzungen für die Anwendung von Wissen im Sinne der Unternehmenskultur sind, bieten sie Anknüpfungspunkte für den Umgang mit *kognitiver Komplexität*.

Werte bringen auf den Punkt, was Schein die Basisannahmen der Organisation genannt hat.[305] Sie sind der Klebstoff des Unternehmens. Sie bezeichnen, was allgemein wünschens- und erstrebenswert ist. Sie stellen einen idealen Integrations- und Selektionsmechanismus dar. Denn Werte sind unbestreitbar und unhinterfragbar; wer sie nicht beherrscht, bleibt ausgegrenzt. Genauso wie sich dominante Persönlichkeitsmuster entwickeln können, so ist auch eine spezifische Wertkonstellation für eine Kultur typisch.[306]

2.5.3 Die Umwelten des Unternehmens

2.5.3.1 *Autonomie und Resonanz gegenüber der Umwelt*

Neben den Systemgrenzen, die durch Definition und Gewichtung zulässiger Kommunikationen den Rahmen möglicher Wahrnehmungen und Orientierungen abstecken, bezeichnet der Autonomiebegriff ein weiteres System-/ Umweltverhältnis. Autonomie ist das Maß für den Grad der strukturellen Kopplung eines Unternehmens an seine Umwelt.[307] In dem Maße, in dem eine Organisation bei der Hervorbringung ihrer Entscheidungen von der Umwelt unabhängig und nur lose im gemeinsamen Medium von Macht und Geld gekoppelt ist, steigt ihre Autonomie.[308] Autonomie beschreibt aber nicht nur den Grad der Kopplung zur Umwelt, sondern auch zu den eigenen Subsystemen. Zur besseren Unter-

---

[305] Vgl. Schein, Awareness, S. 4.
[306] So z.B. die Kulturmuster nach Deal/Kennedy, Cultures (vgl. auch die Beschreibungen von Steinmann/Schreyögg, Management, S. 538-541). Vgl. auch die Verfahren zur Ermittlung von Unternehmenskulturen von Hinterhuber, Unternehmensführung II, S. 221-224.
[307] Vgl. Luhmann, Soziale Systeme, S. 296.
[308] Vgl. Schemann, Strukturelle Kopplung, S. 222-223

scheidung wird letztere als *funktionale* Autonomie bezeichnet. Funktionale Autonomie beschreibt folglich das Verhältnis der Subsysteme (z.B. Abteilungen) zu ihrem Obersystem.

Für einen Beobachter äußert sich die Autonomie darin, wie stark ein Unternehmen oder eine Abteilung bei der Ausbildung von Organisations- und Kommunikationsregeln (*semantische Differenzierung*) von der Umwelt beeinflußt wird. Organisationen sind zwar prinzipiell strukturdeterminiert und operational geschlossen,[309] d.h. sie brauchen im Prozeß der semantischen Differenzierung nicht auf ihre Umwelt Rücksicht zu nehmen, nach Maßgabe ihrer Autonomie greifen aber *Fluktuationen*[310] aus der Umwelt auf die Organisation über.[311] Sie irritieren bzw. faszinieren die Organisation und lösen selbstreferentielle Kommunikationen über die Organisationsregeln aus, die sich ab einer bestimmten Stärke in einer veränderten Organisationsstruktur niederschlagen können. In dieser Hinsicht bezeichnet Autonomie auch den Grad der Faszination, Irritation, Beeinträchtigung - kurz: *Resonanz*[312], die durch Umweltveränderungen im System erzeugt wird.

Resonanz auf Umwelt ist von den zur Verfügung stehenden Kommunikations- bzw. Orientierungsmustern abhängig. Was nicht in der Kommunikation angelegt ist, kann nicht vom Unternehmen wahrgenommen werden. Die Umwelt hat in dieser Hinsicht, wie Luhmann feststellt, die Funktion einer internen Prämisse, die alle im System verwendeten Fremdreferenzen bündelt.[313] Da jeder Fremdbezug Konstruktion des Unternehmens ist, sind Kontakte zur Umwelt höchst selektiv und lassen sich auch nicht endgültig festschreiben. Jede neue Systemoperation kann mit einer neuen Selektion eines Umweltausschnittes einhergehen und so einen weiteren Aspekt der Umwelt für das Unternehmen kommunikabel (und damit wahrnehmbar) machen. Diese Selektion leistet Sinn, der nur das für die Kommunikation zuläßt, was eine Bedeutung für das System

---

[309] Vgl. Willke, Systemtheorie, S. 47.
[310] Um einen Begriff aus den Naturwissenschaften zu verwenden; vgl. Jantsch, Selbstorganisation, S. 79-83. In der Physik werden dynamische Gleichgewichte von Systemen (Metastabilität) durch eine Komplementarität von Struktur und Funktion repräsentiert. Evolvierende Systeme weisen daneben noch Fluktuationen auf, die das System bei Überschreiten eines Stellenwertes von dem alten Gleichgewicht in ein neues führen können. Sind die Fluktuationen zu stark, können sie das System zerstören.
[311] Vgl. Dieterle, Organisationsänderung, S. 93-96.
[312] Vgl. Luhmann, Ökologische Kommunikation, S. 40.
[313] Vgl. Luhmann, Ökologische Kommunikation, S. 51.

hat. Luhmann verwendet deshalb das Bild des Horizontes, der zurückweicht, wenn man sich ihm nähert. Er kann nicht überschritten werden. Die Umwelt eines Unternehmens - sein Sinnhorizont - ist somit als jene *Beschränkung* der Wahrnehmung aufzufassen, die sich durch die typische Operationsweise des Unternehmens ergibt.[314] Der Horizont selbst ist differenzlos. Er hat keinen Gegenbegriff und damit keine Form. Es besteht keine Möglichkeit, den Horizont als Einheit zu betrachten, da man ihn als Beobachter 1. Ordnung nicht von außen sehen kann. Man ist an die Innenperspektive gebunden.

Ein Beobachter 2. Ordnung dagegen hat weitergehende Möglichkeiten. Er kann in gewissen Grenzen - auferlegt durch die Beschränkungen *seiner* Beobachtungsmöglichkeiten - wahrnehmen, welchen Sinnhorizont der Beobachter 1. Ordnung hat. Beobachtung 2. Ordnung heißt: Beobachter eines beobachtenden Systems sein. Dies kann auch eine Selbstbeobachtung sein. Ein System, das als Beobachter 1. Ordnung etwas wahrgenommen hat, kann erst *später* untersuchen, welche Unterscheidung es zugrundegelegt hat. Es kann also aus dem eigenen Rahmen springen und die Perspektive des Beobachters 2. Ordnung einnehmen. In funktional differenzierten Systemen kann ein Teil- oder Subsystem auf diese Beobachterrolle spezialisiert werden.

Es ist somit unzureichend, wenn sich Unternehmen lediglich auf Beobachtungen 1. Ordnung stützen, um angemessen auf Veränderungen der (marktlichen, gesellschaftlichen, natürlichen etc.) Umwelt zu reagieren. Denn selbst wenn es beispielsweise einer Planungsabteilung gelänge, „bessere" Erkenntnisse über die Umwelt zu gewinnen, so fehlte den entscheidenden und ausführenden Organen möglicherweise die Resonanz dafür. Im günstigsten Fall würde man die Ergebnisse der Planungsabteilungen als „interessante Gedankenspiele jenseits der betrieblichen Praxis" einstufen. Es muß ein Bewußtsein dafür geschaffen werden, daß die eigenen Beobachtungen von den Grenzen der Sprache bestimmt werden. Beobachtung muß selbst beobachtet werden, um herauszufinden, welche Grenzen ihr zugrunde liegen. Es reicht nicht, wie Luhmann, die Frankfurter Schule um Jürgen Habermas vor Augen, bemerkt[315], auf vernünftigen Konsens oder diskursive Problemlösungen zu warten. Jeder, der Wissen *nur* auf Grundlage von Beobachtungen 1. Ordnung

---

314 Vgl. Luhmann, Ökologische Kommunikation, S. 51-53.
315 Vgl. Luhmann, Ökologische Kommunikation, Fußnote 10, S. 60.

erworben hat, glaubt zu wissen, wie die Dinge wirklich sind und wird seine Kompromißbereitschaft im Diskurs nach Maßgabe dieses Wissens tarieren. Erst wenn der Beobachter 1. Ordnung auf die immanenten Strukturbeschränkungen seiner Beobachtungsgabe hingewiesen und das Wissen rekursiv auf sich selbst angewandt wird, kann mit tieferer Einsicht, mit Freigabe von festgefahrenem Wissen zum Zwecke der Horizonterweiterung und mit verbesserter Resonanz auf Umwelt gerechnet werden.

2.5.3.2 Ökonomische Umwelten: Wirtschaft und Markt

Wirtschaft ist in systemtheoretischer Perspektive die Ausdifferenzierung der Kommunikation zu einem gesellschaftlichen Funktionssystem, das der Koordination des Zugriffs auf knappe Güter dient. Dabei geht es wie bei allen sozialen Systemen um das kommunikative Geschehen, mit dessen Hilfe Handlungen als wirtschaftlich bestimmt und auf Systeme zugerechnet werden können. Ressourcen, Unternehmen und ihre Mitarbeiter, Konsumenten, Märkte etc. sind in dieser Hinsicht *nicht* die Elemente der Wirtschaft, sondern ihre inneren Umwelten, über die und durch die kommuniziert wird.

Mit Hilfe von *Geld* lassen sich wirtschaftliche Kommunikationen, die der Koordinierung des Ressourcen- und Güterzugriffs dienen, in Form von *Zahlungen* systematisieren. Wie kein anderes funktionales Teilsystem der Gesellschaft konnte sich die Wirtschaft durch die Existenz von Geld zu einem nahezu perfekt funktionierendem selbstreferentiellem System entwickeln.

Zunächst generalisiert Geld den Gütertausch und verringert so dessen Transaktionskosten, da es ihn von Kommunikationen über Bedürfnisse, Präferenzen, Knappheiten, Motiven etc. befreit. Die symbolische Generalisierung der Zahlungen durch Geld entlastet die Kommunikation von dem Problem der doppelten Kontingenz. Der Erfolg einer Zahlung ist nämlich gewiß, wenn ein Preis existiert und ausreichend Geld zur Verfügung steht, da der Sinn von Geld eindeutig ist. Preise regeln die Allokation von Gütern, indem sie die Knappheit der Güter in eine Knappheit des Geldes transformieren. Geld führt zu einer Entlastung der Kommunikation bei der Konkurrenz um knappe Güter, da jeder, der Geld hat, ein Angebot machen kann. Konflikte, die bei Güterknappheit wahrscheinlich sind, werden entschärft, da durch Geld die Konkurrenz um knappe Güter fast interaktionsfrei geregelt werden kann. Geld hält auch vom Kauf ab, ohne unmittelbar zu diskriminieren. Ob ein Preis als zu hoch empfunden wird, sagt zunächst einmal nichts darüber aus, wie schwer es dem vom Kauf Abgehaltenen fällt, das Geld für den Kauf aufzubringen.

Für denjenigen, der zu wenig Geld hat, wird der potentielle Konflikt eventuell sogar in einen Anreiz zum Gelderwerb umgeleitet, also zur produktiven Teilnahme am Wirtschaftsleben.[316] Konflikte, die so nicht beizulegen sind, werden auf andere Ebenen verlagert (z.B. Politik der staatlichen Umverteilung). Nur wer zahlungsfähig ist, kann am Wirtschaftsleben teilnehmen. Andere Gründe zum Ausschluß gibt es kaum. Dort, wo Geld und Preise im Spiel sind, funktioniert Kommunikation unabhängig von der Herkunft des Geldes, von Kaufmotiven, Durchsetzungsvermögen, Sympathie, Herkunft, Hautfarbe, Beruf, Nation etc. Mit anderen Worten vernichtet Geld Kommunikationsmöglichkeiten, indem es die Informationen auf das für die Durchführung einer Zahlung Notwendige reduziert. Dieser Informationsverlust wird durch Preise kompensiert. Preise drücken nicht nur aktuelle Knappheiten aus, sondern v.a. auch Erwartungen über zukünftige Zahlungen (z.B. im Aktienhandel).[317]

In Preisen sind somit - aus Sicht des Systems - alle für den Gütertausch notwendigen Informationen enthalten und genauso wie das Nervensystem kann das Preissystem *prinzipiell jede* Information transportieren. Effekte des Marktversagens wie z.B. Externalitäten (Trittbrettfahrerphänomen, Umweltzerstörung etc.), amoralische Märkte (Rauschgift, Menschenhandel usw.) u.a.[318] sind aus systemtheoretischer Sicht als die blinden Flecke des Preissystems zu charakterisieren, die nur der Beobachter 2. Ordnung ausmachen kann. Für den Beobachter 1. Ordnung ist zunächst jede Marktlösung „effizient", da es zu einem Preis und damit zu einer Trennung von Angebot und Nachfrage kommt. Die Frage der „richtigen" Bewertung von Umweltgütern - um nur ein Beispiel zu nennen - kann nur der Beobachter 2. Ordnung beantworten (und nur er kann sie auch stellen), da er es ist, der eine Kommunikation in Bezug zu einem Zweck setzen kann, der außerhalb des eigenen Systems liegt.

---

[316] So Luhmann, Wirtschaft der Gesellschaft, S. 69.
[317] Vgl. ausführlich Luhmann, Preise, S. 156-157.
[318] Vgl. zur Theorie des Marktversagens die gute Einführung von Frey, Wirtschaftspolitik, S. 72-83.

In systemtheoretischer Perspektive dient die Zahlung zudem nicht nur der Regelung von Tauschverhältnissen, sondern auch der Etablierung von Selbstreferenz. Selbstreferenz bedeutet im Falle der Wirtschaft, daß die Zahlung eine Interaktion bzw. Kommunikation eindeutig als wirtschaftlich ausweist. Dort, wo gezahlt wird, kann ein Beobachter stets auf einen Vorgang im Funktionssystem Wirtschaft zurückschließen.[319] Unternehmen agieren folglich durch die Teilnahme am Zahlungsverkehr im gesellschaftlichen Funktionssystem Wirtschaft.

Durch das symbolisch generalisierte Medium Geld ist gewährleistet, daß der Zahlungsverkehr nicht zusammenbricht. Preise spiegeln nämlich nicht nur Knappheitsverhältnisse realer Güter wider, sondern Geld ist als Nominalgut i.d.R. selbst knapp. Geldzahlungen, die nicht wieder eingesetzt werden müssen, sind frei verfügbar. Geldüberschüsse führen so zu neuen Freiheitsgraden und ermöglichen die Kontinuierung von Zahlungen und dienen somit der Autopoiese.[320] Die immer wieder kritisierte Prinzip der Gewinnmaximierung erhält so nicht den Status einer unrealistischen Prämisse oder gar einer ideologischen Vorgabe an das System, sondern einer sich aus der Logik des System ergebenden und für den Systemerhalt notwendigen Gegebenheit.

Einen Rahmen für wirtschaftliche Aktivitäten etabliert die Wirtschaft in Form von Märkten, welche als ökonomische Umwelten der partizipierenden Unternehmen und sonstigen Marktteilnehmer fungieren.[321] Märkte regeln die Beziehungen zwischen Unternehmen und anderen partizipierenden Systemen wie öffentliche und private Haushalte. Durch die Bereitstellung des Preismechanismus können Tausch- und Konkurrenzbeziehungen in aller Regel ohne direkte Interaktion und damit konfliktfrei geregelt werden.

Aus der Sicht der Unternehmen haben Märkte vor allem Informationsfunktionen. Unternehmen versuchen, durch die Beobachtung von Märkten auf das Verhalten der Marktteilnehmer, auf eigene Handlungsmöglichkeiten und auf die Knappheit von Ressourcen zurückzuschließen, da jede wirtschaftliche Aktion, also jede Operation, die mit einer Zahlung verbunden ist, zu einer Veränderung von Preisen und Mengen führt. Die Instabilität der Preise ist dabei die Voraussetzung für das Funktionieren der Märkte.

---

[319] Vgl. Luhmann, Preise, S. 154.
[320] Vgl. ausführlich bei Luhmann, Wirtschaft der Gesellschaft, S. 55-59.
[321] Vgl. ausführlich bei Luhmann, Wirtschaft der Gesellschaft, S. 96.

Anders ausgedrückt, dient der Mechanismus variabler Preise der Verarbeitung von Umwelteinflüssen (Veränderung von Motivlagen, Ressourcenverknappung, Gesetzesänderungen etc.). Der Markt verarbeitet so *Umwelt* durch den Aufbau von *Eigenkomplexität*. Diese äußert sich in der Bereitstellung einer kombinatorisch fast unbeschränkten Anzahl von Systemzuständen aus Geld, Preisen und Zahlungen. Unternehmen, die in einem solchen Umfeld agieren, nutzen die Instabilität der Preise als repräsentative Informationsquelle für *jede Form* von Umweltveränderung. Hier, wie bei allen sozialen Systemen, ist darauf zu achten, daß die Eigenkomplexität das System nicht überfordern darf. Im konkreten Fall heißt dies: die Instabilität der Preise darf nicht so hoch sein, daß Erwartungsbildung unmöglich wird. Die Instabilität der Preise muß entweder durch steigende Geldkosten oder durch politische Preisbindungen in Schranken gehalten werden, damit das System nicht an seiner eigenen Komplexität zugrunde geht.[322]

Das hieraus resultierende Problem besteht darin, daß Unternehmen aus marktlichen Veränderungen auch Rückschlüsse auf nicht ökonomische Umwelten ziehen. Sie orientieren sich beispielsweise bei dem Verbrauch knapper Ressourcen an Marktpreisen, die aber die tatsächliche ökologische Knappheit nicht adäquat widerspiegeln können (s. ausführlich im folgenden Gliederungspunkt). D.h. die unfaßbare, überkomplexe Realität wird durch den Markt auf die Form instabiler Preise reduziert, an denen sich die Unternehmen orientieren können, da sie selbst über Preise und Zahlungen an den Markt gekoppelt sind. Preise sind eine hoch selektive Rekonstruktion der äußeren Realität innerhalb des Wirtschaftssystems. Marktteilnehmer können diese Informationen zwar sehr leicht abrufen, es bleibt ihnen jedoch verborgen, daß die Transformation der Umwelt in den Geldcode mit erheblichen Informationsverlusten verbunden ist. Nur der Beobachter 2. Ordnung ist in der Lage, die blinden Flecke des Kommunikationsmediums Geld aufzudecken.

2.5.3.3 Außerökonomische Umwelten

Unter die Kategorie der äußeren Umwelt der Wirtschaft fallen zwei vollkommen unterschiedlich Arten: (1) Umwelt, die noch innerhalb der Gesellschaft vor-

---

[322] Vgl. Luhmann, Preise, S. 159-161.

kommt, also beispielsweise auf gesellschaftlichen Differenzierungen zum Recht oder zur Politik basiert; (2) Umwelt, die außerhalb der Gesellschaft liegt, die also nicht mehr Kommunikation und deshalb ohne gesellschaftliche Differenzierung ist. Beide Beziehungstypen sind problematisch, denn Preise oder Geld sind weder ohne weiteres in die Codes anderer gesellschaftlicher Funktionssysteme übersetzbar, noch können sie Auswirkungen des Wirtschaftens auf die natürliche Umwelt adäquat widerspiegeln und in ökologisch vertretbares Handeln umleiten. Die Funktion der Preise ist es ja gerade, eine *innere* Zustandsbeschreibung - und nicht eine der Umwelt - abzugeben, um so den Zahlungsverkehr aufrecht zu erhalten. Knappheit mag die Preise erhöhen, löst aber damit das Problem nicht.

Informationen, die in Preisen enthalten sein können, reichen nicht an den Ausdrucksreichtum der Umgangssprache heran. Diese wiederum hat aber nur einen ungenügenden Vorrat an Symbolisierungen und ist nicht ausreichend generalisiert, um an die Komplexitätsverarbeitung von Preisen heranzureichen. Geld beschränkt Rationalität auf ökonomische Aspekte. Die Kommunikation durch Zahlungen reduziert zwar das Problem der doppelten Kontingenz, und Geld bestimmt die Inanspruchnahme von Ressourcen nach Maßgabe ihrer Preise, aber die in Geld ausgedrückten Knappheiten sind selbstproduzierte und manipulierte Knappheiten. Mit anderen Worten: preislich ausgedrückte Knappheiten sind immer nur solche im System der Wirtschaft und spiegeln nicht das natürliche Vorkommen von Ressourcen, Motivlagen von Arbeitern oder Anforderungen an die Qualifikation von (potentiellen) Mitarbeitern wider. Die Beschränktheit der Rationalität der Preise hat ihre Ursache im Medium des Geldes selbst. Es *vereinfacht* nicht nur Kommunikation, sondern es *desozialisiert* und *destabilisiert* sie auch, da der binäre Code von Zahlungsfähigkeit und Zahlungsunfähigkeit nicht für eine differenzierte Charakterisierung von System-/ Umweltbeziehungen ausreicht. Preise stellen prozessuale Selbstreferenz dar und dienen der Aufrechterhaltung des Wirtschaftskreislaufs, so daß Informationen über die (nicht wirtschaftliche) Umwelt durch sie nicht transportierbar sind.[323] Unternehmen haben zwar die Beschränktheit von Preisinformationen

---

[323] Diese Sichtweise kommt auch in den Überlegungen einiger Umweltökonomen zum Ausdruck, die vorschlagen, durch staatliche Rahmenbedingungen (z.B. Umweltzertifikate) die Knappheit der natürlichen Umwelt in eine Knappheit der Wirtschaft zu transformieren (vgl. Frey, Umweltökonomie, S. 120-122). Problematisch an dieser Lösung ist aber - abgesehen von den praktischen Schwierigkeiten der Bewertung -, daß keine ökologische Ratio-

längst erkannt und setzen deshalb zur Erkundung von Motivlagen, Konsumentenverhalten oder Rohstoffvorkommen auch andere gesellschaftliche Codes ein. Da aber alles, was Wirtschaft ist, auf die Erhaltung von Zahlungsfähigkeit und die Erzielung von Geldüberschüssen hinausläuft, kann die so erlangte Rationalitätsstufe allenfalls strategischer Natur sein. Solange der einzige legale Zugriff auf knappe Güter durch Geldzahlungen möglich ist, muß jede Information auf ihren Beitrag zur Erhaltung von Zahlungsfähigkeit hin bewertet und folglich preislich ausgedrückt werden. Marktforschung muß genauso wie betriebliches Umweltbewußtsein einem wirtschaftlichen Kalkül folgen, solange die Existenz eines Unternehmens von den Bedingungen der Marktwirtschaft abhängt.

Erst der reflexive Umgang mit den Informationen des Preissystems auf Basis nicht generalisierter Medien durch den Beobachter 2. Ordnung kann Rationalität erzeugen.[324] Hier ist Vorsicht geboten, denn die Einschränkung oder teilweise Suspendierung des Preismechanismus bedeutet eine Einschränkung der Anschlußfähigkeit von Zahlungen und damit der Autonomie und Effizienz der Wirtschaft selbst. Eine andere, bessere Form der Ausdifferenzierung von Wirtschaft hat die gesellschaftliche Entwicklung noch nicht hervorbringen können (wie der Niedergang der Planwirtschaften zeigt), so daß zunächst nur der Appell an einen kritischeren Umgang mit den Informationen des Preissystems bleibt.[325] Auf der anderen Seite muß vor einer fortschreitenden Substituierung und Dominierung ursprünglich nicht generalisierter Symbole wie Gegenseitigkeit, Dankbarkeit oder Frömmigkeit gewarnt werden. Denn diese Entleerung - wie Luhmann dies nennt[326] - desozialisiert nicht nur, sondern sie gefährdet das System der Wirtschaft selbst. Denn diese erhält Identität nicht zuletzt dadurch, daß sie sich vom Nicht-Wirtschaftlichen abgrenzen läßt. Daß es eben Bereiche gibt, in denen nicht über Zahlungen operiert wird und die von der Rationalität des Geldes ausgeschlossen sind. Und aus dieser Abgrenzung heraus läßt sich die asoziale Form der Kommunikation über Geld auch legitimieren, da man auf andere Kommunikationsformen ausweichen kann und man

---

nalität gefördert, sondern die ökonomisch-technologische und strategische zementiert wird.
324 Vgl. Luhmann, Wirtschaft der Gesellschaft, S. 34-42.
325 Vgl. Luhmann, Preise, S. 165.
326 Vgl. Luhmann, Wirtschaft der Gesellschaft, S. 241; die Frankfurter Schule spricht in diesem Zusammenhang von Entfremdung oder Entkopplung.

Liebe, Glück, Recht oder akademische Titel eben nicht kaufen kann. Diese Abgrenzung und Einschränkung der Käuflichkeit stellt die moralische Freistellung einer auf Zahlungen basierenden Wirtschaft dar.[327]

2.5.4 Das organisatorische Dilemma der Autonomie

Aus dem bisher Gesagten lassen sich bereits Konsequenzen für die praktische Organisationsarbeit ziehen. Im Mittelpunkt der Unterscheidung von Unternehmen und Umwelt steht dabei das organisatorische Dilemma der Autonomie, welches einen grundsätzlichen Zielkonflikt zwischen Entwicklungs-, Innovations- und Anpassungsfähigkeit der Organisation auf der einen Seite und Identität, Robustheit und ökonomischer Effizienz auf der anderen Seite bezeichnet.[328]

Der Begriff des *Organisatorischen Dilemmas* geht auf Wilson zurück, der im Innovationsprozeß eine Unvereinbarkeit des Hervorbringens und Vorschlagens von Innovationen mit der Adaption und Implementierung derselben sieht[329]. Das Dilemma besteht darin, daß zur Hervorbringung von Innovationen genügend individuelle Freiräume für die Organisationsmitglieder geschaffen werden müssen, die ein wachsames, kreatives, motivierendes und angstfreies Klima schaffen. Zur Durchsetzung der Innovationen bedarf es einer zentralen Koordinierung durch das Management, was Entscheidungsgewalt voraussetzt, also die Freiheit des einzelnen einschränkt. Aus der kritischen Auseinandersetzung mit Wilson ist Wittes Promotorenmodell hervorgegangen.[330]

Burns und Stalker haben ein Dilemma zwischen mechanistischer und organischer Organisation beschrieben. Organisationen mit organischer Struktur sind nach Burns und Stalker in dynamischen Umwelten erfolgreicher, mechanische Strukturen bei Existenz stabiler Verhältnisse im Sinne gleichförmiger Anforderungen an die Organisation. Der Konflikt besteht demnach darin, daß eine Organisation nicht *gleichzeitig* ausreichend Stabilität zur Erledigung von

---

[327] Vgl. Luhmann, Wirtschaft der Gesellschaft, S. 239.
[328] Vgl. Kasper, Innovationsmanagement, S. 117.
[329] Vgl. Wicher, Innovation, S. 357.
[330] Vgl. Witte, Entscheidungsforschung, S. 188-189 und derselbe, Innovationsentscheidungen, S. 14-18.

Routineaufgaben *und* Flexibilität für den Umgang mit Innovationsproblemen aufweisen kann.[331]

Das Dilemma der Autonomie setzt hier an. Autonomie sorgt zwar für einen gewissen Schutz vor Umwelteinflüssen, um Leistungsprozesse effizient zu gestalten,[332] indes ist aber ein Mindestmaß an struktureller Umweltkopplung notwendig, um auf Umweltveränderungen reagieren zu können. Strukturelle Kopplung hat zwei zentrale Einflußgrößen:

1. Resonanz als prinzipielle Fähigkeit von operational geschlossenen Systemen, ihre Umwelt zu beobachten.
2. Semantische Differenzierung, die zum Ausdruck bringt, wie stark die Systemoperationen von gesellschaftlichen Kommunikationsmustern abhängen.

So ist eine hochgradig autonome Organisation - die Webersche Bürokratie stellt hierfür den Musterfall dar[333] - exzellent bei der Erledigung von Routineaufgaben. Die Abläufe sind eingespielt, und es gibt wenig Mißverständnisse, da dank stark ausgeprägter basaler Selbstreferenz von einem Vorgang immer eindeutig auf Referent und Referiertes zurückgeschlossen werden kann. Auf Grund immanenter Wahrnehmungspathologien kann die Organisation aber bei Umweltveränderungen in Gefahr geraten, da Wandel häufig nicht einmal im Systemcode *vorkommt*. Verstärkt wird dieser Effekt dadurch, daß die Subsysteme trotz hochgradiger Arbeitsteilung kaum funktionale Autonomie aufweisen und stark aneinander gekoppelt sind. Autonome Unternehmen sind mit anderen Worten i.d.R. auch *hochintegrierte* Systeme. Obwohl autonome Organisationen wegen ihrer Unabhängigkeit von der Umwelt prinzipiell in der Lage wären, ihre Ziele selbständig zu setzen, sind sie gleichzeitig wegen ihrer prinzipiellen Binnenorientierung dazu kaum in der Lage. Dies ist in gewissem Sinne sogar

---

[331] Vgl. Kieser/Kubicek, Organisation, S. 50. Zur Charakterisierung der Eigenschaften beider Strukturtypen vgl. die Übersicht bei Staehle, Organisation, S. 39.
[332] Auf die Gesellschaft bezogen meint Luhmann gar: „[...] evolutionstheoretisch wird man sogar sagen können, daß die sozio-kulturelle Evolution darauf beruht, *daß die Gesellschaft nicht auf ihre Umwelt reagieren muß* und daß sie uns anders gar nicht dorthin gebracht hätte, wo wir uns befinden. Die Landwirtschaft beginnt mit der Vernichtung von allem, was vorher da wuchs." (Luhmann, Ökologische Kommunikation, S. 42; Hervorhebung im Original, d. Verf.).
[333] Vgl. Weber, Wirtschaft, S. 126-127.

beabsichtigt, denn der Prototyp der autonomen Organisation, eine Behörde etwa, ist so konzipiert, daß nur extern vorgegebene Ziele relevant sein dürfen.

Das andere Extrem, eine Organisation mit minimaler Autonomie, hat mit grundsätzlich anderen Problemen zu kämpfen. Sie besteht aus funktional autonomen Subsystemen und ist folglich hochgradig funktional differenziert. Hier ist Resonanz stark ausgeprägt, da die funktional autonomen Subsysteme ihre spezifischen Umweltbeziehungen selbständig bearbeiten müssen. Die Kommunikation *zwischen* den Subsystemen ist aber auf Grund der hohen semantischen Differenzierung so schwierig, daß das Unternehmen im Extremfall den Zusammenbruch der internen Kommunikation befürchten muß. Denn diese basiert fast vollständig auf umgangssprachlichen Mustern und ist in bezug auf die Versorgung mit Themen auf den kulturellen Themenvorrat angewiesen, da die Beziehungen zwischen den Subsystemen kaum geregelt sind. Unternehmen mit geringer Autonomie entfalten somit bei hoher Umweltkopplung zwar Innovationspotentiale, eine effiziente Umsetzung in wirtschaftliche Routinen ist aber um so schwieriger. Für die Unternehmensführung ergeben sich hieraus widersprüchliche Anforderungen, denn im Idealfall sollten Organisationen sowohl effizient als auch innovativ sein.[334] Auf diese Problematik wird im Zusammenhang mit der reflexiven Unternehmensführung noch ausführlich einzugehen sein (vgl. Kapitel 3).

2.6 Dynamik: Unternehmen als selbstorganisierende und lernende Systeme

2.6.1 Selbständerung durch Wandel der Erwartungen

Eine Organisation, die als Kommunikationssystem charakterisiert wird, ist per se dynamisch. Diese Dynamik ist zunächst eine des Auftauchens und fast gleichzeitigen Verschwindens ereignishafter Handlungen, auf die das System angewiesen ist, wenn es nicht aufhören möchte.[335] Trotz dieser immanenten Unruhe besitzen Organisationen eine gewisse Stabilität, die ihren Ausdruck in

---

[334] Vgl. zu dieser Problematik auch Burns/Stalker, Innovation. Vgl. Wicher, Organisation, S. 355-359. Vgl. zu traditionellen Lösungsansätzen den Überblick bei Gaitanides/Wicher, Strategien, S. 385-403.
[335] Vgl. Luhmann, Soziale Systeme, S. 388 und S. 474.

gleichgerichteten und repetitiven Verhaltensweisen hat. Der Grund für diesen Gleichschritt des Verhaltens ist auf die Existenz von Verhaltensregeln zurückzuführen,[336] die Aktionen und Reaktionen im System für seine Mitglieder erwartbar machen und die Vermeidung von Enttäuschungsgefahren in die Struktur der Organisation einbauen.[337] Auf Grundlage dieser Erwartungen kann relativ risikolos gehandelt und kommuniziert werden. Die Stabilisierung von Erwartungen basiert auf der Prämisse der Gegenseitigkeit. Jedes Verhalten ist darauf angewiesen, daß die Erwartungen, die jemand an das Verhalten eines anderen stellt, identisch mit den Erwartungen des anderen bezüglich des Verhaltens von einem selbst sind.[338] Mit anderen Worten: die Organisationsmitglieder müssen sicher sein, daß sie die Erwartungen anderer korrekt einschätzen. Die *Erwartungserwartungen* müssen stabil sein.

Ein Beobachter wird Organisationsentwicklung somit immer an neuen *Verhaltensweisen* der Mitglieder ausmachen, die sich als dauerhaft und somit regelgeleitet erweisen. In Zusammenhang mit den vorausgegangenen Ausführungen lassen sich folgende Aussagen als Ausgangslage der weiteren Untersuchung vorausschicken:

1. Unternehmensentwicklung basiert auf einer *Veränderung der Regeln* des Verhaltens.[339]
2. Verhaltensregeln werden in einer Organisation durch *Strukturen* abgebildet.[340]
3. In Organisationen sind Strukturen gleich *Erwartungsstrukturen*, denn jedes Mitglied orientiert sein Verhalten an den Prämissen bezüglich der Erwartungen anderer.[341]
4. Organisationsentwicklung ist folglich mit der Entwicklung von Erwartungsstrukturen zu identifizieren.[342]
5. Entwicklung von Organisationen ist immer eine *Selbständerung* des Systems, da Organisationen als soziale Systeme operational geschlossen sind. Sie reagieren auf Irritationen aus der internen oder externen Umwelt nur

---

[336] Vgl. Röpke, Innovation, S. 188-189.
[337] Vgl. Luhmann, Soziale Systeme, S. 388-340.
[338] Vgl. Axelrod, Cooperation, S. 171-173.
[339] Vgl. Luhmann, Soziale Systeme, S. 475.
[340] Vgl. Luhmann, Soziale Systeme, S. 73-74.
[341] Vgl. Luhmann, Soziale Systeme, S. 139.
[342] Vgl. Luhmann, Soziale Systeme, S. 478.

nach Maßgabe ihrer Resonanz und vollziehen Änderungen nur durch eine Änderung der Kommunikation.[343]

Die Wurzel jeder Veränderung ist das ständige Auftauchen und Verschwinden von singulären Handlungen. Damit haben Stabilität und Veränderung dieselben Voraussetzungen. Denn wenn sich nicht eine Handlung an die nächste reiht (=Prozeß), hört das System auf zu existieren. Der Unterschied zwischen Stabilität und Veränderung liegt in der *Erwartungskonformität* einer Handlung. Veränderungen erfolgen demnach dann, wenn Verhalten von Erwartungen abweicht und trotzdem daran angeschlossen werden kann. Das Verhalten der Organisationsteilnehmer wirkt somit wie eine Quelle permanenter Fluktuationen. Geraten Einzelhandlungen in Widerspruch zu Erwartungen, kommt es zu Strukturveränderungen, da sich das System auf die Möglichkeit dieser neuen Verhaltensweisen einstellt und mit der Ausbildung von Erwartungsstrukturen reagiert. Gelingt eine Strukturänderung nicht, und wird der Widerspruch der Erwartungen kommuniziert, entsteht ein Konflikt (s.o.). Solange das Konfliktsystem existiert, wird der Strukturwandel blockiert.[344] Wie man sieht, ist Organisationsentwicklung unter dieser Voraussetzung immer als Selbständerung angelegt. Sie ist nur über eine Veränderung des organisationellen Sprachspiels möglich. Das bedeutet jedoch nicht, daß „notwendige" Veränderungen im Vorfeld erörtert werden müssen, die Veränderung also kommunikativ vorweggenommen wird. Es bedeutet vielmehr, daß Erwartungen in der Kommunikation angelegt sind, und daß eine Veränderung von Erwartungen bzw. Strukturen durch neue Unterscheidungen, Bezeichnungen und Kommunikationsmuster manifestiert werden müssen, um wirksam zu werden.[345]

2.6.2 Eigendynamik

Luhmann unterscheidet drei Formen von Strukturänderungen: Morphogenese, Selbstanpassung und Umweltanpassung.[346] Unter Morphogenese versteht er jene Verhaltensänderungen, die sich ausschließlich an den Anschlußmöglich-

---

[343] Vgl. Luhmann, Soziale Systeme, S. 474-478.
[344] Man denke nur an Arbeitskämpfe, bei denen es genau darum geht.
[345] Vgl. Luhmann, Soziale Systeme, S. 475-479.
[346] Vgl. Luhmann, Soziale Systeme, S. 478-480.

keiten der eigenen Struktur orientieren und nicht die Folge eines Anpassungsdrucks sind. In dieser Arbeit soll der gebräuchlichere Begriff *Eigendynamik* für diesen Sachverhalt verwendet werden. Eigendynamik entsteht dann, wenn in einer ambivalenten Situation zwei oder mehr Prozesse füreinander gleichzeitig Ursache und Wirkung darstellen. Gerade in formal organisierten Sozialsystemen mit seinen feststehenden Programmen sind solche zyklischen Verknüpfungen von Prozessen typisch. Bildlich gesprochen sind eigendynamische Veränderungen mit Kettenreaktionen zu vergleichen, bei denen eine Veränderung stets die nächste hervorruft[347].

Unter Eigendynamik in Subsystemen der Organisation fallen jene Selbstanpassungen, die aus der Befriedigung eines Mangelbedürfnisses oder aus der Realisierung von Verbesserungschancen resultieren. Die selbständige zeitliche Einteilung von Arbeiten oder die inkrementale Verbesserung von Verfahren oder Leistungen durch Lerneffekte, - sofern nicht von außen angeregt - fallen darunter. Da diese Veränderungen stets Nebenfolgen und Auswirkungen auf andere Operationen haben, pflanzen sich eigendynamische Prozesse in sozialen Systemen fort.[348] Eigendynamik ist somit auch ein wichtiger Motor für Innovationen, entzieht sich aber Gestaltungsversuchen durch das Management, da es auf zufällige und spielerische Variationen von handlungs- und erkenntnisleitenden Theorien angewiesen ist.[349]

2.6.3 Anpassungsveränderungen durch organisatorisches Lernen

2.6.3.1 *Grundbegriffe des organisatorischen Lernens*

2.6.3.1.1 *Anpassung*

Anpassungen sind jene Struktur- und Kulturveränderungen, die auf konkrete Anlässe zurückzuführen sind. Diese können in der Umwelt, aber auch im

---

[347] Merton beschreibt eine solche Eigendynamik durch das Zusammentreffen eines Vorurteils mit einer Prognose. Das Vorurteil bewirkt eine Diskriminierung, diese verändert das Verhalten der davon Betroffenen in Richtung des Vorurteils, so daß sich die Prognose als richtig herausstellt, obwohl sie von falschen Voraussetzungen ausging (vgl. Merton, Voraussagen, S. 146).
[348] Vgl. Weick, Prozeß, S. 190: „Ich verschiebe die Dinge auf meinem Schreibtisch, was es notwendig macht, meine Schreibhaltung zu verändern, was die Dinge in meinem Arbeitsbereich weiter umgruppiert, was meine Haltung weiter verändert".
[349] Vgl. Kasper, Double-Bind, S. 75-76.

Unternehmen selbst liegen. Sie können jedoch als Strukturänderung nur vom Unternehmen selbst bewerkstelligt werden. Allerdings ist es eine Frage der Resonanz, ob sie rechtzeitig, umfassend oder überhaupt vorgenommen werden. Hier spielt die Unternehmensführung eine besondere Rolle, da sie Anpassungsnotwendigkeiten identifizieren und Veränderungen auslösen muß. Umweltanpassungen sind das Ergebnis von Veränderungen in der Umwelt. Der Grad der Anpassung richtet sich aber nach dem Bestand an Unterscheidungsmöglichkeiten, mit denen die Umwelt wahrgenommen werden kann. So kann die Umwelt Anpassungsprozesse auslösen, aber nicht determinieren.[350] Mit Selbstanpassung reagiert die Organisation auf Probleme, die sich aus dem Aufbau von Eigenkomplexität ergeben, die ihrerseits wieder die Folge von Umweltanpassung sein kann.[351]

2.6.3.1.2 Lernen

Seit den siebziger Jahren wird vornehmlich in den USA der Frage nachgegangen, ob man organisatorische Veränderungsprozesse mit dem Lernbegriff fassen kann.[352] Argyris und Schön legen im Jahre 1978 mit dem Buch „Organizational Learning. A Theory of Action Perspective" den ersten systematischen Ansatz im Bereich der Organisationstheorie vor. Aufbauend auf den Arbeiten von Argyris u.a. untersucht Hedberg Faktoren, die organisatorisches Lernen auslösen, und die Bedingungen des Verlernens.[353] Miles/Randolph (Styles) und Shrivastava (Systems) untersuchen die Auswirkungen unterschiedlicher struktureller Ausgangssituationen auf den Prozeß des institutionellen Lernens. Erwähnenswert ist ferner die Arbeit von Pautzke, der verschiedene Ansätze des organisatorischen Lernens zu einem integrierten Gesamtmodell zusammenfaßt.[354] Sein Schichtenmodell beschreibt fünf Formen des organisatorischen Lernens als Nutzbarmachung, Veränderung und Fortentwicklung der organi-

---

[350] Vgl. Luhmann, Soziale Systeme, S. 478-479. Da hier die Möglichkeiten rationaler Unternehmensführung und Steuerung im Vordergrund stehen, werden im folgenden vor allem Anpassungsveränderungen behandelt. Im Rahmen eines Innovationsmanagements stünde die Kanalisierung von eigendynamischen Veränderungsprozessen im Vordergrund.
[351] Vgl. Luhmann, Soziale Systeme, S. 480.
[352] Grundlegenden Charakter haben etwa die Arbeiten von Argyris/Schön, Organizational Learning, Weick, Prozeß, und Hedberg, Learn.
[353] Vgl. Hedberg, Learn, S. 3-27.
[354] Vgl. Pautzke, Wissensbasis, v.a. S. 76-132.

satorischen Wissensbasis.[355] Neben den erwähnten Ansätzen des kollektiven Lernens, gibt es auch eine Reihe von handlungstheoretischen Ansätzen, die auf individuellem Lernen aufbauen; so die Modelle von Cyert/March (Firm), March/Olsen (Ambiguity) und Daft/Weick (Organizations).[356]

Organisatorisches Lernen ist allgemein gesprochen der Mechanismus, mit denen Organisationen Anpassungen vornehmen. Sie ist Ausdruck der Auseinandersetzung einer Organisation (oder eines Teilsystemes von ihr) mit der inneren und äußeren Umwelt. Dies umfaßt sowohl die marktliche und gesellschaftliche (=äußere) Umwelt, als auch die Planungs-, Steuerungs-, Kontroll-, Durchführungs- und psychischen Systeme der Organisation.[357]

Irritationen aus der *Umwelt* des lernenden Systems werden mit Hilfe handlungs- und erkenntnisleitender Theorien interpretiert.[358] Theorien definieren somit Ausmaß und Richtung der Resonanzfähigkeit. Dies gilt nicht nur für Vorgänge in der äußeren Umwelt und in der Organisation, sondern auch für die Interpretation von Interventionsversuchen durch das Management. Der Erfolg einer organisatorischen Maßnahme hängt damit im Kernpunkt von der Ausprägung dieser Theorien ab.

Organisatorisches Lernen läßt sich nach Argyris und Schön weiter differenzieren. Danach basiert das Wissen einer Organisation bzw. ihr *Lernniveau* auf sogenannten *theories of action* (Handlungstheorien). Diese Handlungstheorien stellen die Werte- und Wissensbasis der Organisation dar und äußern sich in Annahmen über die Bedingungen der Organisation und über die Verhaltensweisen der Organisationsmitglieder. Sie bestehen einerseits aus den offiziellen Regeln der Organisation (*espoused theories*) wie Visionen, Strategien, Ziele oder Strukturen und aus den impliziten, handlungsleitenden aber nicht schriftlich fixierten Grundannahmen und Werten (*theories in use*), die den Individuen einer Organisation bekannt sein müssen, um sozialadäquat handeln zu können (z.B. Unternehmenskultur oder die vorzufindenden Machtverhältnisse).[359]

---

[355] Vgl. Müller-Stewens/Pautzke, Führungskräfteentwicklung, S. 193.
[356] Vgl. a. die Übersicht bei Pautzke, Wissensbasis; vgl. auch Sattelberger, Personalentwicklung, S. 215.
[357] Vgl. auch Fiol/Lyles, S. 803.
[358] Vgl. Daft/Weick, Model, S. 286.
[359] Vgl. Argyris/Schön, Organizational Learning, S. 14-15.

Organisatorisches Lernen entsteht, wenn Widersprüche zwischen den *espoused theories* und den *theories in use* auftreten und es zu einem Anpassungsprozeß kommt, dessen Ergebnis eine Veränderung der *theories of action* - also der Wissensbasis der Organisation - ist. Dabei ist zu unterscheiden zwischen *single-loop-learning* und *double-loop-learning*. Ersteres ist das Ergebnis von neuen, überraschenden Wahrnehmungen der Organisationsmitglieder, die als Widersprüche bzw. Fehler der bestehenden Handlungstheorien aufgefaßt und korrigiert werden. Durch die Kommunikation zwischen den Organisationsmitgliedern kann es zu einer unternehmensweiten Anpassung der Handlungstheorien kommen.

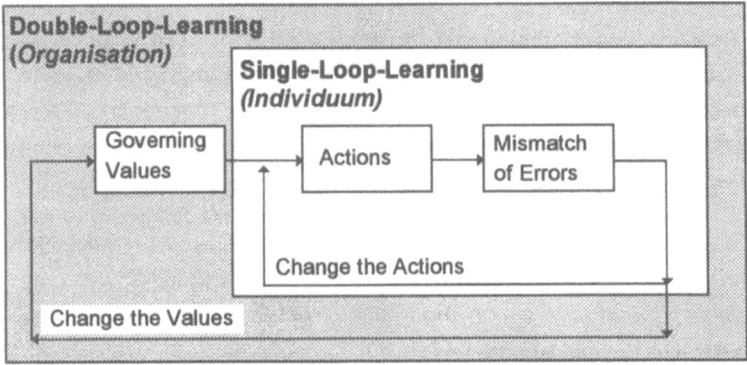

Abb. 9: Single-Loop- und Double-Loop-Learning nach Argyris und Schön[360]

Während *single-loop-learning* auf der Basis feststehender organisatorischer Werte abläuft und nur das Erfahrungswissen betrifft, bedeutet double-loop-learning eine Veränderung von Werten der Unternehmung, die durch eine Inkompatibilität von Struktur und Unternehmenskultur ausgelöst wird und in einen Anpassungsprozeß mündet. *Double-loop-learning* erfolgt durch diskursive

---

[360] Vgl. Argyris, Defenses, S. 92 u. 94.

Austauschprozesse und damit auf Systemebene. Hier erst beginnt organisatorisches Lernen im engeren Sinne.

Argyris und Schön unterscheiden darüber hinaus noch eine dritte, reflexive Form des Lernens - das sogenannte *deutero learning*. Deutero learning setzt an der Erfahrung an, daß Lernprozesse häufig durch vorgefaßte Meinungen und Theorien über das vermeintlich „wahre" Wesen der Organisation und ihrer Umwelt behindert werden. Notwendiger Wandel wird dann mit den Argumenten unterlassen, man habe dieses oder jenes „schon immer so gemacht/gesehen" oder eben „noch nie". Diese *defensive routines* machen es dann höchst unwahrscheinlich, daß Individuen oder Organisationen ihre Theorien aufgeben, da Veränderungen stets mit Unsicherheiten verbunden sind und deshalb als Gefahr angesehen werden - und dies obwohl der grundsätzliche Wert von Wandel und Veränderung durchaus in der Unternehmenskultur verankert sein kann. Mit *deutero learning* wird ein Konzept vorgestellt, das die Überwindung - das *Entlernen* - von defensive routines fordert und über die Einsicht in die Regeln des Lernens zu einem Lernen des Lernens wird. Dabei ist dieses Konzept sehr weitgehend reflexiv angelegt - wenn auch nicht im Detail ausgeführt - da es über die Einsicht in den Prozeß, die Rahmenbedingungen und die Mechanismen des Lernens das Lernen selbst lernbar machen möchte.[361]

Organisatorisches Lernen ist somit in seiner elementaren Form konservativ angelegt und baut auf den vorhandenen Strukturen auf. Es ist jener permanente Transitionsprozeß damit gemeint, der alleine dadurch entsteht, daß in einer vorhandenen Struktur zusammengelebt und kommuniziert wird. Marginal neue Beobachtungs- und Handlungsmöglichkeiten werden ausprobiert und reiben sich an bestehenden Erwartungen. Widersprüche führen zu inkrementalen Anpassungsprozessen, aus denen neuen Beobachtungs- und Handlungsmöglichkeiten als legitime und erwartbare Erwartungshaltungen hervorgehen. Diese Form des Lernens muß nicht im Vorfeld der Veränderungen kommuniziert, koordiniert, geplant werden oder aus einer Mangelsituation hervorgehen, sondern erfolgt in der Regel spontan. Es genügt, wenn das System Erwartungsänderungen beobachtet und darauf reagiert. Wie oben ausgeführt, sind Widersprüche das Ergebnis unvereinbarer Erwartungen und haben die Funktion eines Alarm- oder Immunsystems in der Organisation. Sie deuten an, daß

---

[361] Vgl. Argyris, Defenses.

eine Kommunikation nun abgebrochen werden könnte, wenn man auf den *eigenen* Beobachtungen und Unterscheidungen beharrt und den Widerspruch kommuniziert. Ein offener Konflikt läßt sich in dieser Situation nur vermeiden, wenn man von urspünglichen Positionen abrückt, seine Erwartungen offenlegt und aneinander anpaßt. Eine Form des institutionalisierten und symbolisch generalisierten Widerspruchs stellen Kosten dar, wie Luhmann bemerkt.[362]

Im Rahmen der reflexiven Unternehmensführung wird weiter unten ein *selbstreferentielles* Lernmodell entwickelt, das proaktiv ist und tiefgreifenden Wandel ermöglicht, da es Erwartungen nicht durch Enttäuschungen verändert, sondern durch Einsicht.

2.6.3.1.3 Organisatorische Erkenntnis

Erkenntnis in sozialen Systemen läßt sich immer dann vermuten, wenn (neue) Informationen in der Weise mitgeteilt werden, daß sie verstanden werden können. Dies setzt eine Unterscheidung von Mitteilung und Information[363] voraus. Sie ist, wie oben bereits ausgeführt, auf die Beobachtung der Individuen angewiesen, denn diese müssen ihre Beschreibung eines beobachteten Phänomens in die Form einer Mitteilung gießen, deren Sinn von anderen Individuen in der Organisation rekonstruierbar ist. Mitteilungen dienen als Medium des Erkennens und Informationen als ihre Form. So können Informationen von dem reinem Mitteilungsverhalten, auf das dann nicht weiter Rücksicht genommen werden muß, unterschieden werden. Denn nur verstehbare Informationen können thematisiert werden und Kommunikationsprozesse auslösen. Beobachtungen auf Unternehmensebene wurden an anderer Stelle

---

[362] Vgl. Luhmann, Soziale Systeme, S. 519. Kosten repräsentieren die Leistungsseite des Unternehmens, sind also unverzichtbar für die Ergebniserzielung, reduzieren aber gleichzeitig den Gewinn und sollen deshalb möglichst gering gehalten werden. Für die Beobachtung von Kosten sind bestimmte Stellen eingerichtet, die bei Veränderungen in der Höhe und Struktur der Kosten Alarmzeichen geben. Zu hohe Kosten lassen kurz die Möglichkeit in das Bewußtsein treten, daß das Unternehmen dazu gezwungen werden könnte, seine Aktivitäten einzustellen, und bewirken gerade deshalb Anpassungshandeln. Durch die symbolische Generalisierung von Kosten werden gleichzeitig Konflikte vermieden, da die Befürwortung hoher Kosten im wirtschaftlichen Kontext als unsinnig angesehen werden kann.

[363] Dies ergibt sich direkt aus der Definition von Kommunikation als Einheit aus Information, Mitteilung und Verstehen; vgl. ausführlich Luhmann, Soziale Systeme, S. 191-241 (vgl. auch Gliederungspunkt 2.1).

als Netzwerke kommunizierter Unterscheidungen beschrieben.[364] Unternehmen (Organisationen) sind autonome Systeme, die nur selbstreferentiell kommunizieren können, d.h., daß sie an die speziellen und für sie typischen Kommunikationsmuster und Codes gebunden sind. Allein hieraus ergibt sich der Charakter eines Netzwerkes, denn alle Beschreibungen sind gezwungenermaßen rekursiv und auf sich selbst bezogen. Jede Beschreibung verweist auf das System, von dem sie stammt, und macht es für den Beobachter identifizierbar. Und jeder einzelne Mitarbeiter (jedes psychische System) ist an diese Systemdisziplin gebunden, solange er an Unternehmensaktivitäten teilnimmt.[365]

2.6.3.1.4 Organisatorisches Wissen und organisatorische Wissensbasis

Das *Wissen einer Organisation* soll hier als jener Bestand an Unterscheidungen und Bezeichnungen - auch in der komplexen Form von Erfahrungen oder Theorien - verstanden werden, der im Sprachspiel der Organisation präsent, jederzeit abrufbar und erfolgreich in der Kommunikation verwendbar ist. Es wird in der Regel davon auszugehen sein, daß der Bestand des so sozialisierten Wissens wesentlich geringer ist als die Summe des Wissens aller Organisationsmitglieder, und daß zudem das individuelle Wissen sehr ungleich in der Organisation verteilt ist. In Anlehnung an Kirsch kann deshalb zur weiteren Unterscheidung der Begriff der *organisatorischen Wissensbasis* eingeführt werden. Damit ist jenes Wissen gemeint, das prinzipiell sozialisierbar ist, da es in einzelnen psychischen Systemen vorhanden ist. Er unterscheidet ferner eine *latente Wissensbasis*. Damit ist der Fall gemeint, daß in der Organisation lediglich bekannt ist, daß ein bestimmtes Wissen *existiert*, dieses aber noch nicht zur Wissensbasis der Unternehmung gehört, also noch nicht einmal kommunikabel ist.[366]

Organisatorisches Lernen dient dem Auf- und Ausbau des organisatorischen Wissens, indem individuelles Wissen nutzbar gemacht, also die Wissensbasis sozialisiert wird. Im Rahmen des organisatorischen Lernens werden aber auch die Lernbedingungen des individuellen Lernens verbessert, so daß es auch um

---

[364] Vgl. Gliederungspunkt 2.1.4.
[365] Vgl. die Untersuchungen Ashbys zur Konditionierung von Individuen bei der Teilnahme an Sozialsystemen in: Self-Organizing System, S. 255-278.
[366] Vgl. Kirsch, Unternehmenspolitik, S. 501-511.

die Vergrößerung und Veränderung der aktuellen und latenten Wissensbasis selbst geht. Hierzu gehören auch Maßnahmen, die das Kommunikations- und Informationsverhalten der Individuen verbessern.[367]

2.6.3.2 Prozeß des organisatorischen Lernens

Organisationen benötigen Lernfähigkeit zum Aufbau, Ausbau und zur Diffusion von Wissen, zur Aufrechterhaltung von Fähigkeiten des Umstrukturierens und Anpassens bzw. Einstellens auf andere Sozialsysteme und für den Umgang mit (dispositiver) Komplexität.[368] Lernen ist das Abspeichern von Erkenntnissen zum späteren Abruf. Es wirkt über die Veränderung des organisatorischen Wissens auf die Erwartungen der Organisationsmitglieder, findet also entgegen anderer Auffassungen nicht auf der Handlungsebene statt.[369] *Organisatorisches Lernen wird damit zu dem Mechanismus, auf den die Veränderungen von Kultur und Struktur des Unternehmens zurückzuführen sind.* Um die Basis weiterer Erkenntnisse zu sein, müssen Beobachtungen und Bezeichnungen, die einmal als relevant erkannt worden sind, im System verfügbar sein. Unterscheidungen müssen wiedererkannt und Bezeichnungen erinnert werden, um nicht jedes Mal bei Null beginnen zu müssen. Organisatorisches Lernen ist somit an drei Voraussetzungen geknüpft: (individuelle) Beobachtungen müssen (1) als Systemrelevant erkannt werden, (2) für das System verstehbar sein und (3) in der Organisation diffundieren, d.h. allgemein verfügbar gemacht werden.

---

[367] Vgl. Kirsch, Unternehmenspolitik, S. 504-506.
[368] Vgl. Luhmann, Reflexive Mechanismen, S. 2-5.
[369] Vgl. Kasper, Handhabung, S. 338.

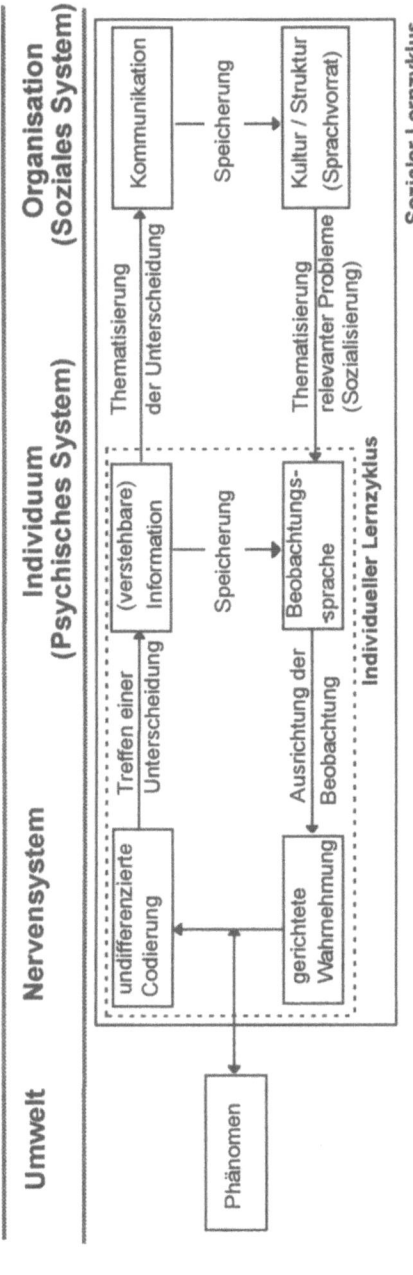

Abb. 10: Prozeßskizze und Problemgerüst des organisatorischen Lernens

Im Fall des organisatorischen Lernens liegt ein dreifacher Transformationsprozeß vor. Er ist im Gegensatz zu einfachen systemischen Beobachtungsprozessen rekursiv angelegt und verläuft in zwei Richtungen. Lernen ist eine Aufnahme bzw. Speicherung von Systemerkenntnissen in das unternehmensspezifische Sprachspiel, so daß das Wissen seinen Niederschlag in strukturellen oder kulturellen Regeln findet. Wie in der Abbildung 10 angedeutet, müssen bestimmte Umweltausschnitte von den individuellen Beobachtern als besonders relevant erkannt und thematisiert werden. Dies leistet eine Beobachtungssprache, die kulturell entwickelt wird. Diese Beobachtungssprache erlaubt es den Individuen, Unterscheidungen zu treffen, die im betreffenden (Sub-) System verständlich sind. Dies ist die Voraussetzung für das Einspeisen der Erkenntnisse in den organisatorischen Kommunikationsprozeß. Schließlich müssen die individuellen Beobachter so sozialisiert werden, daß sie ihren Wahrnehmungsapparat auf die Umweltereignisse richten, die für das Unternehmen relevant sind. Dabei läuft organisatorisches und individuelles Lernen stets parallel ab. Nur das, was von Individuen in die Kommunikation eingespeist wird, kann zum Wissen der Organisation werden. Wenn individuelles Wissen nicht weitergegeben wird, kann organisatorisches Lernen gebremst werden. Auf der anderen Seite verstärken sich Lernerfolge von psychischem und sozialem System gegenseitig. Je mehr individuelles Wissen in den kommunikativen Prozeß einfließt, desto größer ist der organisatorische Wissensbestand, desto umfangreicher die individuelle Beobachtungssprache und desto weitläufiger der Bereich der Umwelt, der prinzipiell erfaßt werden kann. Damit setzt organisatorisches Lernen individuelles Lernen zwar voraus, kann aber nicht vollständig darauf zurückgeführt werden, da es weder die Diskrepanzen zwischen individuellem und organisatorischem Wissen erklärt, noch auf die gegenseitige Beeinflussung des Lernens eine Antwort geben kann.

Organisatorisches Lernen stellt sich infolgedessen als rekursiver Prozeß dar, der auf vorhandenen Unterscheidungsformen und deren Bezeichnungen neues Wissen durch ständiges Durchlaufen des Lernzirkels aufbaut. Lernen erfordert also immer einen schon vorhandenen Wissensbestand, auf dem es aufbauen kann. Wie beim individuellen Erkennen gibt es auch auf der organisatorischen Ebene keinen anderen Zugang zum Wissen als das Wissen selbst. Auch läßt sich kein Anfang und kein Ende ausmachen. Diese paradoxe Situation wird durch Rekursivität aufgelöst.[370] Kommunikation wird von individuellen Beobachtungen gestört oder fasziniert, schafft neue Kommunikationsmuster, die wieder auf die Sozialisation der Individuen einwirken und deren Wahrnehmungsweisen beeinflussen. Lernen heißt folglich, Systeme der Umwelt verändert wahrzunehmen, Beobachtungsperspektiven zu wechseln und in der Lage zu sein, neue Wirklichkeiten zu konstruieren. Lernen ist auf Reorganisation des Wahrnehmens und Erkennens gerichtet.[371] Dabei ergeben sich die kritischen Punkte des organisatorischen Lernens in der Bereitstellung einer geeigneten Beobachtungssprache und in der Ausrichtung der individuellen Beobachtung. Es sind nämlich gerade die unvorhersehbaren und plötzlichen Ereignisse, aus denen sich besondere Chancen und Gefahren ergeben. Um diese Ereignisse identifizieren zu können, benötigte man eine Beobachtungssprache, die Unterscheidungen für solche Phänomene bereithält, die auf Systemebene noch gar nicht bekannt sein können und ein Ausrichten der Beobachtung auf Bereiche fordert, wo Individuen zunächst nur weißes Rauschen erkennen können. Beides läßt sich - wie bereits Kant betont hat[372] - nur durch eine theoretische bzw. geistige konstruktive Vorwegnahme der Ereignisse und durch einen breit angelegten Wissens- und Erfahrungstransfer bewerkstelligen.

2.7 Funktionen der Unternehmensführung: Unternehmen als steuerbare Systeme

2.7.1 Planung

2.7.1.1 Planungsprozesse und Pläne

Planung ist ein spezieller Kommunikationsprozeß, an dessen Ende die Verabschiedung eines Plans steht. Pläne koordinieren soziales Handeln durch die Orientierung an gemeinsamen Zwecken oder Zielen und/oder durch die Festlegung einer Reihenfolge des Handelns für jeden Beteiligten. Richtige Handlungen werden von falschen nach Maßgabe ihrer Beiträge zur Zielerreichung unterschieden.

---

[370] So Luhmann, Konstruktivistische Perspektiven, S. 104.
[371] Vgl. Türk, Organisationsforschung, S. 101; vgl. ferner Hedberg, Learn, S. 8.
[372] Vgl. Popper, offene Gesellschaft, S. 16-17.

Der Plan ist eine Konstruktionsanleitung für *zukünftige* Entscheidungen oder Entscheidungsprozesse.[373] Mehr noch als das einfache Stellennetzwerk der Organisation stellt der Plan die Anschlußfähigkeit von Entscheidungen sicher. Er basiert auf einem selektiven System-/Umwelt-Modell. Dieses Modell dient der Reduktion von Komplexität und besteht aus impliziten oder expliziten Annahmen über die Ausgangslage des Unternehmens und die Situation der Umwelt.[374] In der Regel ist auch ein abstraktes Zukunftsmodell des Unternehmens als teleologischer Fluchtpunkt der Entscheidungsprozesse Bestandteil eines Plans. Häufig beschränkt sich dieses Modell jedoch nur auf wenige Zielgrößen (z.B. Marktanteil, Gewinn, Image etc.). Aus der empirischen Entscheidungsforschung ist ferner bekannt, daß solche Ziele selbst das Ergebnis des Planungsprozesses sind.[375] Die Orientierung im Planungsprozeß ergibt sich aus der allgemeinen Funktion bzw. aus dem Zweck der Unternehmung.[376]

Planen bedeutet systemtheoretisch gesprochen die Etablierung von Differenzen zwischen heute und morgen, verbunden mit Konzepten (Plänen), um diese Differenz zu verringern.[377]; es dient mit anderen Worten dem Aufbau von zeitlicher Komplexität. Durch ihr Planungssystem versetzt sich die Unternehmung damit in eine selbstfabrizierte Unruhe. Pläne sind interne Fluktuationen, die das System in Schwingungen bringen und gleichzeitig Wege zu ihrer Beruhigung aufzeigen. Planung ist ein immanenter Mechanismus gegen Erstarrung. Er etabliert über den Aufbau von zeitlicher Eigenkomplexität eine verbindliche Systemzeit. Dabei ist die in der Planungsliteratur übliche Differenzierung zwischen operativer, strategischer und zuweilen auch politischer oder normativer Planung ein Hinweis auf die Stärke der Fluktuationen, die durch Planung ausgelöst werden.[378]

---

[373] Vgl. Kirsch, Unternehmensführung, S. 279.
[374] Vgl. Steinmann/Hasselberg, Managementprozeß, S. 205.
[375] Vgl. Berger/Bernhard-Mehlich, Entscheidungstheorie, S. 141-143.
[376] Kreikebaum hat diesbezüglich ein Konzept vorgelegt, das die Festlegung der Ziele im Anschluß an die Entscheidung über einen Plan vorsieht (vgl. Kreikebaum, Unternehmensplanung, S. 26-27 und S. 59-60).
[377] Vgl. Baecker, Form, S. 160.
[378] Vgl. Schwanninger, Integrale Unternehmensplanung, S. 169-202.

2.7.1.2 Planungsebenen

Üblich ist eine Unterscheidung zwischen operativer und strategischer Planung. Operative Planung produziert erwartungskonforme Entscheidungen, tastet also vorgefundene Strukturen kaum an. Im Zusammenhang mit strategischer Planung ist sie als erwartete Anschlußoperation zur Umsetzung strategischer Pläne zu verstehen.[379] Die Unruhe, die durch operative Pläne entsteht, ist nicht die Folge widersprechender Erwartung, sondern das Ergebnis eines sozialen Drucks, der auf Planerfüllung drängt. Diese ist häufig an eindeutigen Indikatoren erkennbar.[380] Operative Pläne haben zudem i.d.R. keine Auswirkungen auf die Umwelt.

Gemäß herrschender Lehrbuchmeinung[381] bezieht sich strategische Planung nach Maßgabe eigener Stärken und Schwächen und umweltbedingter Chancen und Risiken auf den Aufbau und die Sicherung langfristiger Erfolgspotentiale und auf die langfristige Unternehmensentwicklung. Sie ist damit explizit auf die Veränderung bestehender Strukturen ausgerichtet und gerät zwangsläufig in Widerspruch zu bestehenden Erwartungen. Gerade im *Suchen und Brechen von Invarianzen*[382] wird die Eröffnung neuer Erfolgschancen gesehen. Als *organisierter* Entscheidungsprozeß wird die Erwartungsenttäuschung durch Strategien jedoch auch erwartet. Das heißt, die Etablierung einer Strategischen Planung ermöglicht die Einführung von Veränderungen, da sie als institutionalisierte Erwartungsenttäuschung erscheint. Trotz Widerspruch entsteht deshalb aller Wahrscheinlichkeit nach kein Konflikt. Aus systemtheoretischer Perspektive ist es daher empfehlenswert, die Strategische Planung zu institutionalisieren und nicht ad hoc oder „aus dem hohlen Bauch" zu betreiben, da dies die Organisationsmitglieder unvorbereitet trifft und die Konfliktwahrscheinlichkeit erhöht.

Die Probleme der Strategischen Planung liegen aus systemtheoretischer Sicht vor allem in der Konstruktion viabler Situationsbeschreibungen (interne und externe Analyse) und in der zielgerechten Beeinflussung der Subsysteme der

---

[379] Vgl. Kreikebaum, Unternehmensplanung, S. 127-130.
[380] Vgl. Schwanninger, Integrale Unternehmensplanung, S. 169-170.
[381] Vgl. Steinmann/Schreyögg, Management, S. 131, Kreikebaum, Unternehmensplanung, S. 26, Gälweiler, Unternehmensführung, S. 6, und selbst Schierenbeck, Grundzüge, S. 106.
[382] Vgl. Galtung, Methodologie, S. 96.

Organisation. Denn daß diese auf Widersprüche reagieren, steht außer Frage. Sie tun dies aber gemäß ihren eigenen Gesetzen, so daß die Implementierung von Strategien grundsätzlich zu unvorhersehbaren Reaktionen führen kann.

In der jüngeren Planungsliteratur ist zunehmend auch von *normativem Management*[383] bzw. *Unternehmenspolitik*[384] als Planungsinstanz die Rede. Diese zeichnet sich dadurch aus, daß sie das Unternehmen als Ganzes betrifft und sehr langfristig angelegt ist. Sie ist auf den Ausgleich betroffener Interessen gerichtet, visionär, richtungsweisend und abstrakt[385] - mit einem Wort: reflexiv. Die unternehmensweite Etablierung von Differenzen auf diesem Abstraktionsniveau stellt die Unternehmensführung jedoch vor besondere Probleme, denn Visionen, Philosophien, Unternehmensgrundsätze etc. sind solange nicht handlungsleitend, wie sie für einen Beobachter 1. Ordnung nicht wahrnehmbar sind. Die Gefahr hierfür ist groß, denn sie erscheinen für die Lösung täglicher Probleme als irrelevant oder geraten mit bestehenden Erwartungen überhaupt nicht in Widerspruch. Dies gilt besonders dann, wenn Visionen oder unternehmenspolitische Normen aus Statements bestehen, deren unreflektierte Annahme Bestandteil der Sozialisierung ist.[386] Um den Handelnden in die Lage zu versetzen, sein Verhalten anhand dieser Unterscheidung als „richtig" oder „falsch" zu kategorisieren, müssen Lernprozesse einsetzen, die die Bedeutung dieser Differenzen für das tägliche Handeln bewußtmachen.

2.7.2 Entscheidung

2.7.2.1 *Erwartungskonformität als Entscheidungskalkül in Organisationen*

Im Gegensatz zum Entscheidungsbegriff der Betriebswirtschaftslehre, der auf den Präferenz- oder Nutzenbegriff abstellt, wird der Entscheidungsbegriff systemtheoretisch im Zusammenhang mit Handlungen gesehen. Entscheidun-

---

[383] Vgl. Bleicher, Integriertes Management, S. 53.
[384] Vgl. Hinterhuber, Unternehmensführung I, S. 27.
[385] Vgl. Schwanninger, Integrale Unternehmensplanung, S. 191.
[386] Wie z.B. Bekenntnisse zu Umwelt, Friede, Freiheit usw., die für den Mitarbeiter aus seiner Perspektive nicht handlungsleitend sind, da er die Gegenbegriffe dazu nicht kennt.

gen stellen die geistige oder kommunikative Vorwegnahme von Handlungen dar, an die eine Erwartung gerichtet ist.[387]

Mit der Verbindung zum Erwartungsbegriff wird die soziale Komponente von Entscheidungen unterstrichen. Von Entscheidungen sind stets auch die betroffen, die nicht mitentscheiden können, aber auch Konsequenzen zu tragen haben. Die Betroffenen sehen die Mehrdeutigkeit der Situation und hegen die Erwartung, daß in ihrem Sinne entschieden wird. Dabei ist das Entscheidungsverhalten in Gremien bzw. Gruppen von besonderem Interesse. Wie zahlreiche Untersuchungen gezeigt haben[388] werden hier nämlich vornehmlich Entscheidungen getroffen, die mit bestehenden Strukturen vereinbar sind, sprich: deren Rationalität in Erwartungskonformität besteht. Diese hat, wie man schnell sieht, mit der Rationalität der klassischen Entscheidungstheorie kaum etwas gemein.[389] Gegen bestehende Erwartungen wird nur dann entschieden, wenn sich auf Grund widersprüchlicher Erwartungen eine Enttäuschung nicht vermeiden läßt. Dann wird sich der rationale Entscheider diejenige Erwartung aussuchen, deren Enttäuschung ihm am wenigsten schadet, oder die ihm sogar nützlich ist, da er sie erfolgreich als systemgefährdend darstellen kann.[390]

Diese Feststellungen sollen die prinzipielle Nützlichkeit formaler Entscheidungsmethoden jedoch nicht in Frage stellen, da durch sie die Entscheidung in Einklang mit den organisatorischen Wirklichkeitskonstruktionen gebracht wird. Man sollte sich aber im klaren darüber sein, daß das einer Entscheidung zugrunde liegende organisatorische Weltbild nur eines von vielen möglichen ist. Es ist zwar richtig, daß sich dieses Weltbild in vielen Situationen bewährt hat. Reflexion bedeutet aber, auch die Weltbilder bzw. Szenarien im Entscheidungsprozeß auszuprobieren, die andere von der Entscheidung Betroffene ihren Wirklichkeitskonstruktionen zugrunde legen. Diese würden vielleicht anders entscheiden oder von der Unternehmung bzw. dem Entscheidungsgremium eine andere Entscheidung erwarten. Vernünftige Entscheidungsfindung

---

387 Vgl. Luhmann, Wirtschaft der Gesellschaft, S. 278.
388 Vgl. bspw. die Untersuchungen von Hauschildt, der aufbauend auf den Ergebnissen von Witte et al. (vgl. Witte, Innovationsentscheidungen) die Ziele des Entscheidungsprozesses analysierte und zu dem Ergebnis kam, daß diese i.d.R. zu Beginn des Prozesses nicht feststehen und sich dann im weiteren Verlauf am Status Quo der Organisation orientieren; Wirtschaftlichkeitsüberlegungen spielen fast keine Rolle (vgl. Hauschildt, Entscheidungsziele).
389 Vgl. Brunsson, Irrational Organisation, S. 3-7.
390 Vgl. Luhmann, Wirtschaft der Gesellschaft, S. 299.

heißt auch, diese Erwartungen zu berücksichtigen oder im Vorfeld so zu beeinflussen, daß die Entscheidung, wenn sie kommuniziert wird, nicht zu Konflikten führt.

Das von Simon entwickelte Konzept der *bounded rationality* im Entscheidungsprozeß - unvollständiges Wissen, Prognoseprobleme und unvollständige Entscheidungsalternativen[391] - muß somit im systemtheoretischen Kontext erweitert werden.[392] Am Anfang des Entscheidungsprozesses steht die Identifizierung der an den Entscheider gerichteten Erwartungen. Situationsanalyse, Wahl und Anwendung von Entscheidungskriterien und Alternativenauswahl folgen dieser Rationalität und werden erst im Verlauf des Entscheidungsprozesses *konstruiert*. System- und Umweltinformationen dienen als fremdreferentielle Themenlieferanten, die für die Anschlußfähigkeit des Kommunikationsprozesses sorgen. Sie werden nach Maßgabe der erwarteten Erwartungen zur Kenntnis genommen. Dafür sorgt schon, daß sowohl Informationen als auch Entscheidungen mit den im System verwendeten Unterscheidungen kompatibel sein müssen.[393] Alle Elemente, mit denen die neoklassische Entscheidungstheorie arbeitet, stellen sich somit in systemtheoretischer Perspektive als Konstruktionen dar, die das *Ergebnis* und nicht die Voraussetzung des Entscheidungsprozesses sind.

Erwartungsdruck wird in Organisationen durch die vorhandenen Strukturen erzeugt. Es ist für den Entscheider also relativ einfach, Erwartungsenttäuschungen zu vermeiden, da die Orientierungsleistung eines organisierten Sozialsystems sehr hoch ist. Gleichzeitig weist die Organisation aber fast *jedes* Verhalten als Entscheiden aus, obwohl ein Handeln gegen die Strukturen nur in Ausnahmefällen vorkommt, denn im Grunde ist die Organisation auf die Produktion erwartungskonformer und deshalb widerspruchsfreier Entscheidungen spezialisiert.[394] Andere Formen des Erwartungsdruckes entstehen durch allgemeine oder unternehmenskulturspezifische Verhaltensnormierungen. Hiermit sind generelle Verhaltensregeln gemeint, die erwartungskonformes Entscheiden wahrscheinlich machen, es aber im Enttäuschungsfalle trotzdem ermöglichen, zu seinen Erwartungen zu stehen. Im „Unrecht" ist dann

---

[391] Vgl. Simon, Homo rationalis, S. 29-30.
[392] Vgl. Berger/Bernhard-Mehlich, Entscheidungstheorie, S. 137.
[393] Vgl. Luhmann, Wirtschaft der Gesellschaft, S. 277-287.
[394] Vgl. Luhmann, Wirtschaft der Gesellschaft, S. 289.

derjenige, der gegen die herrschenden Normen gehandelt hat. Schließlich ist noch zu berücksichtigen, daß die Vermeidung von Erwartungsenttäuschungen eine allgemeine soziale Norm darstellt. Danach kann stets erwartet werden, daß eigene Erwartungen bei Entscheidungen durch andere berücksichtigt werden.[395]

Auch mögliche Schäden werden Entscheidungen und nicht Personen zugerechnet.[396] Da Entscheidungen das Ergebnis eines Interaktionsprozesses sind, wird die Verantwortung für negative Folgen der Entscheidung sozial abgefedert und da die Mitglieder des Entscheidungsgremiums dies gleichermaßen erwarten können, sind sie auch unter Inkaufnahme großer Risiken daran gehalten, nicht gegen Erwartungen zu verstoßen.[397]

Im betriebswirtschaftlichen Kontext interessieren nur solche Entscheidungsprozesse und Entscheidungen, die als Systemoperation beobachtbar, also kommunikativ externalisiert und sozial koordiniert sind. Unternehmen sind darauf angewiesen, Entscheidungen arbeitsteilig zu treffen, damit das in der Organisation verstreute Wissen genutzt werden, und der Entscheidungsprozeß sachlich, zeitlich und sozial erwartbar ablaufen kann.[398] Unabhängig davon müssen Verantwortlichkeiten sozial dispergiert werden, damit überhaupt jemand das Risiko einer - womöglich nicht erwartungskonformen - Entscheidung auf sich nimmt.[399] Als Entscheidungsarena sorgt die Organisation dafür, daß Entscheidungen in großer Anzahl hervorgebracht und gleichzeitig genügend Entscheidungsanlässe geboten werden. Entscheidungen in der Organisation bestätigen Strukturen und führen somit zur Stabilisierung von Erwartungen. Die Hierarchisierung sorgt ihrerseits für eine strukturierte Kommunikation

---

[395] Vgl. Kasper, Handhabung, S. 272.
[396] Vgl. Luhmann, Soziale Systeme, S. 270.
[397] Die mögliche Risikoneigung zugunsten höherer Erwartungskonformität reiht sich demnach in die Gruppe möglicher Erklärungen des „risky-shift"-Phänomens ein (vgl. zu den traditionellen Begründungen Cartwright, Risk Taking, S. 361-378). Das Phänomen wird als Folge einer Situation betrachtet, in der die Beteiligten einer Gruppenentscheidung ihre Verantwortlichkeit teilen bzw. auf die Gruppe delegieren können. Weiter wird argumentiert, daß durch den Informationsaustausch Unsicherheit abgebaut wird, so daß - bei gleichbleibender Risikoneigung - Vorsicht abgebaut wird. Schließlich werden auch kulturelle Einflüsse diskutiert und darauf hingewiesen, daß Sprachspiele, bei denen Risiko als besonderer Wert kommuniziert wird (was im wirtschaftlichen Teilsystem generell der Fall sein dürfte), die Risikoneigung des Systems im Vergleich zu den beteiligten Individuen erhöht.
[398] Vgl. Luhmann, Reflexive Mechanismen, S. 7-9; vgl. zu den Problemen von Entscheidungen unter Risiko die Ausführungen im 5. Kapitel.
[399] Vgl. Luhmann, Vertrauen, S. 69.

zwischen den Stellen, stützt damit - z.B. in Form von definierten Dienstwegen - die Erwartungen an Entscheidungen und erleichtert sie folglich. Dieser rekursive Prozeß von Entscheidung und Struktur bzw. Erwartung führt dazu, daß sich Entscheidungen in Organisationen immer stärker an Erwartungen und immer weniger an rationalen Entscheidungskalkülen orientieren.[400]

Da Widersprüche gegen bestehende Erwartungen organisatorischen Wandel auslösen, neigen Organisationen, die ihre Entscheidungen an Erwartungen orientieren, zu einem immanenten Konservatismus, der nur durch ein Gegensteuern des Managements kompensiert werden kann. Da die Führung als Teil des Systems nicht daran interessiert sein kann, Erwartungen zu enttäuschen, ist aber auch von dieser Seite nicht unbedingt mit Entscheidungen gegen bestehende Strukturen zu rechnen. Zu Veränderungen kommt es häufig erst umweltbedingt, und dies kann oft schon zu spät sein, da Organisation und Führung als operational geschlossene Systeme keinen direkten Zugang zu ihrer Umwelt haben und Vorboten fälligen Wandels nur dann erkennen, wenn sie über geeignete Unterscheidungen verfügen.

2.7.2.2 Macht

Entscheidungen über Pläne müssen umgesetzt werden - und zwar unabhängig vom Zeitpunkt und von individuellen Bedürfnissen der betroffenen Systeme. Dies setzt Einflußnahme auf Verhalten voraus. *Einfluß* wirkt auf Kommunikation derart, daß die Einheit von Mitteilung, Information und Verstehen um das Element der *Annahme* der Information ergänzt wird, so daß der kommunizierte Sinn als Grundlage des eigenen Handelns hinzukommt. Einfluß wirkt folglich wie ein Medium für Entscheidungen, da es deren Annahme erleichtert. Sie dient der Komplexitätsbewältigung des beeinflußten Systems, da nicht jede verhaltensleitende Information kritisch hinterfragt und bewußt angenommen oder abgelehnt werden kann; man orientiert sich an anderen und übernimmt z.T. unreflektiert ihre Meinung, da sich dies in der Vergangenheit bewährt hat.

---

[400] Vgl. Luhmann, Aspekte des Entscheidungsverhaltens, S. 601.

Erst wenn die Einflußnahme bewußt, gerichtet und auf wenige Personen konzentriert ist, kann man von *Macht* reden.[401]

Ganz allgemein ist unter Macht die Möglichkeit zu verstehen, bei anderen ein bestimmtes Verhalten zu erwirken - gegebenenfalls auch gegen deren eigene Intentionen. Neben dieser, die Durchsetzung einer Entscheidung erleichternden Funktion, ist Macht aber auch eine Quelle permanenter Verunsicherung - kann also Kontingenz erhöhen und damit dysfunktionale Effekte haben. Ganz allgemein läßt sich Macht somit auch als ein Phänomen auffassen, bei dem ein System über die Möglichkeit verfügt, Unsicherheit für einen anderen auszulösen. Dies muß nicht unbedingt eine an die hierarchische Position gebundene Unsicherheit sein. Im Gegenteil kann - wie unten noch gezeigt wird - Hierarchie Macht kanalisieren und somit Kontingenz abbauen.

Machtvolle Organisationen oder Individuen zeichnen sich also dadurch aus, daß sie die Kontrolle über Ressourcen haben, die bei anderen Unsicherheiten und die Gefahr von Erwartungsenttäuschungen auslösen können. Macht ist dann die besondere „Verhandlungsposition", die ein System in der Kommunikation auf Grund dieser Kontrolle von Unsicherheiten gegenüber anderen einnehmen kann. Dabei ist es von besonderer Bedeutung, daß die betreffende Quelle der Unsicherheit auch eine bestimmte Relevanz für ein anderes Individuum oder ein anderes soziales System aufweist und daß die Unsicherheit auch tatsächlich von dem machtausübenden System kontrolliert werden kann. Denn Macht zielt immer auf Verhaltensbeeinflussung und diese gelingt nur bei *glaubwürdiger* Verunsicherung.

Zu unterscheiden ist elementare von selbstreferentieller Machtausübung. *Elementare Macht* ist an Personen gebunden. Sie ist eine permanente Quelle von Erwartungsenttäuschung, da sie sich in ihrer reinen Form über alles hinwegsetzen kann - auch über Strukturen. Deshalb wirkt Macht, solange sie nicht selbstreferentiell angelegt ist, destabilisierend und dysfunktional. Motivationsverlust, Starrheit, Innovationshemmnisse und Trägheit sind die Folgen ungezügelter Machtausübung.

Macht erhöht somit zwar die Erfolgswahrscheinlichkeit einer Kommunikation, da die wissentliche Abweisung eines Sinns bestraft werden kann, ändert aber

---

[401] Vgl. Luhmann, Reflexive Mechanismen, S. 5-7.

nichts an der grundsätzlichen Verstehensproblematik der Kommunikation. Im Gegensatz zu Geld ist der Sinn einer durch Macht kommunizierten Information nämlich nicht immer eindeutig, und es kann zu Mißverständnissen kommen. Da das machtausübende System und dasjenige, über das verfügt wird, füreinander Umwelten darstellen, kann Macht nur Irritationen auslösen und kein anderes System determinieren. Was als Folge einer durch Macht kommunizierten Entscheidung passiert, ist nicht kalkulierbar.

Macht sollte deshalb aufgrund der genannten Probleme selbstreferentiell auf sich selbst angewandt werden. Dies leistet Hierarchie.[402] Einerseits führt selbstreferentielle Machtausübung durch Delegation auf zahlreiche Stellen zu einer Potenzierung von Macht. Andererseits führt sie aber auch zu einer Disziplinierung und Legitimierung von Macht, da die Bereiche möglicher Einflußnahme reglementiert sind.[403] Die Quellen dieser Macht sind vornehmlich in der Möglichkeit zu sehen, über Einstellungen, Karrierechancen und Entlassungen zu entscheiden.[404]

Die Hierarchie bindet die Einflußmöglichkeiten an die Funktion bzw. Rolle und nicht an die Person. Dadurch sind sie genau definiert, und es existieren lediglich eng umgrenzte Unsicherheitsarenen. Diese können ertragen werden, da auch das Beeinflußt*werden* an die Rolle und nicht an die Person gebunden ist.[405] Hierarchie übt darüber hinaus Integrationsdruck auf die differenzierten Subsysteme aus, ist also Voraussetzung für effiziente Arbeitsteilung und kompensiert damit Konfliktpotentiale.[406] Diese wichtigen Funktionen von Hierarchie müssen berücksichtigt werden, wenn in der neueren Diskussion ein Abbau hierarchischer Strukturen gefordert wird.[407]

---

[402] Vgl. Luhmann, Reflexive Mechanismen, S. 7.
[403] So auch Weber, Wirtschaft, S. 19.
[404] Vgl. Luhmann, Wirtschaft der Gesellschaft, S. 311.
[405] Vgl. Luhmann, Reflexive Mechanismen, S. 7. Dadurch geht auch im Falle einer Entlassung die Macht nicht verloren, sondern kann nahtlos vom Nachfolger eingenommen werden.
[406] Vgl. Lueger, Macht, S. 171.
[407] Vgl. Freud, Lean, S. 71-77.

2.7.3 Durchführung: Organisationsgestaltung im Grundmodell des organisatorischen Lernens

Organisatorische Maßnahmen lassen sich als rekursive Prozesse beschreiben, die auf die Beeinflussung von Kommunikationsprozessen ausgerichtet sind[408] (vgl. Abb. 11). Gegenstand von Gestaltungsmaßnahmen sind stets Erwartungen, da diese Struktur und Kultur des Unternehmens ausmachen. Auf Basis vorhandener Theorien bzw. Wirklichkeitskonstrukte wird das Steuerungssystem nach Maßgabe seiner Resonanzfähigkeit von der Organisation und der Umwelt irritiert, was Kommunikations- und Lernprozesse auslösen kann. Auf Grund bestehender Erwartungen in Form von vorhandenen Zielen, Strategien o.ä. oder deren Enttäuschung als Wahrnehmung neuer Chancen, können Kommunikationsprozesse über notwendige Reaktionen ausgelöst werden. Soll diese in einer organisatorischen Maßnahme bestehen, so wird die Entscheidunge hierüber in Form einer Inverventionsstrategie in die betroffenen Durchführungssysteme kommuniziert. Diese Kommunikation führt bei ausreichender Resonanz zu Anpassungsprozessen des Durchführungssystems. Die Ergebnisse dieser Anpassung werden im Rahmen einer Durchführungskontrolle vom Führungssystem beobachtet.[409]

Da die Durchführungssysteme als operational geschlossene Systeme Entscheidungen der Unternehmensführung nur nach Maßgabe interner Operationsregeln verarbeiten und umsetzen können, weichen die tatsächlichen Veränderungen permanent von den Erwartungen der Führung ab. Die Folge ist ein Gegensteuern, was zu einem stabilen rekursiven Zyklus zwischen Gestalten als Intervenieren, Anpassen und Gestalten als Kontrollieren führt. Dabei sind die beobachteten Veränderungen der Organisation sowohl Input als auch Output des Gestaltens und stellen so als re-entry das ständige Hervorbringen von Entscheidungen sicher.

Wie man aber sieht, läßt sich der tatsächliche Einfluß des Führungssystems nicht isolieren, da das Durchführungssystem ebenfalls selbständig auf Umwelteinflüsse und eigendynamische Prozesse mit Anpassung von Erwartungen reagiert. Diese „Störquellen" sind ebenfalls Gegenstand von Aktivitäten des

---

[408] Vgl. Heimerl-Wagner, Organisations-Entwicklung, S. 74. Vgl. zu den Begriffen Dynamik, Wandel, Eigendynamik und Anpassung die Ausführungen Gliederungspunkt 2.6.
[409] Vgl. Weick, Prozeß, S. 190-192. Weick weist darauf hin, daß Anpassungen durch Sinnzuweisung erst ex post als Gestaltungs- oder Steuerungsmaßnahmen interpretiert werden.

Gegensteuerns durch die Führung, was gerade dann zum Problem werden kann, wenn Durchführungs- und Führungssysteme mit unterschiedlichen Theorien arbeiten, Vorgänge in Unternehmen oder Umwelt also unterschiedlich interpretieren. Hiervon ist sogar auszugehen, da die operativen Systeme auf Grund unterschiedlicher Subkulturen einen anderen Bezug zur Umwelt haben und häufig den relevanten Problemen „näher" sind als die Führungssysteme.[410]

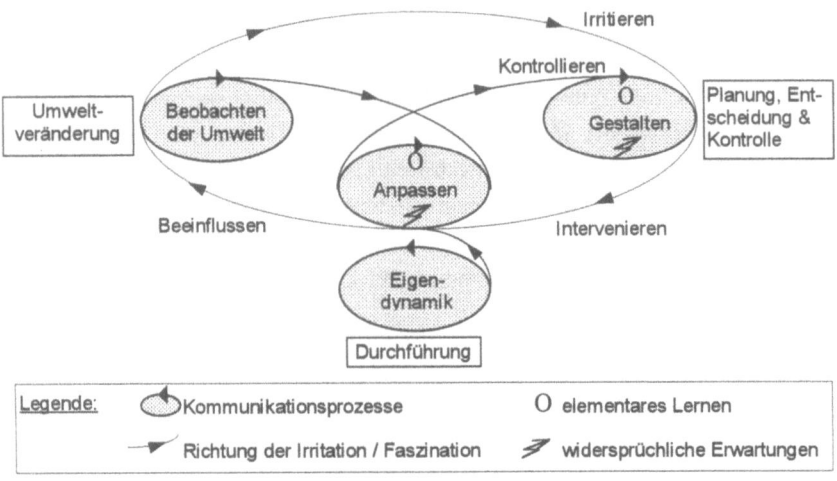

Abb. 11: Handhabung des elementaren Lernens im Grundmodell

Aus der Abbildung wird die besondere Problematik deutlich, die mit Interventionen verbunden sind. Ein Gestaltungshandeln - etwa die Einführung einer Dienstvorschrift, eine Beförderung, die Einführung eines Managementinformationssystems o.ä. - ist nicht mehr als ein kommunikatives Ereignis und hat

---

[410] Im Durchführungssystems wird dann bspw. bemängelt, daß das Management nicht wisse, was „wirklich" im Markt und in der Organisation vor sich gehe. Umgekehrt wird die Unternehmensführung darauf verweisen, daß die operativen Systeme nicht die Perspektive für das ganze Unternehmen hätten. Beide Vorwürfe haben ihre Berechtigung, da sowohl Führungs- als auch operative Systeme geschlossene Systeme sind. In dem Maße, wie beide Systeme lernen, sich als Beobachter 2. Ordnung in das andere System hineinzuversetzen, können diese Schwierigkeiten bewältigt werden.

selbst keinen Strukturwert. Neue Strukturen entstehen erst im Rahmen von Lernprozessen durch die Stabilisierung von Erwartungen. Dabei ist die Wahrscheinlichkeit relativ groß, daß eine Steuerungs- oder Gestaltungsentscheidung nicht umgesetzt wird. Hierfür sind folgende Ursachen verantwortlich:

- Das operative System kann die Maßnahme nicht thematisieren, da ihr die hierfür notwendigen Theorien fehlen. Hier liegt ein Veständigungsproblem vor, das durch Lernprozesse gelöst werden kann.
- Die Maßnahme bestätigt lediglich vorhandene Strukturen und bleibt - da redundant - als einmaliges Ereignis wirkungslos.
- Die Maßnahme wird ignoriert, d.h. sie löst keine Anpassungen aus, weil sie als neue Erwartung nicht angenommen wird. Hier liegt entweder ein Überzeugungsproblem vor, oder die Organisationsmitglieder befürchten, daß (noch) nicht alle mit dieser Erwartung arbeiten, so daß mit ihrer Annahme das Risiko der Enttäuschung verbunden ist.
- Die Maßnahme wird von Organisationsmitgliedern offen negiert, so daß aus dem Widerspruch ein Konfliktsystem entsteht, das jede Veränderungsmöglichkeit für die Dauer des Konflikts abwehrt.

Gestaltungen können also nie *gegen* das System eingeführt werden, da es selbst durch Veränderung seiner Kommunikation jede Veränderung hervorbringen muß. Unternehmensführung kann die Organisation nur dann für Veränderungen faszinieren, wenn sie Veränderungsvorschläge in den Kommunikationsprozeß einfließen läßt und deren Annahme attraktiv macht. Ein weiteres Problem ist, daß die Unternehmensführung als autonomes Subsystem weder zu den Vorgängen in den anderen Subsystemen der Unternehmung noch zur Umwelt einen privilegierten Zugang hat. Wie jedes System mit Umweltkontakt ist sie auf die Ausbildung von Resonanz angewiesen. Die Notwendigkeit für Veränderungsmaßnahmen kann also nur erkannt werden, wenn das Führungssystem über die „richtigen" Theorien verfügt.

Der Zyklus zwischen Gestalten und Anpassen ist deshalb so stabil, weil die Unternehmensführung bei der Wahrnehmung von Umweltveränderungen dieselben Theorien verwendet, mit denen sie auch über Gestaltungsmaßnahmen kommuniziert. Das dargestellte Lernen ist also im Grundmodell äußerst konservativ und führt lediglich zu Anpassungen und inkrementalen Veränderungen, weil die Lernprozesse auf alten Theorien aufbauen. Erst auf der Ebene der Beobachtung 2. Ordnung können sich Lernprozesse auf Theorien selbst beziehen und diese gezielt weiterentwickeln.

2.7.4 Kontrolle

Parallel zur Planung existiert ein Kommunikationssystem, das Beobachtungen in bezug auf die in den Plänen zum Ausdruck gebrachten Erwartungen thematisiert. Die Beobachtungen beziehen sich auf das Planungssystem selbst, auf die Systeme, die von der Planung betroffen sind, und auf die Umwelt. Kontrolle ist also Selbst- und Fremdbeobachtung. Die klassische Betriebswirtschaftslehre legt ein Schwergewicht auf sog. post-action-Kontrollen:[411] Beobachtungen werden als Ergebniskontrolle auf das Durchführungssystem konzentriert, vergleichen dessen Erwartungen mit denen des Plans und lösen bei Abweichungen neue Planungsprozesse aus.[412]

Nach Steinmann und Schreyögg sind die Aktivitäten jedoch im Rahmen einer *strategischen Kontrolle* gleichermaßen auf alle Phasen der Planung und Durchführung zu konzentrieren.[413] Verstärkt sind sie auch auf den Planungsprozeß selbst zu richten, um im Rahmen einer permanenten Prämissenkontrolle die Richtigkeit der Pläne in bezug auf veränderte System- oder Umweltbedingungen zu überprüfen.[414] Prämissenkontrolle ist Kontrolle des Planungssystems, also bereits selbstreferentiell.

---

[411] Vgl. Steinmann/Schreyögg, Kontrolle, S. 747-765.
[412] Vgl. Steinmann/Hasselberg, Managementprozeß, S. 203.
[413] Vgl. Steinmann/Schreyögg, Kontrolle, S. 747.
[414] Vgl. Steinmann/Schreyögg, Management, S. 203-203. Coenenberg/Baum, Controlling, S. 127, haben ein ähnlich weites Kontrollverständnis. Sie sehen die Aufgabe der strategischen Kontrolle in der Etablierung von zwei Rückkopplungsschleifen. Die erste dient der Kontrolle der *Zielrationalität* und umfaßt eine Leitbild-, Profitabilitäts-, interne Machbarkeits- und eine externe Durchführbarkeitskontrolle. Die zweite Rückkopplungsschleife dient der Kontrolle der *Zweckrationalität*. Diese besteht aus einer Planinhalts- und einer Planrealisierungskontrolle.

2.8 Zusammenfassung und eine Anmerkung bezüglich des Wandels und der Bedeutung des Rationalitätsbegriffes im betriebswirtschaftlichen Schrifttum

Die systemtheoretisch reformulierten begrifflichen Klärungen zentraler Tatbestände der Unternehmensführung lassen sich thesenartig wie folgt zusammenfassen:

1. Unternehmen lassen sich sinnvoll nur in Abgrenzung zu ihrer Umwelt - und nicht wie in traditionellen Ansätzen üblich über die Beschreibung ihrer Elemente - als Systeme identifizieren. Sie sind deshalb ohne ihre Umwelt überhaupt nicht denkbar und bilden mit ihr eine Einheit.
2. Unternehmen können als soziale Kommunikationssysteme angesehen werden, die ihren Bestand schützen, indem sie durch die Ausbildung von Erwartungsstrukturen das Problem der doppelten Kontingenz lösen. Die Organisation des Unternehmens ist deshalb auf die Produktion erwartungskonformer Entscheidungen spezialisiert.
3. Unternehmen können sich und ihre Umwelt nur insoweit erkennen, als sie über selbstkonstruierte und kommunizierte Annahmen und Theorien verfügen.
4. Ein Unternehmen handelt rational, wenn es (a) seine Probleme so auswählt, daß sich auch bei Veränderung der Planungsprämissen ausreichende Gelegenheiten zu Befriedigung seiner Bestandsinteressen ergeben, und wenn es (b) die möglichen Auswirkungen seines Handelns auf die Umwelt anhand der Rückwirkungen auf sich selbst beurteilt (Reflexion).
5. Unternehmen sind geschlossene und umweltautonome Systeme, die ihre Umwelt nur nach Maßgabe ihrer Resonanz wahrnehmen können - also gemäß der in der Kommunikation bereits angelegten Annahmen über die Umwelt; mit wachsender Autonomie nimmt die Resonanzfähigkeit ab.
6. Unterschiedliche Fähigkeiten der Unternehmen im Umgang mit sich selbst und ihrer Umwelt äußern sich in unterschiedlichen Eigenkomplexitätsgraden. Komplexität ist die Kompetenz eines Systems, die Kommunikationen in der Weise auszuwählen und zu verknüpfen, daß die Probleme der arbeitsteiligen Leistungserstellung, der Beziehungen zu Umweltsystemen, des Friedens mit der Umwelt und des Lernens zu bewältigen sind.
7. Entwicklungen von Unternehmen sind Selbständerungen des Systems durch veränderte Erwartungen. Erwartungen können durch Enttäuschungen

(elementares Lernen) oder durch Reflexion (selbstreferentielles und reflexives Lernen) verändert werden.
8. Die Führung und Steuerung von Unternehmen erfolgt durch Irritation oder Faszination bestehender Erwartungsstrukturen (Planung und Entscheidung), Stabilisierung neuer Erwartungen (Organisation) und Sicherung der Systemfunktionen über den gesamten Prozeß (Kontrolle). Da Organisationen auf das Hervorbringen *erwartungskonformer* Entscheidungen spezialisiert sind, stellt der geplante organisatorische Wandel ein anspruchsvolles - um nicht zu sagen unwahrscheinliches - Unterfangen dar.

Die Bedingungen rationalen Handelns spielen für die Entwicklung eines Unternehmens die zentrale Rolle. Die vorgeschlagene begriffliche Dreiteilung der Rationalität sollte jedoch nicht zu einem Mißverständnis führen. Mit der Differenzierung von ökonomisch-technologischer, strategischer und systemischer Rationalität ist keine Zuordnung zu Managementebenen gemeint, etwa in dem Sinne, daß operatives Management ausschließlich mit ökonomischer und strategisches Management mit strategischer Rationalität arbeiten *solle*. Sie ist zunächst nur ein Begriffsrahmen, um unterschiedliche Stufen der Rationalisierung zu unterscheiden. Sie folgt jedoch einer Vermutung - deren Begründung aber eine eigene Arbeit erforderte[415] -, daß die Dominanz verschiedener Rationalitätsstufen ein gesellschaftshistorisches Phänomen ist, und daß die Behandlung verschiedener Aspekte der Rationalität in der Betriebswirtschaftslehre eine Frage der Dogmenhistorie ist.

So stand am Anfang der Betriebswirtschaftslehre noch nicht fest, daß sich mit Gutenberg eine Verengung auf die ökonomische Perspektive durchsetzen würde. Der Ansatz einer ethisch-normativen Organisationslehre von Nicklisch war zumindest von seinem Anspruch her reflexiv angelegt.[416] Der Erfolg Gutenbergs ist nicht losgelöst von der historischen Situation in den fünfziger Jahren zu sehen. Bei der Umstellung von der Kriegswirtschaft auf eine Marktwirtschaft und in einer Situation, in der fast alles abgesetzt werden konnte (Verkäufermarkt), stand die Optimalität ökonomischer Abläufe im Vordergrund.[417] Die wenigen Arbeiten, die auf die Ausbildung von strategischer

---

[415] Siehe jedoch die Arbeit von Peter Ulrich, Transformation.
[416] Vgl. Katterle, Betriebswirtschaftslehre, S. 26.
[417] Vgl. Marr, Umwelt, S. 52.

Rationalität oder Reflexion - wenn auch unter anderen Bezeichnungen - eingingen, fanden damals kaum Beachtung, da sie auf ungünstige Umweltbedingungen stießen. Daß diese Autoren ihrer Zeit voraus waren, zeigt sich auch daran, daß Bücher wie Arnolds „The Folklore of Capitalism" (1937)[418] oder Barnards „The Functions of the Executive" (1938) heute verstärkt rezipiert werden. Erst mit dem Wandel zum Käufermarkt kam in den sechziger Jahren zunächst im Rahmen des Marketing-Ansatzes die Beziehung zum Kunden stärker ins Blickfeld.[419] Ende der sechziger Jahre wurde dieses Konzept im Rahmen der Strategischen Planung erweitert.[420] Dort wurde versucht, das Unternehmen in seinem Beziehungsgeflecht zur Umwelt zu betrachten, um daraus Entwicklungspotentiale für das Unternehmen abzuleiten, die durch Strategien realisiert werden sollten. Vor allem durch das Gefühl instabiler Umweltentwicklungen seit den Konjunktureinbrüchen der späten sechziger Jahre und der Ölkrise von 1973 fand der Ansatz die notwendigen Bedingungen für seine Aufnahme.[421]

Seit den achtziger Jahren sehen sich Unternehmen zudem mehr und mehr öffentlicher Kritik ausgesetzt, v.a. bezüglich ihres exploitierenden Umgangs mit natürlichen Ressourcen. Zusätzlich - oder in Folge davon - wird an Unternehmen in zunehmendem Maße die Forderung nach Übernahme von Verantwortung gerichtet.[422] Die Rückwirkungen des Erfolgskonzepts „Strategische Planung" der siebziger und achtziger Jahre treffen die Unternehmen in den neunziger Jahren als Vorwurf, sie nutzten die Beziehungen zu ihrer natürlichen und sozialen Umwelt rücksichtslos und nur zu ihrem Vorteil aus.[423] Verlangt wird *gesellschaftliche Verantwortung*[424]. Gefordert wird mit anderen Worten eine reflexive Unternehmensführung, welche die Auswirkungen ihres Handelns auf die Einheit des Unternehmens in der Umwelt bezieht. Mit den Ansätzen zur

---

418 Vgl. Türk, Organisationsforschung, S. 109; Literaturangabe zu Arnold S. dort.
419 Vgl. Marr, Umwelt, S. 52.
420 Vgl. Staehle, Management, S. 341. Grimm weist darauf hin, daß aber bereits seit 1955 von strategischer Planung die Rede ist (vgl. Grimm, Faktoren, S. 1).
421 Vgl. Kreikebaum, Unternehmensplanung, S. 30-32.
422 Vgl. Dyllik, Beziehungen, S. 373.
423 Vgl. Zimmerli, Unternehmenskultur, S. 6.
424 Darunter ist etwa die Förderung des sozialen Friedens, der Bürgergesellschaft, der Gleichberechtigung der Frau, des Umweltschutzes etc. zu verstehen (vgl. Lorenzen, Unternehmensethik, S. 53).

Unternehmensethik und „social responsibility" liegen bereits entsprechende Arbeiten vor.[425]

Nach Ansicht des Verfassers wäre es aber im Rahmen einer fundamentalen Kritik an der Aufklärung und ihren Folgen verfehlt, die Rationalität selbst für die heutige Situation verantwortlich zu machen und einem neuerdings erkennbaren Trend einer letztendlich desozialisierenden - da nicht auf den kommunikativen Erkentnistransfer ausgerichteten - Mystifizierung der Wissenschaft zu folgen. Wissen und Einsicht leisten erst dann Lebenshilfe, wenn sie kommunikabel sind, also sozial (re-) konstruierbar. Wissenschaft kann deshalb niemals eine rein private Angelegenheit werden, sondern muß ihre Erkenntnisse dem Test der Kommunizierbarkeit unterwerfen. Erst wenn dies gelingt, kann überhaupt über die Vernünftigkeit von Theorien geurteilt werden. Der Rationalitätsbegriff muß deshalb in ein umfassendes und tragfähiges kommunikationstheoretisches Konzept eingebunden werden. Ein Dilemma zwischen rationalem und verantwortungsvollem Handeln darf auf jeden Fall nicht konstruiert werden, denn Unternehmen müssen ihre Verantwortlichkeit, genauso wie die Effizienz ihrer Abläufe und ihre Beziehung zu einzelnen Umweltsystemen, auf Basis vernünftiger Prinzipien regeln können.

Aus den Thesen 2. und 8. werden die Schwierigkeiten deutlich, die mit gezielten Veränderungen durch die Unternehmensführung verbunden sind. Im nächsten Kapitel wird zu zeigen versucht, welche Möglichkeiten das hier entwickelte Rationalitätskonzept hinsichtlich der Verbesserung der Steuerungskompetenz des Managements eröffnet.

---

[425] Vgl. Dyllik, Beziehungen, S. 374.

3
DARSTELLUNG DER PRINZIPIEN REFLEXIVER UNTERNEHMENSFÜHRUNG ANHAND AUSGEWÄHLTER FÜHRUNGSFUNKTIONEN

> „The beginning of administrative wisdom is the awareness, that there is no one optimum type of management system"
> (Tom Burns/G. M. Stalker[426])

3.1 Einleitung: Systemrationalität im Management-Zyklus

3.1.1 Ziel und Bezugsrahmen der folgenden Ausführungen

In dem vorausgegangenen Teil wurden die theoretischen Grundlagen des mit dem Titel „Reflexive Unternehmensführung" verbundenen Programms entwickelt. Die Konsequenzen aus dem Programm für die Lehre von der Unternehmensführung sollen in diesem und im nächsten Kapitel verdeutlicht werden. Im Mittelpunkt steht die konsequente *systemtheoretische* Ausrichtung von Theorie und Praxis der Unternehmensführung zur qualitativen Verbesserung der Einflußmöglichkeiten auf die Unternehmensentwicklung durch Etablierung von Reflexionspotentialen in der Organisation.

Der Bezug auf die Systemperspektive bedeutet, daß bei der Verwendung der Begriffe Führung (bzw. Management), Planung, Organisation, Kontrolle usw. immer ein *Kommunikationssystem* gemeint ist. Genaugenommen müßte also von Führungssystem, Planungssystem etc. gesprochen werden, was zur Folge hat, daß mit Führung oder Management kein bestimmter Personenkreis, sondern ein spezieller Kommunikationstyp (Entscheiden, Gestalten, Beobachten) gemeint ist. Auch wenn von Umwelt die Rede ist, ist immer eine *Kommunikation* über Umwelt gemeint. Die Umwelt, die beispielsweise in der Planung zugrundegelegt wird, ist als Thema Element des Planungssystems und wird so *in* das System hereingeholt. Die Art und Weise, wie über Umwelt kommuniziert

---

[426] Burns/Stalker, Innovation, S. 125.

wird, entscheidet, welche Form von Rationalität der Planung zugrundegelegt wird. Erst wenn das Unternehmen als Einheit mit seinen komplexen Vernetzungen von Wirkungen, Latenzen und Nebenfolgen Gegenstand der Kommunikation ist, kann man von Reflexion sprechen. Strategische Rationalität kann bestimmte Beziehungen zu Systemen in der Umwelt erkennen und damit Fragen nach der Wettbewerbsfähigkeit eines Unternehmens beantworten. Ökonomisch-technologische Rationalität braucht Umwelt überhaupt nicht zu thematisieren, da sie sich auf die Optimierung interner Abläufe konzentriert (vgl. Abb. 7).

Funktionen (Mgmt.-Zyklus) / Charakteristika	Planen	Organisieren	Führen	Kontrollieren
Beschreibung	Entwerfen von Zukunftsmodellen und Handlungsprogrammen	Etablierung von Kommunikationsbeziehungen	Auswahl, Entwicklung und Motivation von Mitarbeitern	Überwachung der Unternehmensentwicklung
Objekte	Ideen, Pläne und Entscheidungen	Erwartungen und Beziehungen	Menschen; psychische Zustände	Pläne, Organisation, Menschen, Umwelt und v.a. Planer
Funktion	Destabilisierung von Erwartungen: Entwicklung (*Fluktuation*)	Stabilisierung von Erwartungen: Sicherheit (*Struktur*)	Kopplung zwischen Individuum und Organisation (*Interpenetration*)	Sicherung von Wirtschaflichkeit, Entwicklung und Bestand (*Funktion*)
Aktivitäten des Managements	Analysieren, entscheiden und kommunizieren	Strukturieren (Gestalten) und kommunizieren	Vermitteln von Sinn durch Kommunikation	Beobachten und kommunizieren

Tab. 7: Die systemtheoretische Rekonstruktion des Management-Zyklus in schematischer Darstellung

Als Richtschnur der folgenden Ausführungen dient der klassische Management-Zyklus, der mit den Erkenntnissen der modernen Systemtheorie und dem in dieser Arbeit entwickelten Rationalitätskonzept konfrontiert wird (vgl. Tab. 7).[427] Da es hier um die systemischen Aspekte der Betriebswirtschaftslehre geht, werden Fragen der Personalführung ausgeklammert. Schwerpunkt bildet dabei die Thematik der Organisationsgestaltung bzw. -entwicklung durch Handhabung des institutionellen Lernens.

3.1.2 Reflexionspotentiale durch selbstreferentielle Mechanismen

Aufbau von Eigenkomplexität bedeutet zwar eine Verbesserung der Systemfähigkeiten, zieht aber Kontingenz, Unsicherheiten und Konflikte als Folgeprobleme nach sich. Unternehmensentwicklung stellt somit eine permanente Selbstgefährdung des Systems dar und ist ein Prozeß mit offenem Ausgang.[428] Durch die Aktivierung von Reflexionspotential und die Etablierung von reflexiven Mechanismen soll das immanente Risiko von Entwicklungsprozessen aufgefangen werden.

Reflexion wurde oben als eine Form der Rationalität beschrieben, bei der sich ein System darüber im klaren ist, daß es die Auswirkungen des eigenen Handelns auf die Umwelt an den Rückwirkungen auf sich selbst kontrolliert.[429] Die Voraussetzung dafür, daß ein Mechanismus[430] refelexiv wird, ist darin zu sehen, daß er selbstreferentiell angelegt ist, also auf sich selbst anwendbar ist. Faßt man Planung, Organisation und Kontrolle als die zentralen Steuerungsmechanismen der Unternehmensführung auf, müssen folglich Planung geplant, Organisation und Gestaltung organisiert und Kontrolle kontrolliert werden.

Selbstreferenz allein führt aber nocht nicht zu Reflexion. Dazu müssen die Mechanismen der Unternehmensführung so angelegt sein, daß die *Einheit* von System und Umwelt stets Gegenstand von Entscheidungen ist. Für die Unternehmensführung bedeutet dies, daß sie die Planungs-, Gestaltungs-, Durchführungs- und Kontrollsysteme so beeinflußt, daß mögliche Nebenfolgen und

---

427 Vgl. Mackenzie, Management Process, S. 81-86.
428 Vgl. Schmid, soziales System, S. 33.
429 Vgl. Gliederungspunkt 2.3.
430 Ein Mechanismus ist allgemein gesprochen eine Systemleistung, die funktional festgelegt und in die Struktur der Organisation eingegangen - also erwartbar - ist (vgl. Luhmann, Reflexive Mechanismen, S. 1).

Auswirkungen auf die Umwelt durch Beobachtung 2. Ordnung berücksichtigt werden.

Das Führungs- und Steuerungssystem des Unternehmens muß also über *Theorien*[431] verfügen, mit denen es die Einheit des Unternehmens mit seiner Umwelt wahrnehmen und thematisieren kann, und muß diese durch organisatorische Kommunikations- und Lernprozesse diffundieren. Die Etablierung reflexiver Mechanismen bedeutet, daß Rationalität in die organisatorischen Prozesse regelrecht einprogrammiert wird, was in vielen Fällen durch die Einführung von Prozeßregeln erreichbar ist. Eine durch reflexive Mechanismen eingelassene Rationalität ist Bestandteil der Struktur und deshalb für die Individuen in System und Umwelt eine berechenbare und verläßliche Größe.

Wie Luhmann betont, formuliert der Rationalitätsbegriff lediglich die anspruchsvollste Perspektive von Selbstreferenz. Solange es niemanden gibt, der seine Vernünftigkeit behauptet, stellt er keine Norm dar.[432] Wenn Rationalität eine Fähigkeit sozialer Systeme werden soll, darf sie aber nicht allein vom Wollen und Können des einzelnen abhängen und damit eine Frage des Zufalls bleiben.

3.2 Reflexionspotentiale in der Strategischen Planung und Kontrolle

3.2.1 Problemstellung

Reflexion wird vornehmlich bei jenen Planungs- und Kontrollaktivitäten relevant, bei denen es um eine weitgehende Veränderung der Strukturen oder Außenbeziehungen des Unternehmens geht. In der Literatur hat sich für diese Art der Planung der Begriff der *strategischen* Planung bzw. Unternehmensführung etabliert.[433] Damit werden Fragen der operativen Planung oder der jährlichen Feststellung und Anpassung von Planvorgaben ausgeklammert.

---

[431] Unter Theorien sind sämtliche erkenntnis- und handlungsleitenden Unterscheidungen, Wirklichkeitskonstruktionen, Annahmen über System und Umwelt, Erfahrungen, Zukunftseinschätzungen usw. zu verstehen. Unter *Paradigma* der Organisation ist der Bestand an Theorien in einer Organisation zu verstehen, der das Wissen der Organisation ausmacht und der die Entscheidungen und Aktivitäten des Unternehmens leitet.
[432] Vgl. Luhmann, Soziale Systeme, S. 645.
[433] Vgl. Kreikebaum, Unternehmensplanung, S. 26-29.

Nach Kreikebaum sollte strategische Unternehmensplanung als ein Prozeß verstanden werden „[...] in dem eine rationale Analyse der gegenwärtigen Situation und der zukünftigen Möglichkeiten und Gefahren zur Formulierung von Absichten, Strategien, Maßnahmen und Zielen führt"[434]. Es ist ferner üblich, die Formulierung von Absichten abzutrennen und unter Bezeichnungen wie *Unternehmenspolitik*[435], *Normatives Management*[436] o.ä. gesondert zu behandeln. In dieser Arbeit wird der Planungsprozeß logisch - und nicht sachlich oder personell - nach den zugrunde liegenden Rationalisierungsformen (ökonomische, strategische und systemische Rationalität) getrennt. Zentral ist die Formulierung von Absichten, hier werden die Regeln für die Abfassung reflexiver Strategien definiert.

Absichten sind normative Aussagen über den Unternehmenszweck und die Einstellung zu Mitarbeitern und zur Umwelt sowie - in Form spezieller Absichten - über die Art und die Richtung von Zielen.[437] Um der Forderung nach Selbstreferenz nachzukommen, muß die Ableitung von Absichten selbst normiert werden.[438] Das darf aber die Funktion von Absichten nicht einschränken, die darin besteht, das Unternehmen mit *geeigneten* Problemen (bzw. Zwecken) zu versorgen.

Damit zusammen hängt die Frage nach dem *Inhalt* genereller Absichten, der um ein Streben nach Reflexion im Prozeß der Strategischen Planung ergänzt werden muß. Damit ist aber Reflexion in der Planung noch nicht garantiert, denn das Planungssystem muß über adäquate Unterscheidungen verfügen, um viable Wirklichkeitskonstruktionen anfertigen zu können. Dies ist eine Frage des organisatorischen Lernens und wird in Gliederungspunkt 3.3 behandelt.

---

[434] Kreikebaum, Unternehmensplanung, S. 26.
[435] Vgl. Hinterhuber, Unternehmensführung II, S. 6. Vgl auch Kreikebaum, Unternehmensplanung, S. 48: „Die Absichten kennzeichnen die langfristige Ausrichtung der Unternehmenspolitik".
[436] Vgl. Bleicher, Integriertes Management, S. 53.
[437] Vgl. Kreikebaum, Unternehmensplanung, S. 48-51.
[438] Vgl. in diesem Zusammenhang die Thesen, die Ansoff (Management, S. 470-471) 1984 zur Entwicklung des strategischen Managements aufgestellt hat.

Das Problem der strategischen Planung und Kontrolle umfaßt somit zwei Fragen:

1. Was heißt Selbstreferenz im Zusammenhang mit der Formulierung von Absichten, und wie kann sie umgesetzt werden?
2. Welche Mechanismen können die Ableitung solcher reflexiven Strategien gewährleisten, die das Wort der *Sicherung* von Erfolgspotentialen ernst nehmen und im Umgang mit der *äußeren* Umwelt Latenz und Rückwirkungen auf das eigene Unternehmen zu berücksichtigen versuchen?

3.2.2 Reflexion durch Normierung des Formulierungsprozesses von Absichten

Die langfristige Unternehmenspolitik orientiert sich nach Kreikebaum an den generellen Absichten.[439] systemtheoretisch gesprochen etabliert sie eine Differenz zwischen Gegenwartsmodell und Zukunftsmodell der Unternehmung und zeigt prinzipielle Wege auf, diese Differenz zu verringern. Sie ist zwischen den Polen Umwelt, Einstellungen des Top-Managements, Strategien, Maßnahmen, Zielen und strategischer Kontrolle angesiedelt.[440] Als Bestandteil des Planungsprozesses unterliegen auch Absichten der strategischen Kontrolle (Prämissenkontrolle und strategische Überwachung), so daß Selbstreferenz im Prozeß der strategischen Planung bereits angelegt ist. Um reflexiv zu werden, muß das Modell der strategischen Planung allerdings - etwa nach dem Vorbild der staatlichen Gewaltenteilung[441] - um drei Elemente ergänzt werden, die alle in einer Unternehmensverfassung verankert werden sollten:

1. Der Prozeß der Absichtsformulierung muß institutionalisiert und festen Regeln unterworfen werden.
2. Die strategische Kontrolle muß um eine Prozeßkontrolle erweitert werden, die den korrekten Ablauf der Normenfestsetzung überwacht.[442]

---

[439] Vgl. Kreikebaum, Unternehmensplanung, S. 48.
[440] Vgl. Kreikebaum, Unternehmensplanung, S. 26.
[441] Vgl. dazu Luhmann, Reflexive Mechanismen, S. 4-5.
[442] Eine Prozeßkontrolle in diesem Sinne wird in der einschlägigen Literatur bisher nicht gefordert. Lorange/Scott-Morton/Ghoshal, Strategic Control (S. 10), gehen allerdings von

3. Planung und Kontrolle sollten mit unterschiedlichen Personen besetzt werden, um die Kontrolle wirksam und glaubwürdig durchzuführen.

Um Legitimität und Vertrauen zu gewinnen, muß der Prozeß der Absichtsformulierung in einer Unternehmensverfassung festgelegt werden.[443] Diese folgt der Idee der Staatsverfassung,[444] muß aber an die Belange eines Unternehmens angepaßt werden. Sie regelt Art und Weise der Berücksichtigung von Betroffenen und die Möglichkeiten ihrer Einflußnahme.[445] Die Notwendigkeit der Berücksichtigung betroffener Interessen ergibt sich aus der Formulierung des Rationalprinzips, ist also eine Frage der Vernünftigkeit[446] von Planungs-und Entscheidungsprozessen. Die Beschäftigung mit den Interessen der Betroffenen dient also in erster Linie der Verbesserung der Informationsbasis der Entscheidung. Konsens der Betroffenen stellt zwar den Idealfall einer Entscheidung dar, wird aber nicht als ethisch-moralische Verpflichtung verstanden. Das Interesse am Konsens ergibt sich vielmehr aus der Einsicht, daß fehlender Konsens und Konflikte mit der Umwelt die Bestands- und Entwicklungsziele des Unternehmens gefährden.

Die Unternehmensverfassung hat den Charakter einer Selbstverpflichtung und leitet Veränderungen so von *innen* heraus ein.[447] Sie ist als erwartbare Größe Bestandteil der Struktur. Ihr Inhalt gliedert sich in die folgenden vier Dimensionen:
1. Definition der relevanten Systemprobleme bzw. des Unternehmenszwecks (generelle Absichten), beispielsweise differenziert nach generellen lei-

---

einem sehr weiten Kontrollbegriff aus. Sie sehen in der strategischen Kontrolle („strategic control") eine umfassende Unterstützungsfunktion der Führung, die auch den Planungsprozeß betrifft. Hahn, Führung, S. 137, bezieht die strategische Kontrolle auch auf die Überprüfung des „richtigen" Einsatzes von Planungsmethoden im Planungsprozeß, sieht aber auch keine direkte Prozeßkontrolle vor.

443 Vgl. Chmielewicz, Unternehmensverfassung, S. 11-24.
444 Vgl. Wiedemann, Unternehmensverfassung, S. 399-400.
445 Vgl. Willke, Ironie des Staates, S. 53-54.
446 Nielsen, Consensus, S. 75-76, nennt vier Gründe, warum die Berücksichtigung und der Ausgleich („consensus") mit betroffenen externen Interessen „vernünftig" ist: 1. Nicht berücksichtigte externe Interessen können Strategien blockieren. 2. Externe Betroffene können kreativen Input in die Planung geben. 3. Fehlender Konsens kann die Strategieimplementation gefährden, hergestellter Konsens kann sie beschleunigen. 4. Konsensbildung kann gesetzlich gefordert sein bzw. rechtliche Probleme vermeiden.
447 Vgl. Kirsch/Knyphausen, Gesellschaft, S. 503.

stungsbezogenen, finanzwirtschaftlichen, technologischen, marktbezogenen, gesellschaftsbezogenen und ökologischen Absichten.[448]
2. Aussagen zu Aufgaben, Pflichten, Verantwortungsbereichen und Integrationserfordernissen der Unternehmensführung.[449]
3. Generelle Verpflichtung zur Berücksichtigung betroffener Interessen und Aussagen zu Formen ihrer Ermittlung und der Konfliktlösung.
4. Normierung der Normenbildung bezüglich (a) Verfassungsänderungen (inklusive der Formulierung genereller Absichten), (b) des Prozesses der Ableitung spezieller Absichten und (c) der Kontrolle normenbildender Verfahren.

Der Punkt 4. kann z.B. durch folgende Mindestanforderungen *verbindlich* bestimmt werden:

- Bestimmung, daß alle Entscheidungen detailliert und schriftlich begründet und daß die Schritte des Planungsprozesses dokumentiert werden.
- Mindestgliederung der Unternehmensverfassung gemäß der oben genannten vier Dimensionen. Ähnliches kann auch für die generellen und speziellen Absichten gefordert werden.[450]
- Prozeßregeln für den Ablauf normenbildender Verfahren und deren Kontrolle.
- Prozeßregeln für die Isolierung von betroffenen Interessen[451] - beispielsweise nach der Vorgehensweise von Easton[452] durch Trennung von unproblematischen, zusammenfaßbaren, redundanten und widersprüchlichen bzw. konfliktären Forderungen. Dies könnte z.B. in Workshops mit Betroffenen[453], durch Spezialabteilungen, durch externe Berater o.ä. geschehen.[454]

---

[448] Vgl. Kreikebaum, Unternehmensplanung, S. 48, S. 169 und S. 174.
[449] Vgl. Bleicher, Integriertes Management, S. 141-143.
[450] Vgl. dazu die Beispiele von Schwanninger, Integrale Unternehmensplanung, S. 290-304.
[451] Nielsen, Strategic Planning, S. 32-34, nennt bspw. folgende Schritte: „1. Identify the key groups and individuals whose support or nonopposition are important to the strategic plan", „2. Discussion with the key groups and individuals should attempt to identify special interest goals/needs in terms of how they are related to the strategic plan", „3. Discuss, evaluate and negotiate the optimization of the institution´s central strategic objective while reasonably satisfying special interest goals/needs".
[452] Vgl. Easton, Political Life, S. 73-74.
[453] Vgl. hierzu ausführlich Gliederungspunkt 4.5.3.
[454] Der Verfasser folgt damit der Auffassung P. Ulrichs, daß kein Katalog möglicher Interessen in die Unternehmensverfassung aufzunehmen sei, da dies dem Prinzip der Interessenbeteiligung entgegensteht: 1. wird der Katalog *ohne* Beteiligung der Interessen entwor-

- Prozeßregeln für den Umgang mit widersprüchlichen und konfliktären Forderungen (z.B. durch Einrichtung von Konfliktmanagement-Systemen[455]) und Aussagen für den Fall, daß gegen betroffene Interessen entschieden werden muß.

Lindbloms *muddling through* ist wahrscheinlich die „natürlichste" Form der Planung in komplexen Sozialsystemen[456]. Ihrem Innovationspotential[457] steht aber die Selbst- und Umweltgefährdung ungerichteter Entwicklung gegenüber. Hier kann reflexive Planung im Sinne eines *logischen Inkrementalismus* (Quinn[458]) ein Gegengewicht setzen. Indem sie die Planung nicht als Programmierung von Zweck-/Mittel-Ketten versteht, sondern sie inhaltlich unbestimmt läßt, erhält sie ihren inkrementalen Charakter als erkenntnisgewinnenden und selektiven Prozeß.[459] Sie stellt aber den *Prozeß* unter Kontrolle und zwingt so zur Reflexion. Diese Form der Planung ist sehr aufwendig und erfordert große Selbstdisziplin, großen Lernaufwand[460] und glaubwürdige Selbstverpflichtung der Unternehmensführung. Dafür ist sie aber vorausschauend und proaktiv und nutzt das Komplexitätspotential der Subsysteme durch selbstorganisierende Prozesse, die institutionell kontrolliert werden. Außerdem schafft sie wichtige Voraussetzungen für die Kompatibilität des Unternehmens mit der relevanten Umwelt, d.h. für langfristigen Schutz von Wirtschaftlichkeit, Bestand und Entwicklung.

---

fen; 2. kann er als synoptische Liste auch Interessen unberücksichtigt lassen (vgl. Ulrich, Transformation, S. 424). Welche Interessen tatsächlich betroffen sind, soll sich erst im Prozeß der Planung ergeben!

[455] Ury/Brett/Goldberg nennen bspw. folgende Prinzipien: „1. Put the Focus on Interests", „2. Build in 'loop-Backs' to Negotiation" (das sind Verfahren, wie Minigerichte oder „Cooling-Off Periods", die drohende Gerichtsverfahren oder Machtkämpfe im Konflikt vermeiden sollen), „3. Provide Low-Cost Rights and Power Back-ups" (falls interessengeleitete Konfliktlösungsversuche zu scheitern drohen, sollen simulierte Gerichtsverfahren oder Formen reflexiver Machtanwendung eingesetzt werden), „4. Build in Consultation before, Feedback-After", „5. Arrange Procedures in a Low-to-High-Cost Sequence", „6. Provide Necessary Motivation, Skills, and Resources" (aus Ury/Brett/Goldberg, Dispute Resolution System, S. 295-313). Vgl. auch die Vorschläge für Konfliktsysteme bei organisationsinternen Konflikten von Kolb/Silbey, Disputes, S. 315-322.

[456] Vgl. Etzioni, Gesellschaft, S. 290-295.
[457] So Quinn, innovation, S. 26-27.
[458] Vgl. Quinn, Incrementalism, S. 53-55.
[459] Vgl. Schreyögg/Steinmann, Kontrolle, S. 395.
[460] Vgl. Willke, Ironie des Staates, S. 77.

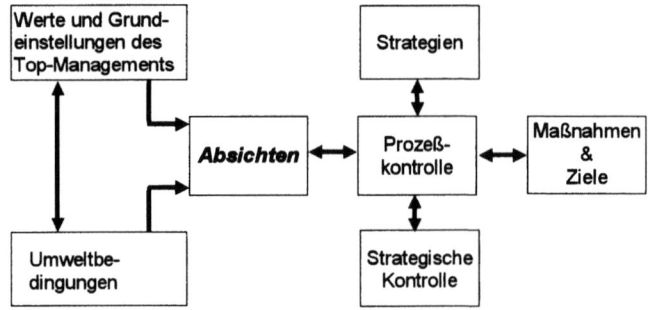

Abb. 12: Einrichten von Reflexionspotentialen in der Planung durch Einführung einer Prozeßkontrolle in den Prozeß der strategischen Unternehmensplanung nach Kreikebaum[461]

3.2.3 Ansatzpunkte für Reflexion in der Kontrolle

Wie die Ausführungen zur strategischen Planung gezeigt haben, lassen sich Planung und Kontrolle kaum trennen, da beides parallel abläuft und miteinander verknüpft ist.[462] Neben einer Durchführungs- und Prämissenkontrolle sowie einer strategischen Überwachung im Sinne von Steinmann/Schreyögg wurde oben der Vorschlag gemacht, den Prozeß der Absichtsgenerierung unter eine Prozeßkontrolle zu stellen. Bei der Ableitung von speziellen Absichten, Strategien, Maßnahmen und Zielen sollte die Prozeßkontrolle jedoch nur eine Unterstützungsfunktion übernehmen,[463] um kreative Potentiale nicht einzuschränken. Aus den geringeren Auflagen für die Ableitung von Strategien ergibt sich auch im Hinblick auf die Wahrung von Betroffeneninteressen kein Problem, da durch die Unternehmensverfassung der Spielraum möglicher Strategien abgesteckt sein sollte. Aus demselben Grund ergibt sich als oberste Leitlinie der Unternehmenspolitik die Notwendigkeit einer Sicherung von Betroffeneninteressen bei Veränderungen der Unternehmensverfassung. Hier

---

[461] Vgl. Kreikebaum, Unternehmensplanung, S. 26.
[462] Vgl. Coenenberg/Baum, Controlling, S. 113-116 und die Abbildung dort auf S. 127.
[463] Im Sinne von Lorange/Scott-Morton/Ghoshal, Strategic Control, S. 10.

demonstriert ein reflexives Vorgehen die Ernsthaftigkeit der Unternehmensführung, die Interessen der Betroffenen zu berücksichtigen, ohne sich durch Verfahrensvorschriften zu sehr einzuschränken. Eine Unternehmensverfassung sollte zudem so formuliert sein, daß sie bis auf weiteres Gültigkeit besitzt. Ihre Änderung stellt also eine Ausnahmesituation dar - wobei es Aufgabe der strategischen Kontrolle ist, auf das Vorliegen einer solchen Ausnahmesituation hinzuweisen.

Die Prozeßkontrolle ist das spezifische Instrument reflexiver Kontrolle. Neben der Überwachung des Prozesses von Verfassungsänderungen und strategischen Planungsprozessen muß sie auch die Wirkungen des Unternehmens auf dessen Umwelt beobachten. Die Funktion der reflexiven Kontrolle besteht allgemein in der Beobachtung und Sicherung von Systemproblemen, damit das Unternehmen stets genügend Möglichkeiten hat, durch seine Leistungsprozesse Bedürfnisse der Umwelt zu decken. Um dies beurteilen zu können, muß die reflexive Kontrolle auf der Ebene des Beobachters 2. Ordnung agieren, da die Frage, ob ein Unternehmen mit seinen Leistungen noch in eine bestimmte Umwelt hineinpaßt, nur beantwortet werden kann, wenn man seine Position in der Umwelt aus der Vogelperspektive wahrnimmt. Reflexive Kontrolle ist damit Reflexion in Reinform, da sie Kommunikationsprozesse auslöst, indem sie dem Unternehmen einen „Spiegel" vorhält, und der Unternehmensführung verdeutlicht, wie das Unternehmen von außen wahrgenommen wird.

Die Konsequenzen, die sich aus einer systemtheoretischen Reformulierung des Kontrollbegriffs ergeben, sind in Tabelle 8 schematisch wiedergegeben. Grundsätzlich ist zu sagen, daß sich verschiedene Kontrollebenen vor allem durch unterschiedliche Bezugspunkte der Beobachtung unterscheiden. Je nach Art der zu kontrollierenden Prozesse werden verschiedene Formen der Selbstreferenz eingesetzt mit der Konsequenz, daß jede Kontrollart von jeweils anderen Unterscheidungen bzw. Indikatoren auf die Planerfüllung zurückschließt.

Zur reflexiven Kontrolle ist zu ergänzen, daß sie sich nicht auf die Selbstbeobachtung des Planungssystems in Form einer Prämissenkontrolle beschränken läßt, sondern daß sie eine Selbstbeobachtung des gesamten Unternehmens darstellt. Reflexive Kontrolle bedeutet, das eigene Unternehmen aus der Perspektive der Umwelt zu beobachten. Dies kann beispielsweise durch Beobachtung der veröffentlichten Meinung geschehen, durch Imageforschung, Workshops mit Betroffenen oder auch durch Gedankenexperimente bzw. Szenarien, bei denen das Planungssystem versucht, sich in die Lage von Betroffenen zu versetzen.

Kontrolltyp Vgls.-Kriterien	Operative Kontrolle	Strategische Kontrolle	Reflexive Kontrolle
Zweck	Sicherung der Zahlungsfähigkeit (Rentabilität)	Sicherung von Erfolgspotentialen (Entwicklungsfähigkeit)	Sicherung relevanter Systemprobleme
Kontrollobjekte	Maßnahmen und Ziele	spezielle Absichten, Strategien	generelle Absichten
Kontrollarten	Durchführungskontrolle	Prämissenkontrolle, strategische Überwachung (Prozeßkontrolle als beratende Unterstützungsfunktion)	wie strategische Kontrolle, zusätzlich Prozeßkontrolle
Gegenstand der Kontrolle	Inhaltsebene: Cash flow (Unternehmenswert)	Beziehungsebene: Marktposition bzw. zukünftige Erfolgspotentiale (qualitativ), Unternehmenskultur	Systemebene: Unternehmen als Einheit in und mit der Umwelt
Instrument der Kontrolle	Beobachtung von Preisen und Mengen, Bilanz, Kennzahlen usw.	Beobachtung der Einstellungen von Kunden und Mitarbeitern zu Systemleistungen; Beobachtung des Verhaltens der Marktteilnehmer, der Mitarbeiter (Motivation) und anderer relevanter Systeme (z.B. Rechtssystem)	Beobachtung der Einstellungen und Interessen gegenüber dem Unternehmen als Institution (von Mitarbeitern, Kunden, Wettbewerbern, öffentlicher Meinung etc.); (Selbst-) Beobachtung des Planungssystems

Tab. 8: Charakteristika verschiedener Kontrolltypen

3.3 Reflexive Organisationsgestaltung

3.3.1 Ausgangsprobleme

3.3.1.1 Intervention in autonome Systeme

Ergebnis des Planungsprozesses sind Strategien oder Maßnahmen, die auf eine Beeinflussung des Durchführungssystems gerichtet sind (Interventionen). Im angelsächsischen Raum hat sich für die Behandlung von Fragen, die mit der Initiierung, Realisierung und Kontrolle von Änderungsprozessen in Organisationen zusammenhängen, der Begriff Organization Development (OD; deutsch: Organisationsentwicklung, OE) verbreitet.[464] OE-Interventionen sind auf die Beeinflussung von Verhaltenserwartungen gerichtet, da diese die Strukturen einer Organisation ausmachen. Darüber hinaus geht es aber nicht nur um einmalige Veränderungen, sondern auch um die Etablierung von selbsttragender Entwicklungs- und Anpassungsfähigkeit.[465] Die Organisation soll lernen, Veränderungsprozesse selbständig auszulösen. Im Gegensatz zu vielen Veröffentlichungen zu diesem Thema wird OE hier nicht ausschließlich auf Interventionen von externen Beratern bezogen[466], sondern auch auf interne Maßnahmen der Organisationsgestaltung. Da Planungssysteme und Durchführungssysteme füreinander Umwelten darstellen, ist jede organisatorische Maßnahme als Intervention von außen zu verstehen.

Das zentrale Problem ergibt sich aus der Tatsache, daß Unternehmensführung (Planungssysteme) und Durchführungssysteme füreinander interne Umwelten darstellen. Die Wirksamkeit der Intervention hängt von der Struktur des Durchführungssystems ab, das praktisch die Kriterien vorgibt, unter denen es bereit ist, sich beeinflussen zu lassen.[467] Die Unternehmensführung kann die Kriterien nicht kennen, sondern muß sie experimentell herausfinden.[468] Die Schwierigkeit der Beeinflussung besteht darin, neue handlungs- und erkenntnisleitende Theorien in ein Durchführungssystem einzuspielen, da für dieses zunächst keine Veranlassung besteht, Unterscheidungen zu akzeptieren, die mit vorhandenen Erwartungsstrukturen nicht übereinstimmen. Daraus folgt, daß die

---

[464] Vgl. Schertler, Unternehmensorganisation, S. 135.
[465] Vgl. Türk, Organisation, S. 173.
[466] Vgl. Heimerl-Wagner, Organisations-Entwicklung, S. 81-85.
[467] Vgl. Willke, Intervention, S. 333.
[468] Vgl. Willke, Intervention, S. 334.

Unternehmensführung nur Katalysator und Initiator von Veränderungen sein kann, und daß es allein die Durchführungssysteme sind, die die Veränderungen realisieren müssen.[469] Besondere Probleme entstehen, wenn die Durchführungssysteme auf vorgeschlagene Änderungen mit offenem Widerspruch reagieren, denn die so ins Leben gerufenen Konfliktsysteme können Veränderungen nachhaltig blockieren.

Die grundsätzliche Lösung lautet auch hier: Reflexionspotential schaffen! Das bedeutet im Falle von Veränderungen bestehender Aufbau- oder Prozeßstrukturen, daß die Organisationsmitglieder durch Einrichten spezieller Kommunikationsformen (Dialoge) in die Lage versetzt werden müssen, zwischen Außen- und Binnenperspektive zu wechseln, um die Konsequenzen der Maßnahme auf das Unternehmen als Ganzes zu *verstehen*. Zwischen Planung und Gestaltung sollte also mit Verstehen ein Zwischenschritt eingebaut werden. So läuft reflexive Organisationsgestaltung darauf hinaus, Veränderungen *nicht* durch machtvolles Brechen von Widerständen durchzusetzen, da dies zu unkontrollierbaren Prozessen, Konflikten und ungewissen Ergebnissen führt. Reflexive Organisationsgestaltung bedeutet stattdessen Wandel durch Lernen.

3.3.1.2 *Zielgrößen der Organisationsgestaltung*

3.3.1.2.1 *Integration versus Differenzierung*

Aus dem Dilemma der Autonomie[470] ergibt sich, daß Interventionsprobleme mit dem Grad der funktionalen Differenzierung zunehmen. Für die Unternehmensführung stellt sich somit das Problem des „richtigen" Grades funktionaler Differenzierung (s. Tab. 9). Auch hier entsteht ein Dilemma. In hoch*integrierten* Organisationen bereitet die Diffusion von Anweisungen zwar kaum Probleme, die Schwierigkeit besteht aber darin, daß das Management im Prinzip über vollständige Information verfügen muß. Hoch*differenzierte* Organisationen auf der anderen Seite entlasten die Spitze von Informationsproblemen, da Planung, Durchführung und Kontrolle in die differenzierten Bereiche delegiert werden, es entsteht aber die Problematik einer wachsenden Anzahl von Subzielen, Subra-

---

[469] Vgl. Willke, Intervention, S. 348.
[470] Vgl. zum organisatorischen Dilemma der Autonomie Gliederungspunkt 2.5.4.

tionalitäten, Subkulturen oder Subcodes, die sich kaum noch koordinieren lassen.

Organisationstyp Beurteilungskriterien	Differenzierte Organisation	Integrierte Organisation
Steuerungsproblem	Integration differenzierter Teilbereiche	Differenzierung integrierter Teilbereiche
Organisationstyp (Bsp.)	Holding/Spartenorganisation (Extremfall: Markt)	Bürokratische Organisation (Extremfall: Einlinien-Befehlshierarchie)
Funktionale Autonomie	Hohe funktionale Autonomie der Teilbereiche bei geringer Kopplung zu anderen Teilbereichen und zum Obersystem	Geringe funktionale Autnonomie der Teilbereiche bei hoher Kopplung zum Obersystem
Führungsprinzip	Abstimmung: Delegation von Planung und Kontrolle	Anweisung und Kontrolle: Zentrale Planung und Kontrolle
Stärken	Entwicklungsfähigkeit: Entlastung von Kontroll- und Beobachtungsaufgaben; differenzierte Komplexitätsbearbeitung, Flexibilität, Innovativität, Krisenbewältigung (Krise = Chance)	Routine: Schnelle und effektive Diffusion von Anweisungen, hohe Effizienz
Schwächen	Eigendynamik: Schwache Diffusion von Anweisungen, Abstimmungsprobleme, Redundanzen, Synergiepotentiale bleiben ungenutzt, Festlegung auf gemeinsame Ziele schwierig, ungezügelte Dynamik, Eigenproduktion von Konflikten.	Übersteuerung: Zu enge Bindung der Teile an die Organisation, Unterdrückung von Innovationen und Anpassung, Krisen erschüttern das ganze Unternehmen (Krise = Gefahr)

Tab. 9: Führungsprobleme im Spannungsfeld von Integration und funktionaler Differenzierung

Das Prinzip von Anweisung und Kontrolle wird in differenzierten Unternehmen mehr und mehr von den Kriterien Annehmbarkeit und Konsensfähigkeit der Anweisungen für die Teilbereiche abgelöst, und nicht selten muß das Management in langwierigen diskursiven Verfahren Überzeugungsarbeit leisten.[471] Dafür wird Unternehmensführung von Beobachtungs- und Kontrollaktivitäten

---

[471] Vgl. Vgl. Etzioni, Gesellschaft, v.a. S. 134-135.

entlastet, da die funktional autonomen Teilbereiche ihre Umwelten relativ selbständig bearbeiten können.[472]

Abhängig von der konkreten Ausprägung der betrachteten Unternehmung ergibt sich zusammenfassend entweder das Problem einer zu stark integrierten Organisation, deren Teilbereiche nicht autonom genug sind, um eine effektive Abarbeitung von Komplexität zu gewährleisten. Oder es ergibt sich das Problem einer zu geringen Integration, da die Teilbereiche so autonom sind, daß ihre Kontingenz für das Unternehmen zu Abstimmungsproblemen führt.[473] Die Aufgabe der Führung besteht darin, wie sie das Beste aus beiden Welten unter dem gemeinsamen Dach einer Organisation vereinigen kann.

Zu diesen Schwierigkeiten kommt ein weitverbreitetes „Grundübel" des Managements hinzu: die komplexitäts- und systeminadäquate Steuerung. So sind die meisten Unternehmen auf Grund hoher Umweltkomplexität weitgehend differenziert, während die Unternehmensführung jedoch an Prinzipien der zentralen Planung und Kontrolle festhält. Allgemein läßt sich sagen, daß mit zunehmender Differenzierung der Organisation die Komplexität des Steuerungssystems steigen muß. Prinzipiell lassen sich die in Tab. 10 dargestellten Steuerungstypen unterscheiden, von denen jedoch nur die grau unterlegten Formen der Führung komplexitätsgerecht sind.

Der Fall (2) repräsentiert die Steuerung hochintegrierter Sozialsysteme durch eine zentrale Planungs- und Kontrollinstanz. Die Schwierigkeiten, die sich hier ergeben, liegen nicht - wie häufig argumentiert wird - in der Überkomplexität des Systems, sondern an der mangelnden Ausbildung dispositiver und kognitiver Komplexität über die gesamte Organisation. Große Bürokratien weisen in sachlicher, sozialer und zeitlicher Hinsicht eine große Komplexität auf und unterscheiden sich in dieser Hinsicht nicht von hochdifferenzierten Systemen. Der Unterschied besteht vielmehr darin, daß zentralistisch gesteuerte Sozialsysteme über *zu wenig* dispositive und kognitive Komplexität verfügen. Die beiden letztgenannten Systemfähigkeiten werden stattdessen nur in den zentralen Steuerungssystemen angelegt. Dadurch weisen diese eine zu große

---

[472] Die Extremausprägung funktionaler Differenzierung im Bereich der Wirtschaft, stellt der Markt dar. Theoretisch können Anweisungen Unternehmensgrenzen nicht überschreiten, werden also vollständig abgeschirmt; hier wird Verhalten nur noch über Geld abgestimmt. Faktisch spielt (Markt-) Macht jedoch eine ganz wesentliche Rolle in diesem Prozeß.
[473] Vgl. Etzioni, Gesellschaft, v.a. S. 302-325 u. 562-584.

Komplexität auf, ohne jedoch mit der Größe der Organisation zurechtzukommen. Die unbegründbare Rationalität des Teilsystems „Steuerung" wird so zur verbindlichen Irrationalität des Ganzen, da die spezifischen Situationen und Interessen der anderen Teilsysteme nicht berücksichtigt werden.[474]

Komplexitäts- und Differenzierungsgrad des zu steuernden Systems \ Komplexität der Steuerungs- und Planungssysteme	niedrig	hoch
niedrig	(1) autoritäre Steuerung	(2) „sozialistische" zentrale Planung und Steuerung
hoch	(3) „liberalistische" Selbstorganisation	(4) reflexive Steuerung

Tab. 10: Komplexitätsgerechte Steuerungsformen[475]

Das Problem läßt sich mit anderen Worten als unzureichende Verteilung dispositiver und kognitiver Komplexität über das gesamte System verstehen. Da diese Formen der Komplexität mit Entscheidungsfreiheit, Selbstbewußtsein und Wissen verbunden sind, ist die zentrale Planung und Kontrolle ein Wesenszug totalitärer Systeme, die genau diese Fähigkeiten zentralisieren wollen, weil sie sie nicht als Ressource, sondern als Gefahr für das Steue-

---

[474] Vgl. Willke, Systemtheorie, S. 188-190: „Die zentrale integrative Problematik des Zusammenpassens funktional spezialisierter Teile verlangt Vorkehrungen für die **Institutionalisierung von Heterogenität**. Jeglicher Primat nur eines 'Verknüpfungsmechanismus' reduziert die Potentialität des Gesamtsystems. Unter der Prämisse, daß sich ein einzelner leitender Gesichtspunkt, der Primat einer einzelnen Teilsystemrationalität [...] nicht begründen und legitimieren läßt, bedeutet eine solche Reduktion nichts anderes als die Irrationalität des komplexen Ganzen. Der Zusammenhang von Zwecksetzung und Systemrationalität muß neu durchdacht werden, weil die herkömmlichen Zwecke auf die Stabilisierung der begrenzten Rationalität der Teilsysteme ausgerichtet sind, nicht aber auf die Bedingungen der Möglichkeit einer reflektierten Steuerung des Ganzen." (Hervorhebung im Original, d. Verf.).
[475] Vgl. Willke, Systemtheorie, S. 186.

rungssystem ansehen. Auf der anderen Seite gefährdet aber gerade diese Einschränkung von Freiheit das System, da hochintegrierten Systemen die Resonanz und Anpassungsfähigkeiten in komplexen Umwelten fehlen.

Möglichkeit (3) stellt quasi den umgekehrten Fall dar. Hier hat das Steuerungssystem zu wenig dispositive oder kognitive Komplexität aufgebaut oder existert im Extremfall gar nicht. Dies hat zur Folge, daß den über das System verteilten hohen Steuerungskompetenzen der Subsysteme kein entsprechendes Gegengewicht auf Systemebene gegenübersteht, das die Aktivitäten im Sinne des Gesamtsystems koordinieren könnte. Hier ist also die Komplexität des zu steuernden Systems im Vergleich zur Komplexität des Steuerungssystems zu hoch. Dadurch kommt es bei der Verfolgung gemeinsamer Ziele zu Abstimmungsproblemen.

Die in der Tabelle grau unterlegten Formen der Steuerung stellen komplexitätsgerechte Steuerungsformen dar, da hier ein Gleichgewicht zwischen der Komplexität des Steuerungssystems und des zu steuernden Systems existiert. Dabei ist der erste Fall einer autoritären Führung hier vernachlässigbar, da er nur für Situationen akzeptabel ist, bei denen es um die Führung von Sozialsystemen geht, die selbst auf Grund mangelnder dispositiver oder kognitiver Komplexität über keine oder unzureichende Steuerungskompetenzen verfügen. Dies führt dann nicht zu suboptimalen Ergebnissen, wenn das System nicht über eigene Ziele verfügt oder diese nicht zur Disposition stehen und wenn das Wissen über die System-/Umwelt-Differenz keinen Einfluß auf die Systemprozesse hat (wie z.B. bei einer Baustelle).

Der für die Unternehmensführung in präskriptiver Sicht relevante Fall ist im Feld (4) als reflexive Steuerung bezeichnet. Hier sind dispositive und kognitive Komplexität gleichermaßen in den Steuerungs- *und* Durchführungssystemen angelegt. Damit können die Vorteile funktionaler Differenzierung in bezug auf die Verarbeitung von Komplexität und Umwelt und gleichzeitig die Synergiepotentiale großer Organisationen durch Ziel- und Handlungskoordination genutzt werden. Der Unternehmensführung kommt die Rolle des Kontextmanagements zu. Sie muß die Vorkehrungen, die Bedingungen und den Rahmen schaffen, die für Abstimmungsprozesse notwendig sind. Dazu muß sie darauf einwirken, daß die Teilbereiche wechselseitig ihre Autonomie und operationale Geschlossenheit respektieren.[476] Das gilt besonders für das Verhältnis zwischen Planungs- bzw. Steuerungssystemen und Durchführungssystemen. Gleichzeitig muß die Unternehmensführung den Zusammenhalt der Funktionen und die Integration der autonomen Teilbereiche in den Gesamtkontext des Unternehmens stärken.

Bleicher schlägt in diesem Zusammenhang flexible Holdingstrukturen - auch für kleinere Unternehmen - vor, welche die Vorteile der Differenzierung durch Selbständigkeit der Töchter und die Vorteile der Integration durch weitgehende personelle Verflechtung der Verwaltungs- und Aufsichtsräte bzw. Leitungsorgane von Holding und Tochtergesellschaften sichern soll.[477]

Einen anderen Vorschlag macht Ackoff. Sein Ausgangspunkt ist die klassische integrierte Organisation, deren Nachteile er durch Demokratisierung der Unternehmensführung im Rahmen einer „circular organization"[478] vermeiden möchte. Diese basiert auf zwei Prinzipien[479]: (1) Entscheidungen werden immer nach dem Kollegialprinzip gefällt. (2) Die Interessen aller Organisationsmitglieder sollen berücksichtigt werden. Um diese Prinzipien zu erfülllen, sollen zwischen die Hierarchieebenen Ausschüsse geschoben werden, die aus Vertretern der Unternehmensführung sowie aus unmittelbaren Vorgesetzten und Mitarbeitervertretern zweier vertikal verbundener Hierarchieebenen bestehen. Diese Ausschüsse erfüllen die Funktion eines Aufsichtsrates. Sie legen die grundsätzliche Marschrichtung in Abstimmung mit der Unternehmenspolitik fest und kontrollieren die unmittelbar unterstellten Manager.[480]

3.3.1.2.2 Stabilität versus Flexibilität und Entwicklungsfähigkeit

Mit dem Integrationsproblem ist die Frage nach der Flexibilität von Organisationen verbunden. Nach Reber ist zwar empirisch belegt, daß integrierte Organisationen zu Stabilität neigen, was in turbulenter Umwelt zu bestandsge-

---

[476] Vgl. Willke, Systemtheorie, S. 188.
[477] Vgl. Bleicher, Management-Holding, S. 105-121.
[478] Vgl. Ackoff, Redesigning, S. 50.
[479] Vgl. Ackoff, Redesigning, S. 39.
[480] Vgl. auch Gomez/Zimmermann, Unternehmensorganisation und die dort vorgebrachte Kritik, S. 109-111.

fährdenden Krisen führen kann.[481] Die autonomen Subsysteme differenzierter Organisationen können aber ebenfalls dazu tendieren. In diesem Fall hätte eine hochdifferenzierte Organisation nicht nur das Problem der Koordination, sondern auch das der Anpassung. Es kommt mithin auf eine geeignete Aggregationsebene an. Pauschale Aussagen über die Entwicklungsfähigkeit bzw. Dynamik eines ganzen Unternehmens sind wahrscheinlich nicht möglich, da die Einstellungen zu Sicherheit und Wandel in differenzierten Organisationen ebenfalls differenziert und subkulturabhängig sein werden. Wie oben bereits angesprochen können bestimmte Abteilungen (Planung, Führung) mit der Auslösung von Fluktuationen betraut werden, während andere - Durchführung und Kontrolle - struktur- und funktionsbewahrend sind.

Es erscheint deshalb sinnvoll, eine weitere Dimension einzuführen, die Hedberg zwischen Palast- und Zeltorganisationen aufgespannt hat. Palastorganisationen entwickeln sich in stabilen Umwelten. Sie sind hochintegriert und -spezialisiert und neigen zu starker Hierarchisierung mit geringen Spielräumen für Neuerungen. Zeltorganisationen entstehen in dynamischen Umwelten und zeichnen sich durch geringe Normierung, aber durch hohe Intensität der Kommunikation, durch Kreativität und Spontaneität aus.[482] Auch hier gilt es, die Vorteile beider Strukturtypen zu verbinden. In dem Konzept der „selfdesigning-organization" wird von Hedberg, Nyström und Starbuck ein dreistufiges Lernmodell entwickelt. Die erste Stufe besteht aus dem Know-how über Interventionsprozesse, die zweite aus Wissen über das Auslösen der ersten Stufe und die dritte aus Wissen über das Erlernen und Weiterentwickeln von Interventionswissen. Die Palastorganisation könnte man als Primärorganisation interpretieren, auf die bei Veränderungsbedarf Zelte als Auslöser von Organisationsentwicklung aufgesetzt werden. Da Zelte Organisationen auf Zeit sind, verschwinden sie wieder, wenn der Transformationsprozeß abgeschlossen ist.[483]

---

[481] Vgl. Reber, Organisationsstrukturen, S. 175, und die dort angegebene Literatur.
[482] Vgl. Hedberg, Tents, S. 29.
[483] Vgl. Hedberg/Nyström/Starbuck, Self-Designing, S. 43-45.

3.3.1.2.3 Ausgleich zwischen Struktur und Kultur der Unternehmung

In Organisationen existieren immer Struktur und Kultur - normative und symbolische Erwartungsstrukturen - nebeneinander und auch zwischen den Subsystemen einer Organisation können Unterschiede ihrer diesbezüglichen Ausprägungen bestehen. Hier ist es also wichtig, bei der Analyse der Organisation eine geeignete Betrachtungsebene zu wählen. Es kommt aber noch ein weiteres Problem hinzu. Während zwischen starker Struktur und Stabilität der Organisation eine positive Korrelation zu vermuten ist[484], ist davon auszugehen, daß die *reine Intensität* der Kultur keinen Einfluß auf die Entwicklungsfähigkeit einer Organisation hat. Es kommt allein auf ihren *Inhalt* bzw. den Inhalt der im kulturellen Themenvorrat vorhandenen Theorien an.[485] Dies ist von zentraler Bedeutung, da die Anpassungs- und Entwicklungsfähigkeit maßgeblich von der Kultur des Unternehmens abhängt.[486] Eine Strukturierung von Innovativität oder Flexibilität erscheint unmöglich, da sie zu widersprüchlichen Anforderungen an die Organisation und ihre Mitglieder führt (sog. Double-Bind-Probleme[487]).

3.3.2 Organisationsgestaltung durch reflexives Lernen

3.3.2.1 Zum Begriff des reflexiven Lernens

Zu unterscheiden sind zunächst reaktive Anpassungen und bewußte, auf Kognition fußende Entwicklungen.[488] Reine *Anpassungen* - wie oben besprochen - werden hier mit dem Begriff des *elementaren Lernens* belegt. Es handelt sich dabei um inkrementale Veränderungen von Kultur oder Struktur, die eine Folge von Anpassungsprozessen bei widersprüchlichen Erwartungen sind. Diese Form des Lernens wurde oben als Grundmodell des organisatorischen Lernens besprochen. Im Gegensatz dazu basiert reflexives Lernen auf einem Lernen des Lernens, bzw. auf *selbstreferentiellem Lernen*.[489] Selbstrefe-

---

484 Vgl. Reber, Organisationsstrukturen, S. 175.
485 Vgl. hierzu Deal/Kennedy, Cultures, S. 4.
486 Vgl. Ulrich, Systemsteuerung, S. 303-325.
487 Vgl. hierzu auch Kasper, Double-Bind, S. 75-76.
488 Vgl. Luhmann, Reflexive Mechanismen, S. 3-4. Vgl. auch die Übersicht von Fiol/Lyles, Organizational Learning, S. 803-813.
489 Vgl. Schertler, Unternehmensorganisation, S. 137.

rentielles Lernen, das zudem mit System/-Umwelt-Differenzen arbeitet, heißt *reflexives Lernen*. Reflexives Lernen basiert auf Verstehen. Organisatorische Änderungen werden somit nicht durch Erwartungsenttäuschungen durchgesetzt, sondern durch eine kommunikative Abstimmung von Erwartungen. Das heißt, im Vorfeld einer Maßnahme werden die Erwartungen der Organisationsmitglieder durch Verstehensprozesse „in Schwingungen" versetzt und aufgelockert, um diese weitgehend friktionsfrei zu verändern.

Selbstreferentielles Lernen bezieht sich auf das *Ereignis* des Lernens, beruht also auf (Selbst-) Beobachtungen 2. Ordnung.[490] Dadurch stellt es für Unternehmen die Möglichkeit bereit, die eigenen Zustände als Reaktion auf innere oder äußere Einflüsse unter Kontrolle zu halten. Es ist innovativ bzw. adaptiv angelegt.[491] Durch selbstreferentielles Lernen soll die Organisation bzw. sollen einzelne Subsysteme lernen, sich selbst zu verstehen. Es erlaubt selbst radikale Veränderungen ohne nachhaltige Verunsicherung der Mitarbeiter.[492] Es etabliert den oben genannten Zwischenschritt des Verstehens zwischen der Formulierung einer Interventionsstrategie und der Durchführung von Maßnahmen.

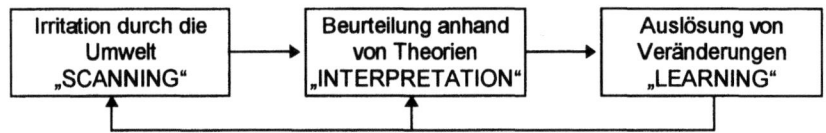

Abb. 13: Selbstreferentielles Lernen in Anlehnung an Daft/Weick[493]

Als reflexiver Mechanismus macht es den Vorgang des Lernens bewußt, zielgerichtet und vom Zufall unabhängig, indem es Regeln des Beobachtens,

---

[490] Vgl. Luhmann, Konstruktivistische Perspektiven, S. 19-20.
[491] Ähnlich auch bei Argyris, der mit elementarem Lernen vergleichbares Lernen als Single- und Double-Loop-Learning bezeichnet und mit reflexivem Lernen vergleichbares als „deutero-learning" (vgl. Argyris, Defenses, S. 92.).
[492] Vgl. Weick, Prozeß, S. 392.
[493] Vgl. Daft/Weick, Model, S. 286.

Bezeichnens und Abspeicherns (=Theorien) entwickelt und den Lernprozeß selbst unter soziale Kontrolle stellt. Dabei arbeiten die Theorien mit der System-/Umwelt-Differenz als relevanter Leitdifferenz zur Interpretation von Irritationen aus der Umwelt.

Struktur und Kultur des lernenden Systems und der Lernerfolg stehen in einem wechselseitigen Abhängigkeitsverhältnis. In Richtung auf den Lernerfolg sind Zeltorganisationen und eine kulturell verankerte positive Einstellung zu Veränderungen als lernfördernd einzustufen. In umgekehrter Richtung ist zu sagen, daß Strukturen als normative Erwartungserwartungen *lernunwillig* und damit zwar resistent gegen eigendynamische Entwicklungen sind, tendenziell aber einfacher von außen zu verändern sind als Systemkulturen. Denn Kultur ist als immanenter und „unsichtbarer" Sprach- und Theorievorrat i.d.R. nicht Gegenstand von Kommunikationsprozessen, also auch nicht von bewußtem Gestalten. „Kultur schützt" sich mit anderen Worten vor Selbstreferenz. Ihre Veränderung folgt eher einer Selbstorganisationsdynamik, da symbolisch stabilisierte Erwartungen, wie bereits ausgeführt, *lernwillig* sind und auf Enttäuschungen mit einer Anpassung reagieren, während bei Verstößen gegen Strukturen bestehende Erwartungen beibehalten werden können. Intendierte und von außen induzierte Kulturveränderungen müssen somit indirekt an den vorherrschenden Symbolen und Sprachspielen ansetzen. Hier ist beispielsweise an ästhetische Aspekte[494] (z.B. Architektur, Kunst, Integrationszeichen wie Firmenlogos) und die Beeinflussung von „Szenen" der Organisation (z.B. durch Lernstätten[495]) zu denken.

3.3.2.2 Das erweiterte Modell des selbstreferentiellen und reflexiven organisatorischen Lernens

Organisatorisches Lernen auf Basis von Beobachtungen 2. Ordnung erlaubt Gestaltungsmaßnahmen, die das Unternehmen als Einheit betreffen, proaktiv sind und direkte Eingriffe in die Umwelt ermöglichen. Der Unterschied zwischen elementarem und reflexivem Lernen läßt sich mit der Unterscheidung zwischen

---

[494] Vgl. Scharmer, Führung, S. 65-67.
[495] Vgl. dazu Reichart, Lernstatt, S. 54-55.

Transition und *Transformation* verdeutlichen.[496] Elementares Lernen korrespondiert mit dem Begriff der Transition. Es ist:

- *kontinuierlich/inkremental*: es baut auf vorhandenen Strukturen/Erwartungen auf;[497]
- *konservativ*: es arbeitet mit vorhandenen handlungs- und erkenntnisleitenden Theorien und ist deshalb tendenziell auf Wiederherstellung eines „Idealzustandes" ausgerichtet;
- *eindimensional*: es bezieht nur wenige Gestaltungsparameter ein;
- *monofunktional*: es bezieht sich nur auf wenige Stellen, Hierarchiebenen bzw. Funktionen.

Elementares Lernen bzw. Transition läßt sich infolgedessen als permanente Feinabstimmung verstehen, wie sie für die Bewältigung sachlicher, sozialer, zeitlicher und dispositiver Komplexität typisch ist. Erwartungsabweichungen werden kompensiert, die durch die Sozialisation in der Organisation und durch die Konfrontation der Organisation mit der Umwelt und dem Führungssystem zwangsläufig auftauchen. Türk nennt in Anlehnung an Kimberly und Quinn vier „Re´s", die unterschiedliche Typen von Transitions- bzw. Übergangsprozessen charakterisieren:[498]

1. *„Restructuring"*: inkrementale Veränderungen von Strukturen;
2. *„Repositioning"*: inkrementale Umorientierung im Markt, z.B. durch Produktinnovationen;
3. *„Revitalizing"*: Evolution von Werten und Symbolen im Sinne einer Kuturänderung;
4. *„Reviewing"*: Übergang zum selbstreferentiellen Lernen durch Veränderung der Theorien.

Im Falle von *Transformation*[499] bzw. selbstreferentiellem Lernen geht es um die Verbesserung und Förderung der Veränderungs- und Lernfähigkeit einer

---

[496] Vgl. Türk, Organisationsforschung, S. 106-107, und die dort zitierte Literatur.
[497] Vgl. auch Quinn, Strategies, S. 671-678.
[498] Vgl. Türk, Organisationsforschung, S. 106-107. Vgl. auch Quinn, Strategies, S. 672-676.
[499] Vgl. Türk, Organisationsforschung, S. 106.

Organisation durch Beeinflussung ihrer erkenntnis- und handlungsleitenden Theorien. Durch eine grundlegende Intervention soll ein Prozeß des radikalen organisatorischen Wandels ausgelöst werden, durch den die Organisation eine neue Sichtweise erhält. Dies soll dazu führen, daß die Organisation in die Lage versetzt wird, Veränderungsprozesse selbständig und reaktionsschnell auszulösen. Im Gegensatz zum Grundmodell, bei dem Interventionen nur fallweise ausgelöst werden, wird organisatorische Veränderung im erweiterten Modell zu einem festen Bestandteil[500] mit dem Ergebnis einer permanent veränderungsbereiten Organisation. Das Grundmodell muß deshalb um ein autonomes Lernsystem ergänzt werden.

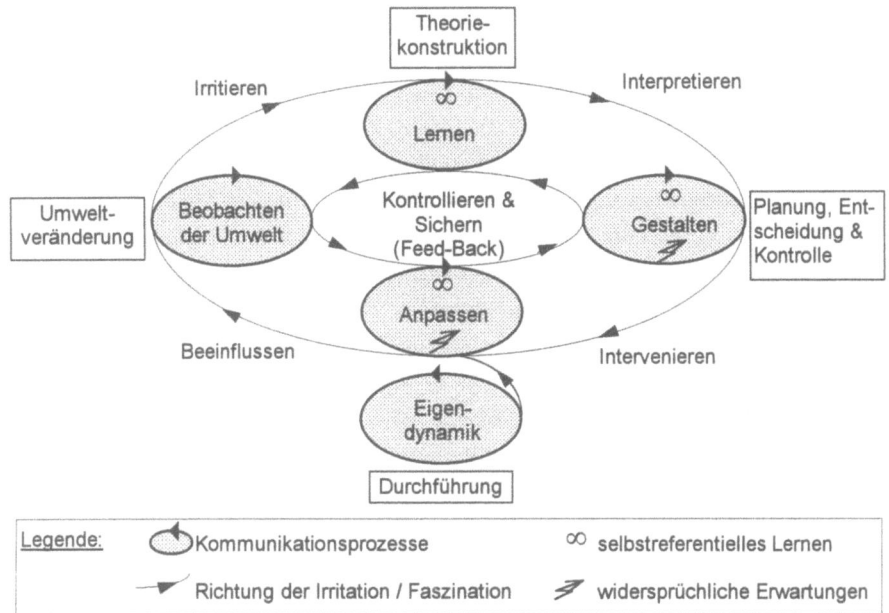

Abb. 14: **Das erweiterte Modell: Selbsttragendes selbstreferentielles Lernen**[501]

---

500 Vgl. Heimerl-Wagner, Organisations-Entwicklung, S. 132.
501 Vgl. hierzu das Grundmodell in Abb. 11.

Selbstreferentielles Lernen äußert sich in Form eines speziellen Kommunikationsprozesses, bei dem es um die Diffusion und Konstruktion von Theorien bzw. Interpretationen, Zukunftsprognosen, Zielen, Wertvorstellungen usw. geht. Durch die Einführung des Lernsystems wird nicht nur die vorhandene organisatorische Wissensbasis wesentlich effizienter genutzt, da eine institutionalisierte Plattform besteht, auf der individuelles Wissen kommuniziert werden kann, sondern die Wissensbasis selbst wird durch aktive Theoriekonstruktion vergrößert.

Da die Entstehung der erkenntnis- und handlungsleitenden Theorien unter soziale Kontrolle gestellt wird, kommt es in großem Ausmaß zu *gemeinsamen* Wirklichkeitskonstruktionen der Organisationsmitglieder, was die Verständigung auf Ziele und ein koordiniertes Verhalten ermöglicht, ohne auf hochintegrierte, bürokratische Ordnungen angewiesen zu sein. Denn Führungs- und Durchführungssysteme arbeiten nun mit den gleichen oder ähnlichen Annahmen über System und Umwelt und deren Zukunft. Dies macht die Akzeptanz und selbständige Umsetzung von Gestaltungsmaßnahmen wesentlich wahrscheinlicher, da beim Durchführungssystem ein gewisses Verständnis vorausgesetzt werden kann. Dadurch geraten auch Anpassungen der Durchführungssysteme, die eine Folge eigendynamischer Prozesse und direkter Umwelteinflüsse sind, unter größere Kontrolle, da auch diese auf Basis der gemeinsamen Theorien verarbeitet werden. Insgesamt wird also die Fähigkeit der Organisation zur zielgerechten Selbstkontrolle und -anpassung erhöht. Schließlich lassen sich bei Anpassungs- oder Steuerungsproblemen die Ursachen für die Schwierigkeiten durch Analyse des organisatorischen Wissens untersuchen und durch Maßnahmen des selbstreferentiellen organisatorischen Lernens in Angriff nehmen.

3.3.3 Prozeß der Organisationsgestaltung

3.3.3.1 Phasen einer organisatorischen Intervention

Eine organisatorische Intervention orientiert sich auch aus systemtheoretischer Sicht an der alten Formel von Lewin: *unfreez - move - refreez*[502]. Wie in Abb. 15

---

[502] Zitiert nach Heimerl-Wagner, Organisations-Entwicklung, S. 76.

dargelegt, ist Organisationsgestaltung ein Kommunikationsprozeß, bei dem die Vorgaben der strategischen Planung in organisatorische Veränderungen umgesetzt werden. Die Konsequenzen der strategischen Planung für die Organisation müssen bestimmt und gegebenenfalls in organisatorische Ziele transfomiert werden.

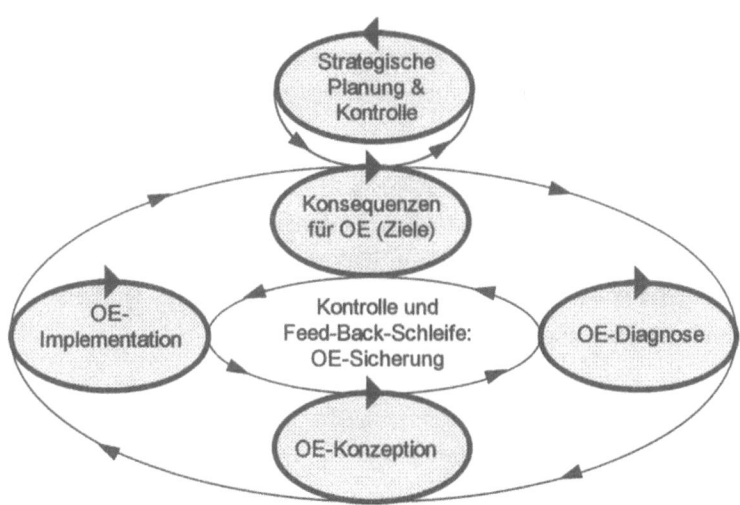

Abb. 15: Prozeß der Organisationsgestaltung

In der folgenden Diagnosephase müssen die betroffenen Stellen identifiziert, ihre Vernetzungen bestimmt[503] und der Ist-Zustand der oben genannten organisatorischen Parameter - Differenzierung, Entwicklungstand- und -fähigkeit, Struktur- und Kulturstärke - ermittelt werden. In der Konzeptionsphase muß die Stoßrichtung der Intervention festgelegt werden, indem anhand der Organisationsparameter ein Sollprofil erstellt wird und Einzelmaßnahmen festgelegt werden. Die Implentationsphase besteht dann in der Kommunikation bzw. Durchführung der Maßnahmen.

---

[503] Vgl. Gomez/Zimmermann, Unternehmensorganisation, S. 211.

Damit der Veränderungsprozeß aufrechterhalten wird, müssen prozeßbegleitend alle Schritte kontrolliert werden. Dies umfaßt eine Durchführungs- und Prozeßkontrolle, sowie eine Überwachung der Planungsprämissen und der Umwelt. Die Kontrolle besteht ferner aus Feed-Back-Schleifen, mit denen die Wirksamkeit, Akzeptanz und zeitliche Angemessenheit der Intervention sowie ihre Nebenfolgen und ihre Relevanz bezüglich der Bedürfnisse der Betroffenen und deren Engagement überprüft werden sollen.[504] Während des organisatorischen Prozesses werden Kontrollmeldungen über Stand und Prozeß der Intervention an das strategische Planungssystem gegeben, das im Rahmen der strategischen Kontrolle Maßnahmen der Gegensteuerung oder Umorientierung einleitet.

Es ist zu beachten, daß der beschriebene Prozeß nicht fallweise oder einmalig, sondern permanent durchlaufen wird, wodurch Organisationsgestaltung zum Normalzustand wird. Das heißt nicht, daß Veränderungen andauernd geplant und durchgeführt werden müssen, sondern nur, daß die Organisation stets veränderungsbereit und -fähig bleiben muß.

3.3.3.2 Zielbestimmung der Intervention

In dieser Phase werden die Konsequenzen von Strategien, Maßnahmen und Zielen des Gesamtunternehmens - soweit sich diese ergeben - für die Organisation oder Teile von ihr bestimmt. Entweder läßt es sich im Vorfeld absehen, daß eine Strategie mit der bestehenden Struktur oder Kultur nicht durchführbar ist bzw. Zielvorgaben nicht erreichbar sind, oder es ergibt sich anhand auftretender Probleme erst im Verlauf einer Strategieumsetzung. In beiden Fällen müssen die Konsequenzen einer erfolgreichen Strategieumsetzung in Ziele des organisatorischen Prozesses übersetzt werden. Auf dieser Stufe geht es um die Identifikation des Bereiches, auf den sich eine mögliche organisatorische Maßnahme bezieht - Gesamtorganisation, Sparte, Abteilung, Stelle, Mitarbeiter etc. - und um deren prinzipielle Stoßrichtung. Die Ziele müssen sich also in dieser Phase auf die Systemprobleme richten, die mit der organisatorischen

---

[504] Vgl. French/Bell, Organisationsentwicklung, S. 64.

ments, Kostensenkung im Vertrieb, Intensivierung von Forschung und Entwicklung[505]).

3.3.3.3 Organisations-Diagnose

Wenn sich aus der Zielbestimmungsphase die Notwendigkeit einer organisatorischen Maßnahme ergibt, so ist zunächst eine Diagnose[506] der Ist-Situation durchzuführen, die aus systemtheoretischer Perspektive kein „objektives" oder „wahres" Gesamtbild, sondern eine Rekonstruktion der Organisation auf Basis der Selbstbeschreibungen durch ihre Mitglieder ist. In der Diagnosephase werden also die gängigen Theorien erfaßt und zu einem konsistenten Bild zusammengesetzt. Da hier die „blinden Flecke", die den Wirklichkeitskonstruktionen und Handlungen zugrundeliegen, aufgedeckt werden, kann die Diagnose als die wichtigste Stufe des organisatorischen Prozesses bezeichnet werden. Bei ausreichender Beteiligung der Betroffenen am organisatorischen Prozeß führt bereits dieses Bewußtmachen zu Verhaltensänderungen. Deshalb sollten möglichst *alle* Betroffenen an der Diagnosephase beteiligt werden.[507]

Gegenstand der Diagnose sind die organisatorischen Parameter Differenzierungsgrad, Entwicklungsfähigkeit, Struktur- und Kulturstärke auf der *Makroebene* der Organisation. Ergänzend kann auch die Bestimmung der Phase in einem Lebenszyklus hilfreich sein.[508] Auf der Mikroebene interessieren Kommunikationsbeziehungen, Entscheidungsprozesse, Rationalisierungsstufen, Teamverhalten, Konfliktbewältigung usw. Ein möglicher Diagnose-Katalog aus systemtheoretischer Sicht ist Tabelle 11 zu entnehmen.

---

[505] Vgl. Gomez/Zimmermann, Unternehmensorganisation, S. 213.
[506] Dabei ist der folgende Fragenkatalog aus Tab. 11 nicht jedesmal vollständig abzuarbeiten. Vielmehr werden im Rahmen eines permanenten organisatorischen Prozesses Informationen sukzessive ergänzt und vervollständigt. Lediglich bei der Einrichtung eines selbsttragenden LernSystems ist eine umfangreiche Diagnose notwendig.
[507] So auch French/Bell, Organisationsentwicklung, S. 127.
[508] Vgl. die Übersicht bei Türk, Organisationsforschung, S. 60-74.

Inhalt der OE-Diagnose / Gegenstand der OE-Diagnose	Fragestellung	Gesuchte Information
Makrodiagnose	**Gesamtorganisation**	
A Differenzierungsgrad	Wie funktioniert die Arbeitsteilung, interne Kommunikation und Zielvereinbarung? Können Synergien genutzt werden? Wie flexibel ist das Unternehmen?	Zentralisierungsgrad, Form der Abstimmung zwischen den Subsystemen, Komplexität und Form der Kommunikationsbeziehungen, Diffusion von Entscheidungen, Redundanzen, Verhältnis von Zielen und Subzielen, Effizienz und Form der Kontrolle.
B Entwicklungsfähigkeit	Kann das Unternehmen angemessen auf Umweltveränderungen reagieren? Liegt eine Palast- oder Zeltorganisation vor?	Resonanzfähigkeit, d.h. welche Differenzschemata werden bei der Beurteilung von System und Umwelt herangezogen, z.b. bei der Abgrenzung des Unternehmens zur Umwelt, der Definition der Probleme, die gelöst werden sollen, der Bestimmung des relevanten Marktes, der Zielgruppe etc.; Einstellungen zum Wandel, Dynamik der Umwelt aus Sicht des Interventionssystems, gebräuchliche Theorien über die Umwelt, Anzahl an laufenden Projekten und ihr Anteil an den Gesamtaufgaben, Fokus auf Effizienz oder Effektivität?
C. Entwicklungsstand	Bestimmung der Phase im Organisationslebenszyklus.	Je nach Lebenszykluskonzept unterschiedlich: z.b. Risiko-/ Fehleinstellung, herrschende Fragen und Ziele, Führungsstil.
D. Art und Stärke der Struktur	Welche Normen haben Gültigkeit? Wie wird mit sachlicher, sozialer und zeitlicher Komplexität umgegangen.	Gültige Normen (Unternehmensverfassung, Dienstvorschriften, Hausordnung, Kleiderordnung etc.), Stellenbeschreibungen, vorgeschriebene Kommunikationswege, Strukturierung durch EDV, gültige Prozeßregeln. Einstellung zur Einhaltung von Normen.
E. Art und Stärke der Kultur	Gibt es geteilte Basisannahmen des Handelns? Welcher Kulturtyp liegt vor? Liegt dispositive und kognitive Komplexität vor? Wie wird mit ihr umgegangen? Welche Form der Rationalisierung ist dominant (ökonomisch, strategisch, reflexiv)? Wie stark ist die Kultur?	Geteilte Annahmen über die Umwelt, Wahrheit/Wissenschaft, Menschenbild, Einstellung zur Arbeit bzw. zum Engagement für das Unternehmen, zur „richtigen" Form der Sozialisierung und zur Verantwortlichkeit für die natürliche Umwelt; Rituale, Geschichten, Mythen, Symbole und ihre Interpretation/Bedeutung; Kulturtyp (z.B. nach Deal/Kennedy); Organisatorische Wissensbasis. Form von Selbstreferenz (basal, prozessual, reflexiv); Stärke der Orientierungsleistung der Kultur; Sanktionsmechanismen; Begeisterungskraft; Einheitlichkeit und Verbreitung der Unternehmenskultur; Existenz und Grad der Abweichung von Subkulturen; Bekanntheitsgrad und damit Veränderlichkeit der Kultur.

Inhalt der OE-Diagnose / Gegenstand der OE-Diagnose	Fragestellung	Gesuchte Information
Mikrodiagnose	Relevantes Subsystem	
A. Kommunikation	Wer kommuniziert mit wem, worüber, wie lange, in welcher Form?	Auslösung, Vernetzung, Dauer, Anschluß, Thema, verwendete Unterscheidungen, Teilnehmer, Stil, Richtung und Formalität der Kommunikation; Informationsverhalten (Hortung, Weitergabe); Verhältnis zwischen Vorgesetzten und Untergebenen; Ausprägung der Subkultur (s.o.).
B. Entscheidungsprozesse	Wie werden Ziele gefunden, abgestimmt, gesetzt? Wie sehen Entscheidungsprozesse aus?	Existenz von Subsystemzielen und ihr Verhältnis zu Oberzielen, Externalisierung (Bekanntheitsgrad) der Ziele, Informationsverhalten, Existenz von Prozeßregeln für die Entscheidung; Machtquellen; Annahmen über Erwartungen, Zufriedenheit bezüglich der Entscheidungsprozesse.
C. Zusammenspiel von Subsystemen	Wie ist die Zusammenarbeit von Subsystemen bei gemeinsamen Problemen?	Kommunikation zwischen den Subsystemen (s.o); Existenz und Art von gemeinsamen Zieldefinitionen; Rollen- und Aufgabenverteilung; Hauptprobleme in der Vergangenheit.
D. Konfliktverhalten	Wie ist das Konfliktverhalten? Existieren Methoden der Konfliktbewältigung?	Konfliktherde und -beteiligte; Bewältigungsmuster; Involvierung Unbeteiligter, Dauer und Kosten von Konflikten; Einstellung zu Konflikten; mögliche Ursachen (Entlohnungssystem, Vorgesetztenverhalten, beteiligte Erwartungen etc.).

Tab. 11: Inhalt der Organisations-Diagnose im Überblick[509]

Das OE-Konzept läßt sich mit Lebenszykluskonzepten kombinieren, indem man das heuristische Potential dieser Ansätze mit der Entwicklungslogik und den Gestaltungs- und Steuerungskonzepten des Lernmodells verbindet. Dadurch ließen sich viele Schwächen der Lebenszyklusmodelle vermeiden (Determiniertheit, willkürliche Analogie- und Phasenbildung usw.), v.a. die Frage, wie der Übergang zwischen den Phasen zu erklären sei.[510] Das heuristi-

---

[509] Vgl. Schein, Awareness, S. 4; vgl. zur Kennzeichnung und Beschreibung der Kulturtypen nach Deal/Kennedy bei Steinmann/Schreyögg, Management, S. 538-541. Vgl. zur Diagnose und Bestimmung der organisatorischen Wissensbasis das Schichtenmodell von Pautzke, Wissensbasis, S. 79. Vgl. zum unteren Teil der Tabelle („Mikro-Diagnose") French/Bell, Organisationsentwicklung, S. 58-59.
[510] Vgl. zur Kritik bei Türk, Organisationsforschung, S. 73.

sche Potential dieser Modelle ist in der Definition von Entwicklungsphasen zu sehen. Diese können zu Situationsanalysen herangezogen werden.[511] Auf Basis dieser Situationsanalysen lassen sich mögliche Interventionsrichtungen ableiten. Dabei können benachbarte Phasen als Zielpunkte solcher inkrementalen Übergangsprozesse angesehen werden.

Als Diagnosemethoden kommen übliche Verfahren[512] wie mündliche oder schriftliche Befragung, Beobachtung, Selbstaufschreibungen, Dokumentenstudium und Laufzettelverfahren in Frage. Daneben sind Methoden des „vernetzten Denkens", die Beziehungszusammenhänge und Einflußfaktoren in der Organisation offenlegen[513], oder Techniken der Aktionsforschung wie Survey-Feedback, bei denen die gewonnenen Daten angereichert mit sozialwissenschaftlichen Erkenntnissen zurück in das System gegeben werden[514], zu nennen. Eine besonders geeignete Form der Datenerhebung ist die teilnehmende Beobachtung. Hier entwerfen die Betroffenen in Workshops ein geteiltes Bild von dem zu untersuchenden Phänomen[515], wobei die Führung die Selbstbeschreibungen der Teilnehmer nur moderiert. Wichtig ist dabei, daß die Führung die Distanz zu dem System, in das interveniert werden soll, nicht aufgibt, also dessen Weltsicht nicht übernimmt, damit sie die Position des Beobachters 2. Ordnung einnehmen und die „blinden Flecke" der Betroffenen erkennen kann.[516] Schließlich ist die Beeinflussung der Theorien, die in einer Organisation dem Handeln zugrundegelegt werden, das Herzstück jeder Intervention.

Im Folgenden soll noch ein recht einfach anzuwendendes Verfahren erläutert werden, mit dessen Hilfe ein schneller Überblick über die Probleme in einer Organisation bzw. in eines ihrer Subsysteme sowie Ansatzpunkte möglicher Maßnahmen identifiziert werden könnnen („Systemanalyse").

Das Verfahren basiert auf der Überlegung, daß sich selbstreferentielle Systeme durch eine dreifache Komplementarität von Strukturen, Funktionen und

---

[511] Vgl. Adizes, Lifecycles, S. 11-85.
[512] Vgl. die Übersicht von Schmidt, Organisation, S. 75-126.
[513] Vgl. Probst, Vernetztes Denken, S. 30-40.
[514] Vgl. ausführlich French/Bell, S. 110-113.
[515] Vgl. Jarmai/Königswieser, Problemdiagnose, S. 19.
[516] Vgl. Luhmann, Kommunikationssperren, S. 243.

Fluktuationen - bzw. bezogen auf soziale Systeme: Strukturen, Funktionen und Strategien - auszeichnen und beschreiben lassen.[517]

Mithilfe einer einfachen Tabelle kann das betreffende System analysiert werden (vgl. Tab. 12). Die Tabelle erlaubt einen Überblick über die manifesten und latenten Funktionen (Ziele/Zwecke) der beteiligten Systeme, die zur Verfügung stehenden Strukturen (Ressourcen und Restrektionen) und das daraus resultierende Verhalten (Strategien). Dadurch ist es möglich, die dem beobachtbaren Verhalten zugrundeliegenden - aber den Handelnden nicht immer bewußten - Motive und Interessen zu identifizieren.

Die Analyse der Strukturen zeigt einerseits, mit welchen Mitteln die Funktionen erfüllt werden können und welche Hindernisse bzw. Restriktionen vorliegen. Beides - Ressourcen und Restriktionen - können sowohl Erwartungsstabilisierungen (Regeln) als auch andere Systeme sein. Dabei erweisen sich Machtquellen (also Unsicherheitspotentiale für andere) als die mithin wichtigsten Strukturelemente.

Relevante Systeme	Funktionen (Zwecke/Ziele)		Strukturen (Normen/Symbole)		Fluktuationen (Strategien)
	manifest	latent	Ressourcen	Restriktionen	

Tab. 12: Schema der Systemanalyse

Die Untersuchung des beobachtbaren Verhaltens (Fluktuationen) legt schließlich offen, mit welchen Aktionen und Strategien die handelnden Systeme bei gegebenen Strukturen ihre Ziele (Funktionen) erreichen wollen. Dabei wird

---

[517] Vgl. hierzu ausführlich Jantsch, Selbstorganisation, insbesondere S. 74-83.

stets davon ausgegangen, daß sich ein System aus seiner (womöglich beschränkten) Wahrnehmungsperspektive rational verhält, also seine Ziele bestmöglich erreichen möchte.

Als Ergebnis läßt sich feststellen, welche Subsysteme gegen die übergeordneten Systeminteressen handeln, warum sie dies tun und mit welchen Mitteln. Ansatzpunkte für Interventionen ergeben sich aus Versuchen, widerstreitende Interessen auszugleichen. Der prinzipielle Weg dorthin besteht darin, zu zeigen, daß das Verfolgen von zum System quer liegenden Funktionen und Zielen nicht rational sein kann, da die verfolgten Ziele nicht *angemessen* sind. Dabei ist von großer Wichtigkeit, daß den Systemen, die sich konfliktär zum Obersystem verhalten, aufgezeigt wird, welche Vorteile sie von einer Änderung ihrer Ziele, ihres Verhaltens und ihrer Strategien haben können.

3.3.3.4 Konzeption und Implementation der organisatorischen Maßnahme

Für die Detailplanung der Intervention werden die in der Diagnose als kritisch identifizierten Parameter isoliert und mit einer Sollausprägung versehen. Genaugenommen läßt sich die Implementationsphase nicht isolieren, da sie bereits mit der Zielfindungsphase beginnt. Jede veränderte Sichtweise und jede neue Unterscheidung, die in eine Organisation aufgenommen wird, kann ja als Intervention bezeichnet werden.[518]

Da jede Intervention eine eigene Dynamik entwickeln muß, ist es kaum möglich, genaue Durchführungsregeln anzugeben. In Anlehnung an French/Bell können jedoch folgende präskriptive Aussagen getroffen werden:[519]

- An organisatorischen Maßnahmen sollten nach Möglichkeit *alle* entscheidenden - d.h. betroffenen - Personen teilnehmen.
- Die konkreten Probleme der Betroffenen sollten ernstgenommen und bei den Maßnahmen berücksichtigt werden, auch wenn der Organisations-Spezialist andere Probleme in den Vordergrund stellt.
- Alle organisatorischen Ziele, Diagnosen, Konzepte und Maßnahmen sollten offengelegt werden, damit die Betroffenen ihre Aufgaben und den Zeithori-

---

[518] Vgl. Benölken/Greipel, Organisationsentwicklung, S. 16.
[519] Vgl. French/Bell, Organisationsentwicklung, S. 127-129.

zont kennen und nicht durch Undurchsichtigkeit der Aktion entmutigt werden. Oder mit Axelrod gesprochen: „Don´t be too clever!"[520].
- Organisatorische Ziele sollten realistisch geplant werden. Um die Erwartungen der beteiligten Betroffenen nicht zu enttäuschen, sollten nur solche Maßnahmen in Angriff genommen werden, die auch eine Aussicht auf Erfolg haben.
- Maßnahmen sollten sowohl das Erfahrungswissen der Betroffenen als auch theoretisch-kognitives Wissen berücksichtigen. Dies ist im Hinblick auf die Erhöhung von Reflexionspotentialen in der Organisation ein wichtiger Punkt.
- Maßnahmen sollten experimentellen Charakter haben und Fehler als Chance zum Lernen verstehen. Veränderung darf sich für die Betroffenen nicht als Gefahr darstellen.
- Die Betroffenen sollten über den Inhalt und den Prozeß der Intervention informiert werden. Die Maßnahmen sollten nach festen, erlernbaren Regeln ablaufen.
- Betroffene sollten nach Möglichkeit sowohl mit ihrer hierarchischen Position als auch mit ihrer Persönlichkeit involviert werden, denn beide Punkte sind für das System von Wichtigkeit.
- Ergänzend zu French/Bell ist auch darauf hinzuweisen, daß die Führung sich immer vergegenwärtigen muß, daß sie es mit geschlossenen Systemen zu tun hat und dies vor dem Hintergrund der funktionalen Integration in den Gesamtzusammenhang des Unternehmens auch berücksichtigt. Sie sollte also die Autonomie und die Eigendynamik respektieren und nutzen und einen Ausgleich zwischen Innovation und Stabilität finden, um das System nicht zu überfordern und Konflikte zu vermeiden.

3.3.4 Einzelmaßnahmen zur Erhöhung des Reflexionspotentials der Organisation

3.3.4.1 Problemstellung

In diesem Abschnitt werden abschließend noch einige ausgewählte Interventionsformen zur Verbesserung des Reflexionspotentials einer Organisation durch Einrichten eines Lernsystems vorgestellt (vgl. Abb. 14). Da Interventionen in soziale Systeme komplexe Prozesse auslösen, die nur annäherungs-

---

[520] Axelrod, Cooperation, S. 120.

weise voraussehbar sind, dienen sie vor allem der Initiierung von Selbstlernprozessen. Jede Intervention zielt zudem auf die Veränderung von Struktur oder Kultur, die in den organisatorischen Theorien angelegt sind. Eine Intervention soll also neue Theorien in die Kommunikation des Systems einschleusen, um Erwartungsstrukturen und damit Verhalten zu beeinflussen.[521] Im vorliegenden Fall geht es um Theorien, die eine reflexive Kommunikation in Gruppenprozessen und in Planungs- und Entscheidungsprozessen erlauben.

Interventionen zur Erhöhung des Reflexionspotentials durch Einrichten eines Lernsystems haben eine - zumindest zeitweise - Trennung von Handeln und Beobachten zum Ziel, um Verstehensprozesse zu ermöglichen.[522] Es wird mit anderen Worten eine spezialisierte Beobachtung 2. Ordnung eingeführt.[523] Dieser soll auf eine verbesserte Wahrnehmungsfähigkeit der Mitarbeiter einwirken. Er kann ferner in Entscheidungsprozessen als Prozeßberater agieren. Auch ist denkbar, daß er eine Kontrollfunktion - vergleichbar mit der Prozeßkontrolle der strategischen Planung - übernimmt. Dies könnten beispielsweise spezielle Stellen in der Personalabteilung oder im Controlling sein.[524] So sollen die Theorien, die als „blinde Flecke" von den Handelnden bei ihrer Arbeit zugrundegelegt werden, thematisiert, kritisch hinterfragt und gegebenenfalls modifiziert werden. Außerdem sollen die spezialisierten Beobachter 2. Ordnung ihre eigenen Beobachtungen in der Organisation diffundieren. Dies geschieht durch Speicherung und Verbreitung in einem geeigneten Medium, etwa in Form von Aushängen, Rundschreiben, Werkszeitungen,[525] aber auch im institutionalisierten Rahmen, wie z.B. die im folgenden besprochenen Lernstätten, Workshops oder Maßnahmen, die - wie die „paradoxe Intervention" und die „systemische Beratung" - auf das Auslösen selbständiger Reflexionsprozesse ausgerichtet sind.

---

[521] Vgl. Exner/Königswieser/Titscher, Unternehmensberatung, S. 212.
[522] Vgl. Luhmann, Soziale Systeme, S. 408-409.
[523] Vgl. Luhmann, Konstruktivistische Perspektiven, S. 19-20.
[524] Vgl. dazu Kasper, Handhabung, S. 409-420.
[525] Durch Lesen wird die Beobachtung temporär auch für die Handelnden selbst von der Handlung separiert. Während des Lesens werden die Mitarbeiter kurzfristig dazu angehalten, die Unterscheidungen, die sie üblicherweise ihrer Arbeit zugrundelegen, kritisch zu hinterfragen.

3.3.4.2 Die Lernstatt

Lernerfolge sind dann am größten, wenn das Gelernte auf Grundlage von Regeln erworben wurde, die selbst gelernt werden müssen, wenn Lernen also selbstreferentiell angelegt ist. Die wichtigste Voraussetzung dafür ist, daß Lernen in einem institutionellen Rahmen abläuft. Hierzu gehört die Unterscheidung zwischen „Lehrern" und „Schülern" und das Lernen nach Prozeßregeln. Derart Gelerntes erzielt besondere Flexibilität, Innovativität und Adaptivität, da es widerlegbar ist, ohne daß mit starken Widerständen zu rechnen ist.[526] Mit anderen Worten: ein Erlernen von Neuem ist in der Regel mit Verdrängung, Widerlegung oder Vergessen von altem Wissen verbunden. Wurde dies auf abstrakten Regeln erworben, fällt es psychischen und sozialen Systemen leichter, es bei neuen Erkenntnissen zu revidieren. Denn, wie Hedberg betont, gehört Vergessen ebenso zu erfolgreichem Lernen, wie die Aufnahme neuen Wissens, und muß deshalb organisatorisch unterstützt werden.[527] Ein System hat zu Wissen, das auf Grundlage von Regeln erworben wurde, eine größere Distanz als zu Wissen, das auf eigenen Erfahrungen beruht. Denn die Widerlegung von Erfahrungswissen ist stets mit Enttäuschung verbunden, da seine Aneignung auf persönlichen bzw. *Systemeigenen* Prinzipien beruht, die damit in Frage gestellt werden.[528]

Um Reflexionspotentiale in die Organisation einzupflanzen bietet sich ein Lerninstrument an, das sich bereits in der Praxis bewähren konnte:[529] die Lernstatt. Aus systemtheoretischer Sicht ist sie ein geeignetes Instrument, um selbsttragendes Lernen in der Organisation zu verwirklichen. Im Gegensatz zu Workshops oder Qualitätszirkeln ist sie nicht an enge Problemstellungen gebunden, sondern die Festsetzung ihrer Ziele und Themen ist *Bestandteil* des Gruppenprozesses. Dadurch sollen auch Handlungspotentiale freigelegt werden, die nicht unmittelbar relevant sind, die aber in Zukunft von Bedeutung sein könnten. Aus systemtheoretischer Sicht ist der Zweck der Lernstatt neben einer besseren Motivation vor allem in der Vermittlung von neuen Sichtweisen und Theorien zu sehen, die sowohl Entscheidungen als auch dem alltäglichen Routinehandeln zugrundegelegt werden können.

---

[526] Vgl. Luhmann, Reflexive Mechanismen, S. 4.
[527] Vgl. Hedberg, Learn, S. 23.
[528] Vgl. Luhmann, Reflexive Mechanismen, S. 4-5.
[529] So in Unternehmen wie BMW, Hoechst, MAN, Bosch; vgl. hierzu und zu den folgenden Ausführungen Reichart, Lernstatt, S. 49-55.

Zur Erhöhung des Reflexionspotentials sollen vor allem Inhalte zur Förderung des Selbstbewußtseins, der Verantwortlichkeit, der sozialen Kompetenz und der Sensibilität für Umweltentwicklungen genannt werden.[530] Im Rahmen der selbstgewählten Problemstellung sollen Inhalte vermittelt werden, die es dem einzelnen Mitarbeiter erlauben, seine Tätigkeit im organisatorischen Gesamtzusammenhang zu begreifen und die Auswirkungen seines Tuns auf die Umwelt zu verstehen. Hierzu gehören auch Themen wie Konfliktmanagement, Ethik, Ökologie und Politik. Wichtig ist aber, daß die Ausrichtung an den genannten Inhalten und Themen keine Eigendynamik entwickelt, sondern nur im Zusammenhang mit dem von der Gruppe festgelegten Problem erfolgt. Die Lernstatt kann als flankierende Maßnahme in Entscheidungsprozessen eingesetzt werden oder als permanente Institution bestehen.

Die Lernstatt ist eine Kleingruppe von acht bis zwölf freiwilligen Mitgliedern.[531] Die Gruppe sollte die hierarchischen Verhältnisse der Organisation widerspiegeln, also aus Personen bestehen, die auch sonst zusammenarbeiten, da es darum geht, die Lernleistung von Systemen zu erhöhen. Deshalb dürfen die Verhältnisse, unter denen normalerweise gearbeitet wird, nicht verleugnet werden. Es hat wenig Sinn, eine Sondersituation zu schaffen, deren Ergebnisse sich nicht auf den Alltag übertragen lassen.

Die Gruppe verfügt über zwei Moderatoren, dem höchsten Vorgesetzten in der Gruppe (sog. *Situationsberater*) und einem Externen, der auf Beobachtungen 2. Ordnung spezialisiert ist (sog. *Prozeßberater*). Auf diese Weise wird zwar den hierarchischen Verhältnissen entsprochen, diese können aber durch den Prozeßberater - und nur von ihm - kompensiert und gelockert werden. Der Situationsberater berät die Gruppe in Fachfragen, der Prozeßberater steuert den Ablauf und verfügt über Techniken (wie z.B. Metaplan), die den Prozeß strukturieren und effizient machen.

Im ersten Schritt wählt sich die Gruppe ein Thema. In dieser Phase liegt die Aufgabe des Prozeßberaters darin, eine dominante Gruppenmeinung herauszufinden und sie zu visualisieren. Danach versucht er, das vorhandene Erfahrungswissen der Gruppe zu *destrukturieren*[532] bzw. zu dekonstruieren. D.h. er

---

530 Vgl. Kailer/Stiefel, Andragogik, S. 96.
531 Vgl. Reichart, Lernstatt, S. 50.
532 Vgl. Reichart, Lernstatt, S. 51.

muß versuchen, das Routinewissen der Gruppenmitglieder zu problematisieren, um ihnen so die impliziten Annahmen ihres Handelns zu verdeutlichen. Er muß also die zentralen handlungsleitenden Begriffe und Theorien identifizieren und die Differenzen benennen, auf denen sie beruhen. Er muß die Gegenbegriffe (die „blinden Flecke") explizit machen. Darauf aufbauend und unter Zuhilfenahme der oben angesprochenen Inhalte muß er versuchen, alternative Unterscheidungen durch die Gruppe erarbeiten zu lassen. Hier kann er das Reflexionspotential der Gruppe erhöhen, indem er diese dazu veranlaßt, immer auch die Wirkungen und Nebenfolgen, die das Handeln auf die Umwelt und das Unternehmen selbst hat, bei Entscheidungen mitzuberücksichtigen.

Vorteil dieser Interventionsform ist der Ansatz am einzelnen Mitarbeiter. Auf Grund der Definition von Lernzielen, Prozeßregeln und Lernerfolgskontrollen ist sie sehr genau steuerbar.[533] Sie löst außerdem selbsttragende Lernprozesse aus, da die Mitarbeiter mit neuen Theorien in die Kommunikation der Organisation eingreifen und so zu einer besseren Ausnutzung und Erweiterung der organisatorischen Wissensbasis und zur Vergrößerung des organisatorischen Wissens beitragen. Nachteilig ist die begrenzte Teilnehmerzahl der Kleingruppe, so daß der Innovativitätseffekt zunächst auf diese Gruppe und ihr unmittelbares Umfeld beschränkt bleibt. Außerdem wurde die Erfahrung gemacht, daß in Kleingruppen ein gewisser Konsenszwang vorliegt, daß also Einigungen oft nur um der Einigung willen herbeigeführt werden.[534]

3.3.4.3 Die „paradoxe Intervention"

In dieser Arbeit war bisher viel von selbstreferentieller Kommunikation die Rede - etwa von der Planung der Planung oder Kontrolle der Kontrolle. Auch eine Paradoxie (oder Antinomie[535]) ist eine selbstreferentielle Aussage. Ihr „Witz" besteht darin, daß sie sich auf sich selbst bezieht und gleichzeitig negiert. Der Prototyp einer Paradoxie stellt in der Formulierung Carnaps

---

[533] Vgl. Heimerl-Wagner, Organisations-Entwicklung, S. 160-161.
[534] Vgl. Reichart, Lernstatt, S. 54.
[535] Genaugenommen sind Paradoxien keine Antinomien. Kutschera nennt sie deshalb auch Pseudoantinomien, die auf umgangssprachlichen Ungenauigkeiten beruhen (etwa dadurch, daß ein inhaltsleerer Begriff definiert wird oder daß eine Anführung fälschlich als Funktion interpretiert wird; vgl. Kutschera, Antinomien, S. 41-42).

folgende Aussage dar: „Dieser Satz ist falsch"[536]. Der Satz ist gleichzeitig eine Aussage (Objektaussage) und eine Aussage *über* die Aussage, also eine Metaaussage. Ist die Metaaussage wahr, so trifft die Objektaussage zu und die Metaaussage ist falsch - und umgekehrt. Es entsteht ein circulus vitiosus.

In allgemeiner Definition sind Paradoxien Sätze, die *selbstreferentiell, widersprüchlich* und *zirkelhaft* sind.[537] Knyphausen ergänzt noch eine vierte Eigenschaft: Paradoxien entstehen erst dann, wenn es einen Beobachter gibt, der sie bemerkt.[538] Dies ist der Fall, wenn der Beobachter durch das Einnehmen einer Position kurzerhand und fast automatisch in die Gegenposition versetzt wird.[539] Denn wenn er beispielsweise akzeptiert, daß dieser Satz falsch ist, muß er die Position fast gleichzeitig wieder aufgeben, denn wenn der Satz tatsächlich falsch wäre, so wäre der Satz ja richtig usw. Solange eine Paradoxie einen gewissen Reiz ausübt und man sich mit ihr beschäftigt, kommt es so zu einem permanenten Hin und Her.[540]

Da reflexive Mechanismen - also letzten Endes auch Rationalität - selbstreferentiell und zirkelhaft angelegt sind, geraten sie selbst unter Paradoxieverdacht.[541] Denn die hier aufgestellten Anforderungen an rationales Handeln verlangen vom Entscheider ein Hin und Her zwischen der Ebene des Beobachters 1. und 2. Ordnung, also einen permanenten Wechsel zwischen Binnen- und Außenperspektive. Durch diesen Perspektivenwechsel sollen widersprüchliche Interessen aufgedeckt werden, die vor dem Hintergrund, daß Unternehmen und Umwelt eine Einheit darstellen, als Paradoxien erscheinen müssen. Im Spannungsfeld der unterschiedlichen Interessen von Unternehmen und Umwelt werden dann Kommunikationsprozesse ausgelöst und erhalten, die - wenn auch nicht zu einer Auflösung der Paradoxien - doch zu einer Annäherung von Positionen führen können.

---

[536] Zitiert nach Kutschera, Antinomien, S. 25. Dies wird deutlich, wenn man ihn folgendermaßen umformuliert: „Der Satz „Dieser Satz ist falsch" ist falsch". Formal läßt sich die Aussage folgendermaßen ausdrücken:
„„a": = „¬W(a)"". Nach Umformung erhält man W(a) = ¬W(a), also einen Widerspruch (vgl. Kutschera, Antinomien, S. 25). Kutschera hat vorgeschlagen, das Paradoxon aufzulösen, indem man zeigt, daß die Aussage W(a) bedeutungslos ist, da sie gleichzeitig falsch und wahr ist (vgl. Kutschera, Antinomien, S. 55).
[537] Vgl. Hughes/Brecht, Paradoxon, S. 1.
[538] Vgl. Knyphausen, Paradoxien, S. 142.
[539] Vgl. auch Luhmann, Autopoiesis, S. 315.
[540] Vgl. Knyphausen, Paradoxien, S. 142.
[541] Vgl. Knyphausen, Paradoxien, S. 143.

Durch die „paradoxe Intervention"[542] soll eine echte Paradoxie in ein System eingespielt werden, um dort Kommunikationen im Sinne eines dauernden Positionswechsels zu provozieren. Das Prinzip besteht darin, für bekannte Sachverhalte neue Theorien zu verwenden, die zu Widersprüchen mit den bewährten Theorien führen.[543] Da sich die neuen Theorien als Kommunikationsmuster auf das eigene System und damit auf sich selbst beziehen und gleichzeitig zu sich in Widerspruch sind, erlangen sie ihren paradoxen Charakter.

Damit sie nicht sofort als bedeutungslos aus der Kommunikation verbannt werden, müssen sie Geltungsanspruch besitzen. Knyphausen denkt hier vor allem an Theorien, die auf Grund ihrer *Ästhetik* faszinieren und dadurch an Bedeutung gewinnen und Kommunikation auslösen,[544] obwohl sie denjenigen, der über sie spricht, in Opposition zu bestehenden Theorien und damit zu dem, was üblich ist, bringt.[545] Gemeinsam mit ihrer ästhetischen Anziehungskraft löst dieses Oppositionsverhältnis ein zirkelhaftes Hin und Her aus. Knyphausen nennt als Prototyp einer solchen Paradoxie die unternehmerische Vision, die so schön ist, daß man sich ihr nicht entziehen kann, aber gleichzeitig denjenigen, der sie erzählt oder vertritt, in Opposition zu den bestehenden Verhältnissen bringt.

Eine Paradoxie entfaltet ihre Wirkungskraft durch Versuche, sie aufzulösen. Denn als ästhetischer Zirkel stellt sie eine Situation dar, von der man nicht loskommt und die man gleichzeitig überwinden möchte, um sich von ihr zu befreien.[546] Ihre Auflösung erfolgt durch die Berücksichtigung von Zeit.[547] Die

---

542 Der Begriff der paradoxen Intervention stammt aus der Familientherapie. Dort bezeichnet er eine Symptombeschreibung durch den Therapeuten, welche die positiven Aspekte einer vom KlientenSystem als negativ empfundenen Situation hervorhebt. Dadurch wird die Verantwortung für die Auslösung von Veränderung vom Therapeuten auf den Klienten übertragen (vgl. Exner/Königswieser/Titscher, Unternehmensberatung, S. 220).
543 Vgl. Luhmann, Kommunikationssperren, S. 242.
544 Vgl. Knyphausen, Paradoxien, S. 157.
545 Vgl. vor diesem Hintergrund den Hasen-Enten-Kopf von Wittgenstein in Fußnote 109 auf S. 26.
546 Russel schrieb in seiner Autobiographie über die Zeit, in der ihn das nach ihm benannte Paradox beschäftigte: „Zuerst nahm ich an, dieser Widerspruch werde leicht zu überwinden sein und es handle sich nur um einen belanglosen Denkfehler. Allmählich wurde mir klar, daß das nicht der Fall war. [...] Jeden Morgen setzte ich mich vor ein unbeschriebenes Papier. Den ganzen Tag über, nur kurz durch das Mittagessen unterbrochen, stierte ich auf den leeren Bogen. Oft war er am Abend ebenso leer. [...] Es [sah] ganz so aus, als ob der Rest meines Lebens mit dem Starren auf den leeren Papierbogen ausgefüllt sein würde. Was die Sache noch ärgerlicher machte, war, daß die Widersprüche im Grunde

Vision offenbart, daß das Unternehmen auch das ist, als was es *nicht* gesehen wird, aber in Zukunft sein könnte.[548] Das Paradox löst Kommunikation aus und kann gleichzeitig nur durch Kommunikation aufgelöst werden, wenn die neuen Theorien mit der Zeit in das Sprachspiel der Organisation übernommen werden. Auch Kunst, von der Picasso sagt, sie sei eine Lüge, die uns die Wahrheit erkennen ließe,[549] schafft Kommunikationsgelegenheiten, die das vorherrschende organisatorische Paradigma erschüttern können, wenn sie ein Spannungsfeld zu vorherrschenden Theorien aufbauen.

Die „paradoxe Intervention" ist somit keine Intervention im herkömmlichen Sinne. Sie wirkt subtil und indirekt. Sie setzt an den symbolischen Erwartungsstrukturen, der Kultur an, und darin sind auch die Probleme zu sehen. Denn Symbole sind kaum zu identifizieren, da sie sowohl für den Organisations-Spezialisten als auch für die betroffenen Systeme nicht sichtbar sind. Die Beeinflussung der Symbole einer Organisation erfordert somit viel Gespür und Erfahrung und ist nur in eingeschränkter Form verallgemeinerbar. Dennoch gibt es auf diesem Gebiet bereits erste Forschungsergebnisse, die auf die Diagnose und Interpretation kultureller Symbole eingehen.[550]

---

ganz unerheblich waren und daß ich meine Zeit damit vergeudete, über Dinge nachzugrübeln, deren so ernste Betrachtung sich nicht verlohnte." (Bertrand Russel, Autobiographie, Band I, Frankfurt 1972, S. 226 u. 233, zit. nach Hughes/Black, Paradoxien, S. 13-14).

547 Dies verdeutlicht ein anderes bekanntes Paradox geht auf Zenon zurück und wird als Laufstreckenparadoxon bezeichnet. Danach wollen der Läufer Achilles und eine Schildkröte einen Wettlauf machen. Die Schildkröte erhält einen Vorsprung; sie darf bei Punkt T_1 starten. Nach dem Start erreicht Achilles den Punkt T_1, die Schildkröte ist aber inzwischen bei T_2 angekommen. Wenn man dies weiterdenkt, kann Achilles die Schildkröte nie einholen (vgl. Hughes/Black, Paradoxien, S. 23).
Sobald man aber Zeit berücksichtigt, löst sich das Paradox auf. Wie Alan R. White bemerkt, würde man an einer Schießbude, bei der man sich von links nach rechts bewegende Hasen treffen muß, auch nicht auf den Punkt zielen, an dem sich der Hase zum Zeitpunkt des Schusses befindet. Vielmehr würde man die Geschwindigkeit von Kugel und Hase einschätzen und die Zeit, die die Kugel bis zum Ziel benötigt, und etwas nach rechts anhalten. Genauso würde Achilles verfahren und die Schildkröte einholen, indem er einen Punkt hinter T_1 anvisiert (vgl. Hughes/Black, Paradoxien, S. 25).

548 Vgl. Luhmann, Selbstbeschreibungen, S. 163.
549 Zitiert nach Hughes/Black, Paradoxien, S. 85.
550 Vgl. den Sammelband von Turner, Organizational Symbolism. Edgren hat einen Fragebogen entwickelt, um vorherrschende organisatorische Symbole und Methapher zu identifizieren. Hier lassen sich Fragen finden wie „Who are the heroes?" oder „If the corporation were an animal, what animal would you choose? Describe your animal." (aus Edgren, Cultural Data, S. 187-186).

Abgesehen von diesen Schwierigkeiten nutzt die „paradoxe Intervention" die Eigendynamik von Sozialsystemen und etabliert selbsttragende Lernprozesse, da Kommunikation durch Paradoxien ausgelöst wird. Indem sie denjenigen, der sich mit ihr beschäftigt, automatisch in Opposition zum herrschenden Paradigma bringt und ihn dadurch das aktuelle Kommunikationssystem von außen betrachten läßt, erzwingt sie eine Beobachterperspektive 2. Ordnung und programmiert geradezu Reflexionspotentiale in die Kommunikation ein. Welche ästhetischen Kriterien notwendig sind, um eine reizvolle Vision zu konstruieren oder ein beachtenswertes Kunstwerk auszuwählen, das zudem noch in ein paradoxes Spannungsverhältnis zu vorhandenen Theorien gerät, ist eine andere Frage, der hier nicht mehr nachgegangen werden kann. Fest steht aber, daß die „paradoxe Intervention" im Hinblick auf ein verbessertes Reflexionspotential nur dann Erfolg hat, wenn sie reizvoll ist, und wenn die Vision oder das Kunstwerk eine Botschaft enthält, die verständlich ist und zu dem Bestehenden in Widerspruch steht.

3.3.4.4 Intervention von außen: die „systemische Beratung"

Der OE-Ansatz wurde anfangs als Beratungsansatz konzipiert, so daß externe Berater sui generis eine große Rolle spielen.[551] Aus systemtheoretischer Sicht wird die Position des Beraters allerdings modifiziert. Im ursprünglichen OE-Ansatz war er Partei im Veränderungsprozeß. Zwar ging man schon davon aus, daß es die Organisation selbst ist, die den Wandel vollziehen muß, der OE-Berater sollte aber als change agent den Prozeß im Sinne der Geschäftsführung vorantreiben.[552] In der systemischen Beratung vermeidet der Berater jegliche Koalition mit Beteiligten. Im Gegenteil: er kümmert sich überhaupt nicht um Einzelpersonen, sondern nur um das Kommunikationssystem als Einheit, denn nur das gesamte Klientensystem sieht die systemische Beratung als ihren Kunden an.[553] Der systemische Berater versucht, eine „einfache" Lösung, nämlich die Zuschreibung von organisatorischen Problemen auf Einzelpersonen, zu vermeiden.

---

[551] Vgl. French/Bell, Organisationsentwicklung, S. 16-17.
[552] Vgl. Kasper, Organisationskultur, S. 150.
[553] Das Konzept „Systemische Beratung" geht auf Exner/Königswieser/Titscher (Unternehmensberatung) zurück.

Eine wichtige Aufgabe des Beraters liegt nach wie vor in der Vermittlung von Prozeß - Know how während der organisatorischen Maßnahme. Weiterhin muß er das vorherrschende organisatorische Paradigma[554] - den Bestand der erkenntnis- und handlungsleitenden Theorien - diagnostizieren und auf eine Veränderung einwirken. Auch der externe Berater soll „blinde Flecken" im Umgang mit der Umwelt aufspüren und dadurch die Reflexionspotentiale in der Organisation erhöhen[555]. Dadurch entlastet er die Organisation von Selbstbeobachtungen, was mit Vorteilen verbunden ist, da Selbstbeobachtung Ressourcen bindet und die Differenzierung von speziellen Beobachterrollen - also Stellenaufbau - erfordert. Als reine Selbstbeobachtung kann Beobachtung 2. Ordnung nie vollständig gelingen[556].

Der Grund hierfür ist darin zu sehen, daß die Selbstbeobachtung permanent das verändert, was sie beobachtet, da im Vollzug der Beobachtungen Erkenntnisse gewonnen werden. Erkenntnisse verändern aber wie oben ausgeführt das System. Da das System sich selbst beobachtet, können die neuen Erkenntnisse selbst noch nicht mitbeobachtet werden. Die Selbstbeobachtung „hinkt" also immer einen Schritt hinterher. Außerdem entstehen Schwierigkeiten aus der Tatsache, daß in funktional differenzierten Systemen in aller Regel keine verbindliche Selbstbeobachtungsinstanz existiert. Die beobachtende Stelle ist nur eine von vielen im Unternehmen, zudem womöglich als Stab eingerichtet, so daß ihre Unterscheidungen nicht vorbehaltlos von den anderen Stellen übernommen werden. Hinzu kommt, daß sie als Mitakteure des Systems nur mit den Unterscheidungen arbeiten können, die in der Wissensbasis des Systems angelegt sind. Dies führt zwangsläufig zu Überschneidungen, denn in einigen Fällen wird die beobachtende Stelle zur Beschreibung von Vorgängen im Unternehmen auf Unterscheidungen zurückgreifen müssen, die diesen Vorgängen zugrunde liegen. Dann liegt die Situation vor, daß Beobachtungssprache und Objektsprache identisch sind. Die Konsequenz ist, daß der Beobachter 2. Ordnung nur die Unterscheidung 1. Ordnung übernehmen und dann lediglich tautologische Aussagen machen kann.[557] Tautologien haben

---

[554] Exner/Königswieser/Titscher (Unternehmensberatung, S. 208) sprechen von Unternehmensidentität.
[555] Vgl. ausführlich dort: Exner/Königswieser/Titscher, Unternehmensberatung, S. 227-232. Luhmann äußert sich zum Einsatz externer Berater zur Offenlegung blinder Flecken der Beobachtung eher vorsichtig (vgl. Luhmann, Kommunikationssperren, S. 239-246).
[556] Vgl. Luhmann, Soziale Systeme, S. 645.
[557] Vgl. Luhmann, Selbstbeschreibungen, S. 163.

aber keinen Informationswert. Denn Beobachtung komplexer Phänomene mit Informationswert erfordert Selektionen, also eine Differenz zwischen beobachtetem Phänomen und seiner Beschreibung. Werden die Unterscheidungen einfach übernommen, kommt es lediglich zu einer differenzlosen Kopie (Tautologie). Informationen entstehen aber erst mit dem Auftauchen von Differenzen. Besser bekannt ist dieses Phänomen übrigens unter der Bezeichnung „Betriebsblindheit"!

Der externe Berater legt seinen Beschreibungen eine eigene, meist theoriegeladene Beobachtungssprache zugrunde, die mit anderen Theorien arbeitet als das Klientensystem. Auch die Intervention durch einen externen Berater legt somit Paradoxien offen. Hat diese eine ausreichende ästhetische Anziehungskraft, kann sie, wie oben ausgeführt, Kommunikationsprozesse und in deren Gefolge Veränderungen initiieren. Dennoch bleibt der systemische Berater in erster Linie Beobachter 2. Ordnung, der seine Aktivitäten darauf konzentriert, die Selbstbeobachtung des Systems durch neue Sichtweisen zu verunsichern und dadurch Diskussionen über möglichen Wandel auszulösen; er wird aber keine Veränderungen *vorschlagen*. Dadurch kapselt sich der Berater vom Kunden ab und kann stets die für einen Beobachter 2. Ordnung notwendige Distanz aufrechterhalten.[558] Um seine Aufgabe zu erfüllen, ist es für den Berater deshalb wichtig, sich aus Konflikten im Klientensystem herauszuhalten und keine Koalitionen einzugehen.[559]

3.4 Zusammenfassende Thesen und eine Anmerkung zu den ästhetischen Aspekten der Unternehmensführung

Im dritten Kapitel wurden Konsequenzen der Reformulierung zentraler Tatbestände der Betriebswirtschaftslehre für ausgewählte Führungsfunktionen herausgearbeitet und anhand exemplarischer Instrumente verdeutlicht. Die Ausführungen lassen sich durch folgende Thesen zusammenfassen:

1. Bedingung für Rationalität ist die Anwendbarkeit von Regeln des Entscheidens und Handels auf sich selbst (Selbstreferenz) und die Beurteilung von

---

[558] Vgl. Exner/Königswieser/Titscher, Unternehmensberatung, S. 213-219.
[559] Vgl. Luhmann, Kommunikationssperren, S. 239.

Handlungsfolgen anhand der Rückwirkungen auf das eigene Unternehmen (Reflexion).
2. Für die strategische Planung können diese Anforderungen durch die Einführung einer verbindlichen und schriftlich fixierten Unternehmensverfassung erfüllt werden, deren Formulierung und Änderung selbst normiert und in der Verfassung verankert sein muß. Neben allgemeinen Absichten und Verpflichtungen besteht ihr Inhalt in Prozeßregeln zur Ableitung von Strategien.
3. Die Kontrolle muß um ein reflexives Element erweitert werden, das in dieser Arbeit Prozeßkontrolle genannt wurde. Diese muß die Einhaltung der Unternehmensverfassung sicherstellen und sich als Beobachter 2. Ordnung ständig ein Bild davon machen, wie das Unternehmen von Außenstehenden wahrgenommen wird, um relevante Systemprobleme auszuwählen und zu sichern.
4. Die Gestaltung der Organisation ist aus systemtheoretischer Perspektive eine Beeinflussung von Erwartungen und deshalb unter dem Begriff des organisatorischen Lernens subsumierbar.
5. Zu unterscheiden ist elementares und reflexives Lernen. Beim elementaren Lernen werden Strukturen durch Erwartungsenttäuschungen verändert. Deshalb kann es nur zu inkrementalen Veränderungen führen und hat zudem unvorhersehbare Nebenfolgen. Reflexives Lernen basiert auf Verstehen und versucht, durch die Kommunikation neuer handlungs- und erkenntnisleitender Theorien die Erwartungen der Organisationsmitglieder im Vorfeld der eigentlichen Gestaltungsmaßnahmen auf den Wandel vorzubereiten und Veränderungs- bzw. Anpassungsfähigkeit durch größere Einsicht bei den Betroffenen selbsttragend und permanent in der Organisation einzurichten.
6. Um Reflexionspotentiale dauerhaft in der Organisation zu etablieren, müssen ihre Mitglieder in die Lage versetzt werden, dem eigenen Handeln die Einheit von System und Umwelt zugrundezulegen. Dies kann beispielsweise durch die Vermittlung neuer Theorien im Rahmen der internen Unternehmenskommunikation, durch Lernstätten, durch Aufdeckung von Paradoxien oder durch externe Berater geschehen.

Die Ausführungen haben ferner gezeigt, daß die Unternehmensführung bei der Erfüllung ihrer Funktionen sehr weitgehend an die Möglichkeiten der Sprache und der Kommunikation gebunden ist, denn es hat sich herausgestellt, daß Führung nichts anderes als Kommunikation *ist*. Dies hat Konsequenzen für den

Steuerungsanspruch, den die Führung ihrem Handeln zugrundelegen kann. Vorstellungen einer vollständig gelingenden Koordination von Handlung und eines punktgenauen Einsatzes von Interventionen im Rahmen der Unternehmensentwicklung müssen aus dem Bestand der positiven Utopien gestrichen werden.

Hat man aber erst einmal die beschränkten Möglichkeiten der Planung und Steuerung von sozialen Systemen akzeptiert, ergeben sich neue Möglichkeiten, die Interventionskompetenz der Unternehmensführung zu verbessern. Als wichtigste Komponente ist dabei die Beteiligung von Betroffenen und die Transparenz für Betroffene zu nennen, die im Rahmen eines Konzeptes der reflexiven Unternehmensführung ausgearbeitet wurde. Es zeigte sich, wie durch permanentes Einwirken in die Kommunikationsprozesse der Organisation ein selbsttragendes Lernen erreicht werden kann, das sich in einer für die Organisation idealen Weise an der Einheit des Unternehmens mit seiner Umwelt orientiert. Dabei wurde auch auf die beschränkte Kapazität der Kommunikation zur Übertragung von Informationen eingegangen, und es wurde gezeigt, daß ihr Verständigungspotential wesentlich geringer ist als etwa von Habermas angenommen.[560] Da Organisationen mit ihren Bereichen und Stellen geschlossene Systeme sind, können Maßnahmen der Führung die Organisation oder einzelne Mitarbeiter lediglich irritieren, aber niemals determinieren. Deshalb wurde im Rahmen der „paradoxen Intervention" auf den spielerischen Charakter von Kommunikation und Sprache sowie auf die Notwendigkeit hingewiesen, daß handlungsleitende Aussagen, Visionen oder allgemein Theorien auch eine ästhetische Komponente haben sollten. Nur so können sie auf die Systeme, die nach ihnen handeln sollen, eine entsprechende Anziehungskraft ausüben. Denn die durchführenden Systeme haben die Freiheit der Möglichkeit zur Ignoranz.

Unternehmensführung ist damit nicht nur Planen einer Ordnung, sondern auch Katalysieren und Übersetzen von Informationen aus der internen und externen Umwelt. Unternehmensführung ist die Quelle für Veränderung durch Verunsicherung, Wissensvermittlung und Unterhaltung. Sie bedeutet Vermittlung zwischen Sprachspielen, Codes und Interessen. In ihren besten Momenten

---

[560] Vgl. auch Brandl, Führung, S. 236-239.

kann Unternehmensführung zur Kunst werden. Und dies nicht nur im Sinne Schmalenbachs, sondern auch im ästhetischen Sinne.

4
REFLEXIVE UNTERNEHMENSFÜHRUNG AM BEISPIEL DER RISIKO-KOMMUNIKATION DES BETRIEBLICHEN UMWELTMANAGEMENTS

„Wer Risiken in die Welt setzt, ist kommunikationspflichtig [...]."
(Hans-Christian Röglin)[561]

4.1 Einleitung

4.1.1 Vorbemerkung

In diesem abschließenden Kapitel soll das Konzept der reflexiven Unternehmensführung bei der Theorie-Arbeit gezeigt werden. Dies geschieht, um beispielhaft zu demonstrieren, was die Idee der systemischen Rationalität mit den Theoriebausteinen der Betriebswirtschaftslehre macht und welche Modifaktionen und Ergänzungen sich daraus ergeben. Denn sollte sich Reflexivität als ein brauchbares Fundament vernünftiger Führung herausstellen, so müßten weite Teile der Betriebswirtschaftslehre systemtheoretische rekonstruiert werden.

Somit wird in diesem Kapitel gleichsam als Schluß und Fazit dieser Arbeit anhand des Beispiels der Risiko-Kommunikation *ein* Aspekt reflexiver Unternehmensführung detailliert behandelt, nämlich die Berücksichtigung von Betroffenen im Entscheidungsprozeß über riskante Vorhaben. Wie kaum ein anderer Bereich kann die Risiko-Kommunikation nämlich zeigen, daß Unternehmen mit ihrer Umwelt eine untrennbare Einheit bilden. Die Beschäftigung mit ökologischen Risiken verdeutlicht dabei besonders, wie sich Einstellungen, Positionen und Interessen trotz *einer* gemeinsamen Umwelt voneinander unterscheiden können. Sie macht ferner klar, wie wichtig die Bewältigung der Risikoproblematik für die moderne Industriegesellschaft ist, und daß Unter-

---

[561] Röglin, Risiko, S. 32.

nehmen durch Einsatz reflexiver Mechanismen erheblich zur Lösung des Problems beitragen können. Außerdem zeigt die Besprechung des Risikobegriffs, wie stark Wahrnehmungen und Entscheidungen in der Organisation durch die vewendeten begrifflichen Unterscheidungen und Theorien beeinflußt werden.

4.1.2 Problemstellung der Risiko-Kommunikation

Obwohl die Störanfälligkeit von industriellen Anlagen im Durchschnitt abnimmt, werden die Ausmaße singulärer Störfälle immer größer. Dies ist nicht nur auf die wachsende Größe der Anlagen zurückzuführen; die Sensibilität für Risikofragen und die Verletzbarkeit der Gesellschaft bei Schadenfällen nimmt insgesamt zu.[562] Einerseits wachsen mit zunehmendem Wohlstand die Erwartungen an die Sicherheit von Anlagen, so daß einzelne Störfälle unabhängig von ihren tatsächlichen Auswirkungen tiefe Vertrauenskrisen auslösen können, was durch die Verbreitungswirkung der Massenmedien noch gefördert wird.[563] Andererseits wächst die Abhängigkeit von einzelnen Anlagen oder Einrichtungen durch die zunehmende soziale Dichte und Vernetzung, so daß im Störfall Kettenreaktionen mit verheerenden Ausmaßen ausgelöst werden können.

Die Folge ist, daß sich Unternehmen verstärkt im Mittelpunkt des öffentlichen Interesses wiederfinden[564] und mit Forderungen nach ökologischer und gesellschaftlicher Verantwortung konfrontiert werden, denen sie mit traditionellen betriebswirtschaftlichen Konzepten kaum noch gerecht werden können.[565] Während aber auf gesellschaftlicher Ebene Werte wie Umwelt und Gesundheit immer wichtiger werden, ist die Wirtschaft noch weitgehend einer ökonomisch verengten Rationalität und einem materiellen Wertesystem verpflichtet.[566] Formen der traditionellen Risikokalkulation (etwa als Schadenhöhe multipliziert mit der Schadenwahrscheinlichkeit) werden obsolet, denn der Entscheider

---

[562] Vgl. Röglin, Risiko, S. 32.
[563] Vgl. Haller, Risiko-Management, S. 338.
[564] Vgl. Steinmann/Zerfaß, öffentliches Interesse, S. 19-24.
[565] Vgl. Malinsky/Seidel, Kooperation, S. 32.
[566] Vgl. Dyllik, Umweltbeziehungen, S. XV.

verrechnet dabei als unwahrscheinlichen Verlust mit möglichen Vorteilen, was der Betroffene als drohende Katastrophe wahrnimmt.[567]

Für Unternehmen stellt sich das Problem als Schere dar: es entsteht eine immer größere Lücke zwischen den Forderungen nach ökologieverträglichen Entscheidungen durch eine aufgeklärte Öffentlichkeit auf der einen Seite (wachsende Rationalitätszumutungen) und den begrenzten Möglichkeiten einer Umsetzung des ökologischen Wissens in ökonomische Entscheidungen auf der anderen Seite (stagnierende Rationalitätsmöglichkeiten). Nun wird die Beschäftigung mit den ökologischen Fragen des Wirtschaftens zunehmend Gegenstand betriebswirtschaftlicher Überlegungen.[568] Um Unternehmen auf die neuen Herausforderungen vorzubereiten, hat die betriebswirtschaftliche Umweltökonomie bereits Fortschritte gemacht,[569] wozu auch Überlegungen zum Umgang mit ökologischen Risiken in betrieblichen Entscheidungsprozessen gehören. Hierzu soll in diesem letzten Teil der Arbeit ein Beitrag aus systemtheoretischer Sicht geleistet werden.

4.1.3 Gegenstand, Einordnung und Ziele der Risiko-Kommunikation

In sozialen Systemen werden Risiken in Form von negativen Erwartungen an Entscheidungsfolgen wahrgenommen und sind damit Bestandteile der Kommunikation und Elemente des Systems. Wie jede Wahrnehmung ist auch Risiko eine soziale Konstruktion, die selbst mit dem Risiko verbunden ist, Unsicherheiten, Schäden oder Nebenwirkungen nicht viabel zu erfassen. Nach Haller[570] können zwei Formen von Risikoerwartungen unterschieden werden: *Aktionsrisiken*, die sich auf vermeintlich „falsche" Entscheidungsziele oder Planungen beziehen, und *Bedingungsrisiken*, die sich auf Störquellen durch unvorhergesehene Randbedingungen ergeben.

Ausgangsproblematik der *Risiko-Kommunikation* aus systemtheoretischer Perspektive ist die Tatsache, daß Entscheider und Betroffene bzw. Experten und Laien Risiken unterschiedlich beurteilen, und daß die individuelle Einstel-

---

[567] Vgl. Rescher, Risk, S. 70-72.
[568] Vgl. beispielsweise Kreikebaum bereits seit 1981 für die strategische Planung (Unternehmensplanung, 1. Auflage, dritter Teil), ebenso Steger (Umweltmanagement).
[569] Vgl. Wagner, Einführung, S. 1.
[570] Vgl. Haller, Risiko-Management, S. 327-328.

lung zu Risiken maßgeblich von der eigenen Betroffenheit abhängt.[571] Sie ist ein Instrument des systemischen Risiko-Managements, das der Verbesserung der Wahrnehmbarkeit von ökologischen Risiken dient, indem es sie anhand ihrer ökonomischen, strategischen und sozialen Rückwirkungen auf das Unternehmen beurteilt. Risiko-Kommunikation wirkt auf Erwartungen ein, ist also eine gestaltende Funktion der Unternehmensführung. Wie bei jeder Führungsfunktion ist die Identifikation des Handelns als Risiko-Management nicht an Personen gebunden, sondern an die spezielle Form der Kommunikation. Ungeachtet dessen können Mitarbeiter funktional auf Risiko-Management spezialisiert werden, indem man ihnen im Zusammenhang mit riskanten Entscheidungen Beratungs-, Koordinations- oder Vermittlungsaufgaben überträgt.[572]

Risiko-Kommunikation wirkt auf die handlungsleitenden Theorien der Betroffenen und der Organisation, die entscheidet, ein. Betroffene sollen dadurch in die Lage versetzt werden, den Entscheidungstatbestand kompetent zu beurteilen, um damit selbst in die Situation eines Entscheiders versetzt zu werden, der Vor- und Nachteile einer Entscheidung bewußt und fundiert gegeneinander abwägen kann. Organisationen sollen ihr Reflexionspotential bei riskanten Entscheidungen und ihre Sensibilität für mögliche ökologische Risiken erhöhen. Risiko-Kommunikation versucht als reflexiver Lernprozeß, Wissen und Erwartungen der Betroffenen als wichtige Informationsquelle bei Entscheidungen zu nutzen, um möglichst viele Aspekte bei Entscheidungen zu berücksichtigen und ihre möglichen Auswirkungen auf das Bild außenstehender Anspruchsgruppen zu beurteilen. Außerdem soll sie die Öffentlichkeit über Risiken informieren[573] und Forderungen nach absoluter Sicherheit dort entgegentreten, wo dies im Rahmen der Systemrationalität vertretbar ist.

Risiko-Kommunikation zielt also entweder auf die *Vermeidung* eines Risikos oder auf seine *Akzeptanz* durch die Betroffenen bzw. durch Öffentlichkeit ab. Sie bezieht sich sowohl auf die Planungs- bzw. Entscheidungsphase als auch auf einen konkreten Stör- oder Notfall (vgl. Tab. 13).[574] Die folgenden Ausfüh-

---

[571] Vgl. Otway/Wynne, Risiko-Kommunikation, S. 101.
[572] Vgl. Haller, Risiko-Management, S. 325.
[573] Vgl. Otway/Wynne, Risiko-Kommunikation, S. 101.
[574] Vgl. Otway/Wynne, Risiko-Kommunikation, S. 104.

rungen setzen den Schwerpunkt auf Formen der Risiko-Kommunikation im Planungs- und Entscheidungsprozeß.

Zeitpunkt der Risiko-Kommunikation \ Zielrichtung der Risiko-Kommunikation	Vermeidung von Risiken	Akzeptanz von Risiken
Vor einem Schadenfall	Überprüfung und Modifikation der Risikowahrnehmung durch die Entscheider; Verbesserung der Informationsbasis im Planungs- und Entscheidungsprozeß; Identifizierung und Vermeidung prohibitiver Risiken; Aufstellung und Vermittlung von Notfallplänen	Überprüfung und Modifikation der Risikowahrnehmung durch die Betroffenen; Verständigung auf tragfähige Risiken; Akzeptanz für notwendige und eingehbare Risiken des Wirtschaftens
Nach einem Schadenfall	Vermeidung von Folgeschäden durch offene Information über das Schadensausmaß und Hinweise zu schadenbegrenzendem Verhalten	[Hilfe für Betroffene durch den Verursacher, Informationen über die Schadenursachen, Aufforderung zur Mithilfe an schadenbegrenzenden Maßnahmen, Kommunikation von Maßnahmen zur Vermeidung ähnlicher Schadenfälle in der Zukunft]

Tab.13: Dimensionen der Risiko-Kommunikation

Risiko-Kommunikation ist als flankierende Funktion des Umwelt- und Risikomanagements zu verstehen, zu deren Einordnung wieder das dreistufige Rationalitätsmodell herangezogen werden kann (vgl. Abb.16).[575] Im Zentrum steht die ökologiegerechte Gestaltung der Leistungsprozesse des Unternehmens auf Basis einer ökonomisch-technologischen Rationalität, wobei es um den Einsatz von integrierten oder nachgeschalteten bzw. additiven Umwelttechnologien geht.[576] Auf Basis strategischer Rationalität kommt die Schaffung und Sicherung ökologieinduzierter Erfolgspotentiale[577] sowie eine entspre-

---
[575] Die Abbildung macht deutlich, daß im vorgestellten Rationalitätskonzept alle drei Bereiche gleichermaßen wichtig sind und als Einheit betrachtet werden müssen.
[576] Vgl. zur begrifflichen Abgrenzung Kreikebaum, Ökologieverträglichkeit, S. 105-107.
[577] Vgl. Zahn/Steimle, Umweltinformationssysteme, S. 238-239. Vgl. auch die Ausführungen zur ökologischen Ausrichtung der Produktpolitik von Türck, Erfolgschancen, S. 122-123.

chende Auslobung im Rahmen eines ökologieorientierten Marketings[578] hinzu. Schließlich müssen auch die Voraussetzungen für ein ökologisches Bewußtsein im Unternehmen geschaffen und die Betroffenen identifiziert werden, damit die Ebene systemischer Rationalität im Entscheidungsprozeß berücksichtigt werden kann.

Abb. 16: **Die drei Ebenen systemischer Rationalität im Kontext des betrieblichen Umweltmanagements**

Die Ziele der Risiko-Kommunikation lassen sich demnach wie folgt zusammenfassen:

- Verbesserung des ökologischen Bewußtseins in der Organisation durch reflexives organisatorisches Lernen und bessere Wahrnehmung von Risiken durch die Entscheider. Dies beinhaltet die Identifikation der handlungsleitenden Theorien in der Organisation, die der Risikobeurteilung zugrunde liegen,

---

[578] Vgl. die Übersicht bei Bruhn, Integration, S. 547-550.

sowie das Vorschlagen/Vermitteln neuer Theorien und das Auslösen selbsttragender Reflexions- und Lernprozesse.
- Verbesserung der ökologisch relevanten Informationsbasis. Identifizierung von ökologisch relevanten Themen und Risikopotentialen.
- Beobachtung der Gefahrenwahrnehmung durch Betroffene und ihre Berücksichtigung in Entscheidungsprozessen.
- Initiierung und Aufrechterhaltung der externen Risiko-Kommunikation mit den Betroffenen, Identifizierung ihrer Interessen und Schaffung von Akzeptanz für vertretbare Risiken.
- Identifizierung von möglichen Konfliktpotentialen und Etablierung von Konfliktmanagementsystemen.
- Gesellschaftliches und wissenschaftliches Engagement für den Umweltschutz - auch im Hinblick auf das Reflexionspotential von Wettbewerbern, Kunden, Lieferanten und anderen gesellschaftlichen Systemen.

In den folgenden Ausführungen wird der Schwerpunkt auf die Reformulierung des Risikobegriffs gelegt, denn er ist Voraussetzung für die Schaffung von Reflexionspotential in der Organisation. Aufbauend auf den daraus folgenden Konsequenzen für den Umgang mit Risiken wird am Beispiel der ökologisch orientierten Öffentlichkeitsarbeit ein Instrument der externen Risiko-Kommunikation vorgestellt. Im übrigen sei auch auf die Instrumente der Organisationsgestaltung hingewiesen (vgl. drittes Kapitel).

4.2 Die Form des Risikos

4.2.1 Traditionelle Formbestimmungen

Aus den einleitenden Worten ergibt sich die Notwendigkeit, den Risikobegriff näher zu betrachten, da seine Verwendung bei der unterschiedlichen Beurteilung ökologischer Risiken des Wirtschaftens offensichtlich eine wichtige Rolle spielt. Der Begriff bezeichnet in der Regel Situationen, in denen durch Handeln ganz bewußt ein möglicher - aber eben nicht sicherer - Schadenfall in Kauf genommen wird, um bestimmte Vorteile zu realisieren.[579] Für die Wirtschaftswissenschaften, die sich stets als Lehre wirtschaftlicher Ordnung verstanden haben,[580] gehört Risiko zu den zentralen Begriffen. Risiko als Ausdruck einer Unordnung in der Zeit - verdeutlicht durch kontingente Zwecke, Handlungsfolgen und Umwelten - ist die Herausforderung, der sich rationales Wirtschaften stellen muß.

Im betriebswirtschaftlichen Kontext findet der Risikobegriff vornehmlich im Zusammenhang mit Entscheidungen Verwendung. Das Problem des Entscheiders lautet: welcher Zukunftseinschätzung soll Glauben geschenkt werden? Die betriebswirtschaftliche Entscheidungslehre schlägt zur Lösung dieses Glaubwürdigkeitsproblems die mathematische Kalkulation des Risikos in Form einer Wahrscheinlichkeit als Vorbedingung rationalen Entscheidens vor. Sie soll die prinzipielle Unsicherheit der Zukunft relativieren, denn trotz unsicherer Zukunft *muß* entschieden werden. Risiko läßt sich aus dieser Perspektive als ökonomisch bewertete Wahrscheinlichkeitsverteilung von Handlungsergebnissen verstehen[581], seine Form ergibt sich aus der Differenz zum Begriff der Sicherheit.

Die Differenzierung der Begriffe Sicherheit, Unsicherheit und Risiko erfolgt somit über den Wahrscheinlichkeitsbegriff.[582] Dabei unterscheiden sich Risiko und Unsicherheit dadurch, daß im ersten Fall Eintrittswahrscheinlichkeiten für Zustände oder Ereignisse angegeben werden können und im zweiten Falle nicht. Die Situation der Sicherheit stellt dann einen Grenzfall der Risikosituation dar, bei dem die Eintrittswahrscheinlichkeiten 0 oder 1 betragen. Im Falle einer Entscheidung unter Risiko wird zur Identifikation der glaubwürdigsten Prognose bzw. Entscheidungsalternative durch das Wahrscheinlichkeitskalkül ein metrischer Wert ermittelt, der auf einer Intervallskala Glaubwürdigkeitsgrade anzeigt. Das Rationalitätskalkül besteht darin, zwischen den mit der

---

[579] In diesem Sinne auch Der „Duden" (Fremdwörterbuch), welcher unter Risiko die „Verlustmöglichkeit bei einer unsicheren Unternehmung" versteht (Müller, Fremdwörterbuch, S. 674). Die etymologische Herkunft des Begriffes ist nicht eindeutig geklärt. Nach Schütz, Risiko-Beurteilung, S. 218, ist er mit dem italienischen „rischiare" („Gefahr laufen") und dem spanischen „arisco" („Gefahr", „Wagnis") verwandt. Der Ursprung des italienischen Begriffes geht auf das lateinische Verb „risicare" - „eine Klippe umschiffen" - zurück. „Arisco" wird auf das arabische Wort „rizq" zurückgeführt, das den „Lebensunterhalt, der von Gott und Schicksal abhängt" bezeichnet.

[580] Vgl. Priddat, Zufall, S. 13.

[581] Vgl. Farny, Versicherungsbetriebslehre, S. 18.

[582] Vgl. Wittmann, Betriebswirtschaftslehre, Band I, S. 212-222.

Entscheidung erhofften Vorteilen (Auszahlung oder Nutzenwert) und der Glaubwürdigkeit (Wahrscheinlichkeit) des Eintreffens eines Umweltzustandes abzuwägen. Die übliche Entscheidungsregel für Situationen unter Risiko lautet, daß die Entscheidungsoption zu wählen sei, bei welcher der Erwartungswert bzw. Nutzenerwartungswert (Bernoulli-Prinzip) - gegebenenfalls vermindert um einen von der statistisch ermittelten Standardabweichung abhängigen Sicherheitsabschlag - maximal ist.[583]

Die Idee, Risiko als Differenz von Sicherheit und Unsicherheit aufzufassen, läßt sich in der Ökonomik bis auf Adam Smith zurückverfolgen und ist in ihrer Entwicklung weitgehend beibehalten worden.[584] Smith zeigte, wie das Risiko kontingenter Preise durch eine Entstaatlichung der wirtschaftlichen Abläufe für alle (für Reiche *und* Arme) reduzierbar ist, indem sich Erwartungen trotz dynamischer Märkte stabilisieren können. Dadurch konnte die Unsicherheit der Geldinvestition in ein kalkulierbares Investitionsrisiko umgewandelt werden, zumal dann, wenn auf funktionierenden Märkten die Möglichkeit der Risikostreuung durch Diversifizierung der Investitionen besteht. Die ansonsten herrschende Sicherheit der Armut der Besitzlosen konnte darüber hinaus in eine Chance zur Partizipation am wirtschaftlichen Wachstum transformiert werden.[585]

Perfektioniert hat diesen Gedanken freilich die Neoklassik auf der im Prinzip noch die heutige normative Entscheidungslehre der Betriebswirtschaftslehre basiert.[586] Zugrundegelegt wird die Vorstellung, daß eine Situation der Unge-

---

[583] Vgl. ausführlich und kritisch: Schneider, Investition und Finanzierung, S. 72-108.
[584] Vgl. zu dieser These die (freilich nicht differenztheoretische, aber dennoch aufschlußreiche) Untersuchung über Unsicherheit und Risiko in der Geschichte der ökonomischen Theorie von Priddat, Zufall, oder auch die Übersicht bei Schneider (Unternehmer und Unternehmung). So bezieht Carl Menger den Risikobegriff auf die zeitabhängige Unsicherheit bei der Vorausbestimmung des Produktionsprozesses, deren Zweck es ist, Bedürfnisse durch die Bereitstellung Güter 1. Ordnung (Konsumgüter) zu befriedigen. Für dieses Risiko kann der Unternehmer eine Risikoprämie in Form von Gewinnen erzielen. Das Risiko sinkt mit zunehmender Sicherheit bzgl. der Mengen und Qualitäten zukünftiger Güter 1. Ordnung, was durch Anwendung der ökonomischen Erkenntnisse prinzipiell erreichbar ist (vgl. Priddat, Zufall, S. 105-107). Max Weber konfrontiert Risiko mit dem Begriff der Erwartung und sieht in der Orientierung am erwartbaren zweckrationalen Handeln der Wirtschaftssubjekte eine Möglichkeit der Risikokompensation (vgl. Weber, Wirtschaft, S. 48-52).
[585] Vgl. ausführlich bei Priddat, Arm, v.a. den vierten Abschnitt.
[586] Man beachte nur, wie das Problem betriebswirtschaftlicher Entscheidungen in den Standardlehrbüchern behandelt wird; vgl. etwa Wöhe, Allgemeine Betriebswirtschaftslehre, S. 125-152, Schierenbeck, Grundzüge der Betriebswirtschaftslehre, S. 149-152, und

wißheit stets in Sicherheit bzgl. der möglichen zukünftigen Umweltzustände[587] samt subjektiver Eintrittswahrscheinlichkeit transformiert werden kann.[588] In der Theorie wird dies durch den Ereignisbaum repräsentiert, der - erweitert um (reaktive) Entscheidungsalternativen - als Entscheidungsbaum auch zum betriebswirtschaftlichen Rüstzeug[589] gehört. Wird durch Natur oder Entscheider ein Ereignis gewählt, wandelt sich Unsicherheit oder Risiko mit einem Schlage in Sicherheit.[590]

Während in der normativen Theorie betriebswirtschaftlicher Entscheidungen eine *subjektive* Auffassung von Wahrscheinlichkeit zugrundegelegt wird, operiert die betriebliche Praxis vornehmlich mit einem objektiven Wahrscheinlichkeitsbegriff. Subjektive Wahrscheinlichkeiten lassen sich als personelle Glaubwürdigkeitsgrade des Eintreffens einmaliger Ereignisse fassen, die durch Systeme kohärenter individueller Wettquotienten ermittelt, quantifiziert und in eine transitive Reihenfolge gebracht werden können, sofern bestimmte, als evident eingestufte Axiome erfüllt sind. Auch statistische (objektive) Wahrscheinlichkeiten lassen sich in diesem System auf den subjektiven Wahrscheinlichkeitsbegriff zurückführen, da die Frage, welche Relevanz man einer

---

als Übersicht bei Schneider, Allgemeine Betriebswirtschaftslehre, S. 224-252. Aber auch „progressive" Lehrbücher, wie das von Steinmann/Schreyögg, Management, das sich ausdrücklich auf die Systemtheorie Luhmanns bezieht (vgl. Steinmann/Schreyögg, Management, S. 101-121), vermitteln nach wie vor die neoklassische Entscheidungslehre (vgl. Steinmann/Schreyögg, Management, S. 233-234 und 242-255).

[587] Dabei wird Umwelt als natürliche, nicht beeinflußbare Umwelt interpretiert, welche die Menge aller Zustände bildet, von denen ein Ereignis eine Teilmenge darstellt (vgl. Gerdsmeier, Modelle, S. 108).

[588] Vgl. Röpke, Innovation, S. 267.

[589] Vgl. zur Konzeption des Ereignisbaums, Debreu, Value, S. 98-99 und zur betriebswirtschaftlichen Anwendung von Entscheidungsbäumen bei Bamberg/Coenenberg, Entscheidungslehre, S. 219-229.

[590] Auch in neueren theoretischen Modellen neoklassischer Prägung wird mit Wahrscheinlichkeitskalkülen gearbeitet: im Capital Asset Pricing Model von Modigliani und Miller dient die vorausgesetzte Sicherheit eines festverzinslichen Wertpapiers als Basis für die Beantwortung der Frage, welchen Preis unterschiedliche Sicherheitsbedürfnisse bei der Übernahme von Risiko beim Aktienkauf haben (vgl. ausführlich zum CAPM: Sharpe, Prices, S. 425-442). Die Frage nach der Glaubwürdigkeit von Vorteilhaftigkeitsaussagen über verschiedene Anlage- bzw. Finanzierungsalternativen wird in bewährter Weise mit Hinweis auf Erwartungswerte gegeben. Es wird an dem Beispiel deutlich, daß der Begriff der Sicherheit lediglich ein leeres Schema darstellt, das selbst gar nicht von Interesse ist. Es geht hier vielmehr darum, durch den Begriff des Risikos das Sicherheitsstreben alternativer Anleger quantitativ auszudrücken.

Häufigkeitsverteilung für die Zukunft beimißt, letztendlich nur beantwortbar ist, wenn das entsprechende Sicherheitsäquivalent bestimmt wird.[591]

Im Gegensatz dazu, wird bei *objektiven* Wahrscheinlichkeiten - verstanden als relative Häufigkeiten einer ausreichend großen Grundgesamtheit bei Konstanz der Rahmenbedingungen[592] - versucht, die Idee der Erfahrung theoretisch abzubilden, indem man aus vergleichbaren Fällen der Vergangenheit auf die Zukunft schließt. Die Schwierigkeit, die sich daraus ergibt, läßt sich seit Hume mit dem Stichwort *Induktionsproblem* kennzeichnen, daß nämlich der objektive Wahrscheinlichkeitsbegriff nicht auf die Prognose von Einzelfällen anwendbar ist.[593]. Dennoch können bei ausreichend großer Grundgesamtheit möglicher Ereignisse und annähernder Konstanz der Bedingungen die ökonomischen Konsequenzen bestimmter möglicher Schäden mit der Hilfskonstruktion des Wahrscheinlichkeitskalküls handhabbar gemacht werden, wie das gesamte Versicherungswesen ja zeigt. Damit zeichnet sich diese *objektive* Annäherung des Glaubwürdigkeitsproblems zwar durch eine gewisse Plausibilität und praktische Anwendbarkeit aus, ist aber als Basis eines theoretischen Modells ungeeignet.

Für den Bereich geringer Risiken mit möglichen katastrophalen Folgen wurde die Methode der *probabilistischen Risikoanalyse*[594] entwickelt. Hierbei wird der zur Debatte stehende riskante Prozeß analytisch aufgeteilt und die Versa-

---

[591] Vgl. ausführlich Heilig, Entscheidungstheorie, S. 77-78.
[592] Vgl. ausführlich Stegmüller, Wissenschaftstheorie, S. 77-83 und 287-385.
[593] Vgl. nur Poppers „Ein einfacher Beweis, daß es keine probabilistische Induktion gibt" (in Logik der Forschung, S. 438-444). Auch Keynes - wenn auch aus vollkommen anderer Position heraus - war davon überzeugt, daß es keinen Sinn macht, Voraussagen zu machen - auch nicht auf Grundlage von Häufigkeitsverteilungen untersuchter (vergangener) Fälle: „Der Wert der Voraussage ist ganz eingebildet. Die Zahl der untersuchten Fälle und die zwischen ihnen bestehende Analogie sind die wesentlichen Punkte, und es ist belanglos, ob eine Hypothese vor oder nach Untersuchung der Fälle aufgestellt wurde" (Keynes, Wahrscheinlichkeit, S. 254).
Darauf weist übrigens auch einer der Begründer der Wahrscheinlichkeitsrechnung hin; Bernoulli schreibt in seinem Hauptwerk Ars Conjectandi von 1713: „Wir sind also dahin gelangt, dass zur richtigen Bildung von Vermuthungen über irgend eine Sache nichts anderes zu thun erforderlich ist, als dass wir zuerst die Zahl dieser Fälle genau ermitteln und dann bestimmen, um wieviel die einen Fälle leichter als die anderen eintreten können. Und hier scheint uns gerade die Schwierigkeit zu liegen, da nur für die wenigsten Erscheinungen und fast nirgends anders als in Glücksspielen dies möglich ist [...]" (zit. nach Schneider, Allgemeine Betriebswirtschaftslehre, S. 236).
[594] Diese Methode wurde zunächst für Kernkraftwerke in den USA in der sog. Rasmussen-Studie entwickelt und später in Deutschland von der Gesellschaft für Reaktorsicherheit aufgenommen (vgl. Peters, Risikokommunikation, S. 23).

genswahrscheinlichkeit einzelner Systemkomponenten wie Leitungen, Ventile etc. von Experten geschätzt. Mit Hilfe sogenannter Fehlerbäume wird versucht, die Ereignisverläufe möglicher Störfälle zu rekonstruieren. Durch Aggregation der Einzelwahrscheinlichkeiten der Störung von Systemkomponenten wird so für jeden denkbaren Störfall die Gesamtwahrscheinlichkeit ermittelt. Unter Berücksichtigung des möglichen Schadenausmaßes und äußerer Parameter wie Bevölkerungsdichte, Wetter u.a. wird das Gesamtrisiko einer bestimmten Anlage geschätzt.[595]

Gerade im Zusammenhang mit Umweltrisiken ergibt sich aber die Frage der prinzipiellen Bewertbarkeit von Schäden. Die Probleme ergeben sich aus der vergleichsweise atypischen Risikosituation:[596]

- Ungewißheit des Schadens: die Ermittlung des Ausmaßes und die monetäre Bestimmung ökologischer Schäden ist fast unmöglich, da sie häufig weder räumlich noch zeitlich begrenzbar sind.[597] Ferner ist die Berechnung der Eintrittswahrscheinlichkeit von Umweltschäden häufig kaum möglich, da keine große Grundgesamtheit von Schäden vorliegt, aus der sich eine statistische Eintrittswahrscheinlichkeit berechnen läßt. Außerdem hängt die Schadenswahrscheinlichkeit von endogenen Faktoren des Versicherten ab (Altlasten, Stand der Technik, Umweltbewußtsein, Risikoneigung etc.).
- Identifizierung von Verursachern und Schädigern: Umweltschäden zeichnen sich häufig durch viele Verursacher und viele Geschädigte aus; zudem ergeben sich Probleme aus Distanz- und Summationseffekten. Eine Verursachung im Sinne einer strengen Kausalität kann deshalb häufig nicht oder nur unter Aufwendung hoher Transaktionskosten nachgewiesen werden.
- Schließlich ergeben sich Probleme aus der Abhängigkeit des Risikos von anderen (natürlichen und gesellschaftlichen) Einflüssen und der Schätzbarkeit der Schadensausmaße selbst.

An dieser Stelle kann keine umfassende Kritik an den verschiedenen Wahrscheinlichkeitskonzepten erfolgen. Dies haben zahlreiche Autoren bereits getan[598]. Die hier vorzutragende Kritik konzentriert sich darauf, daß das Prinzip

---

[595] Vgl. Peters, Risikokommunikation, S. 23.
[596] Vgl. zum folgenden Eisen, Umweltprobleme, S. 77-80.
[597] Vgl. Beck, Überleben, S. 24.
[598] Vgl. z.B. Heilig, Entscheidungstheorie.

der Risikokalkulation, das zur Ermittlung einer ökonomisch „besten" Alternative herangezogen wird, nicht geeignet ist, eine riskante Entscheidung auch sozial zu rechtfertigen. Durch die ökonomische Kalkulation des Risikos wird die Entscheidung zwar mit dem Etikett der Rationalität versehen, gegen die zu opponieren per se ein Fauxpas bedeutet - denn: „Der vernünftige Mensch hat gewisse Zweifel *nicht* " (Wittgenstein[599]). Tatsächlich eignen sich aber Wahrscheinlichkeitsbegriffe nicht für die *soziale* Konstruktion von Risiko.

Die Frage, die sich damit anschließt, ist, ob die Form des Risikos als Gegenbegriff zu Sicherheit überhaupt *viabel*[600] ist, wenn man betriebswirtschaftliche Entscheidungen aus der Perspektive reflexiver Unternehmensführung betrachtet. Denn unter diesen Voraussetzungen müssen nicht nur mögliche Gewinne und Schadenfälle (Sachaspekt) und die Glaubwürdigkeit ihres Eintreffens in der Zukunft (Zeitaspekt) berücksichtigt werden, sondern in besonderem Maße auch Sozialaspekte, also Gesichtspunkte, die sich auf die Entscheidungsprozesse selbst, auf die Kommunizierbarkeit von Entscheidungen und auf die Konsequenzen der Entscheidung auf Entscheider und Betroffene beziehen.

Vor diesem Hintergrund ist zunächst zu vermuten, daß der Begriff der Sicherheit im Zusammenhang mit organisatorischen und unternehmerischen Entscheidungen nur ein fiktiver Merkposten ist.[601] Sicherheit ist das nie erreichbare Ideal und wird im Sprachspiel mit *Streben* nach Sicherheit gleichgesetzt. In dieser Verwendung steht Sicherheit dann auch zur Disposition und kann mit möglichen anderen Vorteilen verrechnet werden. Auf Kapitalmärkten zum Beispiel kann der Anleger seinem Sicherheitsstreben entsprechend unterschiedliche Renditen und Zukünfte kaufen.[602] Sicherheit kann es nur in der logischen Sekunde der Gegenwart geben, und selbst in bezug auf Vergangenes schleicht sich wieder ein Moment der Ungewißheit ein. Auf die Zukunft bezogen stellt sie - wenn überhaupt - allenfalls ein Ideal dar, in dessen Nähe

---

[599] Wittgenstein, Gewißheit, § 220, S. 163 (Hervorhebung im Original, d. Verf.). Oder Luhmann: „Wer rational kalkuliert, kann sich fühlen wie 'jedermann' und Andersdenkende als emotional gestört behandeln" (Konstruktivistische Perspektiven, S. 136).
[600] Vgl. zum Begriff der Viabilität Gliederungspunkt 2.2.4.
[601] Vgl. Luhmann, Konstruktivistische Perspektiven, S. 134. Oder mit Wittgenstein: „Ich handle mit *voller* Gewißheit. Aber diese Gewißheit ist meine eigene." (Gewißheit, § 174, S. 156; Hervorhebung im Original, d. Verf.).
[602] Vgl. Banz, Prices, S. 655.

zu kommen, also Risiko zu reduzieren, aber wieder mit Risiko verbunden ist, so daß es auch vernünftig sein kann, bewußt auch ein höheres Risiko einzugehen, um bestimmte Gewinnchancen nicht von vornherein auszuschließen.

Keynes hat ähnlich argumentiert.[603] Nicht Sicherheit sondern die bewußte Übernahme von Risiko sei der Schlüssel zu wirtschaftlicher Aktivität. Es sei folglich nicht Aufgabe des Staates, Sicherheitsgarantien zu übernehmen, sondern durch investitionsfreundliche Wirtschaftspolitik auf die (Absatz-) Erwartungen der Unternehmer einzuwirken, so daß diese ein Investitionsrisiko auf sich nähmen. Keynes argumentierte, daß positive Zukunftsentwicklung in den optimistischen Erwartungen der Unternehmer vorweggenommen werden müsse.[604] Er ersetzt die Vorstellung einer objektiv gegebenen und vorausberechenbaren Welt durch die Idee einer zwar unsicheren aber prinzipiell gestaltbaren Zukunft, wobei die Entscheidungen der Unternehmer maßgeblich von der Glaubwürdigkeit der Politik abhängen. Nicht Wahrscheinlichkeits- oder Kostenkalküle, sondern politische Opportunität bestimmten das Entscheidungsverhalten der Investoren. Nach Keynes sind wirtschaftliche Entscheidungen, die gegen gemeinsame, politisch motivierte Erwartungshaltungen laufen, rein spekulativ bzw. irrational.[605]

Keynes ist zuzustimmen, daß Sicherheit als Gegenbegriff von Risiko in bezug auf wirtschaftliche Entscheidungen ungeeignet ist. Sicherheit stellt keine Alternative zu riskantem Entscheiden dar, da Entscheiden *immer* mit Unsicherheiten verbunden ist. Wegen der Vernachlässigung sozialer Einflüsse wird durch Einsatz des Wahrscheinlichkeitskalküls die Glaubwürdigkeit von Aussagen über zukünftige Umweltzustände (bzw. von Vorteilhaftigkeitsaussagen über Entscheidungsalternativen) falsch widergespiegelt. Aber auch die Lösung von Keynes, Risiko von gleichlautenden Erwartungen abzugrenzen, erscheint im Hinblick auf die stets ungewiß bleibende Zukunft nur bedingt geeignet. Sie berücksichtigt zwar soziale Aspekte, arbeitet aber implizit auch mit dem Sicherheitskonzept, da es davon ausgeht, daß gleichgerichtete Erwartungen die Unsicherheiten von Entscheidungen reduzieren.

---

[603] Vgl. zum folgenden: Priddat, Zufall, S. 146-153.
[604] Dieser Gedankengang erinnert nicht zufällig an konstruktivistische Positionen; daß Keynes von der in den dreißiger Jahren diskutierten Gestalt-Psychologie beeinflußt war, zeigt die Untersuchung von Rieter, Erwartungsbildung, S. 27-31.
[605] Keynes übernimmt die von Max Weber vorgeschlagene Unterscheidung von „Enterprise" und „Speculation" (vgl. Priddat, Zufall, S. 148).

4.2.2 Der Risikobegriff in systemtheoretischer Perspektive

Wie ausgeführt, gerät die Formbestimmung des Risikos über den Gegenbegriff der Sicherheit schnell an ihre Grenzen, wenn es um die soziale Konstruktion des Risikos und die Kommunikation riskanter Entscheidungen geht. Dabei stellte sich - quasi als Nebenprodukt - die Erkenntnis ein, daß Formbestimmungen auf den verschiedenen Rationalitätsebenen durchaus unterschiedlich ausfallen und daß Gegenbegriffe, die auf der Ebene ökonomischer Rationalität viabel erscheinen, auf sozialer Ebene nicht unbedingt verwendbar sind. Luhmann schlägt deshalb vor, im sozialen Kontext *Gefahr* als Gegenbegriff zu Risiko zu verwenden.[606] Beide Begriffe haben zwar ihren Ausgangspunkt in der Möglichkeit zukünftiger Schadenfälle, in *sozialer* Hinsicht erfolgt jedoch eine Abgrenzung über die Zurechnung der Verantwortung für einen möglichen Schaden auf den Entscheider oder den Betroffenen. Beide müssen die negativen Konsequenzen der Entscheidung tragen, aber nur der Entscheider kann sie verhindern, und nur er kann zwischen möglichen Schäden und Gewinnen abwägen; nur er geht ein Risiko ein. In bezug auf die Konsequenzen der Entscheidung dagegen ist der Betroffene dem Entscheider ausgeliefert; seine Kalküle beeinflussen die Entscheidung nicht. Systemtheoretisch formuliert ergibt sich der Unterschied daraus, ob man einen möglichen Schaden dem System (als Entscheider) oder der Umwelt (als Betroffener) zurechnet.[607]

In zeitlicher Hinsicht bezieht sich die Differenz von Risiko und Gefahr auf die Möglichkeit des Entscheiders, Kontingenz einzuschränken und zukünftige Entwicklungen zu beeinflussen und zu kontrollieren. Der Unterschied ergibt sich also aus unterschiedlichen Möglichkeiten der Zurechnung eines Schadens auf sich selbst (im Falle des Risikos) und im Falle der Gefahr auf einen Fremden. Die Risikoposition ist also immer die aktive, bewußte, kontrollierende und rationalisierende Instanz, während Gefahr eine Situation des Ausgeliefertseins, der Passivität und der Unterlegenheit gegenüber dem Entscheider zum Ausdruck bringt.

---

[606] Vgl. Luhmann, Konstruktivistische Perspektiven, S. 148-158. In der neoklassisch geprägen Versicherungsbetriebslehre bezeichnet der Gefahrenbegriff dagegen die Wahrscheinlichkeitsverteilung *realer* Schäden, während sich der Risikobegriff nur auf deren wirtschaftliche Folgen bezieht (vgl. Farny, Versicherungsbetriebslehre, S. 24).
[607] Vgl. Japp, Entscheidungen, S. 32-33.

Es sind aber auch Mischformen und Übergänge möglich. Etwa dann, wenn die Kontrolle über die Folgen einer Entscheidung wegen ungeplanter Nebenfolgen und Eigendynamik der Umwelt dem Entscheider aus der Hand gleiten. Oder dann, wenn sich auf Grund neuer Erkenntnisse in einer Gefahrensituation Einflußmöglichkeiten ergeben und ein drohender Schaden durch eine Entscheidung abgewendet werden kann. Mischformen ergeben sich auch dann, wenn man eine Gefahr erkennt, sich ihr aber nicht entzieht, oder wenn über die Risiken der Entscheidung hinaus unentdeckte Gefahren auftauchen.[608]

4.3 Ansatzpunkte der Risiko-Kommunikation

4.3.1 Umgang mit Risiko auf der Basis ökonomisch-technologischer Rationalität: Risikokalkulation

Die Kalkulation des Risikos im Rahmen ökonomisch-technologischer Rationalität ergibt sich aus der Multiplikation des monetär bewerteten möglichen Schadens mit dessen Eintrittswahrscheinlichkeit. Der hieraus errechnete Betrag kann als Grundlage für die Berechnung einer Versicherungsprämie oder für eine kalkulatorische Eigenversicherung (Wagniskosten) herangezogen werden.[609] Bei der Entscheidung zwischen Fremd- und Eigenversicherung kommen Abwägungen ins Spiel, die sich aus Vorteilen der Versicherer bezüglich niedrigerer Risikokosten (Portfolioeffekte und kollektiver Risikoausgleich) gegenüber Nachteilen auf Grund von Sicherheitszuschlägen, Rückversicherungskosten, Verwaltungskosten, Gewinnzuschlägen und Versicherungssteuern ergeben.[610] Die so ermittelten Vergleichsgrößen müssen dann noch mit den individuellen oder kulturell bedingten Risikoeinstellungen konfrontiert werden. Zu berücksichtigen ist ferner, daß Wagniskosten im Gegensatz zu Versicherungsbeiträgen, weder bilanziell als Rückstellung[611], noch als Aufwendungen in Ansatz gebracht werden dürfen, da sie nicht unter das Imparitätsprinzip fallen, das nur bei Bekanntwerden drohender Verluste den Ansatz von Wertminderun-

---

[608] Vgl. die Beispiele bei Luhmann, Konstruktivistische Perspektiven, S. 150.
[609] Vgl. hierzu kritisch Binswanger, Restrisiko, S. 260-262 und S. 273-275. Im Zusammenhang mit Großrisiken fordert er eine stärkere Berücksichtigung des Schadensausmaßes im Vergleich zur Eintrittswahrscheinlichkeit.
[610] Vgl. Farny, Versicherungsbetriebslehre, S. 45-49.
[611] Vgl. § 249 HGB i.V. mit § 5 EStG.

gen erlaubt[612]. Lediglich bei geeigneter Marktsituation lassen sich die so ermittelten Beträge zur Berechnung eines Risikoaufschlages auf den Verkaufspreis heranziehen.

Die Form des Risikoumgangs im Rahmen ökonomisch-technologischer Rationalität soll nicht grundsätzlich in Frage gestellt werden. Es ist aber zu betonen, daß sie *nur* als Grundlage eines Vergleichs einer begrenzten Anzahl klar definierter Optionen herangezogen werden kann. Sie ist wenig geeignet für die Beurteilung der Frage, ob ein Risiko überhaupt eingegangen werden soll oder nicht. Neben dem Problem der Bestimmung von Eintrittswahrscheinlichkeiten und Schadensausmaßen ergeben sich Schwierigkeiten bei der Beurteilung immaterieller Schäden. Hierzu gehören die Beziehungen zu solchen Umweltsystemen (Konsumenten, öffentliche Meinung etc.), die auch ohne konkreten Schadenfall gestört werden können, was zu erheblichen wirtschaftlichen Konsequenzen führen kann.[613] Über die öffentliche Diskussion kann es zudem zu politischen Prozessen kommen, die die unternehmerischen Freiheiten weiter einschränken.

4.3.2 Umgang mit Risiko auf der Basis strategischer Rationalität: Partizipation

Die Partizipation der Betroffenen an Entscheidungsprozessen ist ein Lösungsangebot, das in der Betriebswirtschaftslehre in jüngster Zeit häufig diskutiert wird.[614] Der Partizipationsgedanke basiert auf der Vorstellung, im Entscheidungsprozeß eine Einigung der von der Entscheidung Betroffenen herzustellen.[615] Er geht also über die einfache *Berücksichtigung* der Betroffenen hinaus und gewährt weitgehende Mitwirkungs- und Mitbestimmungsrechte. Bereits Ende der sechziger Jahre entwirft Steinmann das Bild der Unternehmung als

---

612 Vgl. Coenenberg, Jahresabschluß, S. 41-42.
613 Vgl. die Beispiele von Dyllik, Umweltbeziehungen, S. 2-12.
614 Vgl. grundlegend das Modell der partizipativen Organisation (hier aber als Motivationsverstärker gedacht) von Likert, Unternehmensführung, S. 101-104. Begrifflich werden partizipative Vorstellungen auch durch die Bezeichnung „stakeholder-Ansatz" von traditionellen Auffassungen abgegrenzt, bei denen nur die Interessen der Kapitalgeber im Vordergrund standen (sog. „stockholder-Ansatz"; vgl. Bleicher, Integriertes Management, S. 119-147, vgl. in diesem Zusammenhang auch die Übersicht von Krüger, Unternehmensverfassung).
615 Partizipation ist etymologisch aus den Begriffen „Partei" (von lat. pars, partis, dt: Teil) und „akzeptieren" (von gleichbedeutend lat: accipere und später acceptare, dt: annehmen, billigen) zusammengesetzt (vgl. Kluge, Etymologisches Wörterbuch, S. 17 u. S. 529).

Koalition, bei der beteiligte Interessen in demokratisch reglementierter Form beteiligt werden sollen.[616] Weitergehende Partizipationsforderungen stellt P. Ulrich, der, beeinflußt durch die Diskursethik von Habermas, eine Beteiligung und Einigung aller betroffenen Interessen fordert.[617]

Partizipation basiert als selektiver Kontakt zu bestimmten Umweltsystemen auf strategischer Rationalität. Da Konsens das erklärte Ziel der Partizipation ist, kommen fast zwangsläufig manipulative Elemente ins Spiel, zumal dann, wenn unter Zeit- und Kostendruck entschieden werden muß. Die Folge ist, daß es nur noch über die bekannten Formen der Machtausübung oder finanziellen Kompensation zur Einigung kommt. Was zur Motivationssteigerung von Mitarbeitern eine gewisse Berechtigung haben mag,[618] erscheint als Prinzip zur Reduktion von Gefahren kaum geeignet.[619] Ein Entscheiden aller über alles ist zudem schlicht unmöglich. Und zwar auch dann, wenn man anstelle des erforderlichen Konsensprinzips[620] Hilfskonstruktionen wie Vertreterprinzip oder demokratische Mehrheitsentscheidungen zuläßt.[621] Luhmann vermutet sogar eine Verschlechterung der Position der Betroffenen, sobald versucht wird, Partizipation durch derartige Hilfskonstruktionen zu ermöglichen.[622] Werden nur eingeschränkte Partizipationsrechte gewährt, muß mit Unzufriedenheit bei denen gerechnet werden, die die schwächere Position innehaben.

Aber selbst wenn Partizipation nicht zu den genannten Schwierigkeiten führt, ist ihre Vorteilhaftigkeit bei weitem nicht so evident, wie ihre Befürworter behaupten. Zunächst ist die Beteiligung am Entscheidungsprozeß mit einem Risiko für die *Betroffenen* selbst verbunden, denn diese tragen dann eine

---

[616] Vgl. Steinmann, Großunternehmen, S. 10.
[617] Vgl. Ulrich, quasi-öffentliche Institution, v.a. S. 210-215. Vgl. a. den auf Ausgleich von Entscheidungseffizienz und Interessenberücksichtigung angelegten Ansatz von Dyllik, Umweltbeziehungen, S. 111-116.
[618] Daß partizipative Formen der Unternehmensführung zudem meist am Informationsverhalten der Führungskräfte scheitern, zeigen zahlreiche empirische Untersuchungen (vgl. die Angaben bei Staehle, Management, S. 628). Zur Kritik an den neueren Ansätzen der Partizipation (z.B. Ulrich, Konsensus-Management, oder die diskursive Unternehmensethik von Steinmann/Löhr, Unternehmensethik) vgl. allgemein und knapp den Artikel von Kondylis, Ethik, und speziell auf betriebswirtschaftliche Fragen gemünzt vgl. Schneider, Unternehmensethik, S. 869-891.
[619] Vgl. die Kritik am partizipativen Führungsstil bei Staehle, Management, S. 628-629.
[620] So selbst Ulrich, Sozialökonomie, S. 198-200.
[621] Diese Hilfskonstruktionen haben zudem weitere negative Folgeeffekte wie Diskriminierung von Minderheiten (vgl. Macho, So viele Menschen, S. 43-44).
[622] Vgl. Luhmann, Konstruktivistische Perspektiven, S. 152.

Mitverantwortung. Dabei ist zu bedenken, daß es in Entscheidungssituationen immer Informationen geben wird, die nicht kommuniziert werden. Sei es aus reiner Nachlässigkeit oder auf Grund von Fehleinschätzung bezüglich ihrer Relevanz. Zudem ist in Fällen, bei denen mögliche Vor- und Nachteile der Entscheidungsfolgen ungleich auf die Entscheider verteilt werden, zu erwarten, daß Informationen bewußt gehortet werden. Unter solchen Voraussetzungen kann es für den Betroffenen vorteilhaft sein, seine Position als Unbeteiligter an der Entscheidung nicht aufzugeben, um Kompensationsansprüche im Schadenfall nicht zu verwirken - und sei es nur in Form einer Schuldzuweisung.

Aber auch aus der Perspektive eines Unternehmens ist keinesfalls ersichtlich, daß die Partizipation der Betroffenen die gewünschten Vorteile mit sich bringt, die ihre Nachteile - v.a. Zeitaufwendigkeit der Planungsprozesse[623] und Preisgabe von Informationen - kompensieren könnte. Denn Betroffenheit hat durchaus eine soziale Funktion.[624] Die Möglichkeit, auf Gefahren hinzuweisen, die der Entscheider schon längst im Wahrscheinlichkeitskalkül hat verschwinden lassen, ist nicht nur aus Sicht der Betroffenen sinnvoll. Auch für das Unternehmen bedeutet es eine permanente Thematisierung möglicher negativer Entscheidungsfolgen, die - ohne die Entscheidung selbst beeinflussen zu müssen - das System ständig wachsam in bezug auf drohende Katastrophen hält. Die Entscheider selbst können dies nicht leisten, ohne die Rationalität ihrer eigenen Entscheidungen in Frage zu stellen.[625]

---

[623] Vgl. Evers/Nowotny, Unsicherheit, S. 279.
[624] Vgl. Luhmann, Konstruktivistische Perspektiven, S. 153.
[625] Die Bereitschaft, Risiko und Verantwortung für andere zu übernehmen, ist konstitutives Element des Unternehmers und von Innovativität. Bei Schumpeter (in der „Theorie der wirtschaftlichen Entwicklung") wird etwa die Erfindung von der Realisation (Durchsetzung) klar getrennt (vgl. die Übersicht über die Unternehmerfunktionen bei Röpke, Innovation, S. 117-172). Auch Luhmann weist schon in frühen Schriften darauf hin, wie wichtig die Übernahme von Verantwortung beim Umgang mit Risiken ist (er weist Vertrauen in der Kommunikation und Intuition beim Individuum als funktional äquivalent aus; vgl. Luhmann, Organisation, S. 172-174, und Luhmann, Vertrauen, S. 29). Aber auch dann, wenn der individuelle Einfluß auf Entscheidungen schwindet - also bei Gruppenentscheidungen - kann es zu innovativeren Lösungen kommen, da sich der individuelle Entscheider in einer vermischten Position zwischen Risiko und Gefahr befindet, in der er als teilweise selbst Betroffener riskante Entscheidungen mittragen und gleichzeitig auf mögliche Gefahren warnend hinweisen kann. Dies erlaubt ihm situationsabhängig, und ohne daß dies die Entscheidung beeinträchtigen könnte, die gleiche Entscheidung zu verherrlichen und gegebenenfalls zu verteufeln und dabei unterstützend auf seine eigene Position als Betroffener der Entscheidung hinzuweisen.

4.3.3 Umgang mit Risiko auf Basis von Reflexion

4.3.3.1 Die Rationalitätsschere im Umgang mit Risiken

Die Form des Risikos als Differenz zur Gefahr ist als Zurechnungsproblem von Entscheidungsfolgen formuliert. In Unternehmen sind genauso wie in der Gesellschaft Entscheidungsmöglichkeiten und damit Einflußchancen funktional differenziert und arbeitsteilig angelegt. Entscheidungskompetenzen sind definiert, und der Entscheider weiß, daß er Risiken eingeht, die er sich und den Betroffenen gleichermaßen zumutet.[626] Der Betroffene seinerseits beobachtet die Entscheidung und rechnet ihre Folgen dem Entscheider zu und macht ihn so verantwortlich. Die Zurechnung hängt hauptsächlich von dem Wissen des Beobachters ab mit der Folge, daß sich die Verantwortungslage des Entscheiders und damit die Erwartungen an rationales Entscheiden grundsätzlich wandeln. Der Betroffene erwartet, daß mögliche Schäden als vermeidbare Risiken betrachtet und in das Entscheidungskalkül aufgenommen werden. Risiko bedeutet immer Zurechnung der Möglichkeit negativer Entscheidungsfolgen auf den Entscheider.

Der *Betroffene* verbindet wachsendes Wissen des Entscheiders mit wachsenden Entscheidungsspielräumen und zunehmender Möglichkeiten für Entscheidungsrationalität (wachsende *Rationalitätszumutung*)[627]. Aus dem Blickwinkel des *Entscheiders* ist der wachsende Wissens- und Informationsstand aber auch mit Verarbeitungsproblemen verbunden. Der Grenznutzen zusätzlicher Informationen in bezug auf die Möglichkeit rationaler Entscheidungen ist negativ. Es klafft eine Lücke zwischen den wahrgenommenen Entscheidungsspielräumen und Rationalitätsmöglichkeiten und den tatsächlichen Möglichkei-

---

[626] Auch in hierarchischer Hinsicht gilt dieses Prinzip: der Vorstand entscheidet nicht alles, sondern nur Grundsätzliches. Trotzdem bedeuten riskante Entscheidungen in den funktionalen Teilbereichen für ihn Gefahr. Über die Grenzen des Unternehmens hinweg werden Entscheidungen arbeitsteilig getroffen. Unternehmen entscheiden zusammen mit politischen Instanzen beispielsweise darüber, ob Kernkraftanlagen in Betrieb genommen werden. Die Anwohner werden daran i.d.R. nicht beteiligt. Selbst wenn der Entscheidung rationale Analysen zugrunde liegen, die eventuelle Schäden als unwahrscheinlich ausweisen, so stellt die Entscheidung für die Anwohner eine unabwendbare Gefahr dar. Die Anwohner tragen wohl einen Teil des Risikos mit, da sie aus der unmittelbaren Umgebung des Kernkraftwerkes wegziehen könnten. Diese Entscheidung wird den Anwohnern aber aufgezwungen und erscheint deshalb kaum akzeptabel (vgl. Luhmann, Konstruktivistische Perspektiven, S. 153).
[627] Vgl. Luhmann, Konstruktivistische Perspektiven, S. 150.

ten der Informationsverarbeitung auf.[628] Es entsteht mit einem Wort eine Rationalitätsschere (s. Abb. 17) als Folge der zunehmenden Diskrepanz wachsender Entscheidungsspielräume und abnehmender Möglichkeit rationaler Entscheidungsanalyse. Auch das wachsende Wissen über Rationalisierungsmöglichkeiten von Entscheidungsprozessen in Form neuer statistischer Prognoseverfahren trägt nicht zu einer Entspannung der Situation bei, da die neuen Verfahren die an sie gestellten Erwartungen häufig nicht erfüllen können - entweder weil dem Entscheider das theoretische Wissen zur Beherrschung des Instrumentes fehlt oder weil die Verfahren Rationalitätshoffnungen wecken, die sie auf Grund ihrer theoretischen Konstruktion nicht erfüllen können.[629]

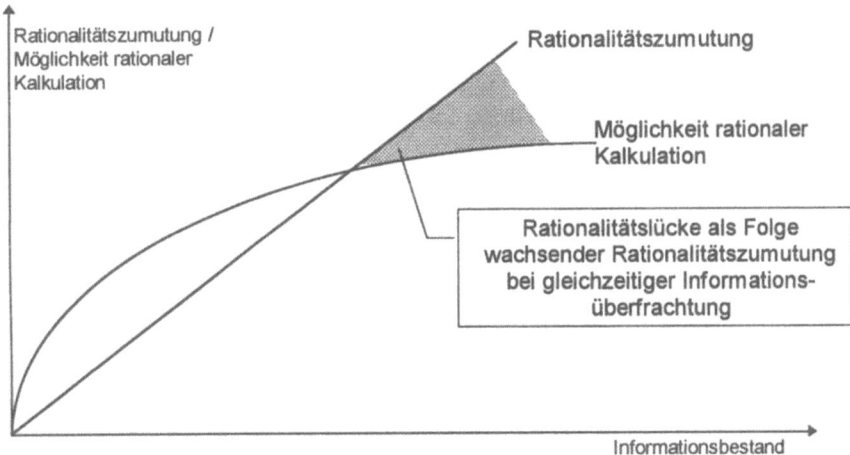

Abb. 17: Die Rationalitätsschere

---

[628] Vgl. grundsätzlich die Studien von Weick (vgl., Weick, Order, v.a. S. 109, und Weick, Organizing) und die Übersicht bei Schwanninger, Integrale Unternehmensplanung, S. 84-85. Vgl. a. Rieckmann, Dynaxibility, S. 19-20; zu den Problemen individueller Entscheidungen vgl. Dörner, Komplexität, S. 163-179. Klassiker der Diskussion sind die Arbeiten von v. Hayek (vgl. v.a. Hayek, Anmaßung von Wissen, und Hayek, Theorie komplexer Phänomene).
[629] Vgl. bspw. die Kritik von Rapoport, Vergleich von Nutzenwerten, S. 179 u. 185-186.

Dennoch bleibt Rationalität das soziale Rechtfertigungsinstrument par excellence. Sie hat quasi den Status eines symbolisch generalisierten Mediums im Entscheidungsprozeß. Rationalität steht für sorgfältige Kalkulation der aus riskantem Handeln resultierenden Gefahren und generalisiert deren Akzeptanz bei den Betroffenen. Dennoch muß die Frage gestellt werden, ob Gefahren allein schon deshalb akzeptiert werden müssen, weil sie rational kalkuliert wurden bzw. kalkulierbar sind. Und tatsächlich fordern die Betroffenen einen Schutz vor der Risikofreudigkeit der Entscheider, der durch Verfahren ökonomisch-technologischer Rationalität allein nicht gewährleistet werden kann.[630]

4.3.3.2 Risiko-Kommunikation

Eingeschränkte Möglichkeiten der Partizipation und zunehmende Risikobereitschaft bei Gruppenentscheidungen führen zu einer Verschärfung des Konfliktes zwischen Entscheidern und Betroffenen. Denn die Betroffenen fordern nicht nur eine über die Möglichkeiten der Entscheider hinausgehende Rationalität (Rationalitätsschere), sondern sie sind nicht einmal bereit, Gefährdungen deshalb zu akzeptieren, weil sie rational kalkuliert wurden. Sie versuchen deshalb, sich durch Ausübung sozialen Druckes vor der Risikobereitschaft der Entscheider zu schützen.

Im Gegensatz zu Gefahren, die in der Natur lauern, oder zu Risiken, die auf *eigenen* Entscheidungen beruhen, ist die Bereitschaft, sich Gefahren durch die Entscheidungen anderer auszusetzen, äußerst gering. Es ist also keinesfalls so, daß man die Risiken, die man für sich selbst akzeptiert, auch anderen zumuten könnte.[631] Eine solche Annahme von Reziprozität wäre vielmehr der Auslöser sozialer Konflikte (z.B. Einschaltung des Betriebsrates, Streik, Drohung mit Öffentlichkeit, Ausübung politischen Drucks, Bürgerinitiativen usw.), woraufhin die Entscheider mit Gegendruck (z.B. Drohung, Leistungseinschränkung, Aussperrung, Gegendarstellungen usw.), mit Geheimhaltung von

---

[630] Vgl. hierzu und zu den Ursachen des wachsenden Sicherheitsbedürfnisses Evers/Nowotny, Unsicherheit, S. 59-66.
[631] Vgl. Luhmann, Moral des Risikos, S. 330. Luhmann nennt diesen Effekt „double standard".

Entscheidungen oder mit Verschieben der Aktivitäten auf Bereiche, die sich der Beurteilung der Betroffenen entzieht, reagieren.[632]

Wie aus der Rationalitätsschere ersichtlich, wächst mit zunehmendem Entscheidungsspielraum auch die Zuschreibung von Verantwortung auf die entscheidende Organisation. Als Folge werden dort die Anstrengungen gesteigert, etwaigen Schadensersatzforderungen oder Vorhaltungen vorzubeugen, indem Versicherungen abgeschlossen, Betroffene beteiligt oder Maßnahmen zur Konsensbildung getroffen werden.[633] Die Rationalitätszumutung ist allerdings eine Beobachterkategorie, die zu falschen Schlüssen führt, da beim Zusammenspiel der kaum noch quantifizierbaren Entscheidungen mit möglichen ökologischen oder anderen Folgen Wechselwirkungen und Rückkopplungen auftreten, die es in den meisten Fällen nicht mehr erlauben, eine Folge monokausal auf eine Entscheidung zurückzuführen. Auf diesem Verursacherprinzip[634] basieren aber sowohl die Positionen der Betroffenen als auch die der Entscheider.

Statt dessen muß man davon ausgehen, daß Unternehmen auf Grund der engen Grenzen rationaler Risikokalkulation wesentlich stärker im Gefahrenbereich agieren, als es von ihnen selbst wahrgenommen wird. Der Konflikt zwischen Entscheidern und Betroffenen beruht somit auf der Paradoxie, daß Unternehmen ihre Entscheidung mit rationalen Kalkülen rechtfertigen, und daß Betroffene diese Rechtfertigung in eine Rationalitätsforderung verwandeln, die von den Unternehmen nicht einlösbar ist. Beide, Entscheider und Betroffene, überschätzen dabei die Möglichkeiten rationaler Kalkulation. Die „Risikoorganisation"[635] muß also damit rechnen, daß eintretende Schäden - inklusive derer, die man zuvor vielleicht höherer Gewalt zugerechnet hätte - auf ihre Entscheidungen zurückgeführt werden, ohne daß die Möglichkeit besteht, Risikoneigung mit dem Hinweis auf Rationalität zu rechtfertigen. Das Problem hat zusammenfassend drei Wurzeln:

---

[632] Vgl. Luhmann, Konstruktivistische Perspektiven, S. 155.
[633] Vgl. Beck, Gegengifte, S. 133-140.
[634] Vgl. zur Kritik am Verursacherprinzip Beck, Überleben, S. 12-31.
[635] In Anlehnung an Beck, der den Übergang von der Industrie- zur Risikogesellschaft diagnostiziert (vgl. Beck, Industriegesellschaft, S. 39-40, und Beck, Konturen, S. 72-74), könnte man diese Tendenz auf Unternehmensebene als Wandel von der Produktions- zur Risikoorganisationen beschreiben.

1. Die geläufige Abgrenzung des Risikos von Sicherheit (statt von Gefahr), was zu einem paradoxen[636] Sicherheitsstreben führt.
2. Die Annahme, dem durch Partizipation begegnen zu können, ohne zu sehen, daß dies unerreichbar und dysfunktional ist.[637]
3. Die auf dem monokausalen Verursachungsdenken basierende Annahme, Unternehmen träfen stets Entscheidungen unter Risiko, könnten also immer mögliche Schäden benennen und beziffern oder durch bestimmte Entscheidungen oder Unterlassung mindern bzw. verhindern.

Unter diesen Voraussetzungen tritt Risiko-Kommunikation als Instrument zur Verbesserung der organisatorischen Erkenntnis- und Entscheidungsfähigkeit an. Sie ist ein reflexives und proaktives Verhaltenskonzept für die Unternehmensführung, das die Informationsbasis im Entscheidungsprozeß verbessern soll, um Gefahren zu identifizieren und prohibitive Schäden zu vermeiden, das Ängste der Betroffenen ernstnimmt und das die Rationalitätszumutungen zurückzuschrauben versucht, um soziale Konflikte zu entschärfen, die im Extremfall notwendige Entscheidungen verhindern können. Sie ruft ein neues System aus Entscheidern und Betroffenen ins Leben, um Handeln trotz Unsicherheit zu ermöglichen. Denn wie Röglin betont, ist die Kommunizierbarkeit eines Vorhabens genauso wichtig wie seine Finanzierbarkeit: „Was man nicht kommunizieren kann, das muß man lassen".[638]

4.4 Instrumente der Risiko-Kommunikation

4.4.1 Umweltinformationssysteme

Voraussetzung der Risiko-Kommunikation ist die systematische Sammlung von ökologisch relevanten Daten. Hierunter fällt zunächst die den Wertschöpfungsprozeß begleitende Sammlung und Bewertung umweltrelevanter Daten, die im ökologischen Rechnungswesen und Controlling ihren Niederschlag

---

[636] Paradox, da Sicherheit in der Zukunft nicht risikolos erreichbar ist.
[637] Vgl. Gliederungspunkt 5.2.1.; vgl. ferner Luhmann, Konstruktivistische Perspektiven, S. 164.
[638] Röglin, Risiko, S. 42.

finden.[639] Im Zusammenhang mit der strategischen und reflexiven Unternehmensführung stehen darüber hinaus Fragen des Zusammenhangs von Ökonomie, Ökologie und Gesellschaft im Vordergrund. Umweltinformationssysteme stellen eine Ergänzung bestehender Informationssysteme dar und sollen Informationen über die wechselseitigen Beziehungen dieser drei Pole bereitstellen. Umweltinformationssysteme dienen der Erhöhung des Informationspotentials durch Vergrößerung des organisatorischen Wissens in bezug auf die ökologischen Aspekte des Leistungsprozesses, die ökologieinduzierten strategischen Erfolgsfaktoren und die aktuellen ökologischen Fragestellungen, die für das Unternehmen von Interesse sind. Ferner ist ihre Funktion darin zu sehen, die Informationsfähigkeit der Organisation in Form einer effizienten technischen Umsetzung der Datensammlung und -verarbeitung zu gewährleisten. Auf strategischer Ebene ist vor allem an die Modifikation und Ergänzung bewährter strategischer Informations- und Analyseinstrumente um ökologische Aspekte zu denken.[640] Zur Erhöhung des Reflexionspotentials der Organisation ist die Einrichtung einer ökologischen Frühaufklärung zu erwägen. Diesbezüglich ist vor allem auf die richtungsweisende Arbeit von Müller-Stewens (Suchfeldanalyse[641]) hinzuweisen.

4.4.2 Öffentlichkeitsarbeit

4.4.2.1 Funktion der Öffentlichkeitsarbeit in der Risiko-Kommunikation

Die öffentliche Meinung bezeichnet prinzipiell jene Art der gesellschaftlichen Kommunikation, die über Massenmedien abläuft. Sie stellt in dieser Hinsicht ein Medium dar, in welchem Meinungen in das Netzwerk der gesellschaftlichen Kommunikation eingespeist werden können. Da Massenkommunikation häufig im sozial nicht kontrollierbaren Bereich stattfindet (man kann die Zeitung weglegen oder das Radio ausschalten), müssen die Meinungsangebote Aufmerksamkeit erzeugen,[642] was durch die Produktion von Neuigkeit, die

---

[639] Auf diese Thematik kann hier nicht näher eingegangen werden. In dem von Wagner herausgegebenen Sammelband (Umweltschutz) sind einführende Aufsätze zur Problematik der Behandlung von ökologischen Fragen im internen und externen Rechnungswesen zu finden.
[640] Vgl. Zahn/Steimle, Umweltinformationssysteme, S. 230-232 u. S. 238-245. Vgl. auch den Überblick bei Kreikebaum, Umweltschutz, S. 262-264.
[641] Vgl. v.a. Müller-Stewens, Suchfeldanalyse, S. 55-182.
[642] Vgl. Luhmann, Öffentliche Meinung, S. 16-17.

Quantifizierung von Ereignissen oder die Inszenierung von Konflikten erreicht werden soll.[643]

Die Funktion der öffentlichen Meinung für die Unternehmung liegt einerseits in der Beobachtung von Gesellschaft, wie sie das eigene Unternehmen wahrnimmt, ist also eine Möglichkeit der Selbstbeobachtung.[644] Andererseits nutzen Unternehmen genauso wie Betroffene Massenmedien als Zugang zur Öffentlichkeit, deren Unterstützung sie durch Kommunikation und Begründung ihrer Interessen erhoffen. Seit der Politisierung der ökologischen Bewegung in den siebziger Jahren ist für Unternehmen, die im umweltsensiblen Bereich agieren, diese Form der Akzeptanzwerbung lebenswichtig, da ihre Anlagen und Produkte Gegenstand des öffentliches Interesses sind. Hinzu kommt, daß traditionelle Methoden der Mediawerbung mit ihrer immanenten Tendenz zur manipulativen Kommunikation bei politisch aktivierten Betroffenen meist zu einer Verstärkung der negativen Einstellung gegenüber dem Unternehmen führen.[645]

Öffentlichkeitsarbeit zielt auf Akzeptanz und darf sich gerade deshalb von diesem Ziel nicht zu sehr leiten lassen, denn sobald Kommunikation in dieser Beziehung manipulativ wirkt, verfehlt sie ihr eigentliches Ziel.[646] Es ist zudem zu berücksichtigen, daß nicht der Grad der Informiertheit mit der Akzeptanz von Risiken korreliert, sondern daß umgekehrt die Einstellung zu riskanten Technologien oder Produkten die Informationsbedürfnisse bestimmt.[647] Die naheliegende Vermutung, daß allein die Aufklärung der Betroffenen und der Öffentlichkeit die Akzeptanz für Risiken erhöht, muß somit zurückgewiesen werden. Öffentlichkeitsarbeit im Rahmen der Risiko-Kommunikation muß vielmehr an der Unterscheidung von Risiko und Gefahr ansetzen.

Im Mittelpunkt steht ein Problem, das Luhmann „double standard"[648] nennt. Risiken, die Betroffene als Entscheider eingehen (Rauchen, Autofahren etc.), unterschätzen sie, selbst wenn sie sehr groß sind, während sie Gefahren, denen sie durch die Entscheidung von Unternehmen ausgesetzt sind, maßlos

---

[643] Vgl. Luhmann, Konstruktivistische Perspektiven, S. 178-179.
[644] Vgl. Luhmann, Konstruktivistische Perspektiven, S. 181.
[645] Vgl. Peters, Risikokommunikation, S. 13.
[646] Vgl. Röglin, Akzeptanz, S. 118.
[647] Dies haben Untersuchungen der Programmgruppe Mensch, Umwelt, Technik (MUT) des Forschungszentrums Jülich ergeben; vgl. Hennen/Peters, Tschernobyl, S. 21-24.
[648] Vgl. Luhmann, Moral des Risikos, S. 330.

überschätzen. Bei der Beurteilung desselben Sachverhaltes kommen also Entscheider zu einer anderen Einschätzung als Betroffene, da der eine als Risiko ansieht, was für den anderen Gefahr bedeutet. Dies ist vornehmlich auf mangelndes Vertrauen in die Person oder die Organisation des Entscheiders zurückzuführen, da der Betroffene stets Interessen vermutet, die mit den eigenen Zielen nicht vereinbar sind.[649] Vertrauensbildung ist also Vorbedingung für eine erfolgreiche Risiko-Kommunikation. Außerdem überschätzt der Betroffene Risiken, die für ihn mit keinem oder nur geringem Nutzen verbunden sind.[650]

Weitere Probleme der Risikoeinschätzung ergeben sich aus der Tatsache, daß Experten gleiche Risiken oft vollkommen unterschiedlich einschätzen,[651] was der Betroffene als Unsicherheiten mit ihrem Umgang interpretiert. Auch die Tatsache, daß hinter Diskussionen über technologische Risiken häufig gesellschafts- bzw. technologiekritische Absichten stehen, muß in der Öffentlichkeitsarbeit berücksichtigt werden. Die Entscheidung über Risiken durch Wirtschaft oder Politik verdeutlicht zudem gesellschaftliche Machtverteilungen, wobei sich die Betroffenen regelmäßig in einer untergeordneten Position sehen. Ethische, politische und ideologische Fragen schwingen neben der engeren Risikoproblematik also immer mit.[652]

4.4.2.2 Ansatzpunkte zu einem massenmedialen Umgang mit ökologischen Risiken

Das Kriterium „guter" Öffentlichkeitsarbeit im Rahmen der Risiko-Kommunikation kann sicherlich nicht darin gesehen werden, daß Öffentlichkeit bzw. Betroffene Risiken vorbehaltlos akzeptieren. Es geht ja gerade darum, einen gesellschaftlichen Diskurs zu initiieren, der dem Unternehmen hilft, seine Risikoposition realistisch einzuschätzen. Denn das Risiko des Unternehmens beschränkt sich nicht nur auf technologische Fragen, sondern erstreckt sich auch auf das Vertrauen der Öffentlichkeit.

---

[649] Vgl. Luhmann, Moral des Risikos, S. 333.
[650] Vgl. Sandmann, Hazard, S. 163.
[651] Vgl. Nowotny, Experten, S. 455.
[652] Vgl. Peters, Risikokommunikation, S. 48-49.

Öffentlichkeitsarbeit muß die aktive Teilnahme der Betroffenen an Kommunikationsprozessen über Risiken fördern. Dies betrifft zum einen die Art und Höhe der zur Debatte stehenden Risiken und zum anderen die Frage des gesellschaftlichen, wirtschaftlichen und politischen Umgangs mit ihnen. Gerade die soziale Dimension der Risiko-Kommunikation ist wichtig, da der Laie seine Risikoeinschätzung mehr von sozialen als von technischen Aspekten abhängig macht.[653] Risiko-Kommunikation kann den Betroffenen von der Gefahren- in die Risikoposition bringen, ihn also in eine Situation versetzen, in der er sich der Risiken, die er eingeht oder akzeptiert, bewußt ist.

Da Informationsbedürfnisse von Betroffenen häufig anders sind, als Entscheider annehmen, sollten sich Unternehmen auch als Informationslieferant konsequent „kundenorientiert" geben. Ziel sollte sein, die Öffentlichkeit mit den Informationen zu versorgen, die sie interessiert. Die Unternehmen müssen sich dafür differenziert auf die Informationsbedürfnisse und -aufnahmekapazitäten der Öffentlichkeit einstellen. Wichtiger als technische Details sind häufig Informationen über die Entscheider selbst, über ihre Reputation, ihre Qualifikation, ihr Verhalten und ihre Arbeit.[654] Inhaltlich geht es um eine möglichst objektive Darstellung der Sachlage, der damit verbundenen Risiken und der Einstellung des Unternehmens. Ferner sollten Unternehmen geäußerte Kritikpunkte aufnehmen und selbstkritisch kommentieren, sich zu gesellschaftlichen und ethischen Fragen äußern und selbständig auf Probleme und Gefahren hinweisen.[655]

Die besondere Aufgabe der massenmedialen Risiko-Kommunikation besteht zusammengefaßt darin, sowohl die Bedürfnisse der Unternehmen nach öffentlichem Verständnis als auch die öffentlichen Besorgnissen zu berücksichtigen. Dabei konnte in der Vergangenheit beobachtet werden, daß Unternehmen dazu tendieren, sich ganz auf den ersten Punkt zu konzentrieren. Zielrichtung war stets das Verständnis und die Akzeptanz der technologischen Hintergründe der Entscheidung durch die Öffentlichkeit. Die Kommunikation bekommt so den Charakter einer Belehrung der Öffentlichkeit durch Experten.[656] Da Mitteilun-

---

[653] Vgl. Peters, Risikokommunikation, S. 57.
[654] Dies ist eine typische Strategie im Umgang mit Komplexität. Vgl. ausführlich zum „Medium" Reputation bei Luhmann, Wissenschaft der Gesellschaft, S. 245-251.
[655] Vgl. Peters, Umweltberichterstattung, S. 48.
[656] Vgl. Peters, Umgang, S. 33.

gen, die ihre Empfänger nicht faszinieren, nicht verstanden werden können, muß Risiko-Kommunikation an vorhandenen Theorien, Annahmen, Sorgen etc. der Öffentlichkeit ansetzen. Der erste kreative Akt der Öffentlichkeitsarbeit muß also die „Konstruktion" ihrer potentiellen Empfänger sein. Die amerikanische Umweltbehörde EPA hat in diesem Zusammenhang sieben Regeln aufgestellt, die bei der Kommunikation von Risiken zu beachten sind:[657]

1. Accept and involve the public as legitimate partner.
2. Plan carefully and evaluate your efforts.
3. Listen to the public's specific concerns.
4. Be honest, frank, and open.
5. Coordinate and collaborate with other credible sources.
6. Meet the needs of the media.
7. Speak clearly and with compassion.

Voraussetzung erfolgreicher Öffentlichkeitsarbeit ist die Etablierung einer entsprechenden Stelle, die systematische Medienbeobachtungen durchführt, Informationen in die Medien lanciert und als Ansprechpartner für Medienvertreter und andere Interessierte fungiert.[658] Der Stil der Kommunikation muß sich von der klassischen Mediawerbung deutlich abheben. Dies betrifft vornehmlich eine ausgewogene und neutrale Darstellung der tatsächlichen Risiken und Gefahrenpotentiale für die Betroffenen.

Ein besonders sensibler Bereich ist das Verhältnis zu den Medienvertretern, denn die meisten Unternehmen haben schon negative Erfahrungen mit Massenmedien gemacht. Dazu zählen der Eindruck einer falschen oder oberflächlichen Berichterstattung, die Verwendung von Quellen mit zweifelhaftem Wert, ein nachlässiger Umgang mit wissenschaftlichen Aussagen, eine Tendenz zum unkritischen Sensationsjournalismus und das künstliche Produzieren von Meldungen.[659] Im Hinblick auf die Risiko-Kommunikation ist es aber weder angebracht, den Kontakt mit den Medien zu meiden, noch ihre Vertreter zu manipulieren. Die Respektierung von Funktion und Selbstverständnis der

---

[657] Aus „Seven Cardinal Rules of Risk Communication", Environmental Protection Agency 1988, zit. nach Peters, Umgang, S. 32.
[658] Vgl. zu diesen und den folgenden Ausführungen Peters, Umweltberichterstattung, S. 48-49.
[659] Vgl. Gödde, Journalismus, S. 269-288.

Medien und ihrer Vertreter und die Beachtung ihres besonderen Spannungsverhältnisses zu den Unternehmen sind hier eher angebracht.

Zu einer risikoorientierten Öffentlichkeitsarbeit zählt ferner auch die direkte Ansprache der Betroffenen in Form von Ausstellungen, Werksbesichtigungen und Notfallübungen.[660] Auch die Kommunikation von ökologischen und gesellschaftlichen Themen über klassische Werbeträger (v.a. Anzeigen, TV, Radio) kann die Maßnahmen der Öffentlichkeitsarbeit flankierend unterstützen. Dabei ist aber entgegen gängiger Praxis[661] weniger auf manipulative, beschönigende und reaktive Kommunikation Wert zu legen, sondern auch hier geht es um eine glaubwürdige Information über Risiken.

4.4.3 Betroffenen-Workshops

4.4.3.1 Absicht und Ziele des Workshops

Ziel des Workshops ist es, für einen konkreten Fall wie die Planung einer industriellen Anlage oder die Einführung eines neuen Produktes zu einer gemeinsamen, viablen und konsensfähigen oder zumindest tragfähigen und verantwortbaren Risikoeinschätzung zu gelangen. In der Ausgangslage ist anzunehmen, daß Entscheider und Betroffene unterschiedliche Risikowahrnehmungen haben. Verschiedene Einschätzungen ergeben sich insbesondere im Hinblick auf:[662]

- die Interpretation von Daten und Statistiken;
- die Beurteilung von Schadenswahrscheinlichkeit, -ausmaß und -höhe;
- Theorien, Annahmen und andere kognitive Konstrukte, die zur Beurteilung, Abschätzung und Bewertung von Schäden bzw. Nebenwirkungen des Betriebs oder Konsums zugrundegelegt werden (z.B. Festsetzung von Grenzwerten für belastende Stoffe);
- die Risiken, Kosten und Nutzen von Alternativen (z.B. beim Vergleich von Glas- versus Kartonverpackung);

---

[660] Vgl. Wiedemann, Mediation, S. 10.
[661] Vgl. dazu Wiedemann, Unternehmen, S. 21-26.
[662] Vgl. hierzu Wiedemann, Risiko-Kommunikation, S. 198-199.

- die Verteilung von Aufgaben, Verantwortlichkeiten, Risiken, Kosten und Nutzen bei Maßnahmen des Umweltschutzes;
- Werte und Einstellungen zu grundsätzlichen Fragen, wie z.B. der Bedeutung des technischen Fortschritts.

Ziele des Workshops sind neben der Annäherung von Risikoperspektiven die Gewinnung von Informationen über Risikoeinschätzungen der Betroffenen und die Bildung von Vertrauen. Liegen bereits konkrete Konflikte vor, kann die gelingende Vermittlung (Mediation) als weiteres Ziel des Workshops genannt werden. Mediation dient der kostengünstigen, effizienten, sachlichen, fairen und kreativen Konfliktlösung, dem Abbau von Eskalationen (gegebenenfalls Verzicht auf Rechtsstreitigkeiten) und der Beschleunigung von Genehmigungs- und Planungsverfahren.[663]

4.4.3.2 Struktur des Workshops

Der Betroffenen-Workshop stellt ein unmittelbares Instrument der Risiko-Kommunikation dar. Er ist ein personell, räumlich und zeitlich beschränktes Interaktionssystem, der zwar ein singuläres Ereignis darstellt, dessen regelmäßige Durchführung aber vorgesehen sein sollte. Der Kreis der Teilnehmer sollte ein möglichst umfassendes und repräsentatives Bild der Betroffenen widerspiegeln. Hierzu zählen neben den Entscheidern beispielsweise Mitarbeiter des Unternehmens, Verbraucher, Wettbewerber, Lieferanten, Absatzmittler, Anwohner, Behörden, Interessenverbände, Umweltschutzgruppen, Fachwissenschaftler, Versicherer, Medienvertreter, Anlagenplaner usw.[664]. Daneben sind Prozeßberater (Moderatoren bzw. Mediatoren) und Situationsberater (Experten) hinzuzuziehen.

Die Prozeßberater spielen dabei eine besondere Rolle, da ihnen die Vorbereitung und Durchführung des Workshops obliegt. Damit ihre Akzeptanz bei den Teilnehmern gesichert ist, sollten sie eine möglichst große Distanz zum eigentlichen Problem haben. Sie sind es auch, die den endgültigen Teilnehmerkreis festlegen. Situationsberater können einerseits Experten zu Sach-

---

[663] Vgl. Wiedemann, Mediation, S. 4.
[664] Vgl. hierzu auch die Erfahrungen von Steinmann/Zerfaß, öffentliches Interesse, S. 8-9.

themen sein, wobei hier mit Schwierigkeiten der Akzeptanz bei allen Betroffenen zu rechnen ist. Sie können aber auch Prozeßwissen beisteuern, z.B. über Techniken der Konfliktbewältigung oder der Kreativitätssteigerung.

Der Prozeß des Meinungsaustausches bzw. der Mediation kann sich an den Regeln der Diskursethik oder des Erlanger Konstruktivismus orientieren, ohne deren ethische Positionen übernehmen zu müssen. Die „Spielregeln" der Diskussion könnten wie folgt festgelegt werden:

1. Die generelle Regel lautet, daß die Diskussion der Verständigung und nicht der Konfrontation dienen und deshalb unvoreingenommen, zwanglos und nicht-persuasiv sein soll.[665]
2. Die Sprechsituation sollte folgende strukturelle Eigenschaften aufweisen:[666] (a) *alle* Betroffenen sollten prinzipiell die Möglichkeit haben, eine Diskussion oder eine Mediation zu initiieren, und (b) alle Teilnehmer müssen gleiche Redechancen haben; keine Vormeinung darf von der Thematisierung und der Kritik ausgeschlossen werden.
3. Als Verständigungsregel (oder Vernunftprinzip) ist ferner zu nennen, daß (a) nur eingeführte bzw. bekannte und lernbare Ausdrücke verwendet werden, daß (b) Argumentationsschritte, Behauptungen und Normen explizit und Schritt für Schritt erklärt werden[667] und daß (c) nur solche Sätze in die Diskussion eingebracht werden, die man auch selbst annehmen kann[668].
4. Operationalisierungsregel kann sein, daß bei Konflikten versucht werden soll, durch Abstraktion auf übergeordnete Ebenen zunächst eine Einigung über Oberzwecke, -werte oder -normen herzustellen, um darauf aufbauend zu konsensfähigen Subnormen oder Maßnahmen zu gelangen.[669]

---

[665] „Ein Gespräch heiße *unvoreingenommen* genau dann, wenn alle Beteiligten bereit sind, für diese Bemühung die theoretischen und praktischen Orientierungen ihres Handelns sämtlich in Frage stellen zu lassen, für die eingeleitete Bemühung also (erst einmal) auszuklammern, bis sie gegebenenfalls erneut oder modifiziert wieder als gemeinsame Orientierung erarbeitet sind. [...] - *Zwanglos* heiße weiter nun ein Dialog, in dem keine sanktionsgebundene Redehandlung des Gebens oder Verweigerns von Zustimmungen vorkommen. - Schließlich sei ein Dialog *persuasiv* (oder *rhetorisch* im schlechten Sinne des Wortes) genannt genau dann, wenn darin das Geben oder Verweigern einer Zustimmung durch den wider besseren Wissens erfolgenden Appell an fraglos hingenommene Vororientierung gewonnen wird." (Kambartel, Moralisches Argumentieren, S. 66-67; Hervorhebungen im Original, die Verf.).
[666] Vgl. Habermas, Wahrheitstheorien, S. 255-256.
[667] Vgl. Schwemmer, Ethik, S. 75.
[668] Vgl. Schwemmer, Ethik, S. 84.
[669] Vgl. Schwemmer, Ethik, S. 88.

5. Schließlich ist die Rolle des Prozeßberaters als Moderator zu verankern. Er soll als neutraler Dritter die Diskussionen initiieren und aufrechterhalten, unterschiedliche Positionen verdeutlichen und im Falle von Konflikten als Vermittler agieren. Als Gesprächsleiter muß er die Möglichkeit haben, unter bestimmten Umständen die in den Regeln 1. bis 4. genannten Rechte der Teilnehmer zeitweise einzuschränken, damit prinzipielle Negierer oder Kontextpartisanen nicht die Möglichkeit haben, den Erfolg des Workshops ernsthaft zu gefährden.

4.4.3.3 Ablauf des Workshops

4.4.3.3.1 Anforderungen an den Prozeßberater

Der Prozeßberater ist für den erfolgreichen Ablauf des Workshops verantwortlich. Er spielt somit eine zentrale Rolle und ist deshalb sorgfältig auszuwählen. Er muß von den Teilnehmern als fair und kompetent anerkannt werden. *Fairneß* bedeutet, daß allen Teilnehmern der Diskussion dieselben Rechte und Pflichten eingeräumt werden. *Kompetenz* bezieht sich zum einen auf die kommunikativen Fertigkeiten, d.h. auf die Art der Verhandlungsführung und den Umgang mit Angriffen, Emotionen, Zweifeln, Unsicherheiten und Moralisierungen. Zum anderen bezieht sie sich auf Sachwissen über den Ablauf des Verfahrens und über das Thema.[670]

Da in einer Welt mit asymmetrisch verteilten Wissens- und Machtpotentialen Zwanglosigkeit in der Diskussion ein nur schwer zu realisierendes Ideal ist, soll der Prozeßberater als neutraler Dritter auf die annähernde Einhaltung der genannten Regeln einwirken. Er soll den Beteiligten am Anfang des Workshops die Regeln der Diskussion nahebringen,[671] Ungleichgewichte ausgleichen und die Legitimität der betroffenen Interessen wahren. Bei Kommunikationsstörungen muß er die Teilnehmer dazu bringen, auf der Ebene prozessualer Selbstreferenz über ihre Kommunikationsbeziehung zu kommunizieren. Er muß auch darauf hinweisen, daß der Workshop eine Einheit darstellt, und daß die Teilnehmer eine *gemeinsame* gesellschaftliche und ökologische Verantwortung für einen erfolgreichen Abschluß haben. Dadurch kann es ihm gelingen,

---

670 Vgl. Wiedemann/Femers/Nothdurft, Konfliktmanagement, S. 160.
671 Vgl. Steinmann/Zerfaß, öffentliches Interesse, S. 9.

dem Workshop durch Einführung von Reflexionspotentialen eine eigene Systemrationalität zu verschaffen. Um Themen, Kritik - auch an seiner eigenen Rolle - und Erörterungen abzuschließen, muß er dazu aber mit einer Autorität ausgestattet sein,[672] auch wenn dies der Idee der Zwang- und Herrschaftsfreiheit widersprechen mag. Dies ist notwendig, da Ergebnisse erzielt werden sollen.

Da es die Position des Nicht-Betroffenen bei ökologischen Fragen im Prinzip nicht geben kann, ist die Neutralität von Prozeßberatern problematisch. Auf jeden Fall muß er seine eigenen Interessen offenlegen.[673] Da er an exponierter Stelle maßgeblich für den Erfolg verantwortlich ist und außerdem eine gewisse Vorbildfunktion hat, kann eine Verschleierung *seiner* Interessen unmittelbar zum Scheitern führen.[674]

4.4.3.3.2 Vorbereitung und Durchführung des Workshops

Vier sich überschneidende Phasen der Vorbereitung und Durchführung eines Betroffenen-Workshops können genannt werden:[675]

1. Schaffung einer Kommunikationsplattform
2. Planung und Organisation des Workshops
3. Durchführung des Workshops
4. Feedback

---

[672] Vgl. Wiedemann, Mediation, S. 7.
[673] Vgl. zu dieser Problematik ausführlich Smith, Biased Mediator, S. 426-428.
[674] Rubin illustriert die Möglichkeiten eines „Biased Mediators" am Beispiel des Erfolges Henry Kissingers als Vermittler im Konflikt zwischen Israel, Ägypten und Syrien in den Jahren 1973 bis 1975 (vgl. Smith, Biased Mediator, S. 425). Kissinger, der im Interesse der US-Regierung handelte, verfuhr nach folgenden Prinzipien (vgl. Rubin, Jeffrey Z: Dynamics of Third Party Intervention: Kissinger in the Middle East, New York 1981, zit. nach Susskind/Ozawa, Negotiation, S. 413): (1) Er stellte alle Kommunikationen zwischen den Parteien unter seine direkte Kontrolle. (2) Er wirkte aktiv auf die Parteien ein, Konzessionen zu machen und Kompromisse einzugehen. (3) Er koordinierte den Austausch von Argumenten und Konzessionen und vermied so, daß unterschiedliches Verhandlungsgeschick der Parteien ausschlaggebend für das Ergebnis war. (4) Er machte selbst Lösungsvorschläge. (5) Er verhinderte nach Möglichkeit direkte emotionsgeladene Eskalationen, indem er als Sündenbock und Blitzableiter Wut und Frustrationen der Parteien auf sich selbst zu lenken versuchte. (6) Er schuf und erhielt eine angenehme und produktive Gesprächsatmosphäre.
[675] In loser Anlehnung an Wiedemann, Mediation, S. 7-11. Vgl. auch Nielsen, Strategic Planning, S. 32-34.

Im Mittelpunkt des ersten Schrittes steht die Einrichtung einer verfahrensbegleitenden Öffentlichkeitsarbeit (s.o.) zur Information der Öffentlichkeit über das Vorhaben, zur Schaffung eines positiven Wahrnehmungsklimas und zur Aufforderung der Betroffenen, ihre Informations- und Einflußmöglichkeiten zu wahren.[676] In der Planungsphase hat der Prozeßberater vier zentrale Aufgaben:

1. Ansprache möglicher Teilnehmer;
2. Identifikation der Interessen des Unternehmens und der Betroffenen;
3. Aufdeckung und Isolierung aktueller und potentieller Konfliktfelder;
4. Situationsanalyse, in der der Status quo, Planvorhaben und bereits getroffenen Entscheidungen zur Sache analysiert werden, um Handlungs- und Entscheidungsspielräume zu identifizieren.

Ein besonderes Problem ergibt sich dabei aus der Identifikation von Interessen, denn diese werden nicht immer direkt geäußert und sind deshalb nicht immer aus einer Forderung, Kommunikation, Handlung oder Position ersichtlich. Oftmals sind sich die Betroffenen ihrer Interessen nicht einmal ganz bewußt. Der Prozeßberater hat sich in der Vorbereitungsphase deshalb zusammen mit den Betroffenen ein Bild von der Interessenlage zu machen. In dieser Phase ist es auch seine Aufgabe, den Betroffenen dabei zu helfen, ihre tiefgründigen Interessen zu erkennen, zu isolieren und zu formulieren. Folgende Prinzipien und Techniken zur Identifikation und Bewertung von Interessen wurden im Rahmen der Konfliktforschungen der Harvard Law School erarbeitet:[677]

- Hinter Positionen, Forderungen, Meinungen, Plänen und kommunizierten Interessen stehen grundlegende Bedürfnisse oder Ängste in bezug auf Bestand, Erwartungen, Ansehen, Beziehungen und anderes.[678] Diese Interessen müssen von den zu erwartenden Positionen und Themen der Diskussion getrennt werden.
- Um die Interessen der Betroffenen einzuschätzen, muß der Prozeßberater herausfinden, welches Bild sie vom Unternehmen haben, denn Interessen

---

676 Vgl. Wiedemann, Mediation, S. 8.
677 Vgl. zu folgendem v.a. Lax/Sebenius, Negotiator, S. 63-87.
678 Vgl. Ury/Brett/Goldberg, Konfliktmanagement, S. 21.

hängen maßgeblich von Wahrnehmungsmustern ab. Da Betroffene in der Regel nicht isoliert, sondern als Sozialsystem (Gruppe, Organisation) auftreten, muß der Prozeßberater versuchen, die der Einschätzung des Unternehmens zugrunde liegenden Theorien zu bestimmen. Dafür muß er Sprachspiele, Kommunikationsmuster und Beziehungen der Betroffenen untersuchen. Hier hilft die Analyse des Verhaltens in früheren Diskussionen oder Konflikten. Zu suchen ist nach der Dominanz bestimmter politischer, ideologischer oder religiöser Themen, nach Vorbildern und Feindbildern und nach der beruflichen und sozialen Stellung der Mitglieder. Hier können Interviews, Rollenspiele und Kreativitätstechniken eingesetzt werden.

- Um Diskussions- und Verhandlungsspielräume im Vorfeld des Workshops abzuschätzen, muß der Prozeßberater Interessen und Forderungen bzw. Positionen einander zuordnen und sie aus dem Blickwinkel *jedes* Beteiligten in eine Reihenfolge bringen. Um sie besser vergleichen und verhandeln zu können, kann er auch versuchen, die Forderungen zu gewichten. So kann er erkennen, wo Ansatzpunkte für Konzessionen und die Annäherung bzw. Aufgabe von Forderungen liegen.
- Er sollte auch versuchen, für alle Parteien die aus ihrer Sicht optimalen Ergebnisse zu identifizieren, um so kritische und nur schwer zu vereinbarende Forderungen zu identifizieren.
- Bei fundamentalen Interessenunterschieden muß er nach möglichen gemeinsamen Oberwerten suchen (z.B. Erhalt von Natur, Frieden und Arbeit), um eine gemeinsame Basis für den Interessenausgleich zu bekommen.

Der Prozeßberater muß jedoch beachten, daß die Unterscheidung und Bewertung von Interessen, Forderungen und Positionen von seinen eigenen Theorien abhängt und daß sich Interessen auf Grund von Erfahrungen oder Lernen verändern können. Er darf seine Ergebnisse also nur als Arbeits- und Ausgangshypothese betrachten. Bei allen Vorbereitungsmaßnahmen sind möglichst alle Betroffenen einzubeziehen, um zu motivieren und viable Informationen zu erhalten. Der Prozeßberater sollte die Situationsanalyse also nicht alleine durchführen, sondern Interviews und Gespräche mit den Betroffenen über Erwartungen an das Verfahren, mögliche Teilnehmer und Themen führen. Hierzu können auch laufende Informationen zu dem Stand der Vorbereitungen und ein Arbeitspapier gehören, in dem die grundsätzlichen Positionen der Teilnehmer als Workshop-Unterlage schematisch gegenübergestellt werden.[679] Außerdem muß der Prozeßberater in der Planungs- und Organisationsphase auf die Erwartungen der Teilnehmer einwirken. Dies betrifft Verfahrensregeln, Zeitparameter und - soweit bekannt - Verhandlungsspielräume, inklusive der Ausklammerung der Themen, die von bestimmten Teilnehmern nicht angesprochen werden wollen, oder bei denen eine Einigung aussichtslos ist. Dabei muß auch die Möglichkeit in Betracht gezogen werden, daß die Durchführung eines Workshops mit den Betroffenen in einer gegebenen Situation nicht sinnvoll ist.[680] Wenn beispielsweise eine Annäherung von Interessen und Position ausgeschlossen erscheint, kann ihre Thematisierung im Workshop auch negative Folgen haben, da sich Fronten und Vorurteile verhärten. Es ist nicht das Ziel der Risiko-Kommunikation, um jeden Preis einen Konsens herzustellen, sondern primär steht die Erkundung von Interessen, Bedürfnissen und Ängsten der Betroffenen im Vordergrund.

Die dritte Phase stellt dann die eigentliche Durchführung des Workshops dar. Je nach Problem und Anzahl der Teilnehmer bieten sich unterschiedliche Formen an (Gruppendiskussion, Podiumsdiskussion, Seminar, runder Tisch, Plenum, Arbeitsgruppen etc.). Hier lassen sich kaum generelle Hinweise für eine optimale Gestaltung geben. Tendenziell läßt sich aber sagen, daß bei eindeutigen Verhandlungszielen, geringen zeitlichen Spielräumen und/oder großen Teilnehmerzahlen eine rigidere Strukturierung vorzuziehen ist. Bei Workshops dagegen, bei denen das Gewinnen von Vertrauen, Offenheit und kreativen Lösungen im Vordergrund steht, ist eine möglichst geringe Formalisierung und eine Beschränkung der Teilnehmer auf ca. sieben Mitglieder bzw. eine Aufteilung in Gruppen entsprechender Größe empfehlenswert. Da bei Workshops dieser Art mit offenen Konflikten zu rechnen ist, sind Konfliktmanagement-Systeme einzurichten, die der Prozeßberater steuern muß. Im Falle von Konflikten sollte der Prozeßberater beispielsweise an die „eigentlichen" Interessen erinnern, Abkühlungsphasen verordnen, simulierte Gerichtsverfahren durchführen, weitere Informationen selbst bzw. durch den Situationsberater beisteuern oder gegebenenfalls empfindliche Themen

---

[679] Vgl. Steinmann/Zerfaß, öffentliches Interesse, S. 8.
[680] Vgl. Wiedemann, Mediation, S. 9-10.

vertagen.[681] Die Auswahl von Situationsberatern (Experten), die zu einzelnen strittigen Fragen Informationen und Hilfestellungen geben sollen, obliegt dem Prozeßberater. Ein starres Festhalten an Verfahrensregeln ist jedoch nicht produktiv. Der Prozeßberater muß sich hier sensibel in die Diskussionsdynamik einfühlen.

Steinmann und Zerfaß beschreiben beispielsweise für die Durchführung eines Workshops dieser Art ein dreistufiges Vorgehen.[682] Der Workshop beginnt mit einer Vollversammlung der Teilnehmer. Hier gibt der Prozeßberater zunächst eine Einführung in die Regeln vernünftigen Argumentierens, etwa so wie sie oben beschrieben wurden. Es folgen Kurzreferate zu den einzelnen Themen und Positionen, die direkt im Anschluß diskutiert werden können. Im zweiten Schritt werden die Teilnehmer in gemischte Arbeitsgruppen zu maximal sieben Personen aufgeteilt. Jede Gruppe hat ein Spezialthema zu bearbeiten. Ergebnisse, auf die sich die Gruppe einigen kann, werden zur späteren Präsentation vorbereitet und zusammengefaßt. Im dritten Schritt findet eine zweite Vollversammlung statt, auf der die Ergebnisse der Arbeitsgruppen präsentiert und anschließend diskutiert werden. Von dem Prozeßberater werden Themengebiete bzw. Streitfragen, in denen Konsens erzielt werden konnte, festgehalten. Punkte, bei denen noch Uneinigkeiten bestehen, werden isoliert.

Die vierte Phase stellt eine Nachbereitung des Workshops und ein Feedback für die Teilnehmer dar. Der Prozeßberater analysiert in dieser Phase die Einschätzung der Teilnehmer über den Workshop und vergleicht sie mit den in der Vorbereitungszeit geäußerten Erwartungen. Hieraus ergibt sich, ob der Workshop zu einem späteren Zeitpunkt fortgesetzt, ob er abgeschlossen oder in ähnlicher oder anderer Form wiederholt werden sollte. Schließlich faßt der Prozeßberater die Meinung der Teilnehmer zum Workshop zusammen mit den inhaltlichen Ergebnissen in einem Arbeitspapier zusammen und veröffentlicht sie in einem neutralen Medium (z.B. in einer Fachzeitschrift oder einem neutralen Fachverlag).[683]

---

[681] Vgl. ausführlich Ury/Brett/Goldberg, Dispute Resolution System, S. 295-313, und Kolb/Silbey, Disputes, S. 315-322.
[682] Vgl. Steinmann/Zerfaß, öffentliches Interesse, S. 9.
[683] Vgl. Steinmann/Zerfaß, öffentliches Interesse, S. 9.

4.5 Zusammenfassende Thesen und Bemerkungen zu den Grenzen der Risiko-Kommunikation

1. Durch Risiko-Kommunikation soll die Informationsbasis des Unternehmens und der Betroffenen verbessert werden, indem Entscheider und Betroffene ein gemeinsames Kommunikationssystem ins Leben rufen.
2. Ziele der Risiko-Kommunikation sind die Verbesserung der Entscheidungsgrundlagen, die Berücksichtigung von Interessen und Besorgnissen der Betroffenen, die Verringerung von Risiken, die Akzeptanz und das Vertrauen bei den Betroffenen, die Beilegung von Konflikten und die Dämpfung von überhöhten Sicherheitsanforderungen.
3. Risiko-Kommunikation bezieht sich auf die soziale Dimension riskanter Entscheidungen, die auf der Unterscheidung von Risiko und Gefahr basiert. Risiko bezeichnet eine Position, die durch das bewußte Eingehen eines möglichen Schadens einen Vorteil zu erreichen versucht. Gefahr ist die Position desjenigen, der zwar auch von den möglichen Schäden betroffen ist, aber weder die Entscheidung beeinflussen kann, noch einen direkten Vorteil aus der Entscheidung ziehen kann.
4. Die Ursache von Konflikten zwischen Betroffenen und Entscheidern liegt in einer Rationalitätslücke: die Forderungen der Betroffenen nach Sicherheit und Rationalität steigen mit zunehmendem ökologischen und technologischen Wissen über die Möglichkeiten rationaler Entscheidung hinaus.
5. Die versicherungsmathematische bzw. ingenieurwissenschaftliche Risikokalkulation und die Partizipation von Betroffenen reichen zur Beilegung dieses Konfliktes nicht aus, da sie die Differenz von Risiko und Gefahr nicht genügend berücksichtigen. Risiko-Kommunikation respektiert die Unterscheidung von Risiko- und Gefahrenposition und versucht nicht, wie Partizipation, sie aufzuheben.
6. Instrumente der Risiko-Kommunikation sind Öffentlichkeitsarbeit und Workshops mit Betroffenen. Öffentlichkeitsarbeit dient der Versorgung der Öffentlichkeit mit Information, um für Akzeptanz und Vertrauen zu werben und um gesellschaftliche Kommunikationsprozesse auszulösen bzw. zu beeinflussen. Betroffenen-Workshops sorgen für Identifikation und Ausgleich von Interessen sowie für die Beilegung von Konflikten.

Effektivität und Legitimität der Risiko-Kommunikation stehen und fallen mit der Bereitschaft des Managements, die Kommunikation mit der Öffentlichkeit, mit Betroffenen und Organisationsteilnehmern zum Zwecke einer *echten* Verständigung und Informationsverbesserung zu betreiben und nicht in manipulativer Absicht.[684] Hier, wie bei der Möglichkeit von Reflexion im allgemeinen, kann die Wirksamkeit und Nützlichkeit des Instruments nur in Abhängigkeit von der Einsicht beurteilt werden, daß ein Verstoß gegen die Interessen der Umwelt negative Rückwirkungen auf das Unternehmen selbst haben wird.

Ein Problem der Operationalisierung ist, daß auch durch Formen reflexiver Kommunikation die Kontexte, die der Risikobeurteilung zugrunde liegen, nicht aufgehoben oder verschmolzen werden können. Durch den Dialog ist nicht gewährleistet, daß es zu einem gegenseitigen Verstehen kommt. Zunächst müssen sich auch die Betroffenen lern- und verständigungsbereit zeigen. Allein das kann an zahlreichen Schwierigkeiten scheitern. Zunächst ist trotz vorbereitenden Seminaren von fehlendem Wissen über die kommunikationstheoretischen Hintergründe der Verständigung auszugehen. Hinzu kommt das Problem, daß häufig auch die Bereitschaft fehlen wird, sich mit Risiko-Kommunikation auseinanderzusetzen - sei es aus prinzipieller Skepsis gegenüber den Unternehmen oder aus Angst, durch Dialogbereitschaft die Forderung nach totaler Sicherheit ohne entsprechende Vorteile aufzugeben. Mit anderen Worten: es ist durchaus damit zu rechnen, daß die Betroffenen überhaupt nicht an einer Risiko-Kommunikation interessiert sind. Diese Schwierigkeit ist von den Unternehmen allein kaum zu überwinden, sondern kann nur auf Basis breiter Unterstützung durch die Öffentlichkeit gelöst werden, deren Gewinnung aber wiederum unwahrscheinlich ist, da es dafür keine verbindliche Instanz gibt.

Auch das Interesse der Betroffenen und der Öffentlichkeit an Informationen über Risiken kann nicht unbedingt vorausgesetzt werden. Da auch Betroffene „geschlossene Systeme" sind, hängt ihre Bereitschaft, sich mit solchen Informationen auseinanderzusetzen, von vorhandenem Wissen und gelingender kognitiver Aktivierung ab. So konnte die Erfahrung gemacht werden, daß die Öffentlichkeit in einigen Fällen auf proaktive Risiko-Kommunikation überhaupt nicht reagierte, während es in anderen Fällen zu massenhafter Informations-

---

[684] Vgl. Otway/Wynne, Risiko-Kommunikation, S. 102.

nachfrage und öffentlicher Diskussion kam.[685] Einzelereignisse können zudem das öffentliche Interesse und die Risikowahrnehmung nachhaltig beeinflussen, obwohl eine Vergleichbarkeit vielleicht gar nicht gegeben ist.[686] Die Kommunikationsbereitschaft der Öffentlichkeit stellt sich also als geradezu eratisch und chaotisch dar. Das tieferliegende Problem dieses Phänomens kann in Nebenursachen gesehen werden, die von den Unternehmen nicht mehr kontrollierbar sind. So gibt es bestimmte Themen, für die die Öffentlichkeit faszinierbar ist, weil sie in den rekursiven Zyklen der sich wiederholenden und selbst reproduzierenden Nachrichten in den Massenmedien systematisch darauf vorbereitet wurde.[687] Hier spielt auch das vorhandene „Image" des Unternehmens und der Branche eine Rolle, also Vorurteile, die die Beurteilung der Bedeutung einer Information stark beeinflussen.

Ein anderes Problem ergibt sich aus dem *Beruhigungs-Beunruhigungs-Paradox*. In Notfallplänen sollen Unternehmen die Anwohner darüber informieren, was im Fall von Unfällen zu tun ist. Dieses Instrument der Risiko-Kommunikation ist mittlerweile auch im Rahmen der sogenannten Seveso-Direktive der Europäischen Gemeinschaft für ca. 2.000 Anlagen in Europa gesetzliche Pflicht.[688] Durch Notfallpläne können aber Ängste ausgelöst werden, die durch andere Maßnahmen der Risiko-Kommunikation gerade verhindert werden sollen. Dies kann die Akzeptanz für die Anlage nachhaltig beeinträchtigen.

Die Ausführungen sollten deutlich gemacht haben, daß durch Risiko-Kommunikation die Akzeptanz für riskante Vorhaben nicht unbedingt erhöht werden kann. Ursächlich hierfür ist die Tatsache, daß sich in der Diskussion keine objektiven Wahrheiten, sondern sozial konstruierte Risikoeinschätzungen gegenüberstehen. Da Betroffene in geschlossenen Systemen kommunizieren, ist es noch nicht einmal gesagt, daß durch intensive Risiko-Kommunikation die Ablehnung bestimmter Risiken nicht noch zunehmen kann. Die häufige Erwäh-

---

[685] Vgl. Otway/Wynne, Risiko-Kommunikation, S. 107.
[686] Vgl. auch Luhmann, Moral des Risikos, S. 329.
[687] Die Geschlossenheit des sozialen Systems Journalismus, das Nachrichten aus reiner Bestandssicherung konstruiert, erläutert Gödde eindrucksvoll am Beispiel der Berichterstattung im Golfkrieg; vgl. Gödde, Journalismus, S. 269-288.
[688] Vgl. Otway/Wynne, Risiko-Kommunikation, S. 105.

nung eines Themas in den Medien kann nämlich auch zu der Interpretation führen, daß hier eine besonders große Gefahr besteht.[689]

In Bereichen jedoch, in denen die Positionen weniger festgefahren sind als beispielsweise in der Diskussion um die Kernenergie, kann die Risiko-Kommunikation mit konkreten Ergebnissen rechnen. So konnten Unternehmen wie Procter & Gamble mit Verfahren, die ähnlich aufgebaut waren wie der hier beschriebene Betroffenen-Workshop, nützliche und kreative Hinweise für die Produktgestaltung in sensiblen Bereichen bekommen.[690] Was Risiko-Kommunikation auf jeden Fall leisten kann, ist ein Auslösen gesellschaftlicher Kommunikationsprozesse über bestimmte Risiken. So können die Unternehmen die Risikowahrnehmung von Betroffenen verstehen und Leistungen ihren Bedürfnissen anpassen, denn Betroffene sind nicht nur lästige Opponenten, sondern häufig auch Kunden!

Die Beurteilung der Möglichkeiten effektiver Risiko-Kommunikation muß abschließend eher skeptisch ausfallen. Dennoch stellt sie die *einzige* Form des Umgangs mit den sozialen Aspekten riskanter Entscheidungen dar. Das zentrale Hindernis liegt in der operationalen Geschlossenheit funktional spezialisierter Systeme, die sich ihre Lebensfähigkeit ja gerade durch die ständige Reproduktion bestimmter Themen erhalten. So sind bestimmte Unternehmen auf die Produktion riskanter Entscheidungen, Experten auf die Produktion von Wissen und Umweltschützer auf die Produktion ökologischer Sicherheit spezialisiert, und alle Systeme müssen sich von ihrer Umwelt emanzipieren um ihre Identität zu wahren. In dieser Situation sind ein gegenseitiges Verstehen und Reflexion zwar nicht unmöglich, aber doch sehr schwierig. Denn sie verlangen die Einsicht, daß zuweilen auch die Auflösung von Systemen und die Annahme einer neuen Identität - also die bewußte Erhöhung von Kontingenz, deren Reduktion ja gerade die Funktion von Sozialisation ist - zu den rationalen Strategien im Umgang mit einer gefährdeten Umwelt gehören.

---

[689] Vgl. Peters, Risikokommunikation, S. 58-59.
[690] Vgl. Steinmann/Zerfaß, öffentliches Interesse, S. 8-10.

ABKÜRZUNGSVERZEICHNIS

Abb.	Abbildung
AMR	Acadamy of Management Review
ASQ	Administrativ Science Quarterly
Bearb.	Bearbeiter
BFuP	Betriebswirtschaftliche Forschung und Praxis
BWL	Betriebswirtschaftslehre
DB	Der Betrieb
DBW	Die Betriebswirtschaft
DU	Die Unternehmung
EP	Entsorgungspraxis. Magazin für Umwelttechnik in Industrie und Kommunalwirtschaft
HBR	Harvard Business Review
Hrsg.	Herausgeber
hrsgg.	herausgegeben
IO	Industrielle Organisation
JoF	Jounal of Finance
JoMS	Journal of Management Studies
KZSS	Kölner Zeitschrift für Soziologie und Sozialpsychologie
LRP	Long Range Planning
OE	Organisationsentwicklung
PRS	Psychologische Rundschau
SMR	Sloan Management Review
SW	Soziale Welt

Tab.	Tabelle
Verf.	Verfasser
vgl.	vergleiche
WiSt	Wirtschaftswissenschaftliches Studium
WISU	Das Wirtschaftsstudium
zfbf	Zeitschrift für betriebswirtschaftliche Forschung
ZfhF	Zeitschrift für handelswissenschaftliche Forschung
ZfO	Zeitschrift für Organisation
ZfS	Zeitschrift für Soziologie

LITERATURVERZEICHNIS

Ackoff, Russell (*Redesigning*): Redesigning the Future. A Systems approach to societal problems, New York 1974

Adizes, Ichak (*Lifecycles*): Corporate Lifecycles. How and Why Corporations Grow and Die and What to Do About It, Englewood Cliffs 1989

Adorno, Theodor W. (*Soziologie*): Soziologie und empirische Forschung, in: Adorno, Theodor W. u.a: Der Positivismusstreit in der deutschen Soziologie, 13. Auflage, Darmstadt 1988, S. 81-101

Adorno, Theodor W. u.a. (Hrsg.) (*Positivismusstreit*): Der Positivismusstreit in der deutschen Soziologie, 13. Auflage, Darmstadt 1988

Albach, Horst (*Betriebswirtschaftslehre*): Betriebswirtschaftslehre als Wissenschaft vom Management, in: Wunderer, Rolf (Hrsg.): Betriebswirtschaftslehre als Management- und Führungslehre, Stuttgart 1985, S. 169-183

Albach, Horst / *Albach*, Renate (*Institution*): Das Unternehmen als Institution. Rechtlicher und gesellschaftlicher Rahmen. Eine Einführung, Wiesbaden 1989

Albert, Hans (*Problematik*): Die Problematik der ökonomischen Perspektive, in: Zeitschrift für die gesamte Staatswissenschaft, 127. Jg. (1961), S. 438-467

Albert, Hans (*Traktat*): Traktat über kritische Vernunft, 5., verbesserte und erweiterte Auflage, Tübingen 1991

Ansoff, H. Igor (*Management*): Implanting Strategic Management, London 1984

Apel, Karl-Otto (*Diskursethik*): Grenzen der Diskursethik. Versuch einer Zwischenbilanz, in: Zeitschrift für philosophische Forschung, 40 Jg. (1986), S. 3-31

Argyris, Chris (*Defenses*): Overcoming Organizational Defenses. Facilitating Organizational Learning, Boston u.a. 1992

Argyris, Chris / *Schön*, Donald S. (*Organizational Learning*): Organizational Learning. A Theory of Action Perspective, Reading, Mass. u.a. 1978

Aristoteles (Metaphysik): Metaphysik. Schriften zur ersten Philosophie, übersetzt und herausgegeben von Franz F. Schwarz, Stuttgart 1984

Ashby, W. Ross (*Self-Organizing System*): Principles of the Self-Organizing System, in: Foerster, Heinz von / Zopf, George W. (Hrsg.): Priniciples of Self-Organization, New York 1962, S. 255-278

Axelrod, Robert (*Cooperation*): The Evolution of Cooperation, New York 1984

Baecker, Dirk (*Bewußtsein*): Die Unterscheidung zwischen Kommunikation und Bewußtsein, in: Krohn, Wolfgang / Küppers, Günter (Hrsg.): Emergenz. Die Entstehung von Ordnung, Organisation und Bedeutung, 2. Auflage, Frankfurt / Main 1992, S. 217-268

Baecker, Dirk (*Differenz*): Die Freiheit des Gegenstandes: von der Identität zur Differenz. Perspektivenwechsel in den Wissenschaften, in: DELFIN. Eine deutsche Zeitschrift für Analyse und Kritik, 2. Jg. (1985) Heft 1, S. 76-88

Baecker, Dirk (*Form*): Die Form des Unternehmens, Frankfurt / Main 1993

Baetge, Jörg (*Systemtheorie*): Betriebswirtschaftliche Systemtheorie. Regelungstheoretische Planungs- und Überwachungsmodelle für Produktion, Lagerung und Absatz, Opladen 1974

Bamberg, Günter / *Coenenberg*, Adolf Gerhard (*Entscheidungslehre*): Betriebwirtschaftliche Entscheidungslehre, 4., überarbeitete Auflage, München 1985

Banz, Rolf W. (*Prices*): Prices for State-contingent Claims. Some Estimations and Applications, in: The Journal of Business, 51. Jg. (1978), S. 653-672

Barnard, Chester I. (*Executive*): The Functions of the Executive, Cambridge (Mass.) 1938

Beck, Ulrich (*Gegengifte*): Gegengifte. Die organisierte Unverantwortlichkeit, Frankfurt / Main 1988

Beck, Ulrich (*Industriegesellschaft*): Von der Vergänglichkeit der Industriegesellschaft, in: Beck, Ulrich (Hrsg.): Politik in der Risikogesellschaft. Essays und Analysen, Frankfurt / Main 1991, S. 33-66

Beck, Ulrich (*Konturen*): Der anthropologische Schock. Tschernobyl und die Konturen der Risikogesellschaft, in: Beck, Ulrich (Hrsg.): Politik in der Risikogesellschaft. Essays und Analysen, Frankfurt / Main 1991, S. 67-81

Beck, Ulrich (*Überleben*): Vom Überleben in der Risikogesellschaft, in: Schütz, Mathias (Hrsg.): Risiko und Wagnis. Die Herausforderung der industriellen Welt, 2. Band, Pfullingen 1990, S. 12-31

Benölken, Heinz / *Greipel*, Peter (*Organisationsentwicklung*): Strategische Organisationsentwicklung. Langfristige Unternehmenssicherung durch integrierte Strategie- und Organisationsentwicklung, in: ZfO, 58. Jg. (1989) Heft 1, S. 15-22

Berger, Ulrike / *Bernhard-Mehlich*, Isolde (*Entscheidungstheorie*): Die Verhaltenswissenschaftliche Entscheidungstheorie, in: Kieser, Alfred (Hrsg.): Organisationstheorien, Stuttgart 1993, S. 127-159

Bergmann, Werner (*Bewegung*): Was bewegt die soziale Bewegung? Überlegungen zur Selbstkonstitution der „neuen" sozialen Bewegung, in: Baecker, Dirk u.a. (Hrsg.): Theorie als Passion, Frankfurt / Main 1987, S. 362-393

Bertalanffy, Ludwig von (*open systems*): The theory of open systems in physics and biology, in: Science, 111. Jg. (1950), S. 9-23

Bertalanffy, Ludwig von (*Systemlehre*): Zu einer allgemeinen Systemlehre. Biologica Generalis, Band 19, Wien 1949

Binswanger, Hans Christoph (*Restrisiko*): Abschied von der „Restrisiko-Philosophie": Herausforderungen der neuen Gefahrendimension, in: Schütz, Mathias (Hrsg.): Risiko und Wagnis. Die Herausforderung der industriellen Welt, 1. Band, Pfullingen 1990, S. 257-275

Blaseio, Helmut (*Kognos-Prinzip*): Das Kognos-Prinzip. Zur Dynamik sich selbstorganisierender wirtschaftlicher und sozialer Systeme, Berlin 1986

Bleicher, Knut (Hrsg.) (*Organisation*): Organisation als System, Wiesbaden 1972

Bleicher, Knut (*Integriertes Management*): Das Konzept Integriertes Management, (St. Galler Management-Konzept Band 1), Frankfurt / Main - New York 1991

Bleicher, Knut (*Management-Holding*): Die Management-Holding. Ansatz zur Komplexitätsbewältigung im Spannungsfeld rechtlicher und organisatorischer Restrukturierung, in: Reiß, Michael / Gassert, Herbert / Horváth, Péter (Hrsg.): Komplexität meistern - Wettbewerbsfähigkeit sichern, Stuttgart 1993, S. 103-123

Blum, Wolfgang (*Egoismus*): Die Evolution des Egoismus, in: DIE ZEIT, Nr. 32 vom 31.7.1992, S. 36

Bohnen, Alfred (*Handlung*): Handlung, Lebenswelt und System in der soziologischen Theoriebildung: Zur Kritik der Theorie des kommunikativen Handelns von Jürgen Habermas, in: ZfS, 13. Jg. (1984) Heft 3, S. 191-203

Brandl, Max (*Führung*): Funktionen der Führung. Ein klassisches Thema aus der Perspektive neuerer sozialwissenschaftlicher Ansätze, München 1989

Braun, Günther E. (*Systemtheorie*): Systemtheorie und Betriebswirtschaftslehre, in: DBW, 39. Jg. (1979) Heft 3, S. 501-511

Bruhn, Manfred (*Integration*): Integration des Umweltschutzes in das Marketing, in: Steger, Ulrich (Hrsg.): Handbuch des Umweltmanagements. Anforderungs- und Leistungsprofile von Unternehmen und Gesellschaft, unter Mitwirkung von Gerhard Prätorius, München 1992, S. 537-555

Bruhn, Manfred / *Grimm*, Ulrich (*Denken*): Deterministisches Denken ist passé, in: Gabler´s Magazin, o.Jg. (1992) Heft 5, S. 23-29

Brunsson, Nils (*Irrational Organization*): The Irrational Organization. Irrationality as a Basis for Organizational Action and Change, Chichester u.a. 1985

Burns, Tom / *Stalker*, G.M. (*Innovation*): The Management of Innovation, 3. Auflage, London 1971

Cartwright, Dorwin (*Risk Taking*): Risk Taking by Individuals and Groups. An Assesment of Research Employing Choice Dilemmas, in: Journal of Personality and Social Psychology, 20. Jg. (1971), S. 361-378

Chmielewicz, Klaus (*Unternehmensverfassung*): Aktuelle Probleme der Unternehmensverfassung aus betriebswirtschaftlicher Sicht, in: DBW, 44. Jg. (1984) Heft 1, S. 11-24

Churchman, C.West (*Systemansatz*): Der Systemansatz und seine „Feinde". Grundfragen der sozialen Systemplanung, aus dem Amerikanischen übersetzt, eingeleitet und kommentiert von Werner Ulrich, Bern - Stuttgart 1981

Coenenberg, Adolf G. (*Jahresabschluß*): Jahresabschluß und Jahresabschlußanalyse. Betriebswirtschaftliche, handels- und steuerrechtliche Grundlagen, 10. durchgesehene Auflage, Landsberg am Lech 1988

Coenenberg, Adolf G. / *Baum*, Heinz-Georg (*Controlling*): Strategisches Controlling. Grundfragen der Strategischen Planung und Kontrolle, Stuttgart 1987

Cyert, Richard M. / *March*, James G. (*Firm*): A Behavioral Theory of the Firm, New York 1963

Daft, Richard L. / *Weick*, Karl E. (*Model*): Toward a Model of Organizations as Interpretation Systems, in: AMR, 9. Jg. (1984), S. 284-295

Daft, Richard L. / *Weick*, Karl E. (*Organizations*): Toward a Model of Organizations as Interpretation Systems, in: AMR, 9. Jg. (1984) Heft 2, S. 284-295

Deal, Terrence E. / *Kennedy*, Alan A. (*Cultures*): Corporate Cultures. The Rites and Rituals of Corporate Life, Reading (Mass.) 1982

Debreu, Gérard (*Value*): Theory of Value. An Axiomatic Analysis of Economic Equilibrum, New York - London 1959

Dierkes, Meinolf (*Unternehmenskultur*): Veränderung von Unternehmenskultur durch Organisationsentwicklung. Konzeptionelle Grundlagen und praktische Erfahrungen, in: Mertens, Hans (Hrsg.): Strategie, Unternehmenskultur, Organisationsentwicklung im Spannungsfeld zwischen Wissenschaft und Praxis, Baltmannsweiler 1990, S. 13-45

Dieterle, Willi K.M. (*Organisationsänderung*): Organisationsänderung in Unternehmungen. Traditionelle und evolutionäre Ansätze. Anwendungsmöglichkeiten im Rahmen einer Fallstudie, Göttingen 1987

Dörner, Dietrich (*Komplexität*): Über die Schwierigkeiten menschlichen Umgangs mit Komplexität, in: PRS, 22. Jg. (1981) Heft 1, S. 163-179

Dyckhoff, Harald (*Produktionswirtschaft*): Theoretische Grundlagen einer umweltorientierten Produktionswirtschaft, in: Wagner, Gerd Rainer (Hrsg.): Betriebswirtschaft und Umweltschutz, Stuttgart 1993, S. 81-105

Dyllick, Thomas (*Beziehungen*): Die Beziehungen zwischen Unternehmung und gesellschaftlicher Umwelt, in: DBW, 46. Jg (1986) Heft 3, S. 373-392

Dyllick, Thomas (*Umweltbeziehungen*): Management der Umweltbeziehungen. Öffentliche Auseinandersetzungen als Herausforderung, Wiesbaden 1989

Easton, David (*Political Life*): A Systems Analysis of Political Life, New York - London - Sydney 1965

Edgren, Lars D. (*Cultural Data*): The ´Commando` Model. A Way to Gather and Interpret Cultural Data, in: Turner, Barry A. (Hrsg.): Organizational Symbolism, New York 1990, S. 173-187

Eigen, Manfred / *Winkler*, Ruth (*Das Spiel*): Das Spiel. Naturgesetze steuern den Zufall, München - Zürich 1975

Eisen, Roland (*Umweltprobleme*): Versicherungsmäßige Lösungsmodelle für Umweltprobleme in ökonomischer Analyse, in: Wagner, Gerd Rainer (Hrsg.): Ökonomische Risiken und Umweltschutz, München 1992, S. 67-84

Esser, Hartmut (*Doppelpaß*): Der Doppelpaß als soziales System, in: ZfS, 20 Jg. (1991) Heft 2, S. 153-166

Esser, Hartmut (*Kommunikation*): Kommunikation und „Handlung", in: : Rusch, Gebhard / Schmidt, Siegfried J. (Hrsg.): Konstruktivismus und Sozialtheorie. (DELFIN 1993), Frankfurt / Main 1992, S. 172-204

Etzioni, Amitai (*Gesellschaft*): Die aktive Gesellschaft. Eine Theorie gesellschaftlicher Prozesse, Opladen 1975

Evers, Adalbert / *Nowotny*, Helga (*Unsicherheit*): Über den Umgang mit Unsicherheit. Die Entdeckung der Gestaltbarkeit von Gesellschaft, Frankfurt / Main 1987

Exner, Alexander / *Königswieser*, Roswita / *Titscher*, Stefan (*Unternehmensberatung*): Unternehmensberatung - systemisch, in: Königswieser, Roswita / Lutz, Christian (Hrsg.): Das systemisch evolutionäre Management. Neue Horizonte für Unternehmer, 2., überarbeitete Auflage, Wien 1992, S. 204-235

Farny, Dieter (*Versicherungsbetriebslehre*): Versicherungsbetriebslehre, Karlsruhe 1989

Fiol, Marlene C. / *Lyles*, Marjorie A. (*Organizational Learning*): Organizational Learning, in: AMR, 10. Jg. (1985), S. 803-813.

Fisher, Roger / *Ury*, William L. (*Harvard-Konzept*): Das Harvard-Konzept. Sachgerecht verhandeln - erfolgreich verhandeln, 10. Auflage, Frankfurt / Main - New York 1991

Foerster, Heinz von (*Entdecken*): Entdecken oder Erfinden. Wie läßt sich Verstehen verstehen?, in: Einführung in den Konstruktivismus. Mit Beiträgen von Heinz von Foerster, Ernst von Glasersfeld, Peter M. Hejl, Siegfried J. Schmidt und Paul Watzlawick, Veröffentlichungen der Carl Friedrich von Siemens Stiftung, hrsgg. von Heinz Gumin und Heinrich Meier, München 1992, S. 41-88

Foerster, Heinz von (*Selbstorganisation*): Erkenntnistheorie und Selbstorganisation, in: Schmidt, Siegfrid J. (Hrsg.): Der Diskurs des Radikalen Konstruktivismus, 4. Auflage, Frankfurt / Main 1991

Foerster, Heinz von (*Wissen und Gewissen*): Wissen und Gewissen, Frankfurt / Main 1991

French, Wendell L. / *Bell*, Cecil H. (*Organisationsentwicklung*): Organisationsentwicklung. Sozialwissenschaftliche Strategien zur Organisationsveränderung, 3. Auflage, Bern - Stuttgart 1990

Freud, Bruno (*Lean*): Der Weg zur Lean Company, in: Reiss, Michael / Gassert, Herbert / Horvárth / Péter (Hrsg.): Komplexität meistern - Wettbewerbsfähigkeit sichern, Stuttgart 1993, S. 63-78.

Frey, Bruno S. (*Umweltökonomie*): Umweltökonomie, Göttingen 1972

Frey, Bruno S. (*Wirtschaftspolitik*): Theorie demokratischer Wirtschaftspolitik, München 1981

Fuchs, Herbert (*Systemtheorie*): Systemtheorie und Organisation. Die Theorie offener Systeme als Grundlage zur Erforschung und Gestaltung betrieblicher Systeme, Wiesbaden 1973

Gaitanides, Michael / *Wicher*, Hans (*Strategien*): Strategien und Strukturen innovationsfähiger Organisationen, in: ZfB, 56. Jg. (1986) Heft 4/5, S. 385-403

Galtung, Johan (*Methodologie*): Methodologie und Ideologie, Band 1, Frankfurt / Main 1978

Gälweiler, Aloys (*Unternehmensführung*): Strategische Unternehmensführung, zusammengestellt, bearbeitet und ergänzt von Markus Schwaninger, Frankfurt / Main - New York 1987

Gerdsmeier, Gerhard (*Modelle*): Grundlagenkritik preistheoretischer Modelle, Berlin 1972

Geser, Hans (*Organisationen*): Organisationen als soziale Akteure, in : ZfS, 19. Jg. (1990) Heft 6, S. 401-417

Giesen, Bernhard (*Funktionalismus*): Systemtheorie und Funktionalismus, in: Reimann, Horst u.a. (Hrsg.): Basale Soziologie: Theoretische Modelle, 4., neubearbeitete und erweiterte Auflage, Opladen 1991

Glasersfeld, Ernst von (*Aspekte des Konstruktivismus*): Aspekte des Konstruktivismus: Vico, Berkeley, Piaget, in: Rusch, Gebhard / Schmidt, Siegfried J. (Hrsg.): Konstruktivismus. Geschichte und Anwendung (DELFIN 1992), Frankfurt / Main 1992, S. 20-33

Glasersfeld, Ernst von (*Konstruktion von Wirklichkeit*): Konstruktion von Wirklichkeit und des Begriffs der Objektivität, in: Einführung in den Konstruktivismus. Mit Beiträgen von Heinz von Foerster, Ernst von Glasersfeld, Peter M. Hejl, Siegfried J. Schmidt und Paul Watzlawick, Veröffentlichungen der Carl Friedrich von Siemens Stiftung, hrsgg. von Heinz Gumin und Heinrich Meier, München 1992, S. 9-40

Glasersfeld, Ernst von (***Wissen, Sprache, Wirklichkeit***): Wissen, Sprache, Wirklichkeit. Arbeiten zum radikalen Konstruktivismus, Braunschweig 1987

Gödde, Ralf (***Journalismus***): Radikaler Konstruktivismus und Journalismus. Die Berichterstattung über den Golfkrieg - das Scheitern einer Wirklichkeitskonstruktion, in: Rusch, Gebhard / Schmidt, Siegfried J. (Hrsg.): Konstruktivismus. Geschichte und Anwendung (DELFIN 1992), Frankfurt / Main 1992, S. 269-288.

Gomez, Peter (***Modelle***): Modelle und Methoden des Systemorientierten Managements. Eine Einführung, Bern - Stuttgart 1981

Gomez, Peter / *Zimmermann*, Tim (***Unternehmensorganisation***): Unternehmensorganisation. Profile, Dynamik, Methodik (St. Galler Management-Konzept Band 3), 2., revidierte und erweiterte Auflage, Frankfurt / Main - New York 1993

Grimm, Ulrich (***Faktoren***): Analyse strategischer Faktoren. Ein Beitrag zur Theorie der strategischen Unternehmensplanung, Wiesbaden 1983

Gripp, Helga (***Habermas***): Jürgen Habermas. Und es gibt sie doch - Zur kommunikationstheoretischen Begründung von Vernunft bei Jürgen Habermas, Paderborn u.a. 1984

Grochla, Erwin (Hrsg.) (***Unternehmensorganisation***): Unternehmensorganisation, Hamburg 1972

Gutenberg, Erich (***Grundlagen***): Grundlagen der Betriebswirtschaftslehre, Band I: Die Produktion, 23., unveränderte Auflage, Berlin 1979

Gutenberg, Erich (***Produktions- und Kostentheorie***): Offene Fragen der Produktions- und Kostentheorie, in: ZfhF, NF., 8. Jg. (1956), S. 429-449

Habermas, Jürgen (***Diskurs***): Der philosophische Diskurs der Moderne. Zwölf Vorlesungen, Frankfurt / Main 1985

Habermas, Jürgen (***Moralbewußtsein***): Kommunikatives Handeln und Moralbewußtsein, Frankfurt / Main 1983

Habermas, Jürgen (***Theorie I***): Theorie des Kommunikativen Handelns, Band I, Handlungsrationalität und gesellschaftliche Rationalisierung, Fankfurt/Main 1988

Habermas, Jürgen (***Theorie II***): Theorie des Kommunikativen Handelns, Band II, Zur Kritik der funktionalistischen Vernunft, Frankfurt / Main 1988

Habermas, Jürgen (*Wahrheitstheorien*): Wahrheitstheorien, in: Fahrenbach, H. (Hrsg.): Wirklichkeit und Reflexion. Festschrift zum sechzigsten Geburtstag von Walter Schultz, Pfullingen 1973, S. 211-263

Hahn, Dieter (*Unternehmung*): Führung des Systems Unternehmung, in: ZfO, 40. Jg. (1971) Heft 4, S. 161-169

Hahn, Dietger (*Führung*): Strategische Führung und Strategisches Controlling, in: Albach, Horst / Weber, J. (Hrsg.): Controlling. Selbstverständnis, Instrumente, Perspektiven, ZfB Ergänzungsheft Nr. 3, Wiesbaden 1991, S. 121-146

Haken, Hermann (*Synergetik*): Synergetik. Eine Einführung, Berlin u.a. 1983

Hall, George E. (*Management der Vielfalt*): Management der Vielfalt, in: Harvard Manager, 9. Jg. (1987) Heft 4, S. 123 - 127

Haller, Matthias (*Risiko-Management*): Risiko-Management und Risiko-Dialog, in: Königswieser, Roswita / Lutz, Christian (Hrsg.): Das Systemisch evolutionäre Management. Neue Horizonte für Unternehmer, 2., überarbeitete Auflage, Wien 1992, S. 321-340

Hauschildt, Jürgen (*Entscheidungsziele*): Entscheidungsziele, Tübingen 1977

Hayek, Friedrich A. von (*Anmaßung von Wissen*): Die Anmaßung von Wissen, in: ORDO, Jahrbuch für die Ordnung von Wirtschaft und Gesellschaft, 26. Jg. (1975), S. 12-21

Hayek, Friedrich A. von (*Theorie komplexer Phänomene*): Die Theorie komplexer Phänomene, Tübingen 1972

Hedberg, Bo L.T. (*Learn*): How Organizations Learn and Unlearn, in: Nyström, Paul C. / Starbuck, William H. (Hrsg.): Handbook of Organizational Design 1, Oxford 1981, S. 3-27

Hedberg, Bo L.T. (*Tents*): Organizations as Tents. Über die Schwierigkeiten Organisationsstrukturen flexibel zu gestalten, in: Hinterhuber, Hans / Laske, Stephan (Hrsg.): Zukunftsorientierte Unternehmenspolitik. Konzeptionen, Erfahrungen und Reflexion zur Personal- und Organisationsentwicklung, Freiburg / Breisgau 1984, S. 13-47

Hedberg, Bo L.T. / *Nyström*, Paul C. / *Starbuck*, William H. (*Self-Designing*): Camping on Seesaws. Prescriptions of a Self-Designing Organization, in: ASQ, 21. Jg. (1976), S. 41-65

Heiden, Uwe an der (*Selbstorganisation*): Selbstorganisation in dynamischen Systemen, in: Krohn, Wolfgang / Küppers, Günter (Hrsg.): Emergenz. Die Entstehung von Ordnung, Organisation und Bedeutung, 2. Auflage, Frankfurt / Main 1992, S. 57-88

Heilig, Klaus (*Entscheidungstheorie*): Einmaligkeit und Wiederholung in der Entscheidungstheorie. Eine Kritik des Bernoulli-Prinzips, 2., verbesserte Auflage, Frankfurt / Main 1979

Heimerl-Wagner, Peter (*Organisations-Entwicklung*): Strategische Organisations-Entwicklung. Inhaltliche und methodische Konzepte zum Lernen in und von Organisationen, Heidelberg 1992

Helmstädter, Ernst (*Wirtschaftstheorie I*): Wirtschaftstheorie I, 3. Auflage, München 1983

Hennen, Leo / *Peters*, Hans Peter (*Tschernobyl*): „Tschernobyl" in der öffentlichen Meinung der Bundesrepublik Deutschland. Risikowahrnehmung, politische Einstellungen und Informationsbewertung, Spezielle Berichte des Forschungszentrums Jülich Nr. 551, Jülich 1990

Hinterhuber, Hans H. (*Unternehmensführung I*): Strategischer Unternehmensführung I: Strategisches Denken. Vision, Unternehmungspolitik, Strategie, 4., völlig neu bearbeitete Auflage, Berlin - New York 1989

Hinterhuber, Hans H. (*Unternehmensführung II*): Strategischer Unternehmensführung II: Strategisches Handeln. Direktiven, Organisation, Umsetzung, Unternehmenskultur, Strategische Führungskompetenz, 4., völlig neu bearbeitete Auflage, Berlin - New York 1989

Holzner, Oliver T. / *Bloemer*, Vera R. (*Unternehmensintelligenz*): Unternehmensintelligenz. Corporate IQ als Maß für langfristigen Erfolg, in: ZfO, 60. Jg. (1991) Heft 2, S. 88-91

Homans, George C. (*Gruppe*): Theorie der sozialen Gruppe, 7. Auflage, Opladen 1978

Hug, Edmund (*IBM*): Kampf gegen Überkomplexität in Großunternehmen am Beispiel IBM, in: Reiß, Michael / Gassert, Herbert / Horváth, Péter (Hrsg.): Komplexität meistern - Wettbewerbsfähigkeit sichern, Stuttgart 1993, S. 43-62

Hughes, Patrick / *Brecht*, George (*Paradoxon*): Die Scheinwelt des Paradoxon. Eine kommentierte Antologie in Wort und Bild, Braunschweig 1978

Hutter, Michael (***Wirtschaft und Bewußtsein***): Wirtschaft und Bewußtsein. Zur Karriere von Bedürfnis und Erwartung in: Krohn, Wolfgang / Küppers, Günter (Hrsg.): Emergenz. Die Entstehung von Ordnung, Organisation und Bedeutung, 2. Auflage, Frankfurt / Main 1992, S. 334-362

Jantsch, Erich (***Selbstorganisation***): Die Selbstorganisation des Universums. Vom Urknall zum menschlichen Geist, mit einem Vorwort von Paul Feyerabend, 4. Auflage, München 1988

Japp, Klaus P. (***Entscheidungen***): Selbstverstärkungseffekte riskanter Entscheidungen. Zur Unterscheidung von Rationalität und Risiko, in: ZfS, 21. Jg. (1992) Heft 1, S. 31-48

Jarmai, Heinz / ***Königswieser***, Roswita (***Problemdiagnose***): Problemdiagnose, in: Königswieser, Roswita / Lutz, Christian (Hrsg.): Das systemisch evolutionäre Management. Neue Horizonte für Unternehmer, 2., überarbeitete Auflage, Wien 1992, S. 18-21

Jehle, Egon (Hrsg.) (***Systemforschung***): Systemforschung in der Betriebswirtschaftslehre. Tagungsbericht des Arbeitskreises für Wissenschaftstheorie im Verband der Hochschullehrer für Betriebswirtschaft e.V., Stuttgart 1975

Jensen, Stefan (***Kerngehäuse***): Im Kerngehäuse, in: Rusch, Gebhard / Schmidt, Siegfried J. (Hrsg.): Konstruktivismus und Sozialtheorie (DELFIN 1993), Frankfurt / Main 1994, S. 47-108

Jirasik, Johann / ***Mai***, Diethard (***Kybernetisches Denken***): Kybernetisches Denken in der Betriebswirtschaft. Zur Nutzanwendung der Kybernetik in der Praxis der Unternehmensführung, Berlin 1972

Jonas, Hans (***Verantwortung***): Das Prinzip Verantwortung. Versuch einer Ethik für die technologische Zivilisation, Frankfurt / Main 1989

Kailer, Norbert / ***Stiefel***, Rolf Th. (***Andragogik***): Management Andragogik 3: Grundbegriffe der Management-andragogischen Fachsprache, München 1984

Kambartel, Friedrich (***Moralisches Argumentieren***): Moralisches Argumentieren. Methodische Analyse zur Ethik, in: Kambartel, Friedrich (Hrsg.): Praktische Philosophie und konstruktive Wissenschaftstheorie, Frankfurt / Main 1974, S. 54-72

Kambartel, Friedrich (*praktische Philosophie*): Wie ist praktische Philosophie konstruktiv möglich? Über einige Mißverständnisse eines methodischen Verständnisses praktischer Diskurse, in: Kambartel, Friedrich (Hrsg.): Praktische Philosophie und konstruktive Wissenschaftstheorie, Frankfurt / Main 1974, S. 9-33

Kant, Immanuel (*Vernunft*): Kritik der reinen Vernunft, Band I, Werkausgabe Band III, herausgegeben von Wilhelm Weischedel, 2. Auflage, Frankfurt / Main 1976

Kappler, Ekkehard (*Vorwort*): Vorwort, in: Kappler, Ekkehard (Hrsg.): Rekonstruktion der Betriebswirtschaftslehre als ökonomische Theorie, Spardorf 1983, S. I-V

Kasper, Helmut (*Doble-Bind*): «Double-Bind»-Theorie, in: WiSt, 14. Jg. (1985) Heft 2, S. 75-76

Kasper, Helmut (*Handhabung*): Die Handhabung des Neuen in organisierten Sozialsystemen, Heidelberg u.a. 1990

Kasper, Helmut (*Innovationsmanagement*): Widersprüche und Konflikte beim Innovationsmanagement, in: ZfO, 56. Jg. (1986) Heft 2, S. 115-123

Kasper, Helmut (*Neuerungen*): Neuerungen durch selbstorganisierende Prozesse, in: Staehle, Wolfgang H. / Sydow, Jörg (Hrsg.): Managementforschung 1, Berlin - New York 1991, S. 1-74.

Kasper, Helmut (*Organisationskultur*): Organisationskultur. Über den Stand der Forschung, Wien 1987

Katterle, Siegfried (*Betriebswirtschaftslehre*): Normative und explikative Betriebswirtschaftslehre, Göttingen 1964

Keynes, John M. (*Wahrscheinlichkeit*): Über Wahrscheinlichkeit, Leipzig 1926

Kieser, Alfred (*Ansätze*): Evolutiontheoretische Ansätze, in: Kieser, Alfred (Hrsg.): Organisationstheorien, Stuttgart 1993, S. 243-276

Kieser, Alfred / *Kubicek*, Herbert (*Organisation*): Organisation, 2., neubearbeitete und eweiterte Auflage, Berlin - New York 1983

Kieser, Alfred / *Kubicek*, Herbert (*Organisationstheorien II*): Organisationstheorien II. Kritische Analyse neuerer sozialwissenschaftlicher Ansätze, mit einem Beitrag von Michael Wollnik, Stuttgart u.a. 1978

Kirsch, Werner (***Betriebswirtschaftslehre***): Entscheidungsorientierte Betriebswirtschaftslehre und angewandte Führungslehre, in: Kirsch, Werner / Picot, Arnold (Hrsg.): Die Betriebswirtschaftslehre im Spannungsfeld zwischen Generalisierung und Spezialisierung. Edmund Heinen zum 70. Geburtstag, Wiesbaden 1989, S. 119-135

Kirsch, Werner (***Entscheidungsprozesse***): Entscheidungsprozesse, Band 3, Wiesbaden 1970

Kirsch, Werner (***Führungslehre***): Zur Konzeption der Betriebswirtschaftslehre als Führungslehre, in: Wunderer Rolf: Betriebswirtschaftslehre als Management- und Führungslehre, Stuttgart 1985, S. 33-65

Kirsch, Werner (***Kommunikatives Handeln***): Kommunikatives Handeln, Autopoiese, Rationalität - Sondierungen zu einer evolutiuonären Führungslehre, München 1992

Kirsch, Werner (***Unternehmensführung***): Betriebswirtschaftslehre. Eine Annäherung aus der Perspektive der Unternehmensführung, München 1993

Kirsch, Werner (***Unternehmenspolitik***): Unternehmenspolitik und strategische Unternehmensführung, München 1990

Kirsch, Werner (***Wissenschaftliche Unternehmensführung***): Wissenschaftliche Unternehmensführung oder Freiheit vor der Wissenschaft?, 2 Halbbände, München 1984

Kirsch, Werner / ***Knyphausen***, Dodo zu (***Gesellschaft***): Unternehmen und Gesellschaft. Die Standortbestimmung des Unternehmens als Problem des strategischen Managements, in: DBW, 48. Jg. (1988) Heft 4, S. 489-597

Kirsch, Werner / ***Knyphausen***, Dodo zu (***Handeln***): Gibt es in betriebswirtschaftlichen Organisationen ein verständigungsorientiertes Handeln? Zu den handlungstheoretischen Grundlagen der Organisationstheorie, in: DBW, 53. Jg. (1993) Heft 2, S. 221-234

Kirsch, Werner / ***Knyphausen***, Dodo zu (***Unternehmungen***): Unternehmungen als „autopoietische" Systeme? in: Staehle, Wolfgang H. / Sydow, Jörg: Managementforschung 1, Berlin - New York 1991, S. 75-101.

Kistner, Klaus-Peter / ***Steven***, Marion (***Aktivitätsanalyse***): Lineare Aktivitätsanalyse im Umweltschutz, in: Wagner, Gerd Rainer (Hrsg.): Betriebswirtschaft und Umweltschutz, Stuttgart 1993, S. 106-125

Kluge, Friedrich (***Etymologisches Wörterbuch***): Etymologisches Wörterbuch der deutschen Sprache, 22. Auflage, Berlin - New York 1989

Kneer, Georg (*Bestandserhaltung*): Bestandserhaltung und Reflexion. Zur kritischen Reformulierung gesellschaftlicher Rationalität, in: Krawietz, Werner / Welker, Michael (Hrsg.): Kritik der Theorie Sozialer Systeme. Auseinandersetzung mit Luhmanns Hauptwerk, Frankfurt / Main 1992, S. 86-112

Knorr Cetina, Karin (*Differenzierungstheorie*): Zur Unterkomplexität der Differenzierungstheorie. Kritische Anfragen an die Systemtheorie, in: ZfS, 21. Jg. (1992) Heft 6, S. 406-419

Knyphausen, Dodo zu (*evolutionsfähige Systeme*): Unternehmungen als evolutionsfähige Systeme. Überlegungen zu einem evolutionären Konzept für die Organisationstheorie, München 1988

Knyphausen, Dodo zu (*Paradoxien*): Paradoxien und Visionen. Visionen einer paradoxen Theorie der Entstehung des Neuen, in: Rusch, Gebhard / Schmidt, Siegfried J. (Hrsg.): Konstruktivismus. Geschichte und Anwendung (DELFIN 1992), Frankfurt 1992, S. 140-159

Kolb, Deborah M. / *Silbey*, Susan S. (*Disputes*): Enhancing the Capacity of Organizations to Deal with Disputes, in: Breslin, William J. / Rubin, Jeffrey Z. (Hrsg.): Negotiation Theory and Practice, published by the Program on Negotiation at Harvard Law School, Cambridge (Mass.) 1991, S. 315-322

Kondylis, Panayotis (*Ethik*): Wider die universale Ethik. Ist der einzelne so vernünftig, wie die Kommunikationstheorie es möchte?, in: Frankfurter Allgemeine Zeitung vom 12.12.1992 (Nr. 36), S. N3

Koreimann, Dieter (*Systemanalyse*): Systemanalyse, Berlin - New York 1972

Kosiol, Erich (*Organisation*): Organisation der Unternehmung, Wiesbaden 1962

Kraft, Alfons / *Kreutz*, Peter (*Gesellschaftsrecht*): Gesellschaftsrecht, 6., überarbeitete Auflage, Frankfurt / Main 1985

Kreikebaum, Hartmut (*Kehrtwende*): Kehrtwende zur Zukunft, Neuhausen-Stuttgart 1988

Kreikebaum, Hartmut (*Ökologieverträglichkeit*): Ökologieverträglichkeit in der Produktion und deren Erfolgswirkung, in: Kreikebaum, Hartmut / Seidel, Eberhard / Zabel, Hans-Ulrich (Hrsg.): Unternehmenserfolg durch Umweltschutz. Rahmenbedingungen, Instrumente, Praxisbeispiele, Wiesbaden 1994, S. 103-119

Kreikebaum, Hartmut (*Umweltethik*): Grundzüge einer theologisch orientierten Umweltethik, in: Steinmann, Horst / Löhr, Albert (Hrsg.): Unternehmensethik, Stuttgart 1989, S. 203-214

Kreikebaum, Hartmut (*Umweltschutz*): Integrierter Umweltschutz (IUS) durch strategische Planungs- und Kontrollinstrumente, in: Steger, Ulrich (Hrsg.): Handbuch des Umweltmanagements. Anforderungs- und Leistungsprofile von Unternehmen und Gesellschaft, unter Mitwirkung von Gerhard Prätorius, München 1992, S. 257-270.

Kreikebaum, Hartmut (*Unternehmensplanung*): Strategische Unternehmensplanung, 5., überarbeitete Auflage, Stuttgart u.a. 1993

Kreikebaum, Hartmut (*Unternehmensplanung, 1. Auflage*): Strategische Unternehmensplanung, 1. Auflage, Stuttgart u.a. 1981

Kretschmann, Jürgen (*Diffusion*): Die Diffusion des Kritischen Rationalismus in der Betriebswirtschaftslehre, Stuttgart 1990

Krüger, Hans-Peter (*Vernunft*): Kritik der kommunikativen Vernunft. Kommunikationstheoretische Wissenschaftsforschung im Streit mit Sohn-Rethel, Toulmin und Habermas, Berlin 1990

Krüger, Herbert (*Unternehmensverfassung*): Paritätische Mitbestimmung, Unternehmensverfassung, Mitbestimmung der Allgemeinheit, Düsseldorf 1973

Kurt, Ronald (*Subjekt*): Soziologie ohne Subjekt ist sinnlos, in: Gebhard / Schmidt, Siegfried J. (Hrsg.): Konstruktivismus und Sozialtheorie (DELFIN 1993), Frankfurt / Main 1994, S. 331-357

Kutschera, Frank von (*Antinomien*): Die Antinomien der Logik. Semantische Untersuchungen, München 1964

Kutschera, Frank von (*Sprachphilosophie*): Sprachphilosophie, 2., völlig neu bearbeitete und erweiterte Auflage, München 1975

Lawrence, Pervin (*Persönlichkeitstheorien*): Persönlichkeitstheorien. Freud, Adler, Jung, Rogers, Kelly, Cattel, Eysenck, Skinner, Badura u.a., 2., neubearbeitete Auflage, München - Basel 1987

Lax, David A. / *Sebenius*, James K. (*Negotiator*): The Manager as Negotiator. Bargaining for Cooperation and Competitive Gain, New York - London 1986

Likert, Rensis (*Unternehmensführung*): Neue Ansätze der Unternehmensführung, Schriftenreihe „Führung und Organisation der Unternehmung" 14, hrsgg. vom Institut für Betriebswirtschaft an der Hochschule St. Gallen, Bern - Stuttgart 1972

Lorange, Peter / *Scott-Morton*, Michael / *Goshal*, Sumantra (*Strategic Control*): Strategic Control Systems, St. Paul u.a. 1986

Lorenzen, Paul (*Methodisches Denken*): Methodisches Denken, Frankfurt / Main 1967

Lorenzen, Paul (*Normative Logic*): Normative Logic and Ethics, Mannheim 1969

Lorenzen, Paul (*Unternehmensethik*): Philosophische Fundierungsprobleme einer Wirtschafts- und Unternehmensethik, in: Steinmann, Horst / Löhr, Albert (Hrsg.): Unternehmensethik, Stuttgart 1989, S. 25-57

Lorenzen, Paul / *Schwemmer*, Oswald (*Konstruktive Logik*): Konstruktive Logik, Ethik und Wissenschaftstheorie, Mannheim - Wien - Zürich 1975

Lueger, Manfred (*Macht*): Macht und Herrschaft in Organisationen, in: Königswieser, Roswita / Lutz, Christian (Hrsg.): Das systemisch evolutionäre Management. Neue Horizonte für Unternehmer, 2., überarbeitete Auflage, Wien 1992, S. 168-190.

Luhmann, Niklas (*Aspekte des Entscheidungsverhaltens*): Soziologische Aspekte des Entscheidungsverhaltens, in: DBW, 44. Jg. (1984) Heft 4, S. 591-603

Luhmann, Niklas (*Autopoiesis*): Autopoiesis als soziologischer Begriff, in: Haferkamp, Hans / Schmid, Michael (Hrsg.): Sinn, Kommunikation und soziale Differenzierung. Beiträge zu Luhmanns Theorie sozialer Systeme, Frankfurt / Main 1987, S. 307-324

Luhmann, Niklas (*Bewußtsein*): Wie ist Bewußtsein an Kommunikation beteiligt?, in: Gumbrecht, Hans Ulrich / Pfeiffer, K. Ludwig (Hrsg.): Materialität der Kommunikation, Frankfurt / Main 1988, S. 884-905

Luhmann, Niklas (*Erkenntnis als Konstruktion*): Erkenntnis als Konstruktion, Vortrag im Kunstmuseum Bern am 23. Oktober 1988, erschienen in der Reihe „um 9", hrsgg. von G.J. Lischka, Bern 1988

Luhmann, Niklas (*Funktion*): Funktion und Kausalität, in: KZSS, 14. Jg. (1962), S. 617-644

Luhmann, Niklas (*Funktionale Methode*): Funktionale Methode und Systemtheorie, in: SW, 15. Jg. (1964), S. 1-25

Luhmann, Niklas (*Handlungstheorie*): Handlungstheorie und Systemtheorie, in: KZSS, 30. Jg. (1978), S. 211-227

Luhmann, Niklas (*Interaktion*): Interaktion, Organisation, Gesellschaft, in: Gerhardt, Marlis (Hrsg.): Die Zukunft der Philosophie, München 1975, S. 85-107

Luhmann, Niklas (*Kommunikationssperren*): Kommunikationssperren in der Unternehmensberatung, in: Königswieser, Roswita / Lutz, Christian (Hrsg.): Das systemisch evolutionäre Management. Neue Horizonte für Unternehmer, 2., überarbeitete Auflage, Wien 1992, S. 236-249

Luhmann, Niklas (*Konstruktivistische Perspektiven*): Soziologische Aufklärung 5. Konstruktivistische Perspektiven, Opladen 1990

Luhmann, Niklas (*Moral des Risikos*): Die Moral des Risikos und das Risiko der Moral, in: Bechmann, Gotthard (Hrsg.): Risiko und Gesellschaft. Grundlagen und Erkenntnisse interdisziplinärer Risikoforschung, Opladen 1993, S. 327-338

Luhmann, Niklas (*Moral*): Soziologie der Moral, in: Luhmann, Niklas / Pfürtner, Stephan H. (Hrsg.): Theorietechnik und Moral, Frankfurt / Main 1978, S. 8-116.

Luhmann, Niklas (*Öffentliche Meinung*): Öffentliche Meinung, in: Luhmann, Niklas (Hrsg.): Politische Planung, Opladen 1971, S. 9-34

Luhmann, Niklas (*Ökologische Kommunikation*): Ökologische Kommunikation. Kann die moderne Gesellschaft sich auf ökologische Gefährdung einstellen?, Opladen 1986

Luhmann, Niklas (*Organisation*): Funktionen und Folgen formaler Organisation, Berlin 1964

Luhmann, Niklas (*Paradigm lost*): Paradigm lost: Über die ethische Reflexion der Moral, Rede von Niklas Luhmann anläßlich der Verleihung des Helge-Preises 1989, Laudatio von Robert Spaemann, Niklas Luhmanns Herausforderung der Philosophie, 2. Auflage, Frankfurt / Main 1991

Luhmann, Niklas (*Person*): Die Form „Person", in: SW, 42. Jg. (1991) Heft 2, S. 166-175

Luhmann, Niklas (*Preise*): Das sind Preise. Ein soziologisch-systemtheoretischer Klärungsversuch, in: SW, 34. Jg. (1983) Heft 2, S. 153-170

Luhmann, Niklas (*Reflexive Mechanismen*): Reflexive Mechanismen, in: SW, 17. Jg (1966), S. 1-23

Luhmann, Niklas (*Selbst-Thematisierung*): Selbst-Thematisierung des Gesellschaftssystems. Über die Kategorie der Reflexion aus der Sicht der Systemtheorie, in: ZfS, 1. Jg. (1972) Heft 1, S. 21-46

Luhmann, Niklas (*Selbstbeschreibungen*): Tautologie und Paradoxie in den Selbstbeschreibungen der modernen Gesellschaft, in: ZfS, 16. Jg. (1987) Heft 3, S. 161-174

Luhmann, Niklas (*Soziale Systeme*): Soziale Systeme. Grundriß einer Allgemeinen Theorie, 4. Auflage, Frankfurt / Main 1991

Luhmann, Niklas (*Soziologie*): Soziologie als Theorie sozialer Systeme, in: KZSS, 19. Jg. (1967), S. 615-644

Luhmann, Niklas (*Soziologische Aufklärung*): Soziologische Aufklärung, in: SW, 18. Jg. (1967), S. 97-123

Luhmann, Niklas (*Temporalstrukturen*): Temporalstrukturen des Handlungssystems. Zum Zusammenhang von Handlungs- und Systemtheorie, in: Schluchter, Wolfgang (Hrsg.): Verhalten, Handeln und System. Talcott Parsons´ Beitrag zur Entwicklung der Sozialwissenschaften, Frankfurt / Main 1980, S. 32-67

Luhmann, Niklas (*Vertrauen*): Vertrauen. Ein Mechanismus der Reduktion sozialer Komplexität, 3., durchgesehene Auflage, Stuttgart 1989

Luhmann, Niklas (*Weltgesellschaft*): Die Weltgesellschaft, in: Archiv für Rechts- und Sozialphilosophie, 57. Jg. (1971), S. 1-65

Luhmann, Niklas (*Wirtschaft der Gesellschaft*): Die Wirtschaft der Gesellschaft, 2. Auflage, Frankfurt / Main 1989

Luhmann, Niklas (*Wirtschaftsethik*): Wirtschaftsethik - als Ethik?, in: Wieland, Josef (Hrsg.): Wirtschaftsethik und Theorie der Gesellschaft, Frankfurt / Main 1991, S. 134-147

Luhmann, Niklas (*Wissenschaft der Gesellschaft*): Die Wissenschaft der Gesellschaft, Frankfurt / Main 1992

Luhmann, Niklas (*Zweckbegriff*): Zweckbegriff und Systemrationalität. Über die Funktion von Zwecken in sozialen Systemen, Frankfurt / Main 1973

Macho, Thomas H. (*So viele Menschen*): So viele Menschen. Jenseits des genealogischen Prinzips, in: Sloterdijk, Peter (Hrsg.): Vor der Jahrtausendwende: Berichte zur Lage der Zukunft, 1. Band, Frankfurt / Main 1990, S. 29-64

Mackenzie, R. Alec (*Management Process*): The Management Process 3-D, in: HBR, 47. Jg. (1969) Heft 6, S. 80-87

Malik, Fredmund (*Evolutionstheorie*): Die Managementlehre im Lichte der modernen Evolutionstheorie, in: DU, 33. Jg. (1979) Heft 4, S. 303-315

Malik, Fredmund (*Replik*): Evolutionäres Management. Eine Replik zur Kritik von Karl Sandner, in: DU, 36. Jg. (1982) Heft 2, S. 91-105

Malik, Fredmund (*Strategie*): Strategie des Managements komplexer Systeme. Ein Beitrag zur Management-Kybernetik evolutionärer Systeme, 3. Auflage, Bern - Stuttgart 1989

Malik, Fredmund / *Gomez,* Peter (*Evolutionskonzept*): Evolutionskonzept für unternehmerische Entscheide, in: Management-Zeitschrift IO, 45. Jg (1976) Heft 9, S. 308-312

Malik, Fredmund / *Probst,* Gilbert J.B. (*Evolutionäres Management*): Evolutionäres Management, in: DU, 35. Jg. (1981) Heft 2, S. 121-140

Malinsky, Adolf H. / *Seidel,* Eberhard *(Kooperation)*: Betriebswirtschaftslehre und Ökologie. Ansätze zu einer interdisziplinären Kooperation am Beispiel des betrieblichen Rechnungswesens, in: Kreikebaum, Hartmut / Seidel, Eberhard / Zabel, Hans-Ulrich (Hrsg.): Unternehmenserfolg durch Umweltschutz. Rahmenbedingungen, Instrumente, Praxisbeispiele, Wiesbaden 1994, S. 31-52

March, James G. / *Olsen,* Johann P. (*Ambiguitiy and Choice*): Ambiguitiy and Choice in Organizations, 2. Auflage, Bergen 1982

Markowitz, Jürgen (*Partizipation*): Konstellationsformen psychischer Selbstreferenz. Vorstudien zu einem Begriff der Partizipation, in: Baecker, Dirk u.a. (Hrsg.): Theorie als Passion, Frankfurt / Main 1987, S. 482-518

Marr, Rainer (*Umwelt*): Betrieb und Umwelt, in: Vahlens Kompendium der Betriebswirtschaftslehre, von Jörg Baetge u. a., Band 1, München 1984, S. 47-110

Maturana, Humberto R. (*Erkennen*): Erkennen: Die Organisation und Verkörperung von Wirklichkeit. Ausgewählte Arbeiten zur biologischen Epistemologie, Braunschweig 1982.

Maturana, Humberto R. / *Varela*, Francisco J. (*Der Baum der Erkenntnis*): Der Baum der Erkenntnis. Die biologischen Wurzeln des menschlichen Erkennens, 2. Auflage, Bern - München 1991

McCarthy, Thomas (*Komplexität*): Komplexität und Demokratie - die Versuchungen der Systemtheorie, in: Honneth, Axel / Joas, Hans: Kommunikatives Handeln. Beiträge zu Jürgen Hagermas´ „Theorie des kommunikativen Handelns", 2. Auflage, Frankfurt / Main 1988, S. 177-215

Merton, Robert K. (*Social Structure*): Social Theory and Social Structure, 2. Auflage, Glencoe 1957

Merton, Robert K. (*Voraussagen*): Die Eigendynamik gesellschaftlicher Voraussagen, in: Topitsch, Ernst (Hrsg.): Logik der Sozialwissenschaften, 11. Auflage, Königstein / Ts. 1984, S. 144-161

Meyer, Willi (*Methodologie*): Die Methodologie des Kritischen Rationalismus, in: Raffée, Hans / Abel, Bodo (Hrsg.): Wissenschaftstheoretische Grundfragen der Wirtschaftswissenschaften, München 1979, S. 28-43

Miles, Robert H. / *Randolph*, Alan W. (*Styles*): Influence of Organiziational Learning Styles on Early Development, in: Kimberly, John R. / Miles, Robert H. (Hrsg.): The Organizational Life Cicle. Issues in the Creation, Transformation, and Decline of Organizations, San Francisco - London 1980, S. 44-82

Miller, Max (*Selbstreferenz*): Selbstreferenz und Differenzerfahrung. Einige Überlegungen zu Luhmanns Theorie sozialer Systeme, in: Haferkamp, Hans / Schmid, Michael (Hrsg.): Sinn, Kommunikation und soziale Differenzierung. Beiträge zu Luhmanns Theorie sozialer Systeme, Frankfurt / Main 1987, S. 187-211

Müller, Wolfgang (Bearb.) (*Fremdwörterbuch*): Duden „Fremdwörterbuch", 4., neu bearbeitete und erweitertere Auflage, Mannheim u.a. 1982

Müller-Merbach, Heiner (*Arten*): Vier Arten von Systemansätzen, dargestellt in vier Lehrgesprächen, in: ZfB, 62. Jg. (1992) Heft 8, S. 853 - 876

Müller-Stewens, Günter (*Suchfeldanalyse*): Strategische Suchfeldanalyse. Die Identifikation neuer Geschäfte zur Überwindung struktureller Stagnation, 2., durchgesehene Auflage, Wiesbaden 1990

Müller-Stewens, Günter / *Pautzke*, Gunnar (*Führungskräfteentwicklung*): Führungskräfteentwicklung und organisatorisches Lernen, in: Sattelberger, Thomas (Hrsg.): Die lernende Organisation. Konzepte für eine neue Qualität der Unternehmensentwicklung, Wiesbaden 1991

Musil, Robert (*Der Mann ohne Eigenschaften*):Der Mann ohne Eigenschaften, in: Robert Musil, Gesammelte Werke, herausgegeben von Adolf Frisé, Hamburg 1978

Myrdal, Gunnar (*Zweck-Mittel-Denken*): Das Zweck-Mittel-Denken in der Nationalökonomie, in: Zeitschrift für Nationalökonomie, hrsgg. von Hans Mayer, Richard Reisch und Richard Schüller, Band 4, Wien 1933, S. 305-329

Nagaoka, Katsuyuki (*Suche*): Auf der Suche nach dem Ökonomischen in der Unternehmung und der Betriebswirtschaftslehre, in: Kappler, Ekkehard (Hrsg.): Rekonstruktion der Betriebswirtschaftslehre als ökonomische Theorie, Spardorf 1983, S. 113-131

Nielsen, Richard P. (*Consensus*): Strategic Planning and Consensus Building for External Relations - Five Cases, in: LRP, 16. Jg. (1983) Heft 6, S. 74-81

Nielsen, Richard P. (*Strategic Planning*): Toward a Method for Building Consensus during Strategic Planning, in: SMR, 22. Jg. (1981) Heft 4, S. 29-40

Nowotny, Helga (*Experten*): Experten in einem Partizipationsversuch. Die Österreichische Kernenergiedebatte, in: SW, 31. Jg. (1980) Heft 4, S. 442-458

Nüse, Ralf u.a. (*Erfindung*): Über die Erfindung/en des Radikalen Konstruktivismus. Kritische Gegenargumente aus psychologischer Sicht, Weinheim 1991

Otway, Harry / *Wynne,* Brian (*Risiko-Kommunikation*): Risiko-Kommunikation: Paradigma und Paradox, in: Krohn, Wolfgang / Krücken, Georg (Hrsg.): Riskante Technologien: Reflexion und Regulation. Einführung in die sozialwissenschaftliche Risikoforschung, Frankfurt / Main 1993, S. 101-112

Parsons, Talcott (*Gesellschaften*): Gesellschaften. Evolutionäre und komparative Perspektiven, aus dem Amerikanischen von Nils Thomas Lindquist, 2. Auflage, Frankfurt / Main 1986

Paslack, Rainer (*Selbstorganisation*): Ursprünge der Selbstorganisation, in: Rusch, Gebhard / Schmidt, Siegfried J. (Hrsg.): Konstruktivismus: Geschichte und Anwendung (DELFIN 1992), Frankfurt / Main 1992, S. 59-90

Pautzke, Gunnar (*Wissensbasis*): Die Evolution der organisatorischen Wissensbasis. Bausteine zu einer Theorie des organisatorischen Lernens, München 1989

Peters, Hans Peter (*Risikokommunikation*): Durch Risikokommunikation zur Technikakzeptanz? Die Konstruktion von Risiko„wirklichkeiten" durch Experten, Gegenexperten und Öffentlichkeit, in: Krüger, Jens / Ruß-Mohl, Stephan (Hrsg.): Risikokommunikation. Technikakzeptanz, Medien und Kommunikationsrisiken, Berlin 1991, S. 11-66

Peters, Hans Peter (*Umgang*): Der massenmediale Umgang mit technischen Risiken, Arbeiten zur Risiko-Kommunikation, Heft 14 der Programmgruppe Mensch, Umwelt, Technik (MUT), Jülich 1990

Peters, Hans Peter (*Umweltberichterstattung*): Umweltberichterstattung und Risikokommunikation - eine wissenschaftliche Perspektive, in: PR Magazin, o.Jg. (1992) Heft 9, S. 39-50

Peters, Thomas J. / *Waterman*, Robert H. (*Spitzenleistungen*): Auf der Suche nach Spitzenleistungen. Was man von den bestgeführten us-amerikanischen Unternehmen lernen kann, 2. Auflage, München 1990

Picot, Arnold / *Dietl*, Helmut (*Transaktionskostentheorie*): Transaktionskostentheorie, in: WiSt, 19. Jg. (1990) Heft 4, S. 178-184.

Popper, Karl R. (*Historizismus*): Das Elend des Historizismus, 5., verbesserte Auflage, Tübingen 1979

Popper, Karl R. (*Logik der Forschung*): Logik der Forschung, 9., verbesserte Auflage, Tübingen 1989

Popper, Karl R. (*Logik der Sozialwissenschaften*): Die Logik der Sozialwissenschaften, in: Adorno, Theodor W. u.a: Der Positivismusstreit in der deutschen Soziologie, 13. Auflage, Darmstadt 1988, S. 103-124

Popper, Karl R. (*offene Gesellschaft*): Die offene Gesellschaft und ihre Feinde, Band I: Der Zauber Platons, 6. Auflage, Tübingen 1980

Popper, Karl R. / *Eccles*, John C. (*Ich*): Das Ich und sein Gehirn, München - Zürich 1982

Porter, Michael (*Wettbewerbsvorteile*): Wettbewerbsvorteile (Competitive Advantage). Spitzenleistungen erreichen und behaupten, Sonderausgabe, Frankfurt / Main 1989

Prätorius, Gerhard / *Tiebler*, Petra (*Unternehmenskultur*): Ökonomische Literatur zum Thema „Unternehmenskultur". Ein Forschungsüberblick, Nr. 14 der Arbeitspapiere des Instituts für Ökologie und Unternehmensführung e.V., hrsgg. von Ulrich Steger, Oestrich-Winkel 1990

Priddat, Birger P. (*Arm*): Arm und reich. Zur Transformation der vor-klassischen in die klassische Ökonomie. Zum 200. Todesjahr Adam Smiths. Diskussionsschrift Nr. 39 des Instituts für Wirtschaftsethik an der Universität St. Gallen, St. Gallen 1990

Priddat, Birger P. (*Zufall*): Zufall, Schicksal, Irrtum. Über Unsicherheit und Risiko in der deutschen ökonomischen Theorie vom 18. bis ins frühe 20. Jahrhundert, Marburg 1993

Prigogine, Ilya (*Vom Sein zum Werden*): Vom Sein zum Werden. Zeit und Komplexität in den Naturwissenschaften, überarbeitete und erweiterte Neuausgabe, aus dem Englischen von Friedrich Griese, 5. Auflage, München - Zürich 1988

Probst, Gilbert J.B. (*Selbst-Organisation*): Selbst-Organisation. Ordnungsprozesse in sozialen Systemen aus ganzheitlicher Sicht, Berlin - Hamburg 1987

Probst, Gilbert J.B. (*Vernetztes Denken*): Vernetztes Denken für komplexe strategische Probleme, in: Königswieser, Roswita / Lutz, Christian (Hrsg.): Das systemisch evolutionäre Management. Neue Horizonte für Unternehmer, 2., überarbeitete Auflage, Wien 1992, S. 22-41

Pümpin, Cuno / *Prange*, Jürgen (*Unternehmensentwicklung*): Management der Unternehmensentwicklung. Phasengerechte Führung und der Umgang mit Krisen (St. Galler Managment-Konzept Band 2), Frankfurt / Main -New York 1991

Quinn, James B. (*Strategies*): Managing Strategies Incrementally, in: Quinn, James B. / Mintzberg, Henry / James Robert M. (Hrsg.): The Strategy Process. Concepts, Contexts and Cases, Englewood Cliffs 1988, S. 671-678.

Quinn, James Brian (*Incrementalism*): Strategic Change: „Logical Incrementalism" (SMR Classic Reprint), in: SMR, 30. Jg. (1989), Heft 4, S. 45-60

Quinn, James Brian (*innovation*): Managing innovation: controlled chaos, in: Innovation. A HBR Paperback, No. 90072, Cambridge (Mass.) 1993, S. 17-28

Rapoport, Anatol (*Allgemeine Systemtheorie*): Allgemeine Systemtheorie. Wesentliche Begriffe und Anwendungen, Darmstadt 1988

Rapoport, Anatol (*Vergleich von Nutzenwerten*): Der Vergleich von Nutzenwerten, in: DBW, 40. Jg. (1980), Heft 2, S. 179-186

Reber, Gerhard (*Organisationsstrukturen*): Organisationsstrukturen und Partizipationsspielräume, in: Durow, W. (Hrsg.): Die Unternehmung in der demokratischen Gesellschaft, Günter Duglos zum 65. Geburtstag, Berlin - New York 1987, S. 161-184

Reese-Schäfer, Walter (*Luhmann*): Luhmann zur Einführung, Hamburg 1992

Reichart, Ludwig (*Lernstatt*): Lernstatt, in: Königswieser, Roswita / Lutz, Christian (Hrsg.): Das systemisch evolutionäre Management. Neue Horizonte für Unternehmer, 2., überarbeitete Auflage, Wien 1992, S. 49-56

Reiß, Michael (*Unternehmenskomplexität*): Optimale Unternehmenskomplexität. Schlüsselgröße für exzellente Unternehmensführung, in: Personal, 44. Jg. (1992) Heft 9, S. 414 - 418

Rescher, Nicholas (*Rationalität*): Rationalität. Eine philosophische Untersuchung über das Wesen und die Begründung der Vernunft, übersetzt und mit einer Bibliographie versehen von Axel Wüstehube, Würzburg 1993

Rescher, Nicholas (*Risk*): Risk. A Philosophical Introduction to the Theory of Risk Evaluation and Management, Washington 1983

Rieckmann, Heijo (*Dynaxibility*): Dynaxibility - oder wie „Systemisches" Management in der Praxis funktionieren kann, in: Henning, Klaus / Harendt, Bertram (Hrsg.): Methodik und Praxis der Komplexitätsbewältigung. Wissenschaftliche Jahrestagung der Gesellschaft für Wirtschafts- und Sozialkybernetik am 4. und 5. Oktober 1991 in Aachen, Berlin 1992, S. 17-39

Rieter, Heinz (*Erwartungsbildung*): Hypothesen zur Erwartungsbildung bei Keynes und Schumpeter, in: Scherf, H. (Hrsg.): Studien zur Entwicklung der ökonomischen Theorie IV, Berlin 1985, S. 27-53

Ringlstetter, Max (*Weg*): Auf dem Weg zu einem evolutionären Management. Konvergierende Tendenzen in der deutschsprachigen Führungs- bzw. Managementlehre, Müchen 1988

Roever, Michael (*Überkomplexität*): Überkomplexität I. Tödliche Gefahr, in: Manager Magazin, 21. Jg. (1991) Heft 10, S. 218 - 233

Roever, Michael (*Überkomplexität*): Überkomplexität II. Goldener Schnitt, in: Manager Magazin, 21. Jg. (1991) Heft 11, S. 253-264

Röglin, Hans-Christian (*Akzeptanz*): Wer Akzeptanz will, darf Akzeptanz nicht wollen, in: Fehr, H. (Hrsg.): Forumsveranstaltungen. Eine Dokumentation, Basel 1988, S. 118-122

Röglin, Hans-Christian (*Risiko*): Der chaotische Weg zur Vernunft - Risiko und Kommunikation in der Risikogesellschaft, in: Schütz, Mathias (Hrsg.): Risiko und Wagnis. Die Herausforderung der industriellen Welt, 2. Band, Pfullingen 1990, S. 32-45

Röpke, Jochen (*Innovation*): Die Strategie der Innovation. Eine systemtheoretische Untersuchung der Interaktion von Individuum, Organisation und Markt im Neuerungsprozeß, Tübingen 1977

Rosenhan, David L. (*Gesund*): Gesund in kranker Umgebung, in: Watzlawick, Paul (Hrsg.): Die erfundene Wirklichkeit. Wie wissen wir, was wir zu wissen glauben? Beiträge zum Konstruktivismus, 7. Auflage, München - Zürich 1991, S. 111-137

Roth, Gerhard (*Realität*): Erkenntnis und Realität: Das reale Gehirn und seine Wirklichkeit, in: Schmidt, Siegfried J. (Hrsg.): Der Diskurs des Radikalen Konstruktivismus, 4. Auflage, Frankfurt / Main 1991, S. 229-255

Rusch, Gebhard (*Standpunkt*): Von einem konstruktivistischen Standpunkt. Erkenntnistheorie und Diachronie in der empirischen Literaturwissenschaft, Braunschweig - Wiesbaden 1985

Sackmann, Sonja A. (*Spitzenführungskräfte*): Wie gehen Spitzenführungskräfte mit Komplexität um?, in: Fisch, Rudolf / Boos, Magarete (Hrsg.): Vom Umgang mit Komplexität in Organisationen. Konzepte, Fallbeispiele, Strategien, Konstanz 1990, S. 299-316

Sandmann, Peter M. (*Hazard*): Hazard versus Outrage. A Conceptual Framework for Describing Public Perception of Risk, in: Jungermann, Helmut / Kasperson, Roger E. / Wiedemann, Peter M. (Hrsg.): Risk Communication. Proceedings of the International Workshop on Risk Communication, October 17.-21., 1988, KFA Jülich Nr. 70, Jülich 1988, S. 163-168

Sandner, Karl (*Evolutionäres Management*): Evolutionäres Management. Voraussetzungen und Konsequenzen eines Ansatzes der Steuerung sozialer Systeme, in: DU, 36. Jg. (1982) Heft 2, S. 77-88

Sattelberger, Thomas (*Personalentwicklung*): Personalentwicklung neuerer Qualität durch Renaissance helfender Beziehungen, in: Sattelberger, Thomas (Hrsg.): Die lernende Organisation. Konzepte für eine neue Qualität der Unternehmensentwicklung, Wiesbaden 1991

Schanz, Günther (*Erkennen*): Erkennen und Gestalten. Betriebswirtschaftslehre in kritisch-rationaler Absicht, Stuttgart 1988

Scharmer, Claus Otto (*Führung*): Ästhetik als Kategorie strategischer Führung, Stuttgart 1991

Schein, Edgar H. (*Awareness*): Coming to a New Awareness of Organizational Cultur, in: SMR, 25. Jg. (1984) Heft 2, S. 3-16

Schemann, Andreas (*Strukturelle Kopplung*): Strukturelle Kopplung. Zur Festlegung und normativen Bindung offener Möglichkeiten sozialen Handelns, in: Krawietz, Werner / Welker, Michael (Hrsg.): Kritik der Theorie Sozialer Systeme. Auseinandersetzung mit Luhmanns Hauptwerk, Frankfurt / Main 1992, S. 215-229

Schertler, Walter (*Unternehmensorganisation*): Unternehmensorganisation, München 1988

Schierenbeck, Henner (*Grundzüge*): Grundzüge der Betriebswirtschaftslehre, 8., völlig überarbeitete und erweiterte Auflage, München - Wien 1986

Schmid, Michael (*soziales System*): Autopoieses und soziales System: Eine Standortbestimmung, in: Haferkamp, Hans / Schmid, Michael (Hrsg.): Sinn, Kommunikation und soziale Differenzierung. Beiträge zu Luhmanns Theorie sozialer Systeme, Frankfurt / Main 1987, S. 25-50

Schmidt, Götz (*Organisation*): Methode und Techniken der Organisation, 6. Auflage, Gießen 1986

Schmidt, Siegfried J. (*Der Radikale Konstruktivismus*): Der Radikale Konstruktivismus. Ein neues Paradigma im interdisziplinären Diskurs, in: Schmidt, Siegfried J. (Hrsg.): Der Diskurs des Radikalen Konstruktivismus, 4. Auflage, Frankfurt / Main 1991, S. 11-88

Schmidt, Siegfried J. (*Sprachverstehen*): Über die Rolle von Selbstorganisation beim Sprachverstehen, in: Krohn, Wolfgang / Küppers, Günter (Hrsg.): Emergenz. Die Entstehung von Ordnung, Organisation und Bedeutung, 2. Auflage, Frankfurt / Main 1992, S. 293-334

Schneider, Dieter (*Betriebswirtschaftslehre*): Allgemeine Betriebswirtschaftslehre, 3. überarbeitete und erweiterte Auflage, München - Wien 1987

Schneider, Dieter (*Investition und Finanzierung*): Investition und Finanzierung, 5. Auflage, Wiesbaden 1980

Schneider, Dieter (*Unternehmensethik*): Unternehmensethik und Gewinnprinzip in der Betriebswirtschaftslehre, in: zfbf, 42. Jg. (1990) Heft 10, S. 869-891

Schneider, Dieter (*Unternehmer und Unternehmung*): Unternehmer und Unternehmung in der heutigen Wirtschaftstheorie und der deutschsprachigen Nationalökonomie der Spätklassik, in: Scherf, H. (Hrsg.): Studien zur Entwicklung der ökonomischen Theorie V, Berlin 1986, S. 29-73

Schreyögg, Georg (*Unternehmensethik*): Implementation einer Unternehmensethik in Planungs- und Entscheidungsprozesse, in: Steinmann, Horst / Löhr, Albert (Hrsg.): Unternehmensethik, Stuttgart 1989, S. 247-258

Schreyögg, Georg / *Steinmann*, Horst (*Kontrolle*): Strategische Kontrolle, in: zfbf, 37. Jg. (1985) Heft 5, S. 391-410

Schurz, Grete (*Destruktive Gehorsamsbereitschaft*): Destruktive Gehorsamsbereitschaft im psychologischen Experiment, in: Huemer, Peter / Schurz, Grete (Hrsg.): Unterwerfung. Über den destruktiven Gehorsam, Wien - Darmstadt 1990, S. 39-64

Schütz, Mathias (*Risiko-Beurteilung*): Werte und Wertewandel in der Risiko-Beurteilung, in: Schütz, Mathias (Hrsg.): Risiko und Wagnis. Die Herausforderung der industriellen Welt, 2. Band, Pfullingen 1990, S. 217-242

Schwaninger, Markus (*Integrale Unternehmensplanung*): Integrale Unternehmensplanung, Frankfurt / Main - New York 1989

Schwemmer, Oswald (*Ethik*): Grundlagen einer normativen Ethik, in: Kambartel, Friedrich (Hrsg.): Praktische Philosophie und konstruktive Wissenschaftstheorie, Frankfurt / Main 1974, S. 73-95

Semmel, Markus (*Managementlehre*): Systemorientierte Managementlehre. Grundauffassungen, Schwierigkeiten und Ansätze zu deren Überwindung, Diskussionsbeitrag 5/1984, Institut für Betriebswirtschaft an der Hoschule St. Gallen, St. Gallen 1984

Semmel, Markus (*Unternehmung*): Die Unternehmung aus evolutionstheoretischer Sicht. Eine kritische Bestandsaufnahme aktueller evolutionärer Ansätze der Organisations- und Managementtheorie, Bern - Stuttgart 1984

Sharpe, William F. (*Prices*): Capital Asset Prices. A Theory of Market Equilibrium und Conditions of Risk, in: JoF, 19. Jg. (1964), S. 425-442

Shrivastava, Paul (*systems*): A Typology of organizational learning systems, in: JoMS, 20. Jg. (1983) Heft 1, S. 7-28

Simon, Herbert A. (*Homo rationalis*): Homo rationalis. Die Vernunft im menschlichen Leben, aus dem Englischen von Thomas Steiner, Frankfurt / Main 1993

Smith, William P. (*Biased Mediator*): Effecitveness of the Biased Mediator, in: Breslin, William J. / Rubin, Jeffrey Z. (Hrsg.): Negotiation Theory and Practice, published by the Program on Negotiation at Harvard Law School, Cambridge (Mass.) 1991, S. 419-428

Sprüngli, Karl R. (*Evolution*): Evolution und Management. Ansätze zu einer evolutionistischen Betrachtung sozialer Systeme, Bern - Stuttgart 1981

Staehle, Wolfgang (*Management*): Management. Eine verhaltenswissenschaftliche Perspektive, 3., verbesserte und erweiterte Auflage, Wiesbaden 1987

Staehle, Wolfgang (*Organisation*): Organisation und Führung sozio-technischer Systeme. Grundlagen einer Situationstheorie, Stuttgart 1973

Staehle, Wolfgang H. (*Umweltschutz*): Umweltschutz und Theorie der Unternehmung, unter Mitarbeit von Dr. Manuela E. Nork, in: Steger, Ulrich (Hrsg.): Handbuch des Umweltmanagements. Anforderungs- und Leistungsprofile von Unternehmen und Gesellschaft, unter Mitwirkung von Gerhard Prätorius, München 1992, S. 67-82

Starnitzke, Dierk (*Vorentscheidungen*): Theoriebautechnische Vorentscheidungen, Differenzhandhabung und ihre Implikationen, in: Krawietz, Werner / Welker, Michael (Hrsg.): Kritik der Theorie Sozialer Systeme. Auseinandersetzung mit Luhmanns Hauptwerk, Frankfurt / Main 1992, S. 71-85

Steger, Ulrich (*Umweltmanagement*): Umweltmanagement - Erfahrungen und Instrumente einer umweltorientierten Unternehmensstrategie, Wiesbaden 1988

Stegmüller, Wolfgang (*Metaphysik*): Metaphysik, Skepsis, Wissenschaft, 2. Auflage, Berlin - Heidelberg - New York 1969

Stegmüller, Wolfgang (*Wissenschaftstheorie)*: Probleme und Resultate der Wissenschaftstheorie und Analytischen Philosophie, Band IV: Personelle und Statistische Wahrscheinlichkeiten, Berlin - Heidelberg - New York 1973

Steinmann, Horst (*Großunternehmen*): Das Großunternehmen im Interessenkonflikt, Stuttgart 1969.

Steinmann, Horst / *Hasselberg,* Frank (*Managementprozeß*): Der strategische Managementprozeß und die entscheidungsorientierte Betriebswirtschaftslehre, in: Kirsch, Werner / Picot, Arnold (Hrsg.): Die Betriebswirtschaftslehre im Spannungsfeld zwischen Generalisierung und Spezialisierung. Edmund Heinen zum 70. Geburtstag, Wiesbaden 1989, S. 199-212

Steinmann, Horst / *Löhr,* Albert (*Unternehmensethik*): Grundlagen der Unternehmensethik, Stuttgart 1991

Steinmann, Horst / *Schreyögg,* Georg (*Kontrolle*): Zur organisatorischen Umsetzung der strategischen Kontrolle, in: zfbf, 38. Jg. (1986) Heft 9, S. 747-765.

Steinmann, Horst / *Schreyögg,* Georg (*Management*): Management. Grundlagen der Unternehmensführung - Konzepte, Funktionen und Praxisfälle, 2., durchgesehene Auflage, Wiesbaden 1991

Steinmann, Horst / *Zerfaß,* Ansgar (*öffentliches Interesse*): Privates Unternehmertum und öffentliches Interesse, in: Wagner, Gerd Rainer (Hrsg.): Betriebswirtschaft und Umweltschutz, Stuttgart 1993, S. 3-26

Susskind, Lawrence E. / *Ozawa,* Connie (*Negotiation*): Mediated Negotiation in the Public Sector, in: Breslin, William J. / Rubin, Jeffrey Z. (Hrsg.): Negotiation Theory and Practice, published by the Program on Negotiation at Harvard Law School, Cambridge (Mass.) 1991, S. 401-418

Taylor, David A. (*Technologien*): Objektorientierte Technologien. Ein Leitfaden für Manager, Bonn u.a. 1992

Teubner, Gunther (*Netzwerke*): Die vielköpfige Hydra: Netzwerke als kollektive Akteure höherer Ordnung, in: Krohn, Wolfgang / Küppers, Günter (Hrsg.): Emergenz. Die Entstehung von Ordnung, Organisation und Bedeutung, 2. Auflage, Frankfurt / Main 1992, S. 189-216

Teubner, Gunther (*Recht*): Recht als autopoietisches System, Frankfurt / Main 1989

Thommen, Jean-Paul (*Lehre*): Die Lehre der Unternehmensführung, eine wissenschaftshistorische Betrachtung im deutschsprachigen Raum, Bern - Stuttgart 1983

Türck, Rainer (*Erfolgschancen*): Erfolgschancen des ökologischen Produktes, in: Kreikebaum, Hartmut / Seidel, Eberhard / Zabel, Hans-Ulrich (Hrsg.): Unternehmenserfolg durch Umweltschutz. Rahmenbedingungen, Instrumente, Praxisbeispiele, Wiesbaden 1994, S. 121-134

Türk, Klaus (*Einführung*): Einführung, in: Türk, Klaus (Hrsg.): Handlungssysteme, Opladen 1978, S. 7-11

Türk, Klaus (*Organisation*): Soziologie der Organisation. Eine Einführung, Stuttgart 1978

Türk, Klaus (*Organisationsforschung*): Neuere Entwicklungen in der Organisationsforschung. Ein Trend Report, Stuttgart 1989

Turner, Barry A. (Hrsg.) (*Organizational Symbolism*): Organizational Symbolism, New York 1990

Ulrich, Hans (*Ansatz*): Der systemorientierte Ansatz in der Betriebswirtschaftslehre, in: Schweitzer, Marcell (Hrsg.): Auffassungen und Wissenschaftsziele der Betriebswirtschaftslehre, Wege der Forschung, Band 502, Darmstadt 1978, S. 270-291

Ulrich, Hans (*Betriebswirtschaftslehre*): Von der Betriebswirtschaftslehre zur systemorientierten Managementlehre, in: Wunderer Rolf (Hrsg., 1985): Betriebswirtschaftslehre als Management- und Führungslehre, Stuttgart 1985, S. 3-32

Ulrich, Hans (*Management*): Management, hrsgg. von Thomas Dyllick und Gilbert Probst, Bern 1984

Ulrich, Hans (*Managementlehre*): Von der Betriebswirtschaftslehre zur systemorientierten Managementlehre, in: Wunderer Rolf (Hrsg., 1985): Betriebswirtschaftslehre als Management- und Führungslehre, Stuttgart 1985, S. 3-32

Ulrich, Hans (*System*): Die Unternehmung als produktives soziales System, 2., überarbeitete Auflage, Bern 1970

Ulrich, Hans / *Krieg*, Walter (*Management-Modell*): St. Galler Management-Modell, 3. Auflage, Bern - Stuttgart 1974

Ulrich, Peter (*Konsensus-Management*): Konsensus-Management. Die zweite Dimension rationaler Unternehmensführung, in: BFuP, 35. Jg. (1983) Heft 1, S. 70-84

Ulrich, Peter (*quasi-öffentliche Institution*): Die Großunternehmung als quasi-öffentliche Institution. Eine politische Theorie der Unternehmung, Stuttgart 1977

Ulrich, Peter (*Sachlichkeit*): Die neue Sachlichkeit oder: Wie kann die Unternehmensethik betriebswirtschaftlich zur Sache kommen? in: DU, 41. Jg. (1987) Heft 6, S. 409-424

Ulrich, Peter (*Sozialökonomie*): Betriebswirtschaftslehre als praktische Sozialökonomie. Programmatische Überlegungen, in: Wunderer, Rolf (Hrsg.): Betriebswirtschaftslehre als Management- und Führungslehre, 2., ergänzte Auflage, Stuttgart 1988

Ulrich, Peter (*Systemsteuerung*): Systemsteuerung und Kulturentwicklung. Auf der Suche nach einem ganzheitlichen Paradigma der Managementlehre, in: DU, 38. Jg. (1984) Heft 4, S. 303-325

Ulrich, Peter (*Transformation*): Transformation der ökonomischen Vernunft. Fortschrittsperspektiven der modernen Industriegesellschaft, 2., durchgesehene Auflage, Bern - Stuttgart 1987

Ury, William L. / *Brett*, Jeanne M. / *Goldberg*, Stepen B. (*Konfliktmanagement*): Konfliktmanagement. Wirksame Strategien für den sachgerechten Interessenausgleich, Frankfurt / Main - New York 1991

Ury, William L. / *Brett*, Jeanne M. / *Goldberg*, Stephen B. (*Dispute Resolution System*): Designing an Effective Dispute Resolution System, in: Breslin, William J. / Rubin, Jeffrey Z. (Hrsg.): Negotiation Theory and Practice, published by the Program on Negotiation at Harvard Law School, Cambridge (Mass.) 1991, 295-313

Varela, Francisco (*Biological Autonomie*): Principles of Biological Autonomie, New York 1979

Vico, Giovanni Battista (*Wissenschaft*): Prinzipien einer neuen Wissenschaft über die gemeinsame Natur der Völker, hrsgg. von V. Hösle und C. Jermann, Hamburg 1990

Wagner, Gerd Rainer (*Einführung*): Programmatische Einführung, in: Wagner, Gerd Rainer (Hrsg.): Ökonomische Risiken und Umweltschutz, München 1992, S. 1-10

Wagner, Gerd Rainer (Hrsg.) (*Umweltschutz*): Betriebswirtschaft und Umweltschutz, Stuttgart 1993

Wagner, Gerhard / *Zipprian*, Hein (*Identität oder Differenz*): Identität oder Differenz? Bemerkungen zu einer Aporie in Niklas Luhmanns Theorie selbstreferentieller Systeme, in: ZfS, 21. Jg. (1992) Heft 6, S. 394-405

Watzlawick, Paul (*Wirklichkeit*): Wie wirklich ist die Wirklichkeit? Wahn - Täuschung - Verstehen, 12. Auflage, München 1984

Weber, Max (*Wirtschaft*) Wirtschaft und Gesellschaft. Grundriß einer verstehenden Soziologie, 5. Auflage, Tübingen 1972

Weick, Karl E. (*Order*): Sources of Order in Underorganized Systems. Themes in Recent Organizational Theory, in: Lincoln, Y.S. (Hrsg.): Organizational Theory and Inquiry, Beverly Hills u.a. 1983, S. 106-136

Weick, Karl E. (*Organizing*): Cognitive Processes in Organizing, in: Staw B.M. (Hrsg.): Research in Organizational Behaviour, Band 1, Greenwich (Conn.) 1979, S. 41-74

Weick, Karl E. (*Prozeß*): Der Prozeß des Organisierens, 1. Auflage, Frankfurt / Main 1985

Weizsäcker, Carl Friedrich von (*Technik*): Technik und Natur, in: Schütz, Mathias (Hrsg.): Risiko und Wagnis. Die Herausforderung der industriellen Welt, 1. Band, Pfullingen 1990, S. 14-25

Weizsäcker, Ernst von (*Erstmaligkeit*): Erstmaligkeit und Bestätigung als Komponenten der pragmatischen Information, in: Weizsäcker, Ernst von (Hrsg.): Offene Systeme I. Beiträge zur Zeitstruktur von Information, Entropie und Evolution, Stuttgart 1974, S. 82-113

Wicher, Hans (*Innnovation*): Innnovation und Organisation. Das Paradigma vom organisatorischen Dilemma, in: WISU, 14. Jg. (1985) Heft 7, S. 355-359

Wiedemann, Herbert (*Unternehmensverfassung*): Grundfragen der Unternehmensverfassung, in: Zeitschrift für Unternehmens- und Gesellschaftsrecht, 4. Jg. (1975), S. 385-432.

Wiedemann, Peter M. (*Mediation*): Mediation bei umweltrelevanten Vorhaben. Entwicklung, Aufgaben und Handlungsfelder, Arbeiten zur Risiko-Kommunikation, Heft 40 der Programmgruppe Mensch, Umwelt, Technik (MUT), Jülich 1993

Wiedemann, Peter M. (*Risiko-Kommunikation*): Risiko-Kommunikation, in: Schütz, Holger / Wiedemann, Peter M. (Hrsg.): Technik kontrovers. Aktuelle Schlüsselbegriffe für die öffentliche Diskussion. Ein Handbuch, Frankfurt / Main 1993, S. 197-202

Wiedemann, Peter M. (*Unternehmen*): Unternehmen und Risikokommunikation, in: Technische Rundschau, o.Jg. (1992) Heft 49, S. 21-26.

Wiedemann, Peter M. / *Femers*, Susanne / *Nothdurft*, Werner (*Konfliktmanagement*): Kommunikatives Konfliktmanagement bei umweltbezogenen Auseinandersetzungen, in: EP, o.Jg. (1993) Heft 3, S. 158-163

Wieland, Josef (*Adam Smith*): Adam Smith´ System der Politischen Ökonomie. Die Emergenz des ökonomischen Systems der Moderne, in: Krohn, Wolfgang / Küppers, Günter (Hrsg.): Emergenz. Die Entstehung von Ordnung, Organisation und Bedeutung, 2. Auflage, Frankfurt / Main 1992, S. 363-385

Wiener, Norbert (*Cybernetics*): Cybernetics - or Controll and Communication in the Animal and the Machine, New York 1948

Willke, Helmut (*Differenzierung und Integration*): Differenzierung und Integration in Luhmanns Theorie sozialer Systeme, in: Haferkamp, Hans / Schmid, Michael (Hrsg.): Sinn, Kommunikation und soziale Differenzierung. Beiträge zu Luhmanns Theorie sozialer Systeme, Frankfurt / Main 1987, S. 247-274

Willke, Helmut (*Intervention*): Strategien der Intervention in autonome Systeme, in: Baecker, Dirk u.a. (Hrsg.): Theorie als Passion, Frankfurt / Main 1987, S. 333-261

Willke, Helmut (*Ironie des Staates*): Ironie des Staates. Grundlinien einer Staatstheorie polyzentrischer Gesellschaft, Frankfurt / Main 1992

Willke, Helmut (*Systemtheorie*): Systemtheorie. Eine Einführung in die Grundprobleme der Theorie sozialer Systeme, 3. Auflage, Stuttgart - New York 1991

Witte, Eberhard (*Entscheidungsforschung*): Zur Entwicklung der Entscheidungsforschung in der Betriebswirtschaftslehre, in: Wunderer, Rolf (Hrsg.): Betriebswirtschaftslehre als Management- und Führungslehre, Stuttgart 1985, S. 185-200

Witte, Eberhard (*Innovationsentscheidungen*): Organisation für Innovationsentscheidungen. Das Promotoren-Modell, Göttingen 1973

Wittgenstein, Ludwig (*Gewißheit*): Über Gewißheit, hrsgg. von G. E. M. Ascombe und G. H. von Wright, in: Wittgenstein, Ludwig: Werkausgabe in 8 Bänden, Bd. 8, 5. Auflage, Frankfurt / Main 1989, S. 113-257

Wittgenstein, Ludwig (*Philosophie der Psychologie*): Letzte Schriften über die Philosophie der Psychologie. Vorstudien zum zweiten Teil der philosophischen Untersuchungen, hrsgg. von G. H. von Wright und Heikki Nyman, in: Wittgenstein, Ludwig: Werkausgabe in 8 Bänden, Bd. 7, 5. Auflage, Frankfurt / Main 1989, S. 347-488

Wittgenstein, Ludwig (*Philosophische Untersuchungen*): Philosophische Untersuchungen, in: Wittgenstein, Ludwig: Werkausgabe in 8 Bänden, Bd. 1, 5. Auflage, Frankfurt / Main 1989, S. 225-580

Wittgenstein, Ludwig (*Tractatus*): Tractatus logico-philosophicus, in: Wittgenstein, Ludwig: Werkausgabe in 8 Bänden, Bd. 1., 5. Auflage, Frankfurt / Main 1989, S. 7-86

Wittmann, Waldemar (*Betriebswirtschaftslehre*): Betriebswirtschaftslehre. Ein einführendes Lehrbuch, Band I: Grundlagen, Elemente, Instrumente. Mit einem Anhang zur Technik des wissenschaftlichen Arbeitens, Tübingen 1982

Wöhe, Günter (*Allgemeine Betriebswirtschaftslehre*): Einführung in die Allgemeine Betriebswirtschaftslehre, 14., überarbeitete Auflage, München 1981

Wuchterl, Kurt (*Gegenwartsphilosophie*): Methoden der Gegenwartsphilosophie, 2., verbesserte und neubearbeitete Auflage, Bern - Stuttgart 1987

Wuchterl, Kurt (*Philosophie*): Lehrbuch der Philosophie. Probleme - Grundbegriffe - Einsichten, 3. Auflage, Bern - Stuttgart 1989

Zahn, Erich / *Steimle*, Volker (*Umweltinformationssysteme*): Umweltinformationssysteme und umweltbezogene Strategieunterstützungssysteme, in: Wagner, Gerd Rainer (Hrsg.): Betriebswirtschaft und Umweltschutz, Stuttgart 1993, S. 225-249

Zimmerli, Walther Ch. (*Unternehmenskultur*): Unternehmenskultur - Neues Denken in alten Begriffen. Verantwortung, Technologie, und Wirtschaft an der Schwelle zum dritten Jahrtausend, in: Zimmerli, Walther Ch. / Brennecke, Volker M. (Hrsg.): Technikverantwortung in der Unternehmenskultur. Von theoretischen Konzepten zur praktischen Umsetzung, Stuttgart 1994, S. 3-15

Zolo, Danilo (*Selbstbegründung*): Reflexive Selbstbegründung der Soziologie und Autopoiesis. Über die epistemologischen Voraussetzungen der „allgemeinen Theorie sozialer Systeme" Niklas Luhmanns, in: SW, 36. Jg. (1985), S. 519-534

DUV Deutscher Universitäts Verlag
GABLER·VIEWEG·WESTDEUTSCHER VERLAG

Aus unserem Programm

Jörg Bischoff
Das Shareholder Value-Konzept
Darstellung - Probleme - Handhabungsmöglichkeiten
1994. XVIII, 225 Seiten, Broschur DM 89,-/ ÖS 694,-/ SFr 89,-
GABLER EDITION WISSENSCHAFT
ISBN 3-8244-6025-4
Das Buch zeigt, daß sich mit dem Shareholder Value-Konzept zugleich die Forderung nach einer Unternehmensführung verbindet, die sich primär an den Interessen der Anteilseigner ausrichtet, um die Vorzüge einer kapitalmarktwirtschaftlichen Ordnung zu nutzen.

Hans F. Bünting
Organisatorische Effektivität von Unternehmungen
Ein zielorientierter Ansatz
1995. XIX, 224 Seiten, Broschur DM 89,-/ ÖS 694,-/ SFr 89,-
GABLER EDITION WISSENSCHAFT
ISBN 3-8244-6178-1
Die Bestimmung der Effektivität von Organisationsstrukturalternativen für Unternehmungen ist eine Fragestellung, die für die Erreichung der Gesamtzielsetzung von großer Bedeutung ist.

Thomas Engelmann
Business Process Reengineering
Grundlagen - Gestaltungsempfehlungen - Vorgehensmodell
1995. XI, 191 Seiten, Broschur DM 89,-/ ÖS 694,-/ SFr 89,-
GABLER EDITION WISSENSCHAFT
ISBN 3-8244-6151-X
Neben der Projektorganisation und dem Vorgehensmodell beschreibt der Autor ausführlich die Konsequenzen einer prozeßorientierten Gestaltung der Bereiche Arbeits- bzw. Unternehmensorganisation, Personalmanagement und Informationstechnik.

Wolfgang Klien
Wertsteigerungsanalyse und Messung von Managementleistungen
Technik, Logik und Anwendung
1995. XXI, 267 Seiten, 26 Abb., 14 Tab., Broschur DM 98,-/ ÖS 765,-/ SFr 98,-
ISBN 3-8244-0236-X
Ziel dieser Arbeit ist es, den State-of-the-Art auf dem Gebiet der Wertsteigerungsanalyse näher zu beleuchten, konzeptionelle Lücken zu schließen und dieses Steuerungssystem im Hinblick auf seine praktische Verwendung weiterzuentwickeln.

DeutscherUniversitätsVerlag
GABLER · VIEWEG · WESTDEUTSCHER VERLAG

Nikolaus Krasser
Kritisch-rationales Management
Gestaltungserfordernisse fehlerarmer Entscheidungsprozesse
1995. XIV, 207 Seiten, 4 Abb., 18 Tab., Broschur DM 89,-/ ÖS 694,-/ SFr 89,-
ISBN 3-8244-0240-8
N. Krasser beantwortet die Frage, ob es ein "optimales" Managementkonzept gibt, von zwei Perspektiven: aus ergebnis- und aus prozeßorientierter Sicht. Das kritisch-rationale Management erlaubt eine "sehr gute" Vorgehensweise.

Kurt Sabathil
Evolutionäre Strategien der Unternehmensführung
1993. XV, 245 Seiten, 19 Abb. 12 Tab., Broschur DM 98,-/ ÖS 765,-/ SFr 98,-
ISBN 3-8244-0137-1
Die Evolutionsstrategie liefert einen neuen Ansatz zur Lösung komplexer, betriebswirtschaftlicher Optimierungsprobleme und für Strategien zur Produktinnovation, Produkteinführung und Produktetablierung im Markt.

Miguel Vidal
Wettbewerbsstrategien für Pionierunternehmen
1993. XI, 206 Seiten, 19 Abb., 5 Tab., Broschur DM 89,-/ ÖS 694,-/ SFr 89,-
ISBN 3-8244-0186-X
Warum sind manche Pionierunternehmen über Jahrzehnte erfolgreich, während andere im Wettbewerb scheitern? Dieses Buch zeigt, in welcher Weise erfolgreiche Pioniere ihren Vorsprung im Wettbewerb nutzen, um Vorteile auf der Kosten- und Nachfrageseite aufzubauen.

Die Bücher erhalten Sie in Ihrer Buchhandlung!
Unser Verlagsverzeichnis können Sie anfordern bei:

Deutscher Universitäts-Verlag
Postfach 30 09 44
51338 Leverkusen

MIX
Papier aus verantwortungsvollen Quellen
Paper from responsible sources
FSC® C105338

If you have any concerns about our products,
you can contact us on
ProductSafety@springernature.com

In case Publisher is established outside the EU,
the EU authorized representative is:
**Springer Nature Customer Service Center GmbH
Europaplatz 3, 69115 Heidelberg, Germany**

Printed by Libri Plureos GmbH
in Hamburg, Germany